财政部规划教材
全国高等院校财经类专业规划教材
南开大学"十四五"规划精品教材

金融学

（第二版）

戴金平　万志宏　主编

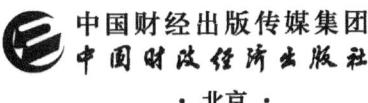

中国财经出版传媒集团
中国财政经济出版社
·北京·

图书在版编目（CIP）数据

金融学 / 戴金平，万志宏主编 . -- 2版 . -- 北京：中国财政经济出版社，2025. 1. --（财政部规划教材）（全国高等院校财经类专业规划教材）. -- ISBN 978-7-5223-3613-8

Ⅰ . F830

中国国家版本馆CIP数据核字第2025Y3N971号

责任编辑：马　真　　　　　　　　责任校对：张　凡
封面设计：北京兰卡绘世　　　　　责任印制：党　辉

金融学（第二版）

JINRONGXUE（DIERBAN）

中国财政经济出版社 出版

URL：http://www.cfeph.cn

E-mail：cfeph@cfeph.cn

（版权所有　翻印必究）

社址：北京市海淀区阜成路甲28号　邮政编码：100142

营销中心电话：010-88191522

天猫网店：中国财政经济出版社旗舰店

网址：https://zgczjjcbs.tmall.com

北京虎彩文化传播有限公司印刷　各地新华书店经销

成品尺寸：185mm×260mm　16开　28.25印张　532 000字

2025年1月第2版　2025年1月北京第1次印刷

定价：80.00元

ISBN 978-7-5223-3613-8

（图书出现印装问题，本社负责调换，电话：010-88190548）

本社质量投诉电话：010-88190744

打击盗版举报热线：010-88191661　　QQ：2242791300

第二版序

《金融学》作为经济学本科大类培养必修课程"金融学"的教材和参考读物,自 2020 年第一版出版以来,受到国内高校师生和金融专业人士的高度评价。教材撰写过程中,我们注重理论知识与方法的全面性、准确性、基础性和应用性,坚持"厚基、重用、立足中国现实"的理念,贯穿宏观和微观,全面介绍了货币与信用、货币与经济、货币政策、金融工具与机构、金融市场等金融学基础模块的理论、方法与实践应用,特别是金融学基本原理在中国金融体系中的具体应用。

近年来,国际和国内金融体系发生了一系列重大变化。全球新冠疫情引发多个国家重新启动量化宽松货币政策,新型货币政策工具层出不穷,量化宽松货币政策出现常态化趋势;新冠疫情持续三年,俄乌冲突、巴以冲突等地缘政治危机频繁爆发,逆全球化浪潮越演越烈,国际金融市场的"灰犀牛"和"黑天鹅"越来越多,国际金融市场和国际金融体系持续动荡,并呈现一些新的特征。2022 年 10 月,中国共产党第二十次代表大会胜利召开,会议明确要求,深化金融体制改革,建设现代中央银行制度,加强和完善现代金融监管,强化金融稳定保障体系。在中国特色货币政策体系改革中,结构性货币政策工具发挥着越来越重要的作用,同时中国人民银行兼顾货币政策与宏观审慎政策的"双支柱"调控框架日益完善,中国特色金融监管体系也在不断完善和强化过程中。以上种种,我们希望在教材中都能够有所体现,便于读者更加清晰和客观地认识迅速变革中的国内国际金融环境。同时,为了讲好中国故事,我们也希望,在教材中更加丰富中国金融体系变革和发展的内容。为此,我们从 2023 年起开展本教材的第二版修订工作。

本次修订保留了第一版的整体逻辑体系和框架结构,进一步突出了党的二十大强调的金融回归本源、服务实体经济的精神,单独增加了第十六章"金融监管",将金融服务实体、防范金融风险的内容贯穿在各相关章节的讨论中,并新增了"双支柱调控"、结构性货币政策工具、美联储量化宽松政策、期货投资风险案件专题分析等内容。值得一提的是,由于金融理论、政策和实践日新月异,专栏和专题分析的内容也会时过境迁,我们希望借这些专栏和延伸阅读，引导读者进一步思考现象背后的金融学原理、金融发展的脉络和分析方法，从而领略金融之美。

在第二版修订过程中，万志宏负责新增的第十六章编撰工作，南开大学经济学院金融学博士研究生参与了各章专题资料的增补和数据资料的更新工作，他们是邵子钰（第四—六章）、范家康（第七—九章）、孙尧（第十三—十五章），最后由万志宏统稿，戴金平总校。修订版本中若存在不当之处，恳请读者批评指正。

编者

2024 年 10 月

第一版序

金融学以经济学理论为基础，研究经济发展中的核心问题——货币金融问题，探讨不确定性条件下的资源跨期配置及其对宏观经济的影响，在经济、金融理论研究领域中占有非常重要的地位。

本书的编著工作，酝酿良久。编者常年为南开大学经济学硕士和本科生讲授货币银行学和金融学原理，在教学实践中感到迫切需要一本既能够准确阐述金融学基本框架和原理，勾勒金融理论与实践前沿，又能充分反映中国金融现实发展特点的本科生通用教材。

作为经济金融专业基础理论课程教材，本教材立足中国经济发展的现实，以开放经济为背景，围绕"货币—信用""机构—市场"，阐述金融微观融通渠道和宏观金融运行及管理，内容涵盖货币与汇率、信用与利率、金融资产与价格、金融市场与交易、金融机构及其业务运作、货币需求与供给、金融总量与均衡、宏观调控与监管等方面。

本书在编写的过程中，参考了众多经典的国内外教材，例如，米什金的《货币、金融机构与金融市场》（国内译为《货币金融学》）、默顿等著的《金融经济学》（国内译为《金融学》），黄达的《金融学》、彭兴韵的《金融学原理》、李健的《金融学》，等等。本书的很多素材都在前人研究的基础上进行了总结、概括和改编，同时也采用了大量其他专著、期刊和媒体文章的内容，有的标注在正文里，有的在章后的阅读文献中给出，难免有所遗漏，在此一并致谢。

在本书编写的过程中，南开大学经济学院和国家经济战略研究院的金融学博士和硕士研究生参与了资料的收集整理和初稿的编撰工作，他们是范猛（第十二—十四章）、甄筱宇（第九—十一章）、王长会（第五章）、冯俞淇（第六章）、张大鹏（第七章）、郭磊（第八章），陶思颖、高子茗等同学参与了初稿的编辑校对工作，最后由万志宏统一编辑修改，戴金平进行总校。

编者
2020 年 5 月

前　言

什么是金融学

金融（Finance）一词，字面上的理解，是指资金的融通。诺贝尔经济学奖得主罗伯特·默顿指出，金融是不确定条件下的资源跨期配置，金融学即是研究不确定条件下资源跨期配置的学科。

金融学有别于其他经济学科的独特之处在于：

第一，金融学强调以货币金融资产为表现形式的资源配置。金融过程是金融资产在不同主体之间的分配，而金融资产背后则关联着特定商品、服务、资源等的权益，例如，股票作为资本的表现形式，代表着出资人对相关企业的所有权。从融通过程看，金融与实际资源的融通过程恰好是硬币的两面。然而，一旦金融资产被创造出来并在市场中流通，其交易、定价和管理就呈现出某种独立性和规律性，研究货币金融资产形式的资源配置也因此成为一个独立的学问。

第二，金融学强调时间和不确定性。金融活动涉及现在和未来，其决策需当下作出，而决策的结果只有等待未来揭晓。未来尚未发生从而存在不确定性，由不确定性产生各种风险，因此在金融学的研究中，对不确定性的探讨以及风险管理成为重中之重。金融学有关跨期问题的研究，既包括长期的资金配置决策（如企业的长期债务或股权融资），也包括日常的资金流动性管理，甚至极为短期（以毫秒计）的金融衍生工具定价。

依据研究视角和对象的差异，金融学可以区分为研究货币金融总量配置及其相关政策的宏观金融，以及重点考察微观经济主体金融配置、金融市场运行和金融资产定价的微观金融（后者是国外学术界普遍采纳的金融学定义）。本书作为金融学原理的入门书籍，旨在让读者领略金融世界和金融学科的全貌和基本脉络，因而对以上两个方面均有所涉及。

从金融学和其他课程的关联看：在理论方面，课程衔接宏观经济学和微观经济学等课程，为深入理解经济和金融运行打下坚实的基础；为金融机构与市场、证券投资、公司金融、国际金融等后续金融和经济类专业课程提供统一的研究范式和研究基础框架;从现实来看,学习金融学,帮助读者认识和理解货币金融运行,能为未来的工作、研究和各种金融决策提供依据,全面提升金融素养和解决现实问题的能力。

为什么学习金融学

在国内外高等院校中,金融学是经济金融、商业管理学科的基础课程,也是金融专业的必修课;在象牙塔之外,金融问题也是社会大众、商业金融领域和社会公共决策领域内的焦点问题。金融学的相关原理、知识和技能,至少能应用于以下几个方面:

- **家庭基本金融决策**

金融学的主题是不确定条件下的资源跨期配置。掌握金融学的基本原理,将有助于您进行涉及家庭财务的决策,包括储蓄—投资、收入—支出、资产配置以及融资借贷决策,等等。利率降低时是否应该投资股市?信用卡分期付款的真实利率负担是多少?看上去很美的投资机会到底是馅饼还是陷阱?要回答这些问题,您需要了解金融投资的基本原理,具备对抗金融风险的能力。或许您可以凭运气而获得暂时的财富,但在这个充满不确定性和风险的世界,要想使财富保值增值,您需要了解基本的金融术语和原理;需要掌握金融世界运行的基本规则;或许您可以向财务专家寻求财务顾问服务,但只有了解金融相关原理或术语,您才能自己判断专家的建议是否值得采纳,毫不夸张地说,基本的"金融素养"是幸福家庭的基石之一。

- **工作和职业生涯**

金融领域存在众多的工作机会,例如,银行、证券、保险、基金和资产管理行业,投资咨询和顾问行业、金融中介服务行业(如会计、审计、法律顾问)以及商业企业、政府部门的金融财务和决策相关岗位,均需要金融专业知识,包括如何投资、如何融资、如何进行资源配置等,而这正是金融学原理的主要内容。

即使你不打算在金融行业或金融类岗位就业,理解金融世界的运作原理对工作也大有裨益。例如,外贸出口企业的员工如果能够理解汇率的波动变化,将有助于其判断行业和公司受到的冲击,较早发现风险或机会;一个家电制造企业的市场经理,将能够预判个人消费信贷利率变动对销售业绩的影响;当中央银行发布紧缩货币或扩张信贷的政策宣告时,企业或投资者将能够推断其对股票市场和未来投资机会的影响。

- **理解政策,参与公共决策**

金融事关每一个家庭、企业,影响金融运行的宏观政策和监管政策具有重大而深远的影响。政府对金融市场和金融机构是否应该监管？如何监管？发展资本市场是否有助于推动经济增长？政府为什么会推出宽松的货币政策？政府财政赤字如何影响每一个家庭的钱袋子？理解金融世界运行的基本原理，将帮助我们理解政府的各项重要决策，客观评价政策的效果。

- **以金融为研究领域**

金融学本身也是一个极具魅力的研究领域，无论是理论、政策还是现实研究，均存在诸多值得探索的谜题。1990年和1997年的诺贝尔经济学奖均授予了对金融领域有杰出贡献的研究者，或许本书将开启您从事金融研究的启蒙之门。

金融学学什么

金融学的内容包罗众多，粗略概括，可分为微观金融和宏观金融两大模块，两者研究视角和研究主题存在差异，其应用也有所不同。

微观金融研究，集中于金融资产跨期配置的具体机制及微观主体的决策，具体包括以下一些侧重点不同但又明显交叉的内容：

- 公司金融（Corporate Finance）关注企业作为主体，如何进行投资、融资和利润分配；当研究对象扩展到开展跨国经营的企业时，又衍生出跨国公司财务或国际企业财务管理（International Finance）。
- 投资学（Investment）关注经济主体（个人/家庭、企业、政府等）如何利用金融工具和金融市场进行跨时的资金配置（投资），涉及资产定价、投资组合选择等基础理论，以及各类的金融市场如股票市场、债券市场、大宗商品市场的定价与投资决策问题。
- 金融机构、工具与市场（Financial Market and Institutions），关注金融市场和金融中介的具体运作，如商业银行、中央银行的运作，金融工具（合约）性质、定价原理；金融市场运行的机制、定价和均衡等。
- 金融风险管理，关注在金融过程中的各类金融风险的识别、度量和防范。

概而言之，微观金融描绘了金融体系的各个组成部分：金融决策主体（包括金融机构）、金融工具、金融市场的运行原理和行为，这些内容彼此关联，但侧重点不同。

与之相对，宏观金融则从总量层面探索货币和金融资产的融通过程与宏观经济的相互影响，具体包括但不限于：

- 货币金融学，关注货币的本质与职能、货币在宏观经济运行中的作用，货币的供给和需求以及宏观经济均衡，这部分内容国外往往称之为货币经济学（Economics of Money）。

● 金融结构与金融发展，研究金融体系的整体演进、发展及其宏观经济影响，探讨一国的整体金融发展路径与政策。

● 国际金融理论与政策，以汇率为核心变量，研究国与国之间的货币金融关系，重点研究国际收支、汇率决定、汇率制度与资本流动政策、一国经济的内外均衡、国际政策协调和国际货币金融合作对各国经济的影响，等等。

鉴于金融学版图和疆域宽广，本书作为金融学入门书籍，并不打算面面俱到，而是将围绕货币、信用和资金跨期融通这一主线，从货币与信用的本质出发，尝试打破微观金融与宏观金融的分野，通过考察金融市场和金融机构的运作，探寻货币和金融在经济中的角色，帮助读者理解经济体系中资金运转和融通的脉络；通过考察政府的货币政策和金融监管决策，帮助读者理解经济体系中的政府决策，从而为您未来进一步深入学习和理解金融机构与市场、公司金融、投资、国际金融等金融专业内容提供坚实的理论框架和分析思路。

具体来说，本书包括以下三个模块的内容：一是金融概览；二是金融市场与机构；三是宏观货币金融。第一部分金融概览介绍货币金融的基础知识，包括货币和信用、货币的时间价值；第二部分金融市场与机构则从金融市场的功能和分类入手，详细介绍股票、债券、衍生工具和外汇市场的运作，介绍商业银行和中央银行这两类重要的金融机构的运作原理；第三部分在前两个模块基础上，阐述总量层面的货币供求、利率和宏观经济运行，帮助读者理解货币政策。

值得指出的是，相比国内很多经典教材，本书因为篇幅和侧重点所限，对金融学范畴内的某些内容涉及较少，例如，微观金融范畴中关于资产定价、组合配置等现代金融学的核心内容仅浅尝辄止，关于货币市场运行、其他金融机构以很小的篇幅带过；而宏观金融研究中有关金融结构与金融发展、金融危机与宏观经济、汇率与国内经济、国际金融组织与金融合作等均没有涉及。我们深知金融学的领域疆土之宽广，作为一本入门级的教科书，希望能够让学生了解金融的整体面貌和一些基本原理，对尚未涉及的内容，将在未来的教学和教材修订中不断根据学习需要进行增补。

本书的特点

金融学的教材和通俗读物那么多，这本书有什么不一样？本书的定位，是金融学启蒙和入门书籍。我们希望能够启发和培育读者对金融理论与现实问题的兴趣，我们力求提供完整的金融学框架，在清晰阐述基本概念和原理的基础上，通过大量现实场景的分析提升读者运用金融经济学的思维进行综合分析、解决现实金融问题的能力。

相对于其他版本的金融学教材，本书具有以下几方面的特色：

- 全局视野，重点聚焦。在以往的教学中，我们深感无论是教师还是学生，过多纠缠于学科内容的细枝末节，将耗费大量的时间和精力。从学习者出发，我们摒弃了大而全的编写思路，将本书定位于金融学启蒙和原理性书籍，希望读者能够掌握金融研究的整体范畴、思维方式和分析方法。具体来说，围绕金融"跨期配置资源"的功能，重点阐述金融体系（包括金融市场、金融机构和融资投资主体）中"货币、信用"的融通循环过程、定价及其与宏观经济的相互作用，阐述金融基本原理、基本知识及其运动规律，而对于部分不涉及主干线索、描述性或变化较快的知识信息，我们在正文中只是简要提及并将提供开放资源（视频、参考书目、网站和资料等）供读者进一步了解。

- 高度联系金融现实，特别是中国金融经济运行的现实。本书侧重于帮助读者理解金融世界的现状，因而精简了有关金融发展的历史回顾，比如货币和商业银行、股票市场等的发展历史等，延伸阅读和参考文献将有助于满足读者这些方面的需求；另外，我们希望在基本原理之外，能够介绍货币金融领域内的实践进展和争议，特别是中国的重大变革和未来演进，从而激发读者的思考和进一步学习的兴趣。当然，中国金融改革和发展的系统性和复杂性，也对我们筛选相关资料提出了严峻的挑战，我们的基本原则是，围绕金融原理主线，避免拘泥于具体多变的政策演进，以保证本书的普遍适用性。

- 可读性和趣味性。在写作风格上，本书充分考虑了学生的学习需要，力求在概念准确、逻辑清晰的前提下，使内容通俗易懂，深入浅出。我们认为，金融的理论与实践，应该有趣、有用，引人思考。

如何使用本书

本书除了从学科特点出发选择教学内容外，更关注学生的学习需求，突出"以学生的学习为本"的特点。为便利读者的学习，本书作了如下的技术性安排：

- 在每章开始就列出了学习目标，它为您指出该段学习之旅的目的地；在每章开始勾勒了全章的逻辑关系导图，在重点内容和概念上作了标注，它为您指出了这段学习之旅的路线图；

- 正文中提供了延伸阅读专栏，它们或许是金融世界里引人入胜的风景；或是现实金融世界尚无定论但值得进一步探究的神秘之处；

- 每章正文结束后都有总结和关键词，对该章内容和主要涉及的概念进行了回顾，如同旅行快照，它能帮助您回忆本段旅程的内容；

● 每章正文后都提供了练习题供学生自测，既包括一些抽象的概念和原理题，也包括一些现实应用题，而思考和讨论部分提供便于讨论的开放性问题，我们将为使用本教材的教师提供习题答案以及讨论题的要点，并不断更新我们讨论的专题库，通过练习加深加强学生对理论的理解和分析现实的能力；

● 我们在每一章均提供了相关资料和文献，对于代表性文献、现实问题以及数据和网络来源进行了梳理，帮助你获取更进一步的信息。

我们的愿景，是提供一本理论扎实、关注现实、具有启发性的金融学原理教材，希望它能为您打开金融世界的大门，让您领略到金融世界的美妙，充分享受运用金融原理和分析方法探索现实的学习旅程。

第一章 金融与金融系统 （1）

学习目标 （1）
本章概览 （1）
第一节 什么是金融 （2）
第二节 经济主体的金融决策 （7）
第三节 金融系统 （12）
总结 （23）
关键术语 （24）
思考与讨论 （25）
参考阅读 （26）

第二章 货币与信用 （27）

学习目标 （27）
本章概览 （27）
第一节 货币 （28）
第二节 货币统计与度量 （37）
第三节 信用 （42）
附录2-1 主要经济体的货币总量统计 （52）
附录2-2 数字货币的分类 （53）
总结 （54）
关键术语 （55）
练习题 （56）

思考与讨论 (56)
　　参考阅读 (57)

第三章　货币的时间价值与利率 (58)

　　学习目标 (58)
　　本章概览 (58)
　　第一节　货币的时间价值与利率 (59)
　　第二节　利率与现金流计算 (66)
　　附录 3-1　运用 Excel 财务公式计算示例 (77)
　　总结 (81)
　　关键术语 (82)
　　练习题 (82)
　　思考与讨论 (84)
　　参考阅读 (84)

第四章　金融市场与机构 (85)

　　学习目标 (85)
　　本章概览 (85)
　　第一节　金融工具 (86)
　　第二节　金融市场 (94)
　　第三节　金融机构 (98)
　　附录 4-1　中国的金融机构体系 (106)
　　总结 (108)
　　关键术语 (109)
　　练习题 (110)
　　思考与讨论 (110)
　　参考阅读 (110)
　　网络资源 (111)

第五章 债券市场与利率行为 (112)

- 学习目标 (112)
- 本章概览 (112)
- 第一节 债券与债券市场 (113)
- 第二节 债券的供求与定价 (118)
- 第三节 利率体系与利率行为 (126)
- 专题分析 5-1 2020 年以来美国的国债收益率走势 (137)
- 总结 (139)
- 关键术语 (140)
- 练习题 (140)
- 思考与讨论 (141)
- 参考阅读 (142)
- 网络资源 (142)

第六章 股票市场与资产定价 (143)

- 学习目标 (143)
- 本章概览 (143)
- 第一节 股票市场概览 (144)
- 第二节 普通股估值 (149)
- 第三节 资产组合定价 (158)
- 第四节 有效市场假说 (165)
- 附录 6-1 中国的多层次股权市场 (170)
- 总结 (172)
- 关键术语 (173)
- 练习题 (173)
- 思考与讨论 (174)
- 参考阅读 (174)
- 网络资源 (175)

第七章 金融衍生品 (176)

- 学习目标 (176)
- 本章概览 (176)
- 第一节 远期与期货 (177)
- 第二节 期权 (190)
- 第三节 互换 (198)
- 专题讨论 7-1 LME "镍期货" 波动事件 (204)
- 总结 (206)
- 关键术语 (207)
- 练习题 (208)
- 思考与讨论 (208)
- 参考阅读 (209)
- 网络资源 (209)

第八章 全球金融与外汇市场 (210)

- 学习目标 (210)
- 本章概览 (210)
- 第一节 国际金融市场 (211)
- 第二节 外汇市场 (216)
- 第三节 汇率决定理论 (227)
- 附录 8-1 人民币汇率制度改革历史 (235)
- 总结 (237)
- 关键术语 (238)
- 练习题 (238)
- 思考与讨论 (239)
- 参考阅读 (240)
- 网络资源 (240)

第九章　商业银行　(241)

　　学习目标　(241)
　　本章概览　(241)
　　第一节　商业银行概述　(242)
　　第二节　商业银行的业务与资产负债表　(247)
　　第三节　商业银行的经营管理　(256)
　　第四节　商业银行的风险管理　(264)
　　总结　(271)
　　关键术语　(271)
　　练习题　(272)
　　思考与讨论　(272)
　　参考阅读　(274)
　　网络资源　(274)

第十章　中央银行　(275)

　　学习目标　(275)
　　本章概览　(275)
　　第一节　中央银行概述　(276)
　　第二节　中央银行的性质与职能　(283)
　　第三节　中央银行的资产负债表与业务运作　(286)
　　总结　(291)
　　关键术语　(292)
　　练习题　(292)
　　思考与讨论　(292)
　　参考阅读　(293)
　　网络资源　(293)

第十一章　银行体系与货币供给　(294)

　　学习目标　(294)

本章概览 (294)
　　第一节　信用货币供给全景 (295)
　　第二节　中央银行与基础货币 (298)
　　第三节　商业银行与存款货币 (308)
　　第四节　货币乘数与货币供给 (316)
　　总结 (321)
　　关键术语 (322)
　　练习题 (322)
　　思考与讨论 (323)
　　参考阅读 (324)

第十二章　货币需求 (325)

　　学习目标 (325)
　　本章概览 (325)
　　第一节　货币需求概述 (326)
　　第二节　货币需求理论 (327)
　　附录 12-1　中国迷失的货币 (334)
　　总结 (336)
　　关键术语 (337)
　　练习题 (337)
　　思考与讨论 (338)
　　参考阅读 (338)

第十三章　货币、利率与宏观经济均衡 (339)

　　学习目标 (339)
　　本章概览 (339)
　　第一节　利率决定 (340)
　　第二节　货币、利率与产出 (348)
　　总结 (355)

关键术语 (355)
练习题 (355)
思考与讨论 (356)
参考阅读 (356)

第十四章 物价、产出与总供求 (357)

学习目标 (357)
本章概览 (357)
第一节 通货膨胀及其影响 (358)
第二节 总需求与总供给模型 (362)
第三节 物价稳定政策 (370)
附录 14-1 总供给曲线的不同形态 (373)
总结 (374)
关键术语 (375)
练习题 (375)
思考与讨论 (375)
参考阅读 (376)

第十五章 货币政策：目标、工具与效果 (377)

学习目标 (377)
本章概览 (377)
第一节 货币政策框架与目标 (378)
第二节 货币政策工具与中介目标 (385)
第三节 货币政策传导和政策时滞 (396)
附录 15-1 量化宽松货币政策 (401)
总结 (403)
关键术语 (404)
练习题 (404)
思考与讨论 (404)

参考阅读 (405)

第十六章 金融监管 (406)

学习目标 (406)

本章概览 (406)

第一节 金融监管概述 (407)

第二节 金融监管体制与模式 (411)

第三节 宏观审慎监管 (418)

附录16-1 我国金融监管体制变迁 (424)

附录16-2 全球系统重要性银行与监管要求 (425)

总结 (426)

关键术语 (427)

练习题 (428)

思考与讨论 (428)

参考阅读 (428)

网络资源 (429)

第一章 金融与金融系统

学习目标

学完本章后，你将能够：

- 掌握金融的本质
- 掌握收入与支出、赤字与盈余、投资与融资、资产与负债的概念及相互关联
- 列举家庭户、企业和政府部门的主要金融决策
- 阐述金融系统的核心构成要素和核心职能
- 区分直接金融和间接金融机制

本章概览

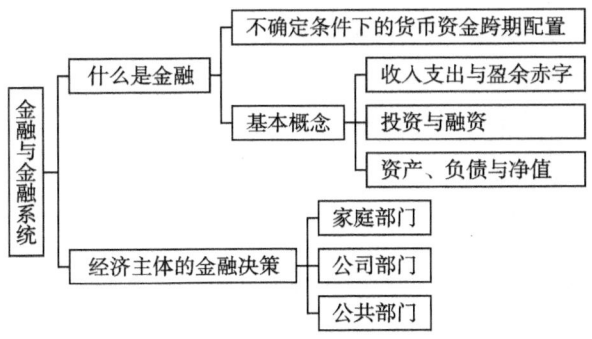

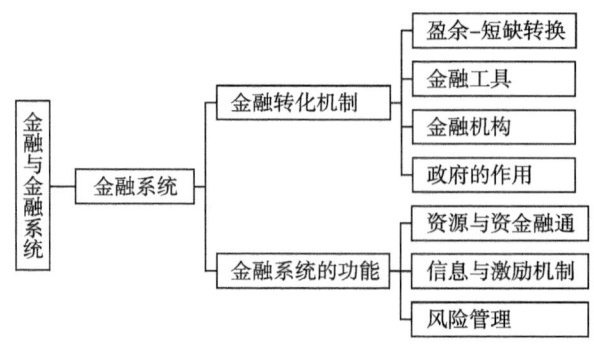

第一节　什么是金融

说起金融，人们似乎很容易列举出一些金融现象，但对于金融是什么却难有确切的定义[①]。小到家庭的日常投资决策，企业的资金管理、投资融资，银行、基金公司等金融机构的运作，再到股票、债券等金融市场的起落，进而到国家的金融监管和金融调控政策，国家间的汇率变动、资金流动和金融政策协调等，都可归入"金融"的范畴。由此可见，"金融"有着非常丰富的外延。相应地，研究金融现象及其规律的学科——金融学，也就成为一门包罗万象、广受关注的学科。

一、金融的本质

金融到底是什么？从上述所列举的金融现象来看，都包含一个共同的核心内容——资源的跨期配置。人们需要决定如何在当下和未来配置资源；需要实现跨期配置的渠道和手段（工具、市场和机构），并对跨期配置的有关事项和相应的风险进行管理。

我们认为，金融的本质是稀缺资源的跨期配置，金融学研究人们怎样跨期配置稀缺资源[②]，其独特之处在于：

第一，金融学强调以货币金融资产为表现形式的资源配置。金融过程是金融资产在不

---

① 对于"金融"及其对应的英文"Finance"一词，中外学术界有诸多解释和争议，感兴趣的读者可查阅中国《辞海》《词源》中有关金融的含义，英国《新帕格雷夫经济大词典》中的 Finance 词条，探究金融和 Finance 一词的古今中外语义演变；或阅黄达《金融学》（第5版）第三章对金融的内涵及其演进的详细剖析。

② 兹维·博迪，罗伯特·默顿和戴维·克利顿.《金融学》（第二版）[M]. 北京：中国人民大学出版社，2018：3.

同主体之间的分配，而金融资产背后则关联着特定商品、服务、资源等的权益，例如，股票作为资本的表现形式，代表着出资人对相关企业的所有权。从融通过程看，金融同实际资源的融通过程恰好是硬币的两面。然而，一旦金融资产被创造出来并在市场中流通，其交易、定价和管理就呈现出某种独立性和规律性，研究货币金融资产形式的资源配置也因此成为一个独立的学科。

第二，金融学强调跨期决策和由此产生的不确定性。金融活动涉及现在和未来，其决策需当下作出，而决策的结果只有等待未来揭晓。在进行跨期配置中，无论是决策者或是其他人，通常都无法预先确知金融决策的成本和收益，这便是不确定性。由于不确定性产生各种风险，因此在金融学的研究中，对不确定性的探讨以及风险管理成为重中之重。

二、基本概念

在跨期的资源配置中，产生了诸多基本概念和范畴，它们是我们理解金融过程的基石。人们的收入和支出在时间上的不匹配产生了赤字和盈余的状态，形成了储蓄/负储蓄，人们通过投资和融资对储蓄进行重新安排，最终表现为资产和负债形态。

（一）收入支出、盈余赤字与储蓄

人们的收入、支出普遍存在时间差。例如，人们每天都产生消费支出，但往往是在特定日子领薪水；对企业而言，生产、制造等过程产生支出，但收入却在销售完成后才能获得。这种收入支出在时间上的不匹配是经济常态。

横向来看，特定时段总会存在一些经济主体的收入大于支出，而另一些经济主体的支出大于收入。前者称为盈余方，后者称为赤字方，双方借助一些手段，实现调剂余缺，互通有无，能够促进双方效用的提升。盈余部门将其未消耗掉的收入储存起来，便是储蓄。储蓄者需要考虑以何种方式持有储蓄，包括实物储蓄和金融储蓄。

实物储蓄是以实物形态进行的储蓄。农民在秋天丰收后，会保留部分谷物"积谷防饥"，能源企业将开采而未消耗的原油等保存在仓库里，北方的居民在冬天囤积大白菜等，都属于典型的实物储蓄。如果将实物储蓄交给他人使用以获得回报，即是实物借贷或出租。

金融储蓄是以有价证券、银行存款、现金等金融资产形式而存在的储蓄。总体来看，金融储蓄相比实物储蓄具有很多优势：金融储蓄的有形成本比较低，而实物储蓄的有形成本较高，包括仓储、保鲜、运输等成本；金融储蓄的载体是金融资产，可能获得利息收入和增值收入，而实物储蓄则会受到折旧和品质改变的影响；当然，实物储蓄的好处是能够直接用于满足某种消费或生产需求。总之，金融储蓄能突破实物储蓄在时间、空间等方面的使用限制，促进跨主体、跨期的资源配置。

（二）投资与融资

收入和支出的不匹配产生了盈余和赤字。盈余方的主要问题是如何投资，赤字方的主要问题是如何为赤字融资，这是两个最为典型的金融活动。

1. 投资

投资（Invest）是放弃当前资金/资产的使用权，以获取未来收益的行为。投资包括实物投资和金融投资。

在实物投资中，企业投入资金购买实物资产（Real Assets），包括厂房、机械设备、交通工具、通信设备、土地或土地使用权等各种有形资产或者专利、商标、咨询服务等无形资产，其目的是通过提供产品和服务换取未来的收入和盈利。实物投资与生产、服务和创造密切相关，是整个社会财富增长的来源。

在金融投资中，人们持有银行存款、购买股票或者债券等金融资产，目的是获取未来的收益。人们放弃（转让）当前资产/资金的使用权而获取的金融资产，本质上是转让资源和获得未来收益的凭证。同实物资产不同，金融资产对社会生产能力没有直接的贡献，只起到间接作用，便利资源的配置。金融资产对实物资产所创造的价值或收入具有要求权，其价值源于并取决于相对应的实物资产产生的收入或价值，是收入或财富在经济主体之间的配置工具。

无论是实物投资还是金融投资，都涉及资金/资源在不同主体和不同时期的配置，投资者未来能否拿回本金，获得多少收益等，均取决于很多因素。这种未来价值的不确定性，是金融活动无法避免的。人们将未来的不确定性给经济主体带来的价值损失称为"风险"，如何管理资源跨期配置的风险，便成为金融学研究的核心内容之一。

2. 融资

融资（Finance），涉及筹集资金/资产而在未来以某种方式归还。融资可能出于经济主体弥补支出赤字的需要，也可能是为获得资产而进行的主动融资。

常见弥补支出赤字的融资行为包括：家庭和消费者利用银行信贷、小额贷款或找朋友借款以购买日用消费品，满足消费欲望；企业在拿到原材料时并不马上支付货款，占用上游企业的资金/原材料进行生产；政府为了弥补财政赤字发行国债，等等。

经济主体也会为了获得资产而进行主动融资。例如，家庭部门向银行借款购买住房，小业主向亲戚朋友或银行借款进行创业，企业为了扩大生产经营而从银行贷款或发行股票债券募集资金。融资者向出让方提供相应的凭证，通常需要为使用资金或资源而支付一定的报酬。

人们为了获得资产而进行融资时，可以依赖自身的储蓄积累资金（即内源性融资）或外部资金（即外源性融资）。例如，家庭购买价值100万元的住房，用自己储蓄支付20万元的首付，即为内源性融资，而从银行借入的80万元资金即为外源性融资；同理，企业投入1000万元进行设备改造，扩大生产，其中200万元来自企业的内部资金（留存的利润），剩余的800万元来自银行贷款（外源性融资）。

（三）资产、负债与净值

资产（Assets）是指能够带来未来回报的东西，而负债（Liabilities）意味着责任、义务、将来要偿还的东西。

金融学用资产负债表（Balance Sheet）来描述截至一定的时点，经济主体的资产、负债存量和两者的差值。资产负债表呈现T形，左边是资产项目，包括实物资产（房屋、土地、耐用品等有形资产和无形资产），以及存款、债券、股票等金融资产；右边是负债和所有者权益项目，描绘了资金的来源，包括外部融资（负债）和内源融资（所有者权益）。

所有者权益（Owner's Equity），是经济主体所拥有或可控制的具有未来经济利益资源的净额，实质是一种剩余权益，又被称为净值（Net Value）。净值在数额上等于总资产减去总负债的值，即：

净值（所有者权益）＝资产－负债

净值为正意味着拥有正的净财富，即经济主体可以自由支配的部分；净值为负则意味着资不抵债，即经济主体所拥有的不足以偿付所欠的。

典型的家庭部门的资产负债表如表1-1所示。该家庭持有现金、股票和基金等金融资产，以及汽车和住房等实物资产，还对朋友拥有债权。现金、银行存款和对朋友的借款按惯例都按名义金额计入资产负债表，而股票、基金往往采用"市值"记账，即按照计入资产负债表的那个时点（20××年12月31日）市场交易价格计算其总额，以汽车为代表的耐用消费品价值可能随着使用年限而下降，因而用其折旧后的价值计算；住房一般也按照可比住房的市场价格计算。当股票价格上涨或房地产价格上涨时，人们的财富净值也因此增加了。资产负债表的右边是资金的来源，我们可以发现，该家庭借入了2万元的消费信贷（比如刷信用卡消费或分期付款），并且还有200万元的抵押贷款需要偿还，除此之外，则是该家庭的所有者权益（净值），这一部分总额是171万元。我们可以将其理解为该家庭在以往年度通过收入和储蓄以及资产增值形成的价值。

表 1-1　　　　　　　　×家庭资产负债表　20××年12月31日　　　　　　（单位：万元）

资产		负债和所有者权益	
现金	2	消费信贷	2
银行存款	25	抵押贷款余额	200
股票和基金（市值）	28	所有者权益	171
应收借款（小王）	10		
汽车（现值）	8		
住房（市值）	300		
资产合计	373	负债和所有者权益合计	373

将全体居民（家庭）的资产负债表加总，我们可以得到一国居民部门的资产负债表。表 1-2 显示了金融学者估计的 1978—2019 年我国居民部门的资产负债表①。截至 2019 年年底，中国居民部门总资产约 465.4 万亿元人民币，其中金融资产 147.5 万亿元，人均 10.5 万元；总负债（贷款）55.3 万亿元，负债占总资产比率为 11.9%，居民部门资产净值为 410 万亿元。从结构上看，住房等实物资产占比约 2/3，住房占比 62.7%，汽车占比约 5.6%；金融资产比重偏低，且多元化程度不够，居民持有较多的分别是存款 17.6%、股票 3.8%、保险 3.7%，银行理财、客户保证金和资金信托计划等其他金融资产合计占比 4.6%。

表 1-2　　　　　　　中国居民部门资产负债表：1978—2019 年（节选）　　　　　　（单位：亿元）

科目	1978	1980	1990	2000	2010	2019
金融资产	385		10459	109159	512799	1475359
现金	174	286	2155	11812	37691	64453
存款	211	400	7388	70376	307161	817212
股票	—		44	13595	67949	177752
证券基金	—		—	558	19353	77011
客户保证金	—		—	3496	4539	5317
债券	—		797	6898	11147	19700
国债	—		418	6325	10757	19310
保险准备金及企业年金	—		75	2424	44826	171554
银行理财	—		—	—	17000	114660
资金信托计划	—		—	—	3133	27700
实物资产	—		34559	221516	997145	3178373

---

① 许伟，傅雄广. 中国居民资产负债表估计：1978—2019 年 [J]. 国际经济评论，2022（5）：31-76.

续表

科目	1978	1980	1990	2000	2010	2019
住房	—	—	34331	216616	935543	2917777
汽车	—	—	228	4900	61602	260596
总资产	385	686	45018	330675	1509944	4653732
负债（贷款）	11	16	558	7823	112586	553296
净资产	374	670	44460	322852	1397358	4100436

资料来源：许伟，傅雄广．中国居民资产负债表估计：1978—2019 年，附表 16-1。

居民部门持有的金融资产变化也折射出中国金融市场发展变迁。例如，股票市场从无到有，按 1987 年居民持有约 10 亿元股票资产估算，2019 年居民持有股票资产 17.8 万亿元，年均增长了 29%；居民持有的企业年金规模从 1995 年刚开始的 12 亿元，增长到 2019 年的 17985 亿元，年均增长 28%，等等。

上述收入支出、盈余赤字、投资融资、资产负债等概念，均使用货币进行计量，它们描述了经济主体的基本状况及金融决策和活动，是我们理解整个金融世界运作的基础。

第二节 经济主体的金融决策

金融决策是有关资源跨期配置的决策，金融决策的成本和收益是跨期分摊的，而且是决策者和其他任何人无法预先知道的。我们将从居民（家庭、个人）、企业和政府部门不同的主体视角，介绍其金融决策和相应的金融活动，帮助读者搭建金融理论与现实的桥梁。

一、居民部门

居民户（无论是个人还是四世同堂的大家族），往往面临四类基本金融问题：收支管理、投资、融资和风险管理。金融学中研究个人和家庭部门金融决策问题的分支被称为个人理财（Personal Finance）。

- 收支管理和消费/储蓄决策：人们应当如何管理自己的货币收入和支出，应将多少收入和财富用于消费，同时应该为未来而储蓄多少当前收入？

- 投资决策：人们应当怎样投资自己所储蓄的资金？投资于谁？借助何种渠道或者工具？投资多长时间？
- 融资决策：人们为了实施自己或家庭的消费和投资计划，应该在何时以及采用何种方式利用别人的资金？
- 风险管理决策：人们应当如何应对和管理金融财务方面的不确定性？

从家庭视角来看，通过提供劳动、产品（服务）或出借资金可以获得产出收入，而家庭的支出主要是消费开支，家庭部门需要将当前和未来的收入和支出进行合理的分配，以满足自身的各种需求。

当前收大于支的家庭存在"盈余"，当期收入中未被消费的这部分被称为"当期储蓄"，盈余的家庭作为储蓄者，需要考虑用何种方式配置这部分盈余（投资）。相反，当期收不抵支的家庭存在"赤字"，其当期储蓄为负，将面临如何为自己过多的支出筹借资金的问题（融资）。

在进行储蓄—投资决策时，不同的家庭可能存在不同的风险偏好，例如，担心未来资金安全的家庭可能会倾向于将钱存入银行或者购买政府债券，而倾向于冒险的家庭可能会为创业者提供资金、购买股票或者进行其他具有较高不确定性的投资，等等。家庭结构性特征、收入和财富水平、消费特征、风险偏好和金融工具的特征等都会影响居民的资产配置，并使不同家庭在积累财富方面存在差异。

与投资相对，居民的融资决策主要涉及消费融资，如借钱购买耐用消费品和住房等，其本质是"花未来的钱，享受当下"。在缺乏相关金融手段时，很多家庭只能依靠自身的储蓄和积累，其消费需求完全受制于收入和积累。人们为了购买诸如汽车、住房等大件，可能会节衣缩食很长时间，压抑其他的需求，或者从亲戚朋友处借债；有了相关的消费信贷（比如"花呗""白条"）、分期付款、住房抵押贷款等工具，具备一定条件的家庭将不必受困于当前的财富和预算约束，将未来的消费提前，提升了消费的可能性。

此外，家庭部门的融资活动还包括为投资进行的融资，例如，通过住房抵押贷款的方式购买用于出租的房产，在证券市场上融资买入证券，以及为了从事生产服务经营的经营贷款，等等。

最后，家庭部门在生产、生活和财务活动中，均会面临各种不确定性及其可能带来的经济损失，如何应对和管理金融财务方面的不确定性，使家庭部门在财务安全的基础上，能够不断积累财富，实现美好人生，是个人理财要解决的核心问题。居民部门实现风险管理的金融决策，主要包括运用"保险"工具实现损失补偿，以及管理金融投资的相关风险。

家庭部门的金融活动和金融需求，很大程度影响了金融产品和金融体系的发展。例如，管理储蓄的需求，使得储蓄形态从实物发展到货币及各种货币计价的金融资产；支付手段从实物发展到金属，再到纸币和数字货币；为了实现提前享受商品或住房的愿望而催生了消费信贷或住房信贷；多样化配置金融资产的动机导致了共同基金的产生，后者为资金规模小的投资者提供了对包括股票、债券、贵金属等几乎所有金融工具进行投资的机会，等等。

从总量来看，家庭部门作为一个整体，往往是整个经济系统的"盈余供给者"，理解家庭部门的金融决策和活动，是理解整个经济系统运行的基础。

二、企业部门

企业是以生产产品和服务为基本功能的实体。企业的规模有大有小，小到自我雇佣者和小作坊，大到富可敌国的大型跨国公司，其核心功能均是通过提供产品或服务获取收入和利润。研究企业金融决策的金融学分支被称为公司金融（Corporate Finance）。

企业部门的基本金融决策可以概括为：资本预算、资本结构、营运资本管理和利润分配，风险管理同样贯穿于整个金融活动和决策中。

- 资本预算：对企业物质资本的购置、扩建、改造、更新等编制预算，具体反映何时投资、投资多少、资金从何处取得、何时获得收益、每年的现金净流量为多少，需要多少时间回收全部投资？
- 资本结构决策：在融资时，企业借助自身积累还是向外寻求融资？应该采用债务融资还是股权融资方式？如何确定融资的规模、期限、条件？是否存在最优的资本结构？
- 营运资本管理：企业日常运营的资金配置和管理，需要持有多少流动性资产？保留多少现金用于日常支付？向谁借入，借入多少短期资金？
- 利润留存与分配决策：企业的利润如何分配，是分配给股东还是留存在企业内部进行扩大再生产或投资？

所有企业都需要资本以生产产品和服务。厂房、机器设备以及再生产过程中使用的其他中间投入品被称为物质资本；股票、债券以及用来为获取物质资本而提供融资的借款被称为金融资本。

当企业根据自身发展的战略，确定要进入的行业和领域后，企业面临的首要问题是资本预算（Capital Budgeting），又称投资预算，是企业针对物质资产的购置、扩建、改造、更新等编制的预算，具体反映在何时进行投资、投资多少、资金从何处取得、何时可获得收益、每年的现金净流量为多少，需要多少时间回收全部投资等。资本预算与企业的战略以及长期规划密切关联。对企业而言，其面向未来收益的投资具有较高的不确定性，因为厂房、设备等物质资本投资不一定能够转化为未来的货币收入（如产品难以销售出去无法回笼资金），因此资本预算中投资项目的评估（是否投资、投资多少）事关企业生死存亡。

企业融资决策要解决的是"钱从哪来"的问题。在企业的内源融资方式下，企业利用以往积累的资金（留存收益、未分配利润）从事投资生产；企业还可以借助债务融资或股权融资的方式，向其他资金盈余者筹措资金。常见的债务融资方式是向银行等金融机构借款，或发行债券直接向公众或私人筹借资金；企业也常采用权益融资方式，即通过发行股票等方式筹集资金。通过外源融资方式，资金短缺的企业可以借助资金盈余者的储蓄（资源），实现资源的跨期配置和跨主体配置，扩大投资和生产，提升社会整体的产出和效用水平。

企业的融资方式影响其资金成本、公司的决策与控制权和剩余利润的分配权。例如，相比债券持有者，股票持有者按其持有的股票数量多少拥有企业的所有权和企业经营的决策权，并参与企业剩余利润的分配，而债券持有人和其他贷款人正常情况下不能干涉企业经营，却能够获得约定的利息支付，等等。企业的资本结构，直接影响企业的治理结构以及企业的价值分配。

企业的营运资本决策要解决的是如何安排资金，使企业维持日常运作的问题，即企业的收入和支出、流动性资金和短期要偿还的资金如何匹配，怎样持有合理数额的资金使得企业能够应付日常开支的同时，避免资金闲置等问题。

企业的金融活动和金融决策，极大地影响了金融运行：（1）企业的金融活动，滋生了对相关金融产品和金融机构服务的需求。银行等金融机构的主要职能之一是服务于企业的金融需求，包括企业存贷款业务、资金结算、现金管理等；证券公司和投资银行的主要职能是为企业融资如发行债券、股票等提供相关服务等；各类金融工具本质上服务于满足企业跨期资金配置和相关风险管理的需要。（2）企业是金融市场最主要的参与者之一。企业部门整体作为融资者（资金短缺者），其融资工具如票据、股票、债券等是金融市场最为重要的交易工具，而企业同时也是金融市场活跃的交易主体，盈余企业通过金融投资影响着整个金融市场的运行。（3）企业的生产经营和投资活动，决定着整体经济创造产品和服务的能力，也是跨期配置资源的最终体现。企业的实物投资和经营，影响着整体经济的总量扩张，影响着金融体系的总量、结构和价格，也是各国宏观政策和金融政策关注的焦点。

三、公共部门

公共部门（各级政府）为了实现管理国家的各项职能，通过财政收支、债务融资等方式分配金融和实际资源,其活动被称为"财政"(Public Finance)。由于政府在经济体系中的管理者地位,政府的财务状况和财务决策对宏观经济和金融体系的运行有着非常重要的影响。

政府部门的金融决策主要包括以下一些方面:

- 财政收支管理:涉及政府部门的收入和支出的总量、结构、时间分布,如何管理财政盈余和赤字?
- 政府投资决策:政府在国防、医疗、教育、养老等公共物品和服务方面的实物投资和在股票、债券等方面的金融投资。
- 政府债务融资与风险管理:政府应当如何应对和管理债务风险,实现财务可持续性?

尽管公共部门的财政决策本质也是一种"资源跨期配置",但由于政府作为经济主体的独特性,有关公共部门财务活动及其影响的问题统一纳入"财政学"范畴之内[①]。

公共部门面临的首要问题是收支管理。政府收支是政府参与国民财富分配和再分配的主要活动,政府的收入主要来自税收、出售公共资源的所有权和使用权等,其支出则事关国计民生,包括在国防、教育、医疗、养老和基础设施建设等方面的公共开支以及对居民的补贴和转移支付等。如同居民和企业部门,政府也会面临当期收入和支出不匹配问题,当一个财政年度收入大于支出时,政府出现"财政盈余",相反如果收不抵支,则会出现"财政赤字",如果一国长期出现债务赤字,则将导致存量债务不断累积。

例如,美国联邦政府连续多年财政赤字,2019 财政年度的预算支出为 4.4 万亿美元,联邦赤字约 9840 亿美元,约占当年国内生产总值的 4.6%;疫情之后的 2023 财政年度,预算支出 6.1 万亿美元,财政收入 4.4 万亿美元,联邦赤字进一步上升到 1.7 万亿美元,占国内生产总值的比上升到 6.2%。相比之下,中国在 2020 年疫情之前保持良好的财政状况,2019 年中央政府预算收入 8.93 万亿元人民币,预算支出 3.51 万亿元人民币,预算盈余 5.4 万亿元人民币,约占当年国内生产总值的 5.5%。疫情冲击之下,财政减税增支力度加大,2023 年我国中央一般公共预算收入总量 10.7 万亿元,支出总量 14.9 万亿元,形成赤字 4.2 万亿元,占当年国内生产总值比重约为 3.3%。

对财政赤字最常见的融资方式是面向社会公众发行政府债券。政府债券承诺到期还本付息,并且具有较高的信用,相比缩减开支和增加税收弥补赤字的方法,更易于被公众接受。目前,公共部门已经成为金融市场的主要融资者,政府债券市场是全世界规模最大的金融市场之一。截至 2023 年年底,美国国债存量约 34 万亿美元,日本国债存量约 1286

---

① 财政学研究的主体是政府,研究的内容可视为政府作为主体进行的资源跨期配置,但由于政府作为经济主体的特殊性,财政学作为应用经济学的分支,与金融学相独立。

万亿日元，中国国债存量约 30 万亿元人民币。2024 年，我国进一步发行 1 万亿元超长期特别国债，专项用于国家重大战略实施和重点领域安全能力建设。

除了发行公共债务融资外，政府还可能从中央银行直接借款或透支，但是这种行为会相应增加中央银行的货币发行。财政纪律松懈的国家通过中央银行借款或透支，可能导致严重的通货膨胀。因此，主要国家普遍立法禁止财政部门向中央银行借款或透支，提高中央银行的独立性。我国 1994 年实施的《中国人民银行法》规定，财政赤字不得向中央银行借款或透支，因而债券融资成为各国政府弥补财政赤字的主要选择，催生了庞大的政府债券市场。

公共部门也有物质资本投资和金融投资的需求。政府的物质资本投资与其职能密切相关，政府是国防、医疗、教育、养老等公共物品和服务的主要供给方，主要投资于自然资源、能源、交通通信、水电气市政施设、医疗、养老、体育场馆等，实现资金取之于民，用之于民。在经济疲软、失业增加时，政府加大投资能够弥补私人投资不足的缺口。另外，公共部门还有代为管理社会资金诸如养老金、社会保险金等公共资金的职能。为了实现资金的保值增值，各国政府普遍将公共资金委托专业的金融机构在国内外进行金融投资。这些规模庞大的基金被称为"主权财富基金"（Sovereign Wealth Funds），它们广泛投资于国际市场，收购资源和能源、投资企业、购买政府债券、投资企业的债券和股票等。

政府部门的融资需求催生了全球最大的债券市场，政府的金融投资需求则推动了金融市场专业化和国际化的发展，尤为重要的是，政府的财政政策，特别是税收、政府开支和转移支付，极大地影响着家庭和企业部门的经济决策和行为，也影响着一国经济的整体运行。

第三节　金融系统

家庭、企业和政府部门等，借助金融体系实现资源跨期配置的需求。金融系统（Financial System）是所有服务于"跨期资源配置"的制度规则、机构与中介、工具（契约）、市场等的总称。

一、金融系统与金融转化机制

经济活动中，家庭、企业和政府各部门由于收入支出在时间分布上的不均衡，会出现盈余者和短缺者，金融系统能够实现盈余部门和短缺部门之间的资金/资源配置。

(一) 盈余—短缺之间的配置机制

金融转化机制是通过金融系统来沟通资金盈余与短缺部门的一种方式，如图 1－1 所示，盈余部门（储蓄者）的一部分资金通过诸如银行等金融中介机构流向资金短缺部门（筹资者），另一部分则通过直接市场流向资金短缺部门，前者称为间接金融，而后者称为直接金融。

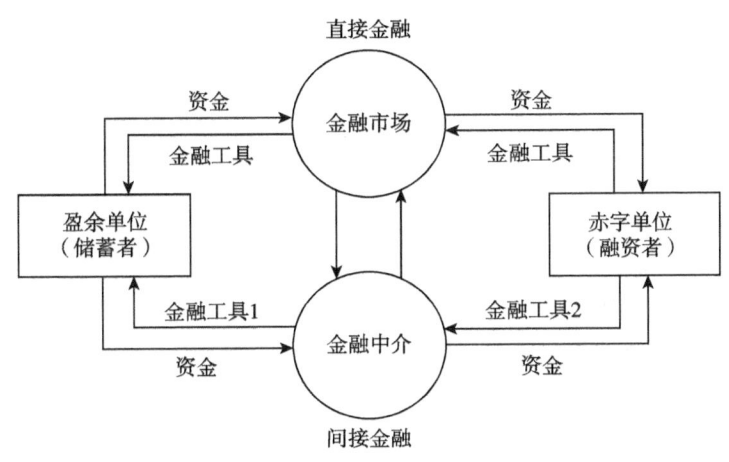

图 1－1　金融系统中的资金融通

在直接金融机制中，筹资主体通过出售金融工具（或契约），直接从资金提供者手中获取资金，这些金融工具说明了双方在资金交易中的责任和义务，并约定了资金的使用和报酬情况，这些金融工具交易、转让的场所，即为金融市场。

在直接金融机制中，投资者需要自行承担来自融资者的相关风险。例如，某投资者认购了某公司发行的 1000 元面值的 5 年期债券，则意味着该投资者出借了 1000 元的资金给该公司，投资者有权按照债券的合约条款获得相应的利息和本金，但债券若到期不能偿还（违约），则投资者需要自行承担该损失；如果投资者用 3000 元认购了某公司发行的 100 股股票，初始价格每股 6 元，但该公司经营不善，市场股价下跌到每股 2 元，投资者也只能自吞苦果。

除了股票、债券等具有标准化特征（例如，每一单位产品票面金额固定、契约条款相同）的金融工具外，直接融资市场上还有大量非标准化的金融工具或产品，例如，企业之间的短期借款、民间借贷的借条、小型合伙人之间商定出资合办公司等，这些产品和工具非常灵活，可以根据供求双方需求定制，通过他们进行的资金融通也是金融转化机制的一部分。

值得一提的是，现代金融市场中，资金短缺者的融资活动往往需要金融辅助中介的服务和支持。例如，在股票公开发行上市过程中，涉及证券公司（投资银行）、商业银行、证券交易所、资产管理公司、信托公司、会计师事务所等各类金融机构，承担证券发行承销、上市、咨询、顾问等中介角色，但这些服务本质上是直接金融的辅助活动，金融中介并没有发行新的金融工具替换资金短缺者的金融工具，这种中介参与的融资过程仍然属于直接金融。

在间接金融机制中，盈余者的剩余资金首先通过各类金融中介机构（银行、基金、保险公司、证券公司）等汇集起来，再由中介提供给资金的短缺者。金融中介在此过程中提供了相互独立的金融工具，一类面向资金的原始提供者，在图 1-1 中用金融工具 1 表示；另一类则是面向资金的最终需求者，用金融工具 2 表示。例如，存款者 A 将 1000 元资金存入银行 1 年，银行与企业签订了 2 年期本金 100 万元的贷款合同，存款者的存单和银行与企业的贷款合约彼此独立，即使企业最终违约不能偿还银行贷款，银行仍需要按照存单返还存款人的本金和利息。同直接金融不同，金融中介的存在，将资金融通过程划分为两个阶段，形成了两种独立的金融合约，在最终出资人与最终融资人之间形成了风险隔离。金融中介机构扮演了出资人和融资人双重角色，不仅承担了资金融通功能，还承担了相应的风险。

金融中介同时也在金融市场从事各种直接金融活动，例如，一些金融机构自身通过发行股票、债券等方式在金融市场上融资；或以自有资金通过认购股票、债券、商业票据等直接融资工具将资金出借给赤字单位（筹资者）；金融机构还可能运用自身发行的金融工具从盈余部门获取资金，转而投入金融市场的金融工具的交易中，因此金融中介和金融市场之间存在资金和工具的双向流动（见图 1-1），两者的关系密不可分。

在金融机制外，还有一种由政府主导的财政配置机制，即政府通过税收等方式调动资金，集中盈余并分配给特定部门使用。例如，中央政府通过收入所得税、增值税等方式征收税收，对贫困地区或贫困人群进行转移支付，这样就实现了资源/资金配置。同金融配置"看不见的手"相比，财政配置机制往往依赖国家的强制力，与一国的政治体制密切相关。财政收支同样存在跨期配置问题，当代经济体系中，财政配置机制也离不开金融系统。

（二）金融工具与金融市场

金融工具（Financial Instruments）是实现资金借贷或金融交易的契约或载体。基础金融工具如股票、债券、商业票据等的功能是资金融通，而衍生金融工具是在原生金融工具基础上，衍生出来用以管理相关风险的工具。例如，股票载明了股东对企业的股权投资，是原生金融工具，而股票期货则是为了管理股票价格风险而衍生出来的金融工具。

金融工具虽然五花八门、形式各异，但我们可以从金融工具的契约性质（股权、债权或衍生工具）、期限性、收益性、流动性和风险性等几个维度概括金融工具的特征，这些特征也直接影响了金融工具的价格。有些金融工具规定了事先确定的收益（承诺一定的回报率），例如，固定利率债券、商业票据、银行存单，银行贷款等，而有些金融工具如基金、股票、衍生工具等的收益在事先并不确定。相关的内容，我们将在第四章到第八章详细介绍。

金融市场是金融工具交易的场所。一些金融工具在有形的市场上进行交易，比如在有组织的交易所内交易的上市公司的股票、债券、期货合约等；一些金融工具并没有集中的场所交易，比如大量的外汇交易是通过无形的通信网络、支付结算体系和报价系统进行的交易，这类交易称为"场外交易"。

按照交易的金融工具品种划分，金融市场可以分为信贷市场、票据市场、股票市场、债券市场、外汇市场、期货市场、衍生品市场等，这些市场彼此关联，构成一个有机的整体。资金盈余者和资金短缺者在金融市场上借助金融工具实现资金的跨期配置，并通过交易确定金融工具的价格和其他资金融通条件。金融市场除了满足投融资需求和资金配置的基本功能外，还具备价格发现、信息传递、风险管理等功能，对经济发展具有非常重要的作用。

有关金融市场，存在很多值得探讨的问题。在微观主体行为共同作用下，金融市场如何实现其资金融通和风险配置的功能？货币、金融资产的价格是如何发现和决定的？什么影响了利率、汇率和股票等价格的变化，这些变化反过来又如何影响微观主体的决策和资产配置行为？我们将在本书的第二部分详细阐述金融市场的运作机制，探讨股票、债券等常见资本市场工具及其定价机制和原理；介绍外汇市场、衍生品市场的主要工具等。

（三）金融机构与中介

金融机构（Financial Institutions）是专门从事金融服务、提供金融产品的经济实体，这些机构帮助盈余者进行储蓄，帮助短缺者进行融资，提供资金融通和相关风险管理服务。常见的金融机构包括银行、证券公司，保险公司、信托公司、基金公司、金融资产管理公司、财务公司等营利性金融机构，也包括不以营利为目的的政策性金融机构如开发银行、养老金管理机构等，众多的金融机构形成了庞大的金融产业[①]。

在金融机构中，银行类金融机构（包括中央银行和商业银行）最为特殊，因为其能够

---

① 广义的金融机构还包括金融监管机构，如中央银行、证券交易监管机构、银行保险监管机构等。

创造特殊的金融工具——货币；围绕货币而形成的资金支付结算网络体系，是联通经济的血脉，影响整个经济体系的资金流通与运作。

银行的基本业务和职能是什么？它们提供哪些金融服务？如何管理相关的风险？银行体系如何创造信用和货币，中央银行如何管理整个的货币体系？我们将在第九章和第十章详细介绍商业银行、中央银行的运作及其对整个经济和金融体系的影响。

（四）政府在金融系统中的作用

政府对金融机构和金融市场的发展与演化起着重要的影响作用。金融系统对一国经济具有至关重要的影响，而金融系统本身广泛存在信息不对称问题、委托—代理问题，金融机构追求自身短期利益可能会引致不规范竞争和欺诈行为等，因此政府对金融市场和机构的监管也成为金融系统一个不可分割的部分。

各国政府均对金融市场和金融机构实施调控和管理，制定各类金融制度和政策，建立特殊的管理机构，对金融市场和机构的运作进行调节、控制、监督和管理。其中，中央银行是政府调控货币金融的职能机构，通过实施货币政策进行宏观调控，我们将在第十章和随后的章节详细讨论中央银行在整个货币流通体系中的地位和作用，探讨中央银行如何实施货币政策对金融系统进行宏观调控。

除了中央银行之外，绝大多数市场经济国家均建立起了复杂的监管体系，建立专门的金融监管机构，实施信息披露监管、金融行为监管和金融机构监管，目的在于维护金融市场秩序，保护金融消费者的利益，减少金融风险，本书将在第十六章介绍金融监管。

二、金融系统的功能

金融系统最主要的功能是实现资金的融通，同时也提供了相关信息和风险的融通和管理功能。金融工具、金融机构的演变和发展，都服务于金融"跨期配置资源"的本质职能，就此意义而言，金融的功能比金融的形式（工具、机构和市场）更加稳定[①]。

诺贝尔经济学奖得主罗伯特·默顿认为，金融系统具有6项核心功能：

（1）提供跨时间、跨地域以及跨行业转移经济资源的方式；

（2）提供管理风险的方式；

（3）提供为便利交易而清算支付和结算支付的方式；

---

① 诺贝尔经济学奖得主罗伯特·默顿认为，金融功能是理解金融体系的运作及其如何随时间变化的基础要素，金融功能比金融机构更加稳定，金融机构的形式以功能为指导，其理论被称为"金融功能观"。

(4) 提供归集资源并在不同的企业间细分所有权的机制；

(5) 提供有助于在不同经济部门间协调分散化决策的价格信息；

(6) 提供解决当交易的一方拥有另一方不具备的信息，或者一方担任另一方代理人所引发的激励问题的方式。

概括起来，金融系统的核心职能是资金（资源）的配置、信息和激励的提供以及相应风险的管理，这三者密不可分。

（一）资金和资源跨期配置

1. 资源跨期、跨主体和跨空间配置

金融系统的首要功能是实现以货币计量的资源跨期、跨主体、跨空间配置。

经济系统中的资金配置并不均匀。纵向看，人们在不同年龄段的资金需求和资金供给（收入或支出）可能不匹配，例如，青年期往往收不抵支，但希望提升生活质量，中年阶段往往收入较高存在盈余，到老年阶段又将面临生活支出大于劳动收入的情况。横向看，同一时间不同经济主体可能资金配置不均，初创企业亟须资金投入，而很多成熟企业虽然有着丰富的资金却苦于没有合适的投资机会；盈余较多的富裕家庭不知道怎样才能保存其购买力，而身强力壮、头脑灵活的年轻人又苦于没有扩大生产的资源和资本，等等。

金融系统可以实现资金跨期、跨主体配置。人们借助金融系统，可以放弃当前的一些东西换取未来得到一些东西，或者相反。例如，收入较高的家庭部门将盈余存入银行，或支付养老保险，或委托金融机构代为打理自身的资金，也可以通过购买企业发行的债券或股票等方式将资金出让给短缺者，后者承诺未来给予前者一定的补偿，盈余者因此获得了未来使用资金的保障；企业通过融资，能够摆脱当前自有资金不足的约束，扩大生产服务、创造新的价值，并在未来偿还融资。金融系统的配置功能，通过调剂资金余缺，提高了整个社会资金的运用效率，提高了生产效率和技术进步。

金融系统可以克服金融资源在空间上分布的不均匀。A 地的投资者可以购买 B 地区企业的股票或债券，境外合格的机构投资者可以投资中国资本市场；商业银行可以将在 A 地区吸收的储蓄存款用于 B 地区企业放贷，等等。运作良好的金融系统如同连通器，将经济系统链接为一个整体，缓解了资金配置的区域不均衡。

经济状况越复杂，金融体系在提供跨时间和空间转移资源的有效途径中扮演的角色越重要。借助通信技术的发展，当今金融系统使得一国乃至全世界分散的经济网络联系在一起，并且为提升经济整体效率提供了可能。

2. 支付清算功能

金融系统提供了资金清算和支付功能，便利了商品、劳务和资产交易。支付清算本质上也是资金或资源跨时间的配置，货币的出现极大地提升了交易效率，把交易行为分割为提供物品或服务—换取货币—购买商品和服务，摆脱了易货贸易的限制；人们得以用货币形式进行储蓄，摆脱了实物储蓄的限制。从早期的金属货币到银行发行的银行券（纸币），再到数字支付交易等，货币支付功能的演进大大降低了社会的交易成本，提高了交易的效率。我们可以切身感受支付系统的效率提升带来的便捷，人们通过银行卡进行跨国消费，无须持有大量外币现金；通过移动网络支付，可以缴纳电话费、水电燃气费、购买商品和服务，等等，支付系统的变革重塑了人们的生活场景。我们将在第二章从货币切入，探讨金融系统的底层支撑体系。

金融中介还提供了中心化的清算功能，即将以往的两两双边清算的方式，演变为以中介为中心的多边清算，及时结清经济中的债权债务关系，保证金融市场和经济的顺畅运行。良好的现代支付清算系统是经济社会发展不可缺少的基础设施。

3. 储蓄集聚功能

金融系统提供了储蓄—投资转化机制，特别是汇集小额储蓄，用于大规模的无法分割的投资项目，使社会生产效率得以提升。

以银行为例，银行通过吸收无数个体的小额存款，汇集起来面向企业放贷，可以支持企业数以亿计的投资；在直接金融市场上，企业通过发行股票的方式，可以吸引众多的投资者，通过认购部分金额为企业投资提供资金，"积沙成塔"，获取投资的资金；共同基金通过出售基金单位份额，降低了投资者的资金门槛，一些货币基金最低1元就可以投资，便利了盈余者的储蓄管理。

现代金融系统为庞大的基础设施建设提供了资金来源，创造出公路、铁路、高铁、水利、电力、能源、网络通信设施等经济社会发展不可缺少的生命线。

（二）提供信息与激励机制

金融信息是指在金融活动中产生的信号、指令、数据、情况、消息等，包括金融工具的价格和交易信息、信用信息、政府金融管理信息等。金融系统不仅是资金流动的系统，还是信息流动的系统，能够缓解融资人和出资人之间的信息不对称，提供激励机制。

1. 信息提供

金融体系特别是金融市场通过提供价格信号等金融信息，便利家庭、企业和政府等经济主体进行金融决策。例如，家庭部门在储蓄和投资决策时，要参考有关利率、证券价格和各类金融资产收益率的信息，企业在融资投资决策时，需要了解利率、资金供应等方面的信息；政府部门也需要根据相关的资金总量和结构数据、金融市场价格数据判断经济形势，实施金融监管。

金融中介和金融机构通过加工处理信息，提升资源配置效率，降低金融决策的风险。例如，信用评估机构通过收集整理客户的各项信息，利用大数据对客户进行精准画像，掌握客户的现金流等特征；银行通过收集整理有关客户的金融活动和金融信息，制定个性化的贷款条款以确保资金安全；证券分析师和投资研究机构通过挖掘和分析市场的关键信息，向客户提出交易建议，帮助后者进行交易决策，等等。

金融体系中最为重要的价格信息包括利率（收益率）、汇率和各种资产价格。利率、汇率、资产价格是如何形成的？它们对整个金融系统的资源配置起到什么样的作用？如何提升金融系统价格信号的信息效率等问题，均是金融学领域的核心内容。

2. 监督和激励机制

在跨期配置中，一旦资金转移到融资者手中，如何确保融资人有效地使用资金，保障出资人的利益不受侵害，便成为一个世界性的难题。现实世界存在广泛的信息不对称（即交易双方拥有的信息不对等），出资人不能完全掌握融资者的信息，由此可能产生"道德风险""逆向选择"，在众多的"委托—代理"关系中出现监督和激励等问题。金融系统借助金融工具、市场和中介，提供解决不对称信息的手段，降低金融活动的风险。

逆向选择（Adverse Selection）是由于信息不对称导致交易的产品质量低于平均水平的现象。例如，二手车市场上，由于买方不知道二手车的真实品质信息，只愿意出市场平均价格，导致优质二手车的车主退出交易，最终市场上充斥着次品车。在金融交易中，由于信息不对称，资金出借者设置的合约条件可能恰好将合意的低风险融资者排挤在外。例如，贷款人提高贷款利率可能导致诚实的低风险借款人退出，而申请者是高风险或不诚实的借款人，反而会损害出借者的利益。

道德风险（Moral Hazard）是双方签订合约后，拥有信息优势的一方违反事先约定，做出不利于交易对手的行为。在金融交易中，资金出借者一旦贷出资金，在缺乏监督条件下，融资者很可能出于自身利益考虑，挥霍资金或将资金用于其他高风险用途，损害债权人的利益；在保险领域，购买了火灾保险的人可能会疏于防范火灾风险，甚至故意制造火灾事件来骗取保费，危害保险公司的利益。

委托—代理（Principal – Agent Problem）是经济中普遍存在的一类关系，委托人将某些决策权交给其他人（代理人），而后者的决策或行为将直接影响委托人的利益。例如，公司出资人（股东）将公司的经营管理委托给公司的管理者，或者共同基金的出资人将进行投资的权利委托给基金管理公司。在委托—代理关系中，两者利益并非完全一致，代理人可能会做出损害委托人利益的决策。例如，公司高管挥霍公司资产，中饱私囊；基金经理可能会挪用资金或者从事高风险交易等。

运转良好的金融系统能够为解决这些问题提供便利，除了前述信息共享与信息处理等手段外，通过机制设计还能实现对交易对手的正向激励或负向惩罚。

例如，在间接金融机制中，金融机构和中介代替众多的存款人发挥"代理监督"的职责，通过专业的契约条款降低监督成本。银行利用自身专业积累，加工处理借款人的信息，在贷款前进行信用审查，减少信息不对称程度；在贷款合约中规定资金使用用途、抵押品和担保品等，以此提高借款人违约的成本；在贷款后通过持续的贷后跟踪降低风险，对借款人的违约行为实施惩罚（如未来不给予贷款）等。在保险合同中，保险公司会通过规定事先告知条款、例外不保条款等减少逆向选择风险，也会通过提高索赔门槛、降低保险金额、事后严格核查等方式减少道德风险；针对股份公司的委托—代理问题，通过设计高管持股或员工持股的机制，将管理者及员工的利益同企业的效益相关联，令其行为不再与所有者明显相悖，可以部分解决委托—代理问题。

值得指出的是，信息不对称问题在经济金融系统中普遍存在，难以彻底解决。金融工具往往在解决了某方面需求时，又创造出了新的矛盾。例如，股份有限公司能够实现资金的聚集，使所有权和经营权分离，但由此产生了公司股东与高管的委托—代理问题，实施股权激励能够部分解决委托—代理问题，但不能避免一些高管为了获取更多的利益而采取短视行为，甚至进行财务造假。金融工具和金融安排在解决了现有问题的同时，往往又会滋生新的问题和矛盾，由此使得金融风险管理成为金融系统的核心职能。

（三）管理风险

金融系统在实现资金融通的同时，也实现了与资源相关的风险的转移、分摊和管理，提供了应对不测和控制风险的手段及途径。

风险转移和分摊的典型例子是保险。保险的本质是人们当前花费较少的金额，换取未来出现损失时能够获得补偿的机会。例如，投保人花费20元购买航空意外保险，一旦发生飞机坠毁，保险公司将赔偿200万元保险金，20元便是投保人购买未来补偿机会的成本。因为飞机失事是极小概率事件，保险公司通过汇集大量人群的小额资金，为极低概率但是较大损失的意外事件提供补偿，实现风险损失的事后分摊和转移。

在资源配置过程中，由于涉及跨期和在不同主体间的分配，出现很多矛盾和不确定性，例如，出资人与融资人期限的不匹配产生的流动性问题、小额储蓄者与大额投资者融资规模的不匹配问题、项目不确定性高于出资人所能承受范围等，金融系统提供了以合理的成本和代价对风险进行转移和分配的机会。

在间接融资机制中，金融中介承担了"短借长贷"的流动性风险、融资人的信用风险等，例如，银行通过活期存款和1年期定期存款集聚储蓄者的资金，放贷给企业进行3－5年的项目投资，如果企业不能按期归还贷款，银行将承担相应的资金损失；如果存款人集中提款，银行将承担自身资金不足的流动性风险，等等。

在直接融资机制下，如果企业通过发行债券进行融资，则该项目损失的部分（如1000万元），将在全体债券持有人之间按照比例分摊，而在股权融资中，如果企业经营不善，股权持有者甚至可能损失全部的股本金。

股票、债券、银行存单、保险单据等基础金融工具，在实现资金融通的同时，提供了风险转移、传递、分担或补偿的机制，而诸多的衍生工具如期货、期权、互换等，其核心功能就是交易与转移相关的金融风险。金融风险的识别、度量、定价与管理是金融学研究的核心领域之一。

专栏1-1 做好金融"五篇大文章"

金融是国民经济的血脉，是国家核心竞争力的重要组成部分。中央金融工作会议提出，做好科技金融、绿色金融、普惠金融、养老金融、数字金融五篇大文章。党的二十届三中全会通过的《中共中央关于进一步全面深化改革、推进中国式现代化的决定》对进一步深化金融体制改革作出重大部署，强调积极发展这五大金融领域，加强对重大战略、重点领域、薄弱环节的优质金融服务。做好金融"五篇大文章"是金融服务实体经济高质量发展的重要着力点，也是深化金融供给侧结构性改革的重要内容。

发展科技金融，推动科技创新和产业升级。科技创新能够催生新产业、新模式、新动能，是发展新质生产力的核心要素。发展科技金融能够更好促进科技、产业、金融良性循环，助力企业技术创新，推动产业转型升级。近年来，我国科技金融快速发展，有力推动了创新链产业链资金链深度融合。根据中国人民银行发布的金融统计数据，今年8月末，制造业中长期贷款余额13.69万亿元，同比增长15.9%，其中，高技术制造业中长期贷款余额同比增长13.4%；科技型中小企业贷款余额3.09万亿元，同比增长21.2%。进一步提升金融支持科技创新力度、广度、精度，要构建以科技信贷、科技保险、股权投资和多层次资本市场为基本架构的科技金融体系，充分发挥结构性货币政策的精准导向作用，引导更多金融资源流向科技创新和科技型企业。针对科技型企业轻资产、无抵押、高投入、长周期的特点，完善评估体系，加强数据共享，为科技型企业提供全链条、全生命周期金融服务。

发展绿色金融，擦亮高质量发展鲜明底色。习近平总书记强调："绿色发展是高质量发展的底色，新质生产力本身就是绿色生产力。我们必须加快发展方式绿色转型，助力碳达峰碳中和。"发展绿色金融，引导资金投向环保、节能、清洁能源等绿色产业，有助于促进资源节约高效利用、环境改善，助推绿色低碳发展。目前，我国已形成以绿色贷款和绿色债券为主、多种绿色金融工具蓬勃发展的多层次绿色金融市场体系，本外币绿色贷款和绿色债券余额均居全球前列。截至今年二季度末，绿色贷款余额34.76万亿元，同比增长28.5%，其中碳减排支持工具累计撬动碳减排贷款超过1.1万亿元；绿色债券余额1.99万亿元，累计发行超过3.7万亿元。推动绿色金融更好支持经济社会绿色转型，要持续完善绿色金融标准体系，提升绿色金融服务供给质量效率，建立健全常态化信息共享机制，促进绿色金融合规有序发展。加强跨部门跨领域协作，强化顶层设计，完善激励机制，形成推动绿色金融发展的合力，引导更多金融资源流向绿色低碳领域。

发展普惠金融，使发展成果更好惠及人民群众。习近平总书记指出，"要始终坚持以人民为中心的发展思想，推进普惠金融高质量发展，健全具有高度适应性、竞争力、普惠性的现代金融体系"。近年来，我国普惠金融发展取得积极成效，金融服务的可得性、覆盖面、满意度持续提高。截至今年7月末，普惠小微贷款余额达到32.1万亿元，同比增长17%；授信户数6239万户，已覆盖超三分之一经营主体。全国涉农贷款余额50.47万亿元，同比增长11.6%。推动金融改革发展成果惠及越来越多群众，要构建涵盖信贷、保险、理财的综合普惠金融体系，拓宽普惠金融服务领域，为"三农"、小微企业、特定群体等提供质优价廉的专属产品。优化普惠金融发展环境，健全普惠金融信用信息体系，完善差异化监管政策，统筹普惠金融发展与安全。

发展养老金融，积极应对人口老龄化。妥善解决人口老龄化带来的社会问题，事关国家发展全局，事关百姓福祉。截至2023年底，我国60周岁及以上老年人口达到2.97亿人，占总人口比重21.1%。发展养老金融，有利于优化和扩大养老服务供给，完善养老服务体系，积极应对人口老龄化。更好满足老年人日益增长的多层次、高品质健康养老需求，要进一步完善养老保障制度体系，推动多层次、多支柱养老保险体系建设，促进和规范发展第三支柱养老保险，支持商业保险机构开发商业养老保险和适合老年人的健康保险。推动养老金融产品创新，丰富养老金融产品和服务供给，加大对健康产业、养老产业、银发经济的金融支持。加强对投资者的引导，增加养老财富储备，不断提高养老金融服务质效。

发展数字金融，提升金融服务实体经济质效。当今时代，数字技术作为世界科技革命和产业变革的先导力量，日益融入经济社会发展各领域全过程，深刻改变着生产方式、生活方式和社会治理方式。发展数字金融，有利于促进金融领域产品和服务创新，更好提升金融服务实体经济效能。以数字技术更好助力金融服务提质增效，要加快金融机构数字化改造进程,抓好金融科技创新监管试点,提高数字金融治理水平,健全适应数字金融健康发展的监管制度。完善数字金融基础设施,不断加强金融科技创新和应用推广力度,针对不同人群提供差异化、精准化的数字金融产品,扩大金融服务覆盖面,提高金融服务实体经济质效,促进金融与实体经济良性循环。

资料来源:刘璐,经济日报,2024年9月25日。

总 结

1. 金融的本质是货币资源的跨期配置。金融学研究人们如何跨期配置资源,强调不确定性条件下用货币计价的资源配置。

2. 人们收入和支出在时间上的不匹配产生了赤字和盈余。收入大于支出的一方是盈余方,盈余方可以进行实物储蓄和金融储蓄。实物储蓄是以实物形态进行的储蓄,金融储蓄是以有价证券、银行存款、现金等金融资产形式而存在的储蓄。

3. 投资是放弃当前资金/资产的使用权,以获取未来的收益。投资包括实物投资和金融投资。

4. 实物资产指经济生活中用于生产物品和提供服务的资产。金融资产是实物资产所产生的收入的要求权。金融资产对实物资产所创造的价值或收入具有要求权,其价值源于并取决于相对应的实物资产产生的收入或价值,是收入或财富在经济主体之间的配置。

5. 融资,是指筹集资金/资产而在未来以某种方式归还。融资可能出于经济主体弥补支出赤字的需要,也可能是为获得资产而进行的主动融资。

6. 人们获得的资金如果来源于自身的储蓄,即为内源性融资;如果来源于他人的储蓄,则称为外源性融资。

7. 资产是指能够带来未来回报的东西,而负债意味着责任、义务、将来要偿还的东西,资产减去负债即为所有者权益,又称净值,代表经济主体的净财富。人们用资产负债表来描述经济主体截至一个时点的资产、负债和所有者权益项目。

8. 居民户面临四类基本金融问题:收支管理、投资、融资和风险管理。金融学中研究个人和家庭部门金融决策问题的分支被称为个人理财。

9. 企业部门的基本金融决策可以概括为资本预算、资本结构、营运资本管理和利润分配,风险管理同样贯穿于整个金融活动和决策中。金融学中研究企业部门金融决策问题的分支被称为公司金融。

10. 政府部门的财政决策也涉及"资源跨期配置",主要包括公共收支管理、债务融资管理和投资问题。政府债券市场是全球规模最大的金融市场之一。

11. 金融系统是所有服务于金融"跨期资源配置"的制度规则、机构与中介、工具（契约）、市场等的总称。

12. 金融转化机制是通过金融系统沟通资金盈余与短缺部门的一种方式，盈余部门（储蓄者）的一部分资金通过诸如银行等金融中介机构流向资金短缺部门（筹资者），另一部分则通过直接市场流向资金短缺部门，前者称为间接金融，而后者称为直接金融。

13. 金融工具是实现资金借贷或金融交易的契约或载体。基础金融工具如股票、债券、商业票据等的功能是资金融通，而衍生金融工具是在原生金融工具基础上，衍生出来用以管理相关风险的工具。

14. 金融市场是金融工具交易的场所，包括有形的交易市场和无形的交易市场（场外市场）。

15. 金融机构是专门从事金融服务、提供金融产品的经济实体，这些机构帮助盈余者进行储蓄，帮助短缺者进行融资，提供资金融通和相关风险管理服务。

16. 为了维护金融稳定，减少金融系统风险，一国建立复杂的宏观调控和金融监管体系，中央银行往往负责实施货币政策、调控货币总量，而专业的金融监管部门则实施信息披露监管、金融行为监管和金融机构监管等。

17. 金融系统的核心职能是资金（资源）的配置、信息和激励的提供以及相应风险的管理，这三者密不可分。

18. 信息不对称是指交易双方所拥有的信息不对等，通常会引发逆向选择和道德风险。在金融交易中，逆向选择是指由于信息不对称，出资人设置门槛可能恰好选中高风险的融资人，而将合意的低风险融资者排挤在外；道德风险则是双方签订合约后，拥有信息优势的一方利用信息优势违反事先约定，做出不利于交易对手的行为。

19. 经济系统中普遍存在委托—代理问题，委托人将某些决策权交给其他人（代理人），而后者的决策或行为将直接影响委托人的利益。

关键术语

金融	金融学	跨期配置	不确定性	金融资产
实物资产	资产配置	负债	融资决策	公司金融
个人理财	金融中介	金融市场	金融工具	信息不对称
道德风险	逆向选择	委托—代理		

思考与讨论

1. 什么是金融？请举出一些金融行为和金融决策的现实例子。
2. 如何理解"跨期和不确定性"是金融的核心特征？你能举出具体的例子加以说明吗？
3. 居民户的基本金融决策包括哪些？请结合你自己身边的例子，加以说明。
4. 企业部门的基本金融决策是什么？请阅读财经类媒体报道，举例说明。
5. 政府部门的基本金融决策包括哪些？请阅读财经类媒体报道，举例说明。
6. 参考文献列出了部分国内外金融学的经典教材，感兴趣的读者请在网站上浏览相关书籍的目录，你能说出国内外金融学研究的主要内容和差异吗？
7. 请提出一些自己感兴趣的金融问题，例如，为什么人们通常说投资股票的风险比投资债券的风险大？消费信贷有没有负面作用？并尝试着用自己的语言来回答。
8. 日常生活中，处处皆有委托—代理问题。请试举一例加以说明，并思考该案例中，委托—代理问题是如何解决的？
9. 什么是道德风险？什么是逆向选择？请各举一例加以说明，并结合案例说明如何解决信息不对称问题？
10. 请阅读以下文字，并请查阅相关资料，思考养老金制度是怎样实现资源跨期配置的，其风险是什么？

"养老金制度是典型的代际资源配置手段，劳动者在年轻时按照收入的一定比例缴纳养老金，由国家统筹管理（进行投资），年老退休后定期领取养老金。

养老金制度相当于国家对个人收入的强制储蓄，用于未来消费，是资源的跨期配置；在特定的时间点看，养老金是否能够满足需要则取决于积累的养老金本金和增值部分能否覆盖支出金额，即满足领取养老金人群的提取，涉及缴纳人群和提取资金的两大群体之间的资源重新分配。近年来，科技和医疗进步使人的平均寿命大大提升，很多国家面临养老金入不敷出的局面，相应的养老金改革成为财政政策面临的重大挑战。"

11. 请阅读以下文字，并思考如下问题：P2P是直接融资还是间接融资？为什么？对参与P2P业务的各方主体融资者、出资者和平台而言，其面临的风险是什么？

"P2P是英文peer to peer lending（或peer－to－peer）的缩写，意即个人对个人，又称点对点借款，是一种民间小额借贷模式。一个典型的P2P平台的运作模式是：融资方将其资金需求（通常规模较小，如3000元、5000元等）和承诺利率等发布在P2P借贷平台上；而资金供给方在平台上选取自己感兴趣的项目——"认标"，将资金出借给资金需求者，单个资金出借者的资金往往有限，5000元的资金需求可能要5—10个小额出资人才能满足。需求者和出借者双方签订借贷合同，平台居中收取一定的服务费；一些平台还对融资者的信息真实性进行核实，甚至提供还款的担保服务。"

12. 不同的国家居民金融资产结构是否存在存在较大差异？其背后可能有哪些因素引发这种差异？请结合表1-3数据，谈谈你的感受。

表1-3　　　　　2019年代表性国家居民资产结构比较　　　　　（单位:%）

国家	现金和存款	股票	债券	保险	投资基金	其他
美国	14.8	20.4	7.5	27.9	13.0	16.4
德国	39.7	6.0	2.3	39.0	9.8	3.2
日本	53.5	9.7	1.4	28.1	4.2	3.2
中国	59.8	12	1.3	11.6	5.2	10

资料来源：许伟，傅雄广. 中国居民资产负债表估计：1978—2019年，表1。

参考阅读

1. 黄达，张杰. 金融学（第六版）[M]. 北京：中国人民大学出版社，2024.

2. 彭兴韵. 金融学原理（第七版）[M]. 上海：格致出版社，2023.

3. 李健. 金融学（第四版）[M]. 北京：高等教育出版社，2022.

4. [美] 兹维·博迪，罗伯特·默顿和戴维·L.克利顿. 金融学（第2版）[M]. 北京：人民大学出版社，2018.

5. [美] 弗雷德里克·米什金. 货币金融学（第十三版）[M]. 北京：人民大学出版社，2024.

6. [美] 斯蒂芬·罗斯，等. 公司理财（第13版）[M]. 北京：机械工业出版社，2024.

7. [美] 托马斯·加曼和雷蒙德·福格. 个人理财（第11版）[M]. 北京：中国人民大学出版社，2020.

8. [美] 杰夫·马杜拉. 金融市场与金融机构（第12版）[M]. 北京：人民大学出版社，2020.

9. [美] 兹维·博迪. 投资学（第10版）[M]. 北京：机械工业出版社，2017.

10. 李扬，张晓晶，常欣，等. 中国国家资产负债表2018[M]. 北京：中国社会科学出版社，2018.

11. 许伟，傅雄广. 中国居民资产负债表估计：1978—2019年[J]. 国际经济评论，2022（5）：31-76.

第二章 货币与信用

学完本章后，你将能够：
- 了解什么是货币
- 列举货币的三大职能
- 阐述什么是金融资产的流动性
- 熟悉中国的货币度量和统计
- 阐述信用的含义与不同形式

本章概览

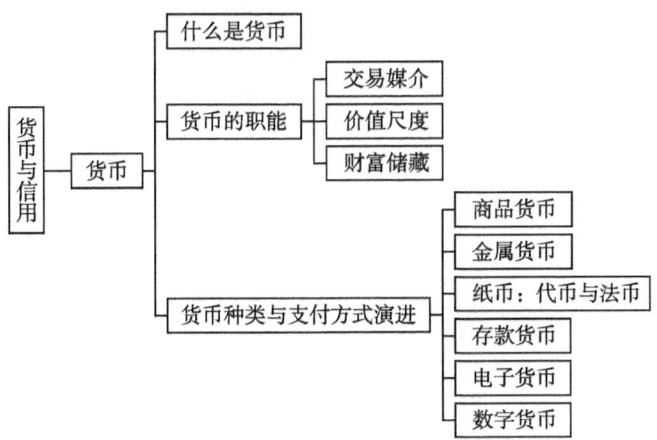

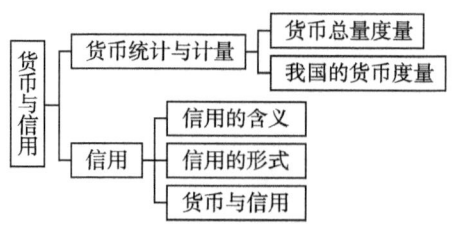

货币是现代经济生活的重要元素，也是研究经济和金融问题的起点。无论是家庭生产生活、企业投资融资，还是政府机构的收支运作，乃至国与国之间的经济交往，货币都是不可缺少的元素。与之相关的另一个关键要素是"信用"，它反映了经济主体之间的经济关系，也是金融跨期配置资源的最典型体现。本章我们将了解经济和金融学中货币的定义、功能及其度量，以及信用与货币的关系。

第一节　货币

一、什么是货币

经济学中，货币（Money）是指被普遍接受的交易媒介和支付手段。这一定义或许不够精确，却抓住了货币的本质职能。交易媒介的典型示例是人们可以用现金购买商品，一手交钱一手交货，货币充当了人们购买商品的中介物；支付手段强调延期交易，例如，人们可以用现金缴纳因商品买卖或其他活动产生的应付金额（如税款、罚金）。

按照这一定义，人们日常使用的现金（纸钞或硬币）无疑是货币，因为它们能被普遍接受，随时随地用于支付。那么，人们持有的存折或银行卡中看得见但摸不着的数额，是不是货币呢？随着网络技术和通信技术的普及，人们用手机进行交易和支付，手机钱包里余额算不算货币呢？更进一步的，各种各样的金融工具和金融资产如果能快速地转换为现金，就能用于交易和支付，它们算不算货币呢？

如果依据货币的职能对货币进行定义，即"Money is what money does"，那么理解货币外延的核心问题，自然是了解货币的核心职能，特别是货币独一无二的职能。因为相比本质而言，货币的形态可能随着技术、资源的变动而发生很大的变化，但是货币的功能却在历史发展中一直维持稳定。

二、货币的职能

货币有什么用？人们通常在哪些场景中使用货币？经济学家总结的货币职能包括三大类，即交易媒介和支付手段、价值尺度（或计价单位）和价值储藏功能。货币不仅能在本国发挥职能，一些货币如美元、英镑、欧元等还在货币发行地境外流通，成为国际货币。

（一）交易媒介和支付手段

交易媒介和支付手段是货币最主要的职能，它节省了产品和服务交易的时间，提高了经济效率。

我们可以通过对比物物交易和货币交易来说明这一特点（见图2-1）。在货币出现之前，人们主要采用以物易物的方式进行交易，例如，甲用香蕉交换乙的鱼。然而，物物交易的效率很低，因为该类交易需要满足"需求的双重耦合"，即人们必须找到拥有他们所需产品和服务的人，并且这个人恰好需要他们所提供的产品和服务，这样就产生了很高的搜寻和交易成本；并且，双方还需就交换的比例达成一致，避免交换物品或服务的价值不匹配。例如，甲可能有1头牛，而乙只有1条鱼，由于活牛不能分割，所以即便甲乙都希望获得对方的物品，但价值上的不匹配使得交易无法实现，他们只能继续寻找其他的交易伙伴或对手。随着分工的深化和交易地域范围的扩大，物物交易无法满足社会发展的需要。

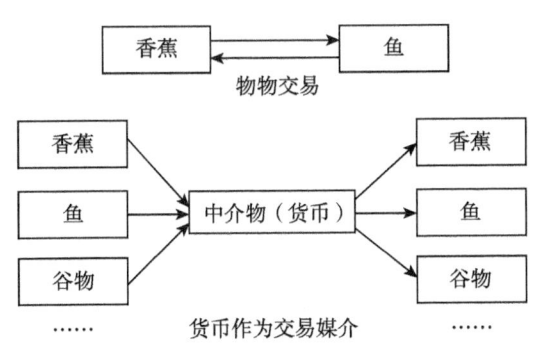

图2-1 物物交易与以货币为媒介的交易

人们在交易时发现，某些物品如谷物、布匹等易于被很多人接受，于是逐渐开始了间接交易，即先用手中的物品（比如香蕉）去交换这些易于被别人接受的物品（媒介物），再用媒介物去交换自己真正所需的物品（比如鱼），这种被普遍接受的物品用于间接交易的次数越多，人们接受它的愿望就越强烈，最终这种物品成为一般等价物，逐步演变为货币。

货币的出现，使得买卖成为以货币为媒介的两个相互分离的环节，打破了"双重耦合"的限制，克服了交易双方在商品供给和需求、空间以及时间上不一致的矛盾。无论你手中拥有的是鱼、香蕉或是谷物，均无须费力寻找双重耦合的对象，只需先寻找自己所持商品的需求方换取货币，随后再用货币去购买自己心仪的商品。货币提高了交易效率，同时也扩展了交易者的选择空间，使得跨期交易成为可能，提升了个体和社会的效用。

除交易之外，货币的媒介作用还发生在延期支付的场景，比如信贷合约、延期付款、税收等，其特点是商品或服务的交付与货币的支付在时间上不一致，如图2-2所示。同样以渔夫和农夫为例，渔夫交付了鱼并同意买方延迟一段时间支付对价，在这个过程中，渔夫给予了买方未来进行支付的信任，货币不再是即时的交换中介，而成为延期支付的工具，完成跨期交换行为。随着信用关系的发展，货币在债务契约、缴纳税金、工资或劳务收支、单方转移支付（比如捐赠、赔款）等场景中，均发挥了支付手段的职能。当然，除了货币之外，一张"欠条"在某些情况下也能实现延期支付，但欠条不能像货币那样被普遍接受，使用范围大大受限。我们将在第三节进一步讨论货币作为信用工具的特殊性。

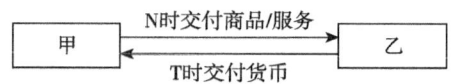

图2-2 货币作为支付工具

（二）价值尺度和计价单位

在交易和支付过程中，货币充当了交易的价值尺度和计价标准。我们用货币的数量来度量产品和服务的名义价值，如同我们用"千克"来称重、用"千米"来测距一样。货币作为价值尺度，使得人们在支出时能够比较相同产品的价格，也能够对不同的产品和服务的生产和消费进行权衡。

假定原始社会经济中只有三种商品，香蕉、鱼和谷物，如何度量交换的比例呢？如果没有货币，人们需要确定香蕉、鱼和谷物的两两交换价格，例如，1把香蕉等于2条鱼，2条鱼等于3斗米，1把香蕉等于3斗米，一共需要3种价格；如果是10种商品呢？如果是100种呢？两两标价意味着对于N种商品，我们需要知道C_N^2即$N(N-1)/2$个价格。10个商品标价需要45种价格，100种商品需要4950种价格……

在货币经济中，通过引入第N+1种物品——货币，对所有其他商品进行标价，原本需要的标价量从C_N^2减少为N，这种简化使得信息传递更有效率，利于价值比较、加总和统计，大大降低了人们的比较和交易成本，也极大地促进了社会生产和分工的发展，提升了社会整体基于统一价值单位进行管理的效率。

值得一提的是，货币执行价值尺度（计价单位）的这一个职能，不需要有形或真实的货币，只需要观念上的货币即可。例如，一杯酸奶标价 5 元，只是一个数字标签而无须摆放 5 元钞票作为提示；我们在网上进行全球购时，所购买的商品可能用美元标价，而实际支付时却使用人民币，由此计价货币（美元）和支付货币（人民币）在币种和单位上都可能存在差异。

（三）价值储藏

货币还可以发挥价值储藏的功能，即成为跨期购买力的载体。人们在当前将收入的一部分以货币的形式储存下来，到未来某个时间再消费或支出。人们借助货币的价值储藏功能，可以分离收入和支出这两个行为，从而实现跨期效用最大化，从这个意义来说，货币是购买力的"暂时栖息地"。

货币并非唯一的价值储藏手段。各种各样的资产均可能发挥价值储藏职能，如实物资产，包括房屋、土地、艺术品、珠宝贵金属、消费品或耐用品等，或者金融资产，即各种收益凭证，如股票、债券、票据等。很多资产可能比持有货币带来更高的收益，比如拥有房屋土地可能获得升值收益，持有股票债券可以获得利息收入等，那为什么人们普遍愿意将货币作为价值储藏工具呢？答案在于，货币相比其他资产具有最强的流动性。

流动性（Liquidity）是指某一资产转化为"交易媒介"（俗称变现）的便利程度和速度。持有实物资产如谷物粮食会产生保管成本和费用，耐用物品如汽车、电器会产生折旧维修费用；房产所有者除了房屋维护成本外，在转让房产时还面临很多限制条件，市场行情不好时想快速变现可能需要大幅折价销售；持有股票或债券虽然可以获得股息、利息收入，但需要面临市场价格波动的风险，持有人可能无法按照理想价格变现，出售时或许会遭受损失，等等。反观货币，虽然没有可观的回报，但其作为普遍接受的交易媒介和支付手段，可直接用于交易，不存在"变现"一说，在未来支付时"名义价值"的变动风险也是最低的。就此意义而言，货币是最具有流动性的资产。

然而，货币的价值储藏功能受制于货币在未来支付时的购买力变化，即价值储藏功能受到通货膨胀的影响。例如，期初储蓄的 1000 元货币，到期末时因为物价上涨，能购买的实际商品或服务的数量会下降，在严重的通货膨胀时期，如果物价每年上涨 100%，则人们持有的货币的真实购买力会每年缩水 50%。通货膨胀会损害货币的价值储藏功能。

货币作为价值储藏手段对经济发展具有重要意义，人们的收入和支出能够分离，社会的储蓄和投资也能够分离，为其他金融工具的发展和资源配置奠定了基础。

除货币之外，尽管一些金融工具和资产也能作为交易支付手段、计价工具或价值储藏手段使用,但只有货币同时具备这三种功能,并"被普遍接受"。例如,近年来比较热门的数字加密货币如比特币,可以在互联网交易中作为计价单位,部分商家也接受其作为交易支付手段,一些玩家还储藏比特币等待升值,但是比特币之类的数字货币在现实中并未被普遍接受,政府部门不接受比特币缴纳税金,企业不用比特币进行工资薪酬支付,使用比特币进行交易的商家占比很小,线下支付的场景很受限等。就此意义而言,尽管最近几十年内兴起的金融创新,模糊了货币与各种高流动性资产的边缘,对货币的统计带来了困难,但人们仍可以从能否"被普遍接受"和"流动性"这两个密切相关的方面,来区分各类资产在执行货币核心功能方面的差异。

三、货币种类与支付方式演进

货币的产生和发展同其作为交易媒介和支付手段密切相关[①]。古往今来,货币的形态在不断变化,从普通的实物货币(商品货币),到贵金属货币(黄金白银),再到信用货币(纸币、支票、存款货币)乃至现在的电子货币和数字货币,货币中"有形"的价值部分日益下降,但其作为交易媒介、价值尺度和价值储藏手段的基本职能没有改变(见图2-3)。

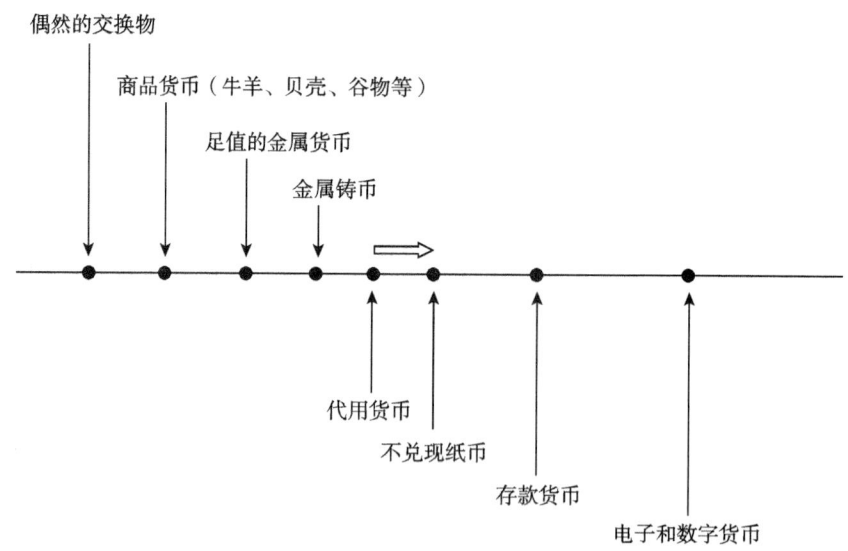

图2-3 货币形态的演进

[①] 当然,一些学者认为货币的起源和发展源自于债务,最初的货币形态是记账货币(名义上的货币)而不一定是实物货币。例如,一些原始部落在石头上记录交易和债务,并进行结算,此时货币是观念上的、无形的货币,感兴趣的读者可参见大卫·格雷伯的著作《债》。

（一）商品货币

商品货币（Commodity Currency）是指以有形的可交换物品充当货币，这些商品除作为交易媒介这一功能外，本身还具有其他使用价值，是足值的实物货币。人类历史上曾使用过的商品货币五花八门，比如贝壳、牲畜、布匹、串珠、盐等，其中使用较广的是贝壳和谷物。中国在商周时代的青铜器铭文和甲骨文中都有关于将贝用作赏赐的记载，我国的文字中很多与财富有关的字都有贝字旁，如财、货、贸、贵、账等。

（二）金属货币

金属货币（Metallic Money）是指使用金属作为币材的货币。作为交易媒介和价值尺度，人们要求商品价值稳定、易于标准化、易于分割和携带，而考虑到未来的交易，这种商品还应易于储藏不变质。随着社会分工细分程度和外延的扩大，具有上述特征的贵金属如金、银、铜等逐渐在交易中被更多的人接受，演变出金属货币。中国是最早使用金属货币的国家之一，可追溯到殷商时代。

金属货币主要有两大类形式，一类是条块状（称量货币），一类是铸币。前者如中国汉代以来实行的"银两"制，人们交易时使用金属条块（如金条、银锭），按照重量和成色确定其交易价值，进行流通；小额交易则用"碎银"支付，人们可以自由铸造、分割、融化金属，此时的货币作为商品和作为交换媒介的价值是相等的，是足值货币。

铸币，即铸成一定形状并由国家或其许可的机构标注印记，表明其重量和成色的货币。铸币实现了货币形态的标准化，便于识别，节约了交易成本和信息成本。中国早在战国时期便已经有了铸币，秦始皇统一六国后铸造秦半两钱，极大地促进了中国经济的发展。在西方各国，也相继出现了金币、银币等铸造货币，19世纪后半期，开采金矿的技术大幅提高，金币渐渐成为世界主要流通货币。金属货币为生产和交换提供了稳定的货币环境，但金属货币本身受到币材数量（如金属储藏开采）的限制，在经济快速发展时难以满足人们日益增长的交易需求。

在铸币时代，已经开始出现铸币代表的名义流通价值同其所含金属价值的偏差。通常，名义流通价值高于铸币所含的金属价值。例如，面值1磅的银币可能只包含0.99磅的银，这种溢价由铸造者利用其权威形成的"信用"来维持[①]。统治者往往采用减轻金属重量、降低纯度或增大面值的方式，增大货币名义价值和实际金属价值之间的溢价（铸币

---

① 然而也存在相反的状况，比如《魔鬼经济学》中，美国专栏作者都伯纳指出，美国政府铸造一枚美分硬币的成本远高于1美分，因而呼吁取缔美分硬币。

税),从而达到掠夺民众财富的目的。

时至今日,很多国家还会发行金属铸币,即大家熟悉的低面值硬币作为小额支付的工具和手段。一些国家也会发行特殊的贵金属纪念币,如中国人民银行发行人民币特种纪念币熊猫金币,这些纪念币理论上可以作为法定的货币流通,但因其市场价值远远高于面值,公众一般将其用于收藏。

(三) 纸币:代用货币与法币

货币形态的进一步发展是纸币(Paper Money),包括私人发行的货币兑换券、银行发行的银行券以及国家发行的纸质货币。

早期的纸币是一种"代用货币",即纸币的发行需要有十足的金属货币准备,持有纸币的人可将其兑换为对应的金属货币,纸币在流通中代替金属货币的职能,是金属货币的纸质象征。纸币降低了货币的携带成本和交易成本,便利了大规模贸易的发展。世界上最早的纸币是中国北宋时期出现在四川的"交子",它替代了当时笨重的铁钱,持有人可凭纸币到指定店铺兑换金属货币。大约在17世纪,意大利的诸多城市开始流行私人银行发行的银行券(Bank Notes),凭借银行券可以按约定价值兑换金属货币。代用货币的发展,受制于人们对其兑换真实性的信任度,由于信息不发达,纸币鉴定、交易和兑付金属货币的过程存在大量风险,发行人的经济实力和保证兑现的能力不同,导致纸币流通混乱。很多国家的纸币发行逐渐由国家政府垄断,纸币逐步从金属货币的代表物转变为由国家强制力保障流通的信用货币——法币。

法币(Fiat Money)是由政府发行和保证流通的不兑现货币,它不代表实质商品或货物,发行者亦没有将货币兑现为实物的义务。法定货币的价值来自拥有者相信货币将来能维持其名义购买力,而背后则是国家的强制力或国家信用,因而又被称为"信用货币"。目前我国的法定货币是人民币。

信用货币制度下,货币发行和流通的数量不再受到发行人所持有的金属货币或商品数量的限制,整个经济体系的货币供应机制彻底改变了。政府对货币的控制能力得以强化,货币数量扩张失去了外部的约束,通货膨胀问题日益突出,反通胀成为当代经济和金融政策关注的目标之一。

(四) 存款货币

铸币或纸币均具有无记名的特点,易于失窃,而纸币虽然较金属货币轻便,但大规模交易时仍面临高额的运送费用,随着以银行为主的现代支付体系的发展,银行发行的存款货币开始普遍应用于经济与金融系统中。

存款货币（Deposit Money）是指能够发挥货币交易媒介和支付职能的银行存款，包括可直接进行转账交易支付的活期存款和定期存款等，它是基于中央银行发行的货币（通货）衍生出来的银行负债凭证，本质上是银行开具的可兑换成等额中央银行货币的欠条，也是一种"信用货币"。如果说最初的纸币是代表一定金属价值的纸质的货币符号，那么银行存款可以视作"法币的符号"。当人们去银行或自动柜员机上提现时，相当于把自己在商业银行的存款兑换成等额的中央银行货币（法币）。

同中央银行发行的法币不同，存款货币因为发行者不同而存在差异：比如通常不能拿甲银行的存折或银行卡到乙银行要求提现，跨行自动取款机取现通常会涉及一定手续费，在某些银行的存款随时都能提现，而在有些银行就可能出现兑付困难，等等。古今中外都曾出现过银行破产倒闭、存款血本无归的事件，这意味着存款货币的安全性低于中央银行法币。

基于银行的存款货币衍生出了很多支付方式，极大地便利了资金融通。以纸质的支票为例，人们先把一部分纸钞（中央银行货币）存入银行开立活期存款账户，客户根据存款余额可签发支票，凭支票进行转账结算，银行通过相关存款账户的记账完成支付行为。例如，A 企业向 B 企业支付 1000 元购买产品，A 企业只需基于其在 C 银行的存款签发一张面值 1000 元的支票给 B 企业。B 企业拿到支票存入 C 银行，则 C 银行只需记录：A 企业存款减少 1000 元，B 企业存款增加 1000 元，即可完成支付和清算，而无须任何现金支付和转移，如表 2-1（a）所示。如果 B 企业要求提现，则 C 银行将记录：现金减少 1000 元，B 企业存款减少 1000 元，如表 2-1（b）所示。存款货币通过记账进行支付结算，可避免大额资金直接存取等操作，极大地便利了资金的清算。

表 2-1（a）　　　　商业银行的资产负债变动 ——企业支票存入　　　　　　　　单位：元

资产		负债	
		A 企业存款	-1000
		B 企业存款	+1000

表 2-1（b）　　　　商业银行的资产负债变动 ——企业提现　　　　　　　　　　单位：元

资产		负债	
现金	-1000	B 企业存款	-1000

除了签发支票外，借助日新月异的技术手段和支付技术发展，人们还可以通过电话、电报、互联网等通信方式对自己的存款账户进行操作，实现在线交易、购买、支付和转账等功能，对现金的需求大大降低。在复杂的经济体系中，以银行为网络中心节点的支付清

算系统极大地提高了支付交易和资金清算的效率，降低了交易成本，促进了经济和金融的发展。

（五）电子货币

进入21世纪，电子和通信支付技术的发展使电子货币（Electronic-Money）逐步取代纸质的支票与现金，被广泛运用。电子货币泛指使用电脑、电子通信网络设备等进行支付结算的货币形式，其有形的载体是银行借记卡、固定面额的储值卡等。消费者在银行开立借记卡账户（通常是活期存款账户）存入一定的现金，随后可使用借记卡在商户购买产品和服务，资金通过电子转账从消费者的银行账户转移到商户的账户。储值卡是将消费者预先支付的固定金额的货币存入卡中，在消费时刷卡支付，等等。此外还出现了各种非银行机构的电子支付形式，例如，一些大型连锁超市发行的充值卡，互联网企业开发的网络支付手段如支付宝、微信钱包等。同通货（纸币和硬币）相比，电子货币已没有任何看得见摸得着的有形实体，人们能看到的只是银行账户或者电子钱包中的"数字"增减。尽管如此，最终执行交易和支付职能的仍是银行系统发行的存款货币。因而，电子货币只是取代了流通中有形的现金，本质上是存款货币（信用货币）的数字化表现形式。

（六）数字货币与货币的未来

从货币形态的演变可以看出，货币从有形到无形，作为商品的属性和价值逐步下降，而其背后的"信用"属性逐步提升。商品货币和金属货币依靠其自身的物理价值来支撑货币职能，国家发行的法币（纸币）则由国家信用保证流通，银行存款货币背后依赖的是银行的信用（即银行保证兑付现金），但货币的本质职能，即交易媒介、价值尺度和价值储藏手段没有改变。

随着技术的进步，未来货币形态会发生根本性变化吗？21世纪诞生了新兴的数字加密"货币"，典型代表为比特币（Bitcoin）。比特币系统是基于网络技术、加密技术、时间戳技术和区块链技术等的电子现金系统，它不依赖中央银行发行，而是依靠互联网特定的算法产生，并通过遍布全网的分布式数据库进行交易确认和记录，具有去中心化、高度匿名化、总量有限和交易成本低等特点。比特币的数量被限定在2100万个，由于数量有限，交易匿名，在全球范围内受到广泛追捧，一枚比特币的价格甚至最高冲到69000美元以上。此外，与之相似的其他各种加密数字货币，如莱特币、天秤币等不断涌现。然而，这些形形色色的非政府发行的数字"货币"更多发挥了价值储藏的功能，很难获得普遍信任成为交易媒介和价值尺度，就此意义而言，这些所谓的货币目前只是一种"虚拟资产"，其价格的涨跌很大程度上反映了市场参与主体的投机情绪。

各国官方也加快推出中央银行数字货币（Central Bank Digital Currencies，简称CBDC）。中央银行数字货币是中央银行货币的电子形式，具有法定支付和价值储藏的功能。根据国际清算银行的调查[①]显示，2017—2022年，世界上大多数央行都开始探索或者已经开发了CBDC。

中国人民银行开展的数字货币项目称为数字货币和电子支付工具（DC/EP），是现金的替代品，其功能属性与纸钞完全一样。中国人民银行的数字货币采用"中央银行—商业机构"双层运营体系，央行数字货币基于国家信用，监管权集中于央行。目前数字人民币已经纳入国家货币统计中，并且在很多线上线下支付的场景得到应用。

第二节 货币统计与度量

在整个经济体系中，到底有多少货币？这看似简单的问题涉及货币总量（Monetary Aggregate）统计。货币统计如同国民收入统计一样，是了解一国宏观经济表现、制定宏观政策的基石。主要经济体的中央银行或政府统计部门均定期公布本国的货币总量数据，浏览这些网站，你会发现各国央行采用了各种各样的货币名称，狭义货币、准货币、广义货币，还有M1、M2等代码，它们是什么含义？有什么区别？

一、货币总量的度量与分层

从职能定义来看，货币是被人们普遍接受的价值尺度和交易媒介，就此而言，货币总量中将各国法定发行的货币纳入统计毫无争议，然而在此之外有很多金融资产具有货币的某种特征，或能行使货币的部分职能，如何判断它们是否属于货币范畴呢？实践中，各国货币当局主要依据货币本质特征和宏观经济管理的需要，界定货币的统计范围，并依据流动性的高低对货币进行分层度量。

（一）交易职能与狭义货币

当聚焦于货币最显著的特征时，人们自然会问，是什么使货币与其他各种金融资产相

[①] Kosse and Mattei, Making headway – Results of the 2022 BIS survey on central bank digital currencies and crypto, BIS Papers No. 136, 2023.

区别开？换言之，什么是货币独特之处？从货币形态的演进可以看出，货币从其他商品中逐步独立出来，甚至演变为无形的货币，最本质之处是人们普遍接受的交易媒介、支付手段和计价工具（以下简称"交易性职能"）；而价值储藏职能并非货币特有，不能作为划分货币的标准。

基于货币的交易性职能，可以将货币同一些其他金融资产进行区分，一个简单的标准是：这种资产能否在普遍意义上直接用于媒介交易或支付？按此标准，各国的通货（Currency，指法定的现钞和硬币）和开立了支付功能的活期存款毫无疑问均是货币，这便是"狭义货币"的范畴，用 M1 表示。以我国为例，人民币现钞和硬币是中国人民银行发行的法定货币，《中国人民银行法》规定，人民币的持有者在任何场景下用其进行支付，对方均不得拒收，即人民币具有无限法偿性。我们持有的活期存款账户不仅可以按照账面金额在银行或自动提款机上转换为等额现金，还可以通过线下商铺刷卡、线上的电子银行网络支付或借助支付宝等银行之外的第三方支付机构的网络，方便快捷地进行支付，在某些场景下比如企业间的大额支付、日常的小额快捷支付方面，便利性甚至超过现金。因此，现金和活期存款能用于普遍的支付购买，是货币。

从交易性职能来看，其他类型的存款如定期存款不能直接用于进行支付和交易，但通常可以迅速地按不低于面值的数额转换为现金或活期存款，鉴于其货币交易的职能弱于狭义货币，因此被称为"准货币"（Quasi Money）。准货币和狭义货币一起，构成了货币统计中的广义货币（Broad Money）。

在广义货币之外的其他类型金融资产，如股票、债券、票据等，不能直接用于充当交易媒介或进行支付，且其变现时价值和速度均不稳定，因而不属于货币。

（二）流动性与货币分层

有关狭义货币、广义货币和非货币的区分，本质上依据的是资产的"流动性"（又称"货币性"），即转换为交易媒介（狭义货币）而不受损失的能力。它们执行货币交易职能的便捷性和价值稳定性不同，从而构成了金融资产分层的基础。

国际货币基金组织（IMF）作为全球货币金融统计准则的制定者，在其《货币金融统计手册》中给出了依据流动性进行货币统计的指导性原则，提出了广义货币和流动性总量两个总量度量指标，如表 2-2 所示。表中各类金融资产按流动性从高到低排列。广义货币包括通货、可转让存款、其他存款、货币市场基金份额和存款性公司发行的债务凭证（如大额存单等）；而流动性总量指标则在广义货币之外加入了一些具有较强流动性的资产，包括政府发行的国库券、储蓄债券、存款性公司的长期存款、银行承兑汇票，非金融机构发行的商业票据等。

表 2-2　　　　　　　　　　　IMF 的广义货币和流动性总量度量

金融资产类别		说明
流动性总量	广义货币	通货	中央银行（或中央政府）发行的现钞和硬币
		可转让存款	包括存款性公司发行的活期存款、银行本票、旅行支票，邮政储蓄机构发行的可转让存款，非存款性公司发行的旅行支票
		其他存款	包括存款性公司发行的不可转让储蓄存款、定期存款、固定存款等
		货币市场基金份额	
		债务凭证	包括存款性公司发行的大额存款、商业票据等
	其他流动性资产		政府发行的国库券、储蓄债券、存款性公司的长期存款、银行承兑汇票，非金融机构发行的商业票据等

注：存款性公司包括中央银行和商业银行、储蓄银行等各类能发行存款的金融机构。
资料来源：作者根据 IMF《货币金融统计》整理制作。

中央银行依据"流动性"对货币进行分层统计，有利于区别不同类型资产对经济的影响，并据此制定政策，调控货币供应。实践中，各国对通货（M0）和狭义货币（M1）的统计并无太大差异，主要的区别在于对准货币和广义货币（M2）的界定上，因为各国金融发展程度特别是支付技术发展差异很大，一些金融工具同狭义货币的界限难以清晰界定。

以货币市场共同基金为例，美国的货币市场共同基金（MMMF）账户允许客户开立支付命令，被纳入到广义货币 M2 中；中国的货币市场基金账户金额能快速地转换为活期存款，也纳入到广义货币 M2 统计中；在欧元区，M2 仅包括通货、活期存款、2 年内的定期存款和 3 个月内的通知存款，而货币市场基金份额同回购协议、2 年内到期债券一起，被归入 M3；日本则未将其纳入广义货币，而是纳入到广义流动性统计 L 中。

本章附录 1 列出了当前主要经济体的货币统计口径，感兴趣的读者可以查找货币当局官方网站，了解不同国家的货币统计。需要注意的是，由于技术进步和金融创新，货币的统计也在不断地根据现实情况和政策需要进行修订。

二、中国的货币总量统计

（一）我国货币层次的划分

1994 年，我国颁布《中国人民银行货币供应量统计和公布暂行办法》，对货币供应量口径进行了统一划分，此后为更全面反映金融市场变化，货币统计口径在不同阶段历经四次调整和完善，截至 2023 年底，公开的货币总量层次为 M0、M1 和 M2，各层次货币的统计方式如下：

M0 = 流通中现金（含数字人民币）

M1（狭义货币）= M0 + 单位活期存款①

M2（广义货币）= M1 + 单位定期存款 + 个人存款 + 其他存款

M0 是中国人民银行发行的，在银行系统（中央银行和商业银行等）之外的现钞、硬币和数字人民币②，狭义货币 M1 包括现金和活期存款，它们能很快转化为商品和服务，反映经济中的现实购买力；M2 则是中国目前公布的最广的货币口径，M2 中流动性低于 M1 的部分为准货币，包括单位定期存款，个人存款（定期和活期）以及除此之外纳入货币统计的其他存款（包括证券公司客户保证金存款、住房公积金存款和货币市场基金份额）。

表 2-3 显示了我国 2023 年 12 月的货币总量数据及其构成。广义货币 M2 为 292.3 万亿元，其中狭义货币 M1 共 68.1 万亿元，流通中现金 M0 为 11.3 万亿元，只占广义货币的不到 4%，单位或个人存在银行类机构的各类存款约占 85%，其他存款（主要反映金融创新和其他金融工具发展）占 11.7%。

表 2-3　　　　　　2023 年中国各层次货币总量及构成　　　　　　（单位：亿元）

项目 Item	2023 年	占 M2（%）
货币和准货币 Money & Quasi Money（M2）	2922713	100.0
货币 Money（M1）	680543	23.3
流通中货币 Currency in Circulation（M0）	113445	3.9
单位活期存款 Corporate Demand Deposits	567098	19.4
准货币 Quasi Money	2242171	76.7
单位定期存款 Corporate Time Deposits	520996	17.8
个人存款 Personal Deposits	1378567	47.2
其他存款 Other Deposits	342608	11.7

资料来源：根据中国人民银行公布的货币数据整理计算。

（二）中国货币总量：一些特征事实

我们可以从各层次的货币量的变动、占比及其相对经济总量的发展等方面描述一国的货币总量结构和特征。

1. 我国各层次货币供应量变化趋势

最近 30 多年来，中国的货币供应量经历了快速的增长（见图 2-4），尤其是广义货

---

① 单位活期存款和单位定期存款中的"单位"，是企业、机关、部队和事业团体。
② 从 2022 年 12 月起，M0 统计包含流通中的数字人民币，当时流通中的数字人民币余额约为 136.1 亿元。

币 M2，从 1990 年的 1.5 万亿元增长到 2023 年的 292.3 万亿元，增长了 194 倍，年平均增速约 17.3%；狭义货币 M1 从 1990 年的 0.7 万亿元增长到 2023 年的 68.1 万亿元，增长了 96 倍，年平均增速约 14.9%；增速相对较慢的是通货 M0，从 1990 年的 0.26 万亿元增长到 2023 年的 11.3 万亿元，增长了 42 倍，年平均增速约 12.1%。

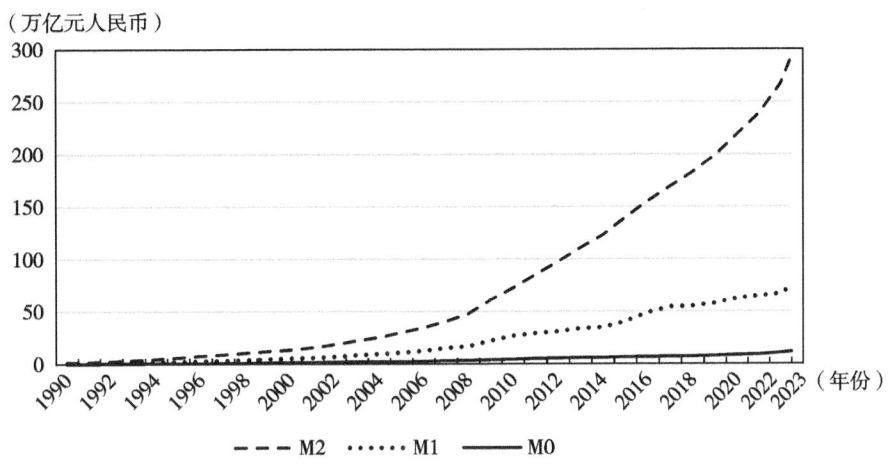

图 2-4　中国的货币总量（1990—2023 年）

资料来源：国家统计局。

不同层次货币总量增速变化差异，导致通货 M0 在货币总量中占比从 1990 年的 17.3% 下降到 2023 年不到 4%，狭义货币 M1 占比从 45% 下降到 23.3%，而准货币（定期和其他各类存款）占比从 55% 左右提升至 76.7%，意味着居民各类定期存款和其他存款相对现金和活期存款发生了快速扩张，那么其背后的驱动因素是什么呢？读者可以在学习了货币供给和货币需求内容后进一步深入探讨背后的原因。

2. 中国的"货币之谜"

在货币供应量高速增长的同时，我国的经济总量也在快速增长，货币总量是否相对于经济总量增长过快呢？国际上一般用广义货币与国内生产总值（Gross Domestic Products，简称 GDP）的比值显示这一相对变化，最近几十年中国、美国和日本的广义货币占 GDP 的比重变动如图 2-5 所示。

图 2-5 显示，改革开放以来，中国的广义货币与国内生产总值之比表现出明显的快速上升趋势，2021 年已超过 200%。该比例在世界范围内来看处于较高水平，在主要经济体中仅次于日本（284%），而美国约为 117%，英国约为 165%，韩国约为 175%。广义货币与国内生产总值的比重能说明中国的货币数量相对国内生产总值太多了吗？值得一提的是，经济学者戈德史密斯在研究各国的金融发展程度时，用该比值度量各国的"金融深化

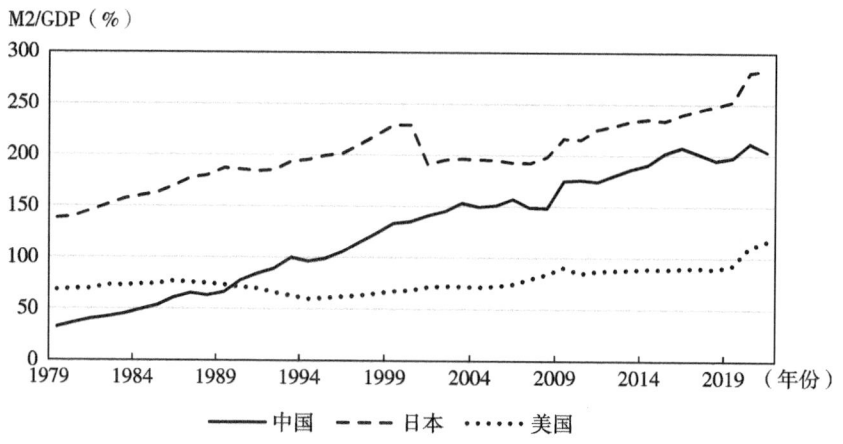

图 2-5 中国、美国和日本的 M2/GDP 比率

资料来源：根据世界银行世界发展指数（World Development Indicators）数据库整理制作。

程度"，我们能否就此得到结论，认为中国的金融深化程度超越了美国吗？这背后是否反映了中国、日本和美国融资方式的差异呢？例如，中国和日本更依赖银行系统，而美国更依赖资本市场，从而经济主体较少用货币和存款形态持有其资产和财富呢？

此外，人们发现，尽管中国货币数量快速扩张，但同很多发展中国家经历的严重通货膨胀不同，中国的平均通货膨胀率较为温和，学者将中国广义货币/国内生产总值快速增长但物价相对稳定的现象，称为"中国货币之谜"。我们将在第十一章从货币需求的角度进一步分析中国的货币增长问题。

第三节　信用

金融系统中另一个基本范畴是"信用"（Credit）。在金融世界中，人们常用信用一词描述跨期资源配置中的债权债务关系和行为。

一、经济学的"信用"范畴

"信用"一词，在道德层面指诚信，即通过诚实履行自己的承诺而取得他人的信任。诚信涉及跨期的两个环节——许诺和践约，守信则意味着承诺和履行的一致性。古今中外，人们均将诚实守信视作最基本的道德规范和行为准则之一。良好的信用环境不仅是个人之间正常交往的基础，而且是经济活动正常运转的前提。如果一个社会失信和欺诈行为盛行、信用缺失，正常的人际交往和经济活动都会受到阻碍。

（一）广义的"信用"与应付的义务

在经济和金融范畴中，"信用"（Credit）特指关于物品或金钱的跨期承诺和履约[①]。双方事先就某一事项（例如，资金或资源的转移和偿还）达成一致，并按照约定时间和条款履行承诺。承诺和未来履约（偿还）在本质上可视为一种"债"，负有给付义务的一方是债务人，其对手方是债权人，债权人对债务人赋予了未来进行支付（偿还）的"信任"[②]。

信用行为普遍存在于资源的跨期配置中，最典型的场景是延期支付。例如，渔夫供给农夫3条鱼，约定后者在秋天时给渔夫10把香蕉。这笔交换最初能否达成，依赖于渔夫对农夫的信任，当渔夫供给农夫3条鱼时，便由此对农夫拥有了未来的求偿权，渔夫的利益取决于农夫是否履约，渔夫承担了对手的"信用"风险。同理，如果狩猎者向农夫提供了劳动，帮助农夫抵抗野兽的袭击，农夫许诺以未来采集的香蕉作为报酬，也涉及了未来的支付。延期支付产生了记录、汇总和结算等问题，在一些原始部落里，记账系统由此产生，用符号或数字记录相关的债权债务关系。经济史学家据此提出关于货币起源的另一个假说：货币最初可能是以记账工具而不是交易媒介出现的，货币是记录信用（债）的载体[③]。

在货币经济中也普遍存在延期支付问题。例如，劳动者先干活后拿钱，按月结算工资；消费者先消费后还款（记在信用卡账上，定期结账）；先使用水电煤气，后结算相关费用；企业先收款再发货，等等。在这些场景中，交易的一方没有在提供物品或劳动的同时获得对等支付，而是赋予对方未来提供货币报酬的权利，即给予了对方信任，对方的诚信履约是完成交易的关键环节。当使用货币作为支付工具时，货币充当了信用的载体，人们当前提供物品、服务换取的不是有形的物品或服务，而是纸钞甚至只是银行活期账户上数字的增加，其背后隐含着对货币作为交易支付和价值储藏手段的信任（相信货币能够在未来交易中被其他交易者接受）。

投资活动也蕴含信用关系。股东或合伙人当前投入货币资金、实物或者技术等无形资

[①] 在新帕格雷夫大辞典中，Credit 意味着"让渡某物（或钱财）的财产权，以交换在将来某一个特定时期的对其他物品或钱财的所有权"。

[②] 读者可参见有关"债"的法律释义，债指一方当事人向他方当事人请求一定给付的法律关系。请求给付的一方当事人享有债权，称为债权人；负有给付义务的一方当事人，称为债务人。

[③] ［美］大卫·格雷伯. 债：第一个5000年［M］. 北京：中信出版社，2012.

产创办企业或购买企业股票，希望未来获取企业的股息偿还或企业价值增长的回报，背后是对企业经营管理者能够合理运用这些资金资产的信任；人们将资金出借给别人（如购买企业债券），同样是基于对借入方能够按事先约定还本付息的信任。民间的投资和借贷关系中，无论是亲友之间借款还是互助合会，均体现了双方之间的信任关系。

毫不夸张地说，经济社会和金融世界中，信用关系无处不在。

（二）狭义的"信用"与借贷关系

狭义的信用是指"以偿还本金为条件的借贷活动"，是债权债务关系的一种[①]。借贷活动的要素包括：主体、标的、期限和利息等。典型的借贷关系中，往往规定未来的偿还数量超过贷出数量，超出的部分可视为对出借人承担跨期不确定性的补偿。当然，现实中很多借贷关系是无息的，例如，熟人亲友之间的借贷，企业上下游之间的短期资金融通，政府面向穷困人群的无息贷款，等等。由于信息不对称，债权人为了保护自身利益，往往对债务人规定一些约束条件，如增加他人担保、提供抵押品等方式，目的是降低道德风险，保障后者的履约。

按照标的物划分，借贷可以分为实物借贷和货币借贷。实物借贷是以实物为标的进行的借贷活动，例如，"春借一斗种，秋还三斗米"，或贷者出借耕牛、农具而等待借者在丰收后以粮食偿还等。货币借贷是以货币为载体（标的）进行的借贷活动，贷者出借一定数量的货币，借者到期用货币归还本金和利息。

货币借贷相比实物借贷具有很多优势：作为价值尺度，货币借贷省略了对实物进行计量的手续和相关成本；作为交易媒介和支付手段，货币能够广泛被接受和使用，具有较大的灵活性；作为价值储藏手段，货币能够保持其名义价值且仅需较少的储藏和保养成本。因此，货币能够灵活地适应借贷双方在时间、空间上的要求，极大地便利了借贷关系的发展。实物借贷目前已经逐渐淡出历史舞台，仅成为民间调剂余缺的手段。

（三）信用关系中的风险及其管理

经济社会生活中普遍存在信用关系，人们当前让渡某物/钱财，以换取未来获得支付。在这种跨期配置过程中，存在很多不确定性，由此产生价值损失。

在信用关系中，最大的风险是债务人未来履约价值的不确定性。对请求未来给付的一方（债权人）而言，首要风险是交易对手方不履行到期承诺而产生的损失，即信用风险。

---

① 在法律上，除了借贷关系之外，侵权、违约、无因管理等其他原因也可产生债权债务关系，例如，因为交通违章而欠缴的罚款，便属于违章人的负债。

信用风险可能源自对手方的主观故意（恶意违约），也可能是因为客观经济条件的限制（如意外、疾病、市场不景气等原因）而不得不违约。

此外，即便对手履约，但未来给付的价值仍可能达不到债权人的预期，例如，因为物价上涨，导致货币资金的购买力下跌（购买力风险），或者未来到手的货币资金再投资时可能达不到债权人预期的收益（再投资风险），等等。但是，此类风险通常在债权人的控制范围之外，因此人们在信用关系中最看重的仍是来源于交易对手方的信用风险。

管理信用风险的关键在于事先了解（潜在的）债务人的相关信息。例如，当别人向你借钱时，你需要判断，他的经济实力如何？他能按时还钱吗？他是否有过借钱不还的记录？他是否曾有过一些失信记录，如坐公交车不买票、拖欠水电费的行为，其道德诚信是否有缺？此外，当形成借贷关系后，你可能需要知道他是不是按照约定使用这笔钱？他会不会携款逃跑，我借出去的资金安全吗？

针对类似的疑问，"征信"活动应运而生。征信是通过对经济主体的历史信息进行收集、整理、保存和加工，进而评价经济主体的履约能力。专门提供征信服务的机构，被称为征信机构。征信机构汇总各种信用信息，建立信用档案，出具信用报告，便利经济主体的决策并管理信用风险。在中国，中国人民银行征信中心负责管理整个银行系统涉及企业和个人的信贷征信业务，此外，还有各类依托于互联网企业和金融机构的民间征信机构如芝麻信用、腾讯征信、中诚信征信等，信用体系建设将有助于经济主体防范信用风险、扩大信用范围、改善中国的整体金融环境。

在金融系统中，人们普遍采用"信用等级"来度量不同的经济主体在履约方面的差异。诚实守信、经济实力雄厚、财务健康的经济主体具有较高的履约可能性，因而具有较高的信用等级；而过往信用记录不良、经济实力较弱、财务状况不稳定的经济主体有较高的违约可能性，因而具有较低的信用等级。（潜在的）债权人通常会对债务人的信用状况进行调查、分析和评价，根据信用等级对其进行区别对待，信用等级越高的债务人面临的融资成本越低。有关信用风险的内容，读者可进一步参见第五章债券市场和利率，以及第九章商业银行信用风险管理的详细介绍。

二、信用的形式和类别

信用活动在现代经济社会中普遍存在，信用的形式也日趋多样化和复杂化，按照不同的划分标准可以对信用形式进行不同的分类。常见的分类是按照信用的参与主体进行分类，可以分为个人信用、企业（商业）信用、银行信用、国家（政府）信用等。

(一) 个人信用

个人信用是以自然人（家庭）为主体的信用，包括因消费而产生的偿付义务（消费信用），以及因为投资、创业、生产经营活动而产生的偿付义务（经营信用）。

对个人而言，最常见的信用形式是消费信用。消费者往往以赊帐（延后支付）、分期付款等方式向企业或他人购买商品或教育医疗等服务，特别是房屋、汽车、家具、电器等大宗消费品；消费者也可以使用银行信用卡或向银行和专门的消费信贷公司申请消费贷款进行支付。随着中国支付结算体系的日益发达，用信用方式支付个人消费日趋普遍，例如，个人可以使用支付宝"花呗"或"京东白条"等工具在很多小额支付场景进行支付，个人信用活动渗透到经济生活的方方面面。消费信用帮助个人（家庭）在更长的时间段内平滑收入和支出，实现跨期效用安排的最优化。

需要注意的是，使用借贷资金进行消费是否可持续，取决于未来的偿还能力，即消费者的未来收入能否超过开支增长的速度，过度利用消费信用，追求与个人偿付能力不匹配的高消费，将使个人陷入债务困境。

(二) 企业信用

企业信用是企业因为提供服务或融资借贷而形成的信用关系，包括狭义的商业信用，即工商企业在经济往来交易中形成的债权债务关系，以及融资借贷形成的信用关系。

商业信用（Commercial Credit）是指企业之间相互提供的，与商品交易直接相联系的信用形式。典型的商业信用形式是赊购，即卖方先发货后收钱，买方负有对卖方的付款义务，与之相对的是预收货款后发货，卖方负有对买方未来发货的义务。在工商业经营中，这类现象非常普遍。例如，具有良好生产能力的企业，可能缺乏资金购买原材料，不能扩大生产；下游企业（销售渠道）可能拥有大量的客户但生产环节不能开工满足需求。商业信用的介入，使得上下游企业之间可以调剂资金余缺，便利了商品生产、交易和流通环节的顺畅链接，促进了社会生产与分工的发展。人们普遍使用汇票、本票、支票等商业票据作为商业信用的凭证，详见专栏 2-1。

专栏 2-1　票据的相关基本概念

汇票（Bill of Exchange）是出票人签发的，要求付款人立即或定期或在可以确定的将来的时间，对某人或其指定人或持票人支付一定金额的无条件书面支付命令。

支票（Check）是在银行存款的客户向银行签发的，授权银行对某人或其指定人或持票人支付一定金额的无条件支付的书面命令。

本票（Promissory Notes）是出票人签发的，以其自身为还款人，保证即期或定期或在可以确定的将来的时间，对某人或其指定人或持票人支付一定金额的无条件书面承诺。

考察企业的交易行为和票据使用的案例。A企业出售给B企业价值200万元人民币的货物，B企业没有支付现金或实时转账，可以选择如下三种方式：

（1）签发商业汇票。B企业向A企业签发了一张期限为3个月的商业汇票，以A企业为收款方，要求其关联公司C（付款人）向A企业在3个月后支付200万元人民币；

（2）签发本票。B企业向A企业签发了一张期限为3个月的本票，以A企业为收款方，承诺在3个月后自己向A企业支付200万元人民币；

（3）签发银行转账支票。B企业向A企业签发了一张期限为3个月的银行支票，要求B企业存款银行D见票向A企业支付200万元人民币。

三类票据虽然都是由B企业签发，但未来的付款者不同，A企业未来能否获得200万元人民币资金很大程度上取决于出票人和付款人的"信用"。

怎样才能使A企业愿意接受票据呢？债务人常用的方法是寻求第三方的信用支持。B企业可以请其开户行提供担保，银行承诺若到期A企业不能部分或全部获得货款，则由银行向A企业支付剩余应付的金额，这种"承诺兑付"的行为，便是"承兑"（Acceptance）。银行承兑后的票据称为"银行承兑票据"，如果企业找其他工商企业进行保证兑付，即为"商业承兑"。无论是银行还是其他企业，承兑方均承担了付款人违约的风险，通常会收取相应的费用和补偿。

如果持有票据的A企业在票据到期前，需要用钱怎么办？例如，A企业在1个月后急需流动资金，此时持票人可以将该票据转卖给其他主体。由于对方2个月后才能凭票收回200万元人民币，因而需要提前扣除相应的利息，将剩余的款项交付给A企业，这一行为称为"贴现"。贴现后，债权债务关系发生转移，提供贴现服务的一方由此获得了未来200万元人民币资金的求偿权。通常银行会提供贴现业务，但是鉴于"贴现"将未来获得资金的信用风险转移到了银行身上，为降低信用风险，银行往往只对经过银行承兑的票据进行贴现。

A企业还可以进行票据回购，即把未到期的票据质押给银行，借入短期资金并且承诺未来按照约定金额购回票据。票据的贴现和回购通常是短期资金融通的方式，它们是货币市场交易的主要方式之一。

基于交易背景的商业信用在交易对象、期限、规模和转让条款等方面存在很大的局限性，企业为了获取更加稳定来源的资金，往往主动进行债务融资，承诺未来按照一定条件偿付债权人，主要方式包括银行贷款、发行债券和融资票据等，我们将分别在本书的债券市场和商业银行部分详细介绍。

（三）银行信用

银行信用（Bank Credits）是银行类金融机构以货币形态提供的信用，常见的银行信用是银行的各类贷款，又称银行信贷。以银行为中介进行的资金融通属于间接金融的一种方式，银行充当了在最终借款人和最终出资人之间的信用媒介，实现了信用转换、流动性转换和期限转换，详见第九章有关商业银行的内容。

商业银行在开展信贷业务的同时，创造出了自身的负债，即通过为借款人提供信贷资金，创造出了以银行自身为债务人的新的信用关系，这是理解银行信用的关键。当这种负债被普遍接受作为支付和交易手段时，商业银行就通过放贷创造出了新的货币。

例如，商业银行甲对个人小金发放1年期的个人消费贷款1000元，在商业银行甲的资产负债表上，记作：资产增加1000元（对小金的贷款），负债增加1000元（小金的活期存款）；对小金而言，可动用的资金增加了1000元，而对银行的负债也增加了1000元。这一信用行为，创造出了新的金融资产和负债，双方均产生了资产和负债变动，社会的货币总量增加了1000元，加总的资产和负债都增加了2000元，然而由于双方的债权债务关系相互抵销，小金和银行的财富净值的增量（即资产增量 – 负债增量）为0，加总的社会净财富变化也没有变化（见表2－4）。信用创造过程只能创造新的金融资产，而不能创造实物资产，也不能增加社会总体的实际财富。

表 2–4　　　　　　　　　　　商业银行的信用创造

商业银行甲的资产负债表　　　　　　　　　　　　　　　　　　　　　　单位：元

资产		负债	
对客户贷款（小金）	+1000	活期存款（小金）	+1000

小金的资产负债表　　　　　　　　　　　　　　　　　　　　　　　　　单位：元

资产		负债	
活期存款（甲银行）	+1000	银行贷款	+1000

银行的贷款能够创造存款，银行在产生信贷资产的同时形成了负债（存款货币），通过这一方式，银行信用同货币创造相联系，存款货币本身成为银行的信用工具，银行为经

济发展提供了源源不断的货币来源。

除了银行券和存款外,银行还凭借其自身的信用发行其他融资工具,如债券、短期票据等,并向企业和家庭部门提供各种资金融通服务。银行信用是理解当代经济金融体系运作的关键。

(四) 政府信用

政治学领域,政府信用是指社会公众对一个政府守约重诺的意愿、能力和行为的评价,是在政治委托—代理关系中产生的代理人信用,反映了公众对政府的信任度。由于一国的合法政府是国家权力的代表,因而政府信用也被称为国家信用。

在金融系统中,我们用政府信用一词,强调政府作为债务发行主体(偿付者)的信用关系。在信用货币制度下,一国的通货是依靠国家法令和政府的强制力进行流通的,即通货背后反映的是政府信用。除此之外,当政府的财政收入无法满足财政支出需求时,政府通常会从国内外银行借款,或通过发行中央政府债券(国债)、地方政府债券和政府担保债券等方式筹集资金。

理论上,政府拥有税收和发行货币的权利,往往是一国信用等级最高(违约风险最低)的融资人。然而同私人部门一样,由于收入和支出的不匹配,政府的债务同样会出现违约。通常一国政府不能通过发行本国货币的方式偿还外币债务,其对外债务违约的风险更高,影响更为严重。国际上用"主权信用风险"一词来表示一国政府的主权债务违约的可能性。历史上比较典型的违约事件包括1994年墨西哥的对外债务违约事件、1998年俄罗斯的卢布债务违约事件以及2010年在希腊爆发,蔓延到西班牙、爱尔兰、葡萄牙和意大利的欧洲主权债务危机(见专栏2-2)。主权国家一旦出现信用违约,会通过多米诺骨牌效应造成严重的影响,使人们对该货币失去信心。政府显性或隐性担保的企业、公司或关联的机构也会面临违约或更大的信用风险,因而政府的信用往往关系一国金融系统的稳定性。

专栏2-2 欧洲主权债务危机

2009年11月希腊财政部部长宣布,其2009年财政赤字对国内生产总值比为13.7%。鉴于希腊政府财政状况显著恶化,全球三大信用评级机构惠誉、标准普尔和穆迪相继调低希腊主权信用评级,将希腊的长期主权信用评级由"A-"降为"BBB+",希腊债务危机正式拉开序幕。2010年一季度,希腊国债对国内生产总值之比达115%。2010年4月希腊政府宣布如果在5月前得不到救援贷款,将无法为即将到期的200亿

> 欧元国债再融资。由于担心希腊政府对其总额为 3000 亿—4000 亿美元的国债违约，投资者开始大规模抛售希腊国债。希腊政府难以通过发新债还旧债，希腊主权债务危机爆发。随后，西班牙、爱尔兰、葡萄牙和意大利等国同时遭受信用危机，受影响国家的生产总值占欧元区生产总值37%左右；欧洲资金外逃，利息率上升，欧元贬值。在此情况下，欧盟、欧洲央行和 IMF 紧急出台 7500 亿欧元的救援措施。欧洲央行在国债市场上购买私人投资者抛售的希腊国债，以防其价格下跌、收益率攀升。

三、货币与信用

历史上，货币与信用是独立的两个概念，但在信用货币制度下，两者彼此交错，密不可分，当代金融系统是建立在货币与信用基础之上的资源跨期配置系统。

（一）货币是特殊的信用凭证

在实物和金属货币条件下，人们按照价值相等的原则，用商品交换货币。在可兑换纸币条件下，货币（银行券或纸钞）是发行者的债务凭证。人们在交易和支付中，接受银行券或纸钞，包含了对银行券或纸钞能被其他交易者接受的信念，而这一信念来自人们可以凭借货币向发行方兑换等量的金属货币。银行券和纸币成为发行人的一种债务凭证，发行者负有在未来某个时期交付（金属货币）的义务。

在不可兑换货币时代，货币完全演变为一种"价值符号"，此时，货币代表着发行人对接受货币者的承诺，承诺该货币在交易支付中被普遍接受。其中，政府或中央银行发行的货币（通货）背后，是国家法律或其他强制手段保证其流通和被普遍接受，而商业银行发行的货币（活期存款和定期存款），则通过法律或按面值兑换中央银行法定货币的保证而得以被普遍接受和流通。就此意义而言，货币本质上是银行的信用（债务）凭证。

货币是特殊的信用工具，因为唯有货币能够被普遍接受作为价值尺度、交易和支付工具。例如，亲友之间的欠条不能用于日常的支付，企业包括其他金融机构的债务凭证（如商业票据、债券等）只能在有限范围内被接受，即便是政府发行的债务凭证（国债、地方政府债券）也不是货币，因为其不能在交易中被普遍接受作为交易媒介和支付手段。

（二）当代的信用活动基本以货币为载体

经济中的信用关系，无论是广义的应付义务，还是狭义的借贷关系都包含着信用要素。当今社会中，以物为标的或载体的实物信用活动已变得微不足道，信用活动基本都以货币形式存在，个人的消费与投资，企业的创业、生产与经营，金融市场和金融机构的各项业务开展，背后都存在货币和信用关系，货币与信用构成了现代经济和金融系统的基石。深入分析货币的扩张与信用的创造，将是我们理解经济金融运行和发展的关键。

专栏 2-3　马克思主义货币与信用理论

马克思对商品与货币的讨论是马克思劳动价值论的逻辑起点，为其进一步研究货币转化为资本以及剩余价值的生产奠定了理论基础。

马克思指出，货币是从商品交换矛盾即商品使用价值与价值之间的矛盾中产生的。当货币产生以后，任何商品如果要执行价值的职能，就必须首先使自己转化成货币。商品只有在货币形态上，才能被人们承认为可以直接交换其他任何商品的物品。因此，货币的产生使商品的物物交换发展成以货币为媒介的商品交换。

在《资本论》第一篇第三章中，马克思探讨了货币的各项职能：价值尺度、流通手段、贮藏手段、支付手段、世界货币。其中，价值尺度和流通手段是货币的基本职能，而贮藏手段、支付手段、世界货币等职能则是在商品经济的进一步发展中，在货币基本职能的基础上派生出来的。

马克思信用理论集中在《资本论》第三卷第五篇中关于信用与虚拟资本、信用的扩张等问题的讨论。信用指的是商品买卖中的延期付款或货币的借贷，是以定期还本付息为条件的价值运动。商业信用和银行信用是信用的两种主要形式。

商业信用是指以赊账方式出售商品（或提供劳务）时买卖双方之间相互提供的信用。马克思指出，"从事再生产的资本家互相提供信用。这是信用制度的基础。"[1] 商业信用的作用是使生产和交易的扩张突破现有资本的限制，信用的数量会随着生产的价值量一起增长，信用的期限也会随着市场距离的增大而延长。

商业信用和商业票据是银行信用和银行券的基础。"银行券无非是向银行家签发的、持票人随时可以兑现的、由银行家用来代替私人汇票的一种汇票。"[2] 银行券的使用，意味着用真正的信用货币来代替商业货币。马克思指出："就像生产者和商人的这种互相预付形成信用的真正基础一样，这种预付所用的流通工具，票据，也形成真正的信用货币如银行券等等的基础。"[3] 商业信用是职能资本家之间的信用，只能

---

[1] 马克思恩格斯文集（第7卷）[M].北京：人民出版社，2009：542.
[2] 马克思恩格斯文集（第7卷）[M].北京：人民出版社，2009：454.
[3] 马克思恩格斯文集（第7卷）[M].北京：人民出版社，2009：450-451.

以商品资本的形式提供，商业票据也只能在有限范围内作为流通手段和支付手段使用，而银行信用的出现克服了这种局限性。

马克思还总结了信用在资本主义经济中的作用，概括为以下四方面：第一，对利润率的平均化起中介作用。第二，减少流通费用。第三，信用制度为成立股份公司提供基础。第四，信用为支配和剥夺别人的资本提供了权利。

附录2-1 主要经济体的货币总量统计

1. 美国的货币总量划分共有两个层次：

M1 = 通货 + 旅行者支票 + 活期存款 + 其他支票存款（包括存款机构的可转让支付命令账户、自动转账账户、信用合作社股金提款账户）

M2 = M1 + 小额定期存款 + 储蓄存款与货币市场存款账户 + 货币市场共同基金份额（零售）

此外，美国还有一个货币度量指标零期限货币：MZM（Money Zero Maturity），用于度量整个金融体系中的零到期期限（迅速变现）的金融总量

MZM = M2 - 小额定期存款 + 机构持有的货币市场共同基金份额

美联储官方网址：www.federalreserve.gov

2. 欧元区目前的货币统计划分为三层：

M1 = 流通中货币 + 隔夜存款（可即刻兑换现金和直接用于支付的存款）

M2 = M1 + 2年内到期的定期存款 + 3个月内的通知存款

M3 = M2 + 货币市场基金份额/单位 + 回购协议 + 2年内到期的债券

欧洲中央银行官方网址：www.ecb.europa.eu

3. 英国的货币层次主要分为：

M0（狭义货币）= 流通于英格兰银行之外的英镑现钞、硬币（由英国财政部发行）+ 商业银行在央行的清算存款

M4（广义货币）= 由非货币金融机构持有的英镑钞票和硬币 + 英镑存款和大额可转让存单 + 商业票据、债券、远期浮息债券、货币金融机构发行的期限在5年内的金融工具 + 源于回购的货币金融机构的债权 + 估算的非货币金融机构持有的英镑票据

英格兰银行官方网址：www.bankofengland.co.uk

4. 日本的货币划分共分为四个层次：

M1 = 流通中现金 + 即付存款（可以随时支付的存款，包括活期存款、普通存款、储蓄存款、通知存款、特别存款、纳税准备存款）

M2 = M1 + 准货币（国内银行和信用金库的定期存款）+ 定期存单

M3 = M2 + 邮政储蓄存款、信用合作社存款、劳动金库存款、农业合作社存款、渔业合作社存款 + 金钱信托

L = M3 + 金钱信托以外的金钱信托 + 投资基金 + 金融债 + 金融机构发行的票据 + 政府债券 + 外国债券

日本中央银行官方网址：www.boj.or.jp

附录2-2　数字货币的分类

2018年，国际清算银行下属的支付及市场基础设施委员会（CPMI）提出了"货币之花"的概念模型（见图2-6），该模型从四个方面对数字货币进行了分类与定义：发行人（中央银行或非中央银行）、货币形式（数字或实物）、可获取性（广泛或受限）及实现技术（基于账户或基于代币），分别对应于图中的四片花瓣。其中，数字货币实现技术主要强调为了确保数字货币安全性和完整性而需要进行的认证。基于代币（Token-based）是指交易时验证货币，而基于账户（Account-based）则指验证账户持有人身份（账户）。两个花瓣交集表示它们有公共元素（共性）。例如，商业银行存款就属于可广泛获取的，数字形式的货币，但不是中央银行发行，也不是基于代币的（而是基于账户）。

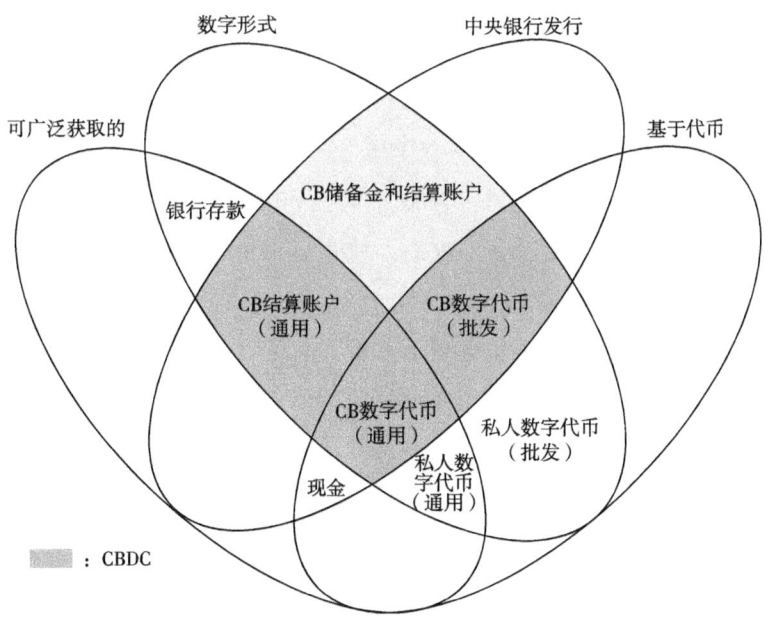

图2-6　"货币之花"模型

注：CB即中央银行，CBDC为中央银行数字货币的缩写，图源自CMPI（2018）。

根据"货币之花"分类,央行数字货币(CBDC)是由中央银行发行的数字形式的法定货币,位于"货币之花"的中心(图 2-6 中阴影部分),其中央行数字代币(通用型)是唯一具有 4 种主要属性的货币:由央行发行,采用数字(电子)形态,普遍通用和基于代币;相比之下,CB 数字代币(批发)通常采用具有访问限制的数字化结算代币形式,用于银行间和机构批发支付和结算,不满足通用性的特征;而面向社会公众的 CB 结算账户和数字现金则与现金一样,能够普遍使用。

整个中央银行货币包括有形的货币——现金(公众持有)、中央银行储备金和结算余额(商业银行持有)和中央银行三类数字货币:基于账户和基于代币的通用型央行数字货币,以及基于代币的批发型央行数字货币。

相比之下,私人发行的主要是基于代币的数字形式"货币",其普遍接受性还有待观察。

总　结

1. 货币是被普遍接受的交换媒介和支付手段。

2. 货币的主要职能是交易媒介和支付手段、价值尺度(或计价单位)和价值储藏,当一种货币能够跨越国界行使上述职能,便成为国际货币。

3. 流动性是指某一资产转化为"交易媒介"(俗称变现)的便利程度和速度。货币自身就是被普遍接受的交易媒介和支付手段,可以直接用于购买和支付,因而是流动性最高的资产。

4. 货币的产生和发展同其作为交易媒介和支付手段密切相关,货币形态经历了实物货币(商品货币)—金属货币—纸币—存款货币—电子和数字货币的演进,从足值的商品货币逐步到信用货币,其商品属性日益减弱,背后的信用特征逐步增强。

5. 商品货币是指以有形的可交换物品充当货币,这些商品除作为交易媒介这一功能外,本身还具有其他使用价值,是足值的实物货币。

6. 金属货币是指使用金属作为币材的货币,包括条块状的称量货币和铸币。铸币铸成一定形状并由国家或其许可的机构标注印记,标明其重量和成色,实现了货币形态的标准化。

7. 纸币是纸质的货币,包括私人发行的货币兑换券、银行发行的银行券以及国家发行的法币。其中,法币是由政府发行和保证流通的不兑现货币,不代表实质商品或货物,发行者亦没有将货币兑现为实物的义务。

8. 存款货币是指能够发挥货币交易媒介和支付职能的银行存款,包括可直接进行转账交易支付的活期存款和定期存款等，它是商业银行基于中央银行发行的货币衍生出来的银行负债凭证。

9. 电子货币泛指使用电脑、电子通信网络设备等进行支付结算的货币形式，其有形的载体是银行借记卡、固定面额的储值卡等。

10. 当前各国货币当局主要依据货币本质特征和宏观经济管理的需要，界定货币的统计范围，并依据流动性的高低对货币进行分层度量。

11. 我国目前公开的货币总量层次为M0、M1和M2。M0是中国人民银行发行的流通中的通货（含央行数字人民币），狭义货币M1包括现金和活期存款，反映经济中的现实购买力，M2则是中国目前公布的最广的货币口径，M2由M1和准货币构成，准货币，包括单位定期存款、个人存款（定期和活期）以及除此之外纳入货币统计的其他存款。

12. 国际上一般用广义货币与国内生产总值的比值显示货币的相对数量。尽管中国广义货币数量快速扩张，但中国的平均通货膨胀率较为温和，这一现象被称为"中国货币之谜"。

13. "信用"描述的是跨期资源配置中的债权债务关系和行为。广义的信用是指关于物品或金钱的跨期承诺和履约，狭义的信用是指以偿还本金为条件的借贷活动。

14. 借贷关系中，典型的风险是信用风险，即交易对手方不履行承诺而给资金出借人带来的损失，此外还有购买力风险、再投资风险等。

15. 按照信用的参与主体进行分类，可分为个人信用、企业（商业）信用、银行信用、国家（政府）信用等。

16. 个人信用是以自然人（和家庭）为主体的信用，常见的是因消费产生的偿付义务（消费信用），以及因为投资、创业、生产经营活动而产生的偿付义务（经营信用）。

17. 企业信用是企业因为提供服务或融资借贷而形成的信用关系，包括狭义的商业信用（工商企业在经济往来交易中形成的债权债务关系，如赊购赊销），以及融资借贷形成的信用关系。

18. 银行信用通常指银行类金融机构以货币形态提供的信用，典型的是各类银行贷款。银行通过贷款行为能够创造出自身的负债（存款货币），即进行了信用创造。

19. 政府信用通常强调政府作为债务主体（偿付者）的借贷关系，例如政府借款和政府发行的债务。主权债务专指一国政府（及其代理人）对外国债权人的债务关系。

关键术语

| 货币 | 交换价值 | 价值尺度 | 记账单位 | 价值储藏 |
| 国际货币 | 商品货币 | 金属货币 | 纸币 | 电子货币 |

数字货币　　　信用　　　　商业信用　　　国家（政府）信用　铸币税
银行信用　　　信用货币　　　消费信用　　　主权信用风险

练习题

1. 如何理解货币的定义？它与日常生活中的通货、财富和收入概念有何不同？
2. 货币的基本职能是什么？货币在发挥各种职能时有什么特点？
3. 在我国的货币总量M0、M1、M2中，哪个是由流动性最强的资产组成？哪个是最大的计量指标？
4. 指出下列资产分别包含在哪类货币总量（M0、M1、M2）中：
   a. 流通中货币 b. 单位活期存款 c. 单位定期存款 d. 个人存款 e. 其他存款
5. 根据表2-5，分别计算我国2021年及2022年M0、M1、M2的供应量。

表2-5　　　　　2021年和2022年中国各层次的货币总量　　　　　（单位：亿元）

项目 Item	2021年	2022年
流通中货币（Currency in Circulation）	90825.15	104706.03
单位活期存款（Corporate Demand Deposits）	556618.20	566968.73
准货币（Quasi Money）	1735456.21	1759347.96
单位定期存款（Corporate Time Deposits）	412951.55	462001.61
个人存款（Personal Deposits）	1032441.18	1211692.83
其他存款（Other Deposits）	290063.48	85653.52

思考与讨论

1. 在中国，随着互联网和移动支付技术的发展，手机扫码支付已成为人们生活常态。查找网络，了解什么是第三方支付，在客户、银行和这些支付公司之间，货币资金是怎样流动的？你认为当人们采用微信零钱或支付宝钱包中的金额支付时，这些资金从定义上属于"货币"吗？在统计上，这部分资金应该归入哪一部分的货币层次？

2. 2020年10月，中国人民银行在深圳市展开数字人民币红包试点，向深圳市民派发数字货币用于指定消费，请查找相关信息，阐述数字人民币的发行、流通和使用的特点，与传统的银行存款货币和比特币等货币比较，数字人民币有什么特点？它应该计入哪一个层次的货币？你认为，在私人货币和官方货币的竞争中，谁更有优势，为什么？

3. 中国近年来推出了新的货币金融总量统计指标即社会融资总量，请查找相关资料，了解这一指标的统计范围，它和货币统计有什么关联？

4. 查找各国的货币当局官方网站，看看近 30 年来，各国的货币总量增长率，哪一个国家的广义货币总量增长得最快？

5. 货币的国际化是其功能的国际化，即货币可以跨越国境行使其功能。中国目前正在积极推动人民币的国际化，从功能视角，你认为可以从哪些方面使人民币易于被外国人接受？

6. 国际上信用评级机构使用主权信用评级来度量主权信用风险，浏览有关主权信用评级的相关新闻信息，查找中国、美国、日本的主权信用评级及其变动情况。

参考阅读

1. ［英］约翰·F. 乔恩. 货币史：从公元 800 年起 ［M］. 李广乾，译. 北京：商务印书馆，2002.

2. Gould J. D. The Great Debasement：Currency and the Economy in Mid – Tudor England, Oxford Clarendon Press, 1970.

3. ［美］大卫·格雷伯. 债：第一个 5000 年 ［M］. 北京：中信出版社，2012.

4. ［美］弗雷德里克·米什金. 货币金融学（第 11 版）［M］. 郑艳文、荆国勇，译. 北京：人民大学出版社，2019.

5. 盛松成，施兵超，陈建安. 现代货币经济学——西方货币经济理论研究 ［M］. 北京：中国金融出版社，1992.

6. ［美］米尔顿·弗里德曼，安娜·雅各布森·施瓦茨. 美国货币史 ［M］. 巴曙松，译. 北京：北京大学出版社，2009.

7. 彭信威. 中国货币史 ［M］. 上海：上海人民出版社，2017.

8. ［英］约翰·梅纳德·凯恩斯. 就业、利息和货币通论 ［M］. 高鸿业，译. 北京：商务印书馆，2005.

9. Committee on Payments and Market Infrastructures（CPMI）：Central Bank Digital Currencies. BIS, 2018.

第三章 货币的时间价值与利率

学完本章后，你将能够：
- 理解什么是货币的时间价值
- 区分实际利率和名义利率
- 区分总收益率、资本利得率与当期回报率
- 理解要求收益率、现实收益率与预期收益率的差别
- 掌握现金流计算的基本原理
- 能够计算现值、终值、年金支付和内涵收益率

本章概览

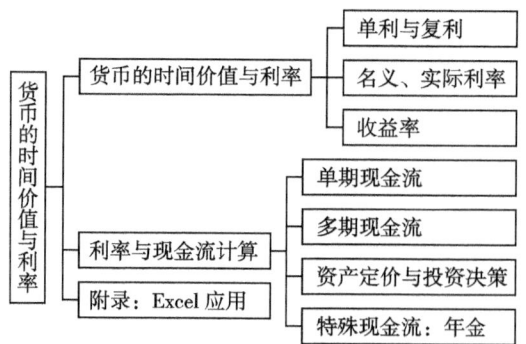

现实生活中人们会遇到各种跨期资金配置问题。例如，如果现在存入银行1万元，5年后能得到多少钱？每年购买1万元的养老保险，能否满足将来退休的需要？现在必须存

入多少钱,才能支付将来孩子读大学的费用?如何进行投资,是把钱放银行还是购买股票或基金,要不要自己创业,等等。这些涉及资金跨期配置的决策,均涉及比较、计算不同时点的货币价值或者收益率。

货币的时间价值是指等额的名义货币在不同时点上存在不同的"内涵"价值,也就是随着时间的变化,货币的价值会发生变化。正因如此,不同时点的货币量不能简单比较或加总,而需要借助利率或回报率的概念,运用复利计算原理解决跨期价值比较问题。

本章我们将全面介绍货币的时间价值这一概念,用利率对货币时间价值进行度量,介绍金融决策中最基本的现金流计算方法。

第一节　货币的时间价值与利率

一、货币的时间价值

(一) 什么是货币的时间价值

货币的时间价值(Time Value Of Money,简称TVM),是指等额的名义货币在不同时点上存在不同的"内涵"价值,也就是随着时间的变化,货币的价值会发生变化,通常当前价值高于未来期的价值。例如,人们认为现在的100元比1年后的100元的(主观)价值要大一些,而1年后的100元比2年后的100元的价值高,距离现在越远的钱越不值钱。

为什么会出现这样的情况呢?最主要的原因在于当前的100元可以马上用作消费或投资,前者产生消费效用,后者会有投资收益,而未来的100元具有不确定性。

从消费的角度,1年后到手的100元不仅意味着延迟消费(心理上的满足感延迟),而且还要承担1年后货币购买力变化的风险(通货膨胀风险)。例如,1年内物价上涨5%,未来100元的购买力将少于当前100元的购买力;从投资的角度,当前的100元如果进行投资,在1年后可以获得更高的金额,如存入银行能够获得3%的利息收入,可以认为现在的100元至少在1年后相当于103元;最后,还存在未来100元拿不到手的风险。为规避"时间"带来的不确定性,人们倾向于选择现在的100元,即所谓"一鸟在手,胜过两鸟在林"。

（二）利息与利率

因为不同时间的货币具有不同的价值，因而在典型的借贷关系中，资金借入方在未来某个时点履行偿还义务时，需要在本金之外附加一定数额的货币资金，即利息（Interest）。利息度量了一定金额的货币在不同时间的价值差。相应地，人们用利率（Interest Rate）度量单位本金经过一定时期后获得的利息，即用利率反映一个单位货币的时间价值[①]。

根据计算利息方式的不同，利率可以分为单利计息和复利计息；以实际价值为标准，利率可以分为名义利率和实际利率。

1. 单利和复利

根据人们计算利息方式的不同，可以分为单利计息和复利计息方法，相对应的利率称为单利（Simple Interest）和复利（Compound Interest）。

考虑一笔借贷交易：出借一笔 1000 元的资金，期限为 2 年，假定每年利率是 10%，期间不支付利息，期满时连本带息一共能收回多少资金呢？

按照单利的计算方法，本金是 1000 元，需要计息的总额便为期初的 1000 元，2 年意味着对这 1000 元计算 2 次利息，即 $1000 \times (2 \times 10\%)$ 共 200 元利息，本息和为 1200 元。

复利计息不仅考虑本金的增值部分，还考虑本金的利息在下一个计息周期的增值部分，即将"利息的利息"也纳入计算中。由于资金出借人并未在第一期期末拿到本应拿到的利息 100 元（应计利息），相当于这一部分利息也借给了借款人使用，那么第二年开始这 100 元利息也应滚动计算到本金中，即第二年初本金按 1100 元计算，期满时应该获得 $1100 \times (1 + 10\%)$，即 1210 元。由此可见，复利计息时，本金在每一个计息周期都是滚动增加的。

图 3-1 显示了单利和复利的区别。单利计算时，不对本金产生的利息再计算利息，而复利计算则考虑了本金所带来的利息在存续期间的增长，并将新增的利息滚动计入下一期应计算的本金中，即俗称的"利滚利"。

如果用 P_0 表示最初的本金，每个计息周期的利率为 i，则 n 期期末的本利和 P_n 可以表示为：

单利法：$P_n = P_0(1 + ni)$ (3-1a)

复利法：$P_n = P_0(1 + i)^n$ (3-1b)

[①] 有关利息的本质，存在不同说法。例如，利息是对资金出借者当前节约、延迟消费的补偿；也有人认为利息是对出让资金人需要承担未来偿还不确定性的补偿；而马克思则从社会分配的角度指出利息来源于再生产过程，是生产者使用借入资金而形成的利润的一部分。在金融学范畴内，利息和利率可视作是单位货币在不同时期的价值表现。

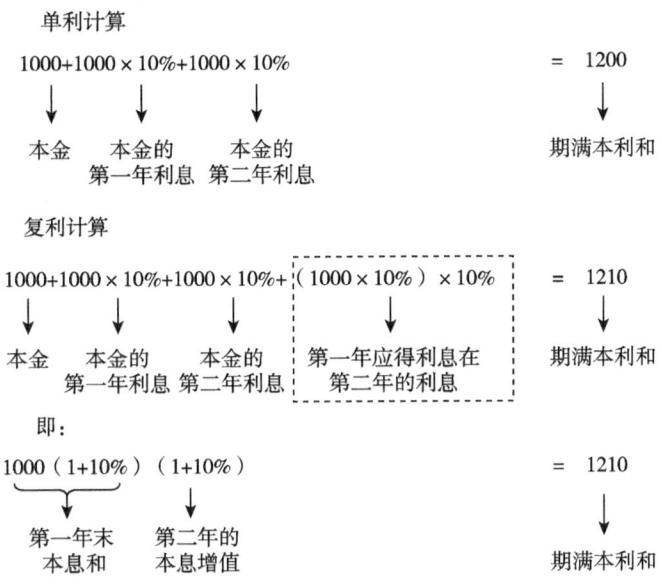

图 3-1 单利和复利计算

通常情况下（即 i≥0），$(1+i)^n \geq 1+ni$，复利计算的结果会比单利计息高，而且随着期数 n 的增加和利率 i 的提高，这种差异更为明显。在金融和投资领域，如果不加特殊说明，利息均是以复利方式计算的，复利计息方法是金融计算的基础。

【例 3-1】甲于年初将 5000 元借给乙，年利率为 7%，存期 3 年，分别计算单利和复利的期满价值。

单利法：$P_3 = P_0(1+ni) = 5000 \times (1+3 \times 7\%) = 6050$（元）

复利法：$P_3 = P_0(1+i)^n = 5000 \times (1+7\%)^3 = 6125.2$（元）

可见，复利产生的利息高于单利计息，如果期限为 20 年，年利率不变，则以单利和复利两种方法计息，期满总额分别是 12000 元和 19348.4 元，相差 7348.4 元。

专栏 3-1 指数型增长的威力和 72 法则

复利计算的数学原理是指数计算，它被广泛应用于金融、经济和其他各领域。

有一个古老的故事，一个棋艺高超的国王与一位智者对弈国际象棋，后者要求的奖赏就是在棋盘的第一个格子放 1 粒麦子，在第二个格子中放进 2 粒麦子，而在第三个格子中放入 4 粒麦子，每一个格子中放入的麦子数量都比前一格子中麦子数量多 1 倍，以此类推，放满所有的格子。国王很爽快地答应了，但很快就发现，即使国库中所有的粮食都不能满足这个要求。运用指数计算我们可以算出，国际象棋有 64 个方格，最后一格需要放入的麦粒数量为 2 的 63 次方，即 9223372 万亿粒。微不足道的数字通过反复的指数运算，可以演变为巨大的数值，这就是指数级增长的神奇威力。

72法则：利率或增长率（直接表示为利率×100）与复利次数的乘积约为72时，初始价值将在期末翻一倍（即为初期的两倍）。例如，如果存款利率为8%，那么9年将会实现存款金额翻一番；如果中国的实际国内生产总值每年以6%的速度保持增长，那么要实现中国经济总量比当前翻一番的目标，大约需要12年的时间；相比之下，美国实际经济增长率为3%，则经济总量翻倍所需的时间约为24年（72/3）。需要提醒的是，72法则只适合进行大致估计，且必须在利率小于20%时适用。更精确的计算方法，感兴趣的读者们可以依据复利公式，自行推导。

2. 名义利率、实际利率和税后实际利率

在资金的跨期配置中，一个主要的风险是购买力风险，即商品价格变动使货币的购买力发生变化从而导致损失。考虑到货币购买力的变动，经济学引入了实际利率的概念，以反映人们借贷的真实成本（收益）。

例如，去年你在银行存了1000元，期限1年，利率3%，期满你得到了1030元的现金，然而你获得的30元的利息收入是否使你的财富真正增加了呢？如果用购买力来权衡，现在的1030元能买到的物品相比1年前的1000元是多了还是少了呢？很显然，我们需要知道商品、服务的价格变化情况才能作出判断。

经济学中通常使用消费者物价指数（Consumer Price Index，简称CPI）来测度家庭购买一篮子商品与服务的平均价格变化。假定今年的CPI上涨幅度为2%，那么名义利息收益的一部分将用于弥补价格上涨2%导致的购买力损失。以购买力来衡量，当前的1030元只能购买1.01个（1030/1020）篮子商品，你的真实收益只增加了1%。

经济学中，定义实际利率（Real Interest Rate，常用r表示）为考虑货币购买力变化的真实收益率，计算公式为：

$$1 + r = \frac{1+i}{1+\pi} \Rightarrow r = \frac{i-\pi}{1+\pi} \tag{3-2a}$$

其中，i为名义利率，π为通货膨胀率，当π比较小时，上式也可写作：

$$r \approx i - \pi \tag{3-2b}$$

在前面的例子里，名义利率3%，通货膨胀率2%，则实际利率为0.98%，约等于1%。很多发展中国家名义利率普遍较低而通货膨胀率较高，例如，银行存款名义利率为5%，而通货膨胀率高达10%，存款者的实际利率约等于-4.5%，意味着存款者的财富（用商品和服务来衡量）缩水了；相反，用5%的利率借入资金的人，因为实际利率低于名义利率，用商品和服务衡量，其偿还的真实价值下降了。

上例中，我们探讨的是事后实际利率，即根据实际（已经发生的）通货膨胀调整名义利率，常用于比较投资的结果。在进行金融决策时，人们需要估计未来的实际利率，即事前（Ex Ante）实际利率，该利率满足：$r \approx i - \pi^e$，此处用预期通货膨胀率 π^e 替代了已经发生的通货膨胀率 π。预期实际利率越低，人们借入资金的动力越大，出借资金的意愿越弱。

经济学家费雪假定资金出借者会根据通货膨胀预期调整名义利率而维持其实际利率不变，即费雪效应：

$$i = r + \pi^e \tag{3-3}$$

即人们预期物价 π^e 出现上涨时，会要求更高的名义利率作为补偿。通常一国通货膨胀较严重时，公众的预期通货膨胀也较高，因而该国利率有上升的趋势。

除通货膨胀外，利息所得税也会导致利息收入的实际所得减少。例如，对银行存款的名义利息征收 20% 的利息所得税，那么前例中存款人获得的 30 元利息还需交纳 6 元的所得税，到手的税后名义所得本金和为 1024 元，即 $[1 + (1 - 20\%) \times 3\%] \times 1000$。考虑到物价因素后，这笔 1024 元的资金的实际价值为 $1024/(1 + 2\%) = 1003.9$ 元，仅增加了 0.39%，即税后实际利率为 0.39%。

考虑利息税和通货膨胀之后，税后实际利率 r_{tax} 的公式为

$$r_{tax} = [1 + i(1 - t)]/(1 + \pi) - 1 \tag{3-4a}$$

其近似公式为：

$$r_{tax} \approx i(1 - t) - \pi \tag{3-4b}$$

二、收益率

在资金的借贷关系中，人们往往使用"利息和利率"来度量增值，而在更广义的投资关系中，人们更多使用收益率（或回报率）的概念，后者比利率的含义要宽泛得多，可用于度量各种金融投资（包含借贷关系）的收益情况。

（一）收益率的定义

收益率或回报率（Rate of Return）指资产或者投资在一定时期带来的增值与投入之比。

举例来说，小李投资 2000 元做一个小生意，年底的时候发现自己在扣除各项人工、材料开支之后，获得净利润 200 元，那么这一年他的投资回报率为 10%；投资者购买一只股票，如果买入成本是 20 元，一年后该股票每 10 股送 3 元股利，且股票价格上涨到 24

元，投资者以 24 元将其卖出，则投资者的总回报为 4.3 元/股，其中股利回报 0.3 元，价格变化带来的收益为 4 元，除以其投入的成本 20 元，投资者的年收益率为 21.5%。总收益率由两部分构成，其中的 1.5%（=0.3/20）来自当年股息回报，称为当期收益率，而余下的 20%（=4/20）来自持有期间的资本利得（即买卖价差）。

对于上述期间仅产生 1 次股利收益，期满后卖出的投资，我们可以用以下公式表示其总收益率[①]：

$$Y = \frac{C_1 + P_1 - P_0}{P_0} = \frac{C_1}{P_0} + \frac{P_1 - P_0}{P_0} \tag{3-5}$$

其中，$\frac{C_1}{P_0}$ 表示当期收益率（Current Yield Rate），即购入或投资某项资产当年可以获得的收益 C_1 与投入成本 P_0 之比，C_1 可能是股利、利息或者其他收入；另一项即为资本利得率（Rate of Capital Gain），即持有资产的价格上涨或下跌带来的收益或损失率，表示为 $(P_1 - P_0)/P_0$。

【例 3-2】 投资者以 98 元买入一支面值 100 元的债券，票面利率为 3%，投资者每年可以获得 3 元的利息，如果持有一年后以 99 元的价格卖出，计算其持有期间的总收益率、当期收益率和资本利得率。

当期收益率 = $\frac{3}{98} \times 100\%$ = 3.06%

资本利得率 = $\frac{99 - 98}{98} \times 100\%$ = 1.02%

总收益率 = 当期收益率 + 资本利得率 = 4.08%

（二）现实收益率、期望收益率和必要回报率

金融过程是不确定条件下货币资金的跨期配置。我们需要区分已经实现的历史收益率、预测的收益率和投资者想要的收益率。

1. 现实收益率

现实收益率（Realized Rate of Return）是已经实现的收益率，即历史收益率[②]。前文所举的例子均为现实收益率。现实收益率可正可负，常用于事后的业绩评估。例如，在实体投资领域，人们使用现实收益率来评价项目好坏，在投资基金领域，人们通过计算年度收益率来度量基金的业绩。

[①] 对于期间产生多次收益或支付的情况，例如，购买一支 3 年期债券，期间支付了 3 次利息；或者定期定额的投资，由于不同时间的货币价值不能简单加总，我们不再计算其总收益率，而是计算其内部收益率，见第二节。

[②] 也被称为实际收益率，然而为了同考虑通货膨胀影响的实际利率相区别，本书将采用现实收益率这一名称。

影响现实收益率的因素很多，包括技术、生产能力、资本品供应、管理、制度等诸多主客观因素。例如，天气的变化影响农业产出，矿物开采受制于资源状况，生产制造取决于市场需求和技术、机器设备和劳动力，疫苗研发取决于科技进程等；宏观、行业和微观的各种因素均会影响现实收益率。

由于影响现实收益率的因素诸多且存在大量不确定性，最终实现的收益率同人们事先预测的收益率可能出现较大的偏差，这种预期外的收益率变化即是投资需要面临的风险。

2. 预期收益率

预期收益率（Expected Rate of Return）是投资者事先预测某投资项目的收益率，即按照概率计算的"可能"的收益率。投资者往往会参考同类投资的已实现收益率，并根据对该项目未来可能发生的各种状况（风险）估计期望收益率。投资者对不同的投资项目，有着不同的预期收益率，但只有投资者的预期收益率高于其想要的收益率（必要回报率）时，投资者才愿意进行投资。

3. 必要回报率

"必要回报率"（Required Rate of Return）是投资者"想要"的收益率，即投资者让渡货币/资本的使用权而希望获得的补偿或报酬，反映了投资者在风险承担意愿和能力的基础上，希望获得的报酬[①]。金融学中常说风险越大，收益越大，便是针对必要回报率而言的。

影响必要回报率的主观因素主要包括投资者的时间偏好、风险态度和资金成本。

时间偏好是指人们在现在消费和未来消费之间的偏好，一般来说，人们越偏好当前的消费，延迟消费的主观代价越高，货币的时间价值就越高，要求的回报率就越高。因此，及时享乐者会要求更高的回报率，而耐心节俭的人的必要回报率相对较低。

风险态度是指人们如何对待未来的不确定性。厌恶风险的人们宁肯放弃部分收益换取未来的比较稳定的回报，或要求更高的收益率对未来的不确定性进行补偿。例如，很多人宁愿将资金存入银行忍受低利率，而不愿意投资未来收益不确定的股票。人们的风险厌恶程度越高，投资风险资产的必要回报率就会越高，很多不确定性较高的投资项目因此难以获得足够的投资。

必要回报率还受投资者的资金（机会）成本影响。当投资者将资金用于A项目时，就放弃了其可能投资于其他项目的潜在回报。例如，1年期银行存款利率为2%，5年期的国债利率为3%，由于人们相信银行和政府都不会违约，投资者会把2%和3%分别作为1

---

① 此处要求的回报率并非漫无边际的越高越好，而是在一定客观约束条件下（例如，给定融资成本、可比投资项目收益率等），投资者要求的获得的收益率。

年期和 5 年期的最低必要回报率，进行投资决策，不考虑收益率低的项目。如果投资者采用了融资方式来获取投资的资金，如个体股民借钱购买股票，或者企业通过发行债券的方式为项目融资，那么其资金成本就构成了必要回报率的下限，即投资的预期收益率至少要高于资金成本，才符合自身的利益。

4. 投资决策

典型的投资决策是比较投资项目能带来的预期收益率同投资者要求的回报率的高低，如果"可能"的收益率大于"想要"的收益率，则投资，反之则不投资。例如，投资者的必要回报率是 20%，但某项目的预期收益率仅为 16%，该项目达不到投资者要求，投资者将不会投资。

第三节　利率与现金流计算

本节我们将涉及金融世界里众多的价值计算和收益率计算，这是资产定价、投资规划的基础。

一、现值与终值

现值（Present Value，简称 PV）是指一笔现金流在当前的价值，终值（Future Value，简称 FV）是指一笔现金流在未来某个时点的价值。

1. 复利与终值计算

我们可以用 1000 元钱的时间旅行来理解现值和终值这一问题，如图 3-2 所示。

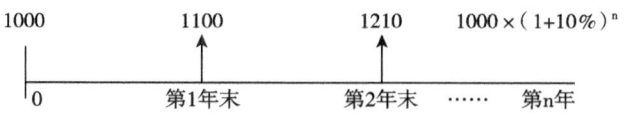

图 3-2　终值与现值

如果现在存入银行 1000 元，按 10% 的复利计算其价值变化，这笔存款在 1 年后价值 1100 元（1000×1.1），2 年后为 1210 元（1000×1.1×1.1），这也就意味着按照 10% 的利率，今天的 1000 元钱等价于 1 年后的 1100 元，等价于 2 年后的 1210 元，等价于 n 年后

的 1000×1.1^n 元。

这笔存款的当前价值即是现值,写作 PV = 1000 元;这笔存款在 1 年后的终值为 1100 元,即 $FV_1 = 1100$ 元,2 年后的终值为 1210 元,即 $FV_2 = 1210$ 元,n 年后的终值可以写作 $FV_n = 1000 \times (1 + 10\%)^n$。

金融学用复利方式表述 n 期的终值 FVn 和货币现值 PV 之间的关系,即:

$$FV_n = PV(1+i)^n \tag{3-6}$$

终值与初始现值、利率以及复利的次数密切相关,我们把 $(1+i)^n$ 称为终值复利系数,它反映了 1 元货币在利率为 i 的情况下经历 n 次复利的终值。

实践中,利率一般使用标准时间单位——年来度量,称为年名义百分率(Annual Percentage Rate,简称 APR),但在资金借贷关系中,可能是按半年计息、按季度计息、按月计利息甚至按天计利。例如,民间高利贷常常按月计算利息,意味着初始本金 1 个月后产生的利息自动滚入下一期本金进行计息,为期半年的借款要复利 6 次。由于计息频率不同,即使时间期限相同,期末终值也会有区别,表 3-1 列出了名义年利率为 12%,但采用不同计息频率时,100 元钱在 1 年期满的终值状况。

表 3-1　　　　　　　　　　　名义利率与有效年利率

计息方式	一年计息次数 m	期间利率(%) APR/m	100 元钱的期末终值	有效年利率(%) EAR
按年计息	1	12	112.000	12.000
半年计息	2	6	112.360	12.360
季度计息	4	3	112.551	12.551
月度计息	12	1	112.683	12.683
日计息	365	0.0329	112.747	12.747
连续计息	无穷	无穷小	112.75	12.75

如果期初存入 100 元,年名义利率 12%,则按半年计息,1 年期满会获得 112.36 元,增值 12.36 元,按年度量本金增长了 12.36%;按季度计息会得到 112.55 元,相比期初本金增长 12.55%……计息频率越快,则期满的终值越多,增长幅度越大。我们将 1 笔投资的收益率,按照复利计息的方法折合为年率,即得到有效年利率 EAR。

有效年利率(Effective Annual Rate,简称 EAR):按照给定的年名义利率和复利次数计算利息时,能够产生相同结果的每年复利一次的年利率,可理解为按年度计算,年末的终值相比期初现值增长的百分比幅度。

在表 3-1 中,12% 的名义利率若按季度计息,有效年利率为 12.55%,期初的 1 元到期满增加了 0.1255 元,按月计算复利的有效年利率为 12.68%,按日计算利息的有效年利率为12.75%，复利次数越多，则有效年利率越高。

当一年内多次复利时，有效年利率EAR和年名义百分率APR之间的关系是：

$$1 + EAR = (1 + \frac{APR}{m})^m \tag{3-7}$$

考虑一年内多次复利，给定年名义百分比率APR，则一年m次复利，n年末的终值为：

$$FV_n = PV(1 + \frac{APR}{m})^{m \cdot n} \tag{3-8}$$

专栏 3-2　有效年利率的计算

在金融领域内，比较投资收益率常常以年为单位，即比较有效年利率，人们常称之为"年化收益率"。

当投资期限较长时，人们计算其已经实现的收益率，并按照复利计算原理计算其有效年利率。例如，A基金成立7年半，累计收益率为350%。我们可以根据公式 $(1+x)^{7.5} = 1 + 350\%$，计算得出相应基金投资的年收益率约为22.21%。如果B基金成立9年零3个月，累计收益为400%，则其有效年利率约为19.0%。虽然总收益率高于A基金，但其年化收益率低于A基金。排除时长的影响，A基金的盈利能力更强一些。

如果投资期限小于1年，该如何计算有效年利率呢？此时我们需要根据已经获得的收益率外推，计算出有效年利率。人们投资货币市场基金或购买短期理财产品时，常看到一个名词——7日年化收益率，其含义是如果你将资金投资到某一产品，根据该产品过去7天的平均日收益率，预计能在一年内获得的收益率。

假设货币基金C在过去7天的总收益率是0.1%，则平均日收益率约为 0.1%/7 = 0.0143%，将日收益率乘以365（假设一年有365天），得到的结果就是7日年化收益率，本例中大约是5.21%。货币基金通常每个交易日都会公布基于其过去7天（14天、21天）收益结果计算的7日（14日、21日）年化收益率，便于投资者了解该基金的运作情况。需要强调的是，7日年化收益率只是一个基于过去7天表现的预测值，它并不能保证未来的实际收益，即历史收益并不能代表未来收益。

细心的读者可能发现，本例中我们计算7日年化收益率时，采用了单利计息方式，如果使用复利计息，则应该是 $[(1+0.1\%)^{365/7}] - 1 = 5.35\%$，略高于单利计息。不同的机构可能采用不同的计算7日年化收益率的方式，读者在进行投资的时候，需要阅读货币基金产品说明书加以了解。

2. 现值与贴现

由终值我们可以反推现值，如果2年后可以获得1210元，给定10%的利率，可以倒推出其相当于现在的1000元，即：

$$PV = FV_n(1+i)^{-n} \tag{3-9}$$

其中，$(1+i)^{-n}$被称为现值系数。通过该系数，可以计算未来的价值等价于当前多少价值。

在跨期的金融决策中，人们更关注当下时点的价值选择。将未来的价值（终值）转化为当前的价值的计算，称为"折现"或"贴现"（Discount），相应的i则称为贴现率。值得注意的是，i代表的是资金按复利增值的速度，不能简单地理解为某个特定的利率。实践中，人们往往用必要收益率作为i进行贴现。

【例3-3】假设你获得一项奖励有两个选择，A是当前一次性领取10000元现金，B是两年后领取11000元，你会如何决策呢？

分析：决策的关键，是判断未来11000元的价值与当前的10000元现值孰大孰小，而它取决于你使用的贴现率i（必要收益率）。

假定你参考银行利率作为必要收益率，银行利率为10%时，2年后11000元只相当于现值9090.9元（11000/1.21），很明显选A；如果你参考的银行利率仅为3%，那么2年后11000元相当于现在的10368.6元，选B更合算。当然，你也可以算出使得A和B选项无差异的贴现率，即使$(1+i)^2 = 11000/10000$相等时的利率水平，i大约是4.88%，于是若贴现率高于4.88%，你会选择现在领取10000元，若贴现率低于4.88%，你会选择2年后的11000元。

当然，你也可以选择其他投资渠道的收益率作为必要收益率。假定你的朋友找你借款2年，承诺给你5%的年利率。用5%作为必要收益率贴现，则11000元的现值为9977.3元，低于10000元，所以你会选择现在领取10000元，并将其借给你的朋友，预计2年后能收回11025元。

通过将未来的价值转换为现值，可以实现不同时点的价值比较，进行跨期决策。这一方法适用于很多场景，请读者参见章后的习题。终值和现值分析也适用于具有复杂的多期现金流的情况。

二、多期现金流分析

很多情况下，人们需要处理存在多期现金流的情况，比如购买一支债券，每年能够获得利息；购买股票，将不定期获得股利支付；出租住房可能会定期获得租金，等等。涉及多期现金流时，人们可以借助现金流时间线来直观刻画其时间特点，并运用货币的时间价值原理，将不同时点的价值进行现值或终值计算。

（一）现金流的时间线分析

在货币资金跨期的配置和计算时，我们把不同时点获得的货币收入或支出（称为现金流，Cash Flow）表示为数字形式。例如，一笔6年期的面值为1000元的债券，每年获得10元利息，期满时获得本金和当期利息，其收入的现金流可表示为（10，10，10，10，10，1010）；如果是现金流出，则用负号表示，例如，某项投资各月的收支情况表示为（-200，300，400，-150，700），意味着该项投资第一个月和第四个月分别亏损200元和150元，其余各月分别收入300元、400元和700元。

另一种更直观表示各期现金流及其时间特征的方法是现金流时间线，即将不同时点上获得的货币收入或支出的金额，标注在时间线上，如图3-3所示。

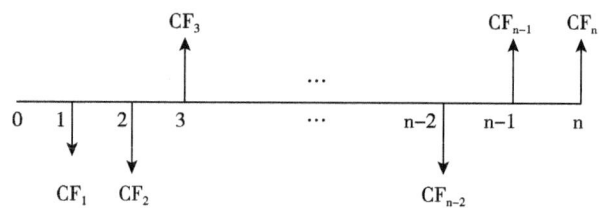

图3-3 现金流的时间线分析（Cash Flow Time Line）

在图3-3中，横轴代表整个现金流时间，一共是n期①，CF_n代表第n期的货币资金数量，时间轴上方为正的现金流（收入），用向上的箭头表示；时间轴的下方为负的现金流（支出），用向下的箭头表示，线段长度表示金额绝对值大小。现金流时间线可以直观地刻画各种类型的投资或收支状况。

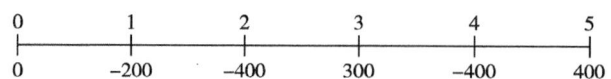

图3-4 简化的现金流时间线（某企业5个月的盈亏现金流）

简化版本的时间线分析不再使用带箭头的线段，直接将各期的货币资金数量表示在时间点上，如图3-4显示了某小型企业主经营5个月的盈利状况，第一个月末记录亏损200元，第二个月亏损400元，等等。现金流入或流出直接用正负值显示。下文的分析均将采用简化版本的时间线分析。

---

① 本章中所有的时间标n都标注于该期的期末，即0代表第一期期初，1代表第一期期末，与第二期开始的期初重合。

(二) 多期现金流的现值与终值

时间线帮助我们直观地描述各期的价值变动,然而当涉及价值比较时,我们还需将不同时间的价值统一折合到一个特定的时点进行计算。多期现金流的终值 FV 是指这一系列现金流在未来某个时点(期末点)的价值的总和,而现值 PV 则是这一系列现金流在当前这个时点的价值的总和。

1. 现值计算

考虑一笔每年支付 5 元利息的 6 年期债券,面值 100 元,到期还本,其现值是多少呢?我们首先用现金流时间线列出其现金流特征,随后用特定的贴现率分别计算出前 5 年每一笔利息的现值。假定贴现率为 5%,则未来每年 5 元利息贴现到现在的现值分别是 4.76、4.54、4.32…;第 6 年年末本息和 105 元的现值为 78.35 元,加总为 100 元。这意味着,该债券按 5% 的利率贴现,其现值为 100 元。如图 3-5 所示。

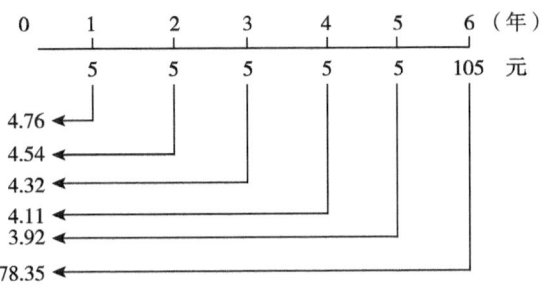

图 3-5 债券的现金流现值计算

我们也可以用如下的运算表计算多期现金流的价值,表 3-2 分别列出了以 5% 为贴现率和以 6% 为贴现率计算的债券各期现金流的现值及加总。给定未来各期的现金流,当贴现率越高时,现值越低,即现值与贴现率反相关。

表 3-2 6 年期债券的现值计算

年份	金额	现值 (i=5%)	现值 (i=6%)	计算公式
1	5	4.76	4.72	$5/(1+i)^1$
2	5	4.54	4.45	$5/(1+i)^2$
3	5	4.32	4.20	$5/(1+i)^3$
4	5	4.11	3.96	$5/(1+i)^4$
5	5	3.92	3.74	$5/(1+i)^5$
6	105	78.35	74.02	$105/(1+i)^6$
加总		100	95.09	$\sum_1^t \frac{5}{(1+i)^t} + \frac{100}{(1+i)^t}$

把多期现金流看作不同期限的单一现金流的加总,我们可以得到多期现金流计算现值的公式:

$$PV = \sum_{t=0}^{n} \frac{CF_t}{(1+i)^t} \qquad (3-10)$$

影响现值的因素分别是:各期的现金流 CF_t,贴现利率 i(反映货币时间价值)以及现金流的时间长度 n。

2. 终值计算

与现值计算相反,终值是在期末的时点度量价值。多期现金流的终值等于各期现金流的终值的加总,即:

$$FV_t = \sum_{t=0}^{n} CF_t (1+i)^{n-t} \qquad (3-11)$$

考虑一个银行零存整取的例子,如果每年年初存入 100 元,到第 6 个年末一共是多少呢?假设年利率为 5%,则第一年年初存入的 100 元将经过 6 次复利,第二年年初的 100 元将经过 5 次复利,最后一年年初存入的 100 元仅计算 1 次利息,加总起来,一共是 714.2 元,其计算过程如图 3-6 所示。

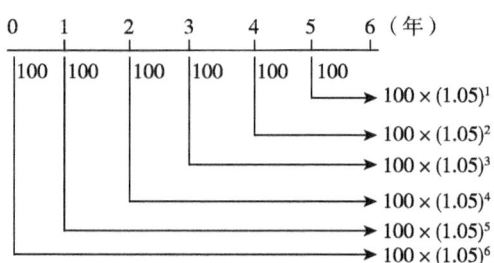

图 3-6 现金流终值计算:定额定期存款

由公式可知,其他条件相同,一系列现金流的各期金额越大,则该系列现金流的终值越大;一系列现金流持续的时间越长,到期末的终值越大;利率越高,则终值越大。

三、现金流计算:资产定价与投资决策

(一)资产定价的现金流贴现方法

金融学中,将资产定义为能够带来未来收入的物品。例如,持有股票能够获得未来的股息收入,或股票卖出后可以获得现金;持有债券能够获得债券利息和本金;持有房产进行出租,能获得租金回报,等等。

现金流贴现（Discount Cash Flow，简称 DCF）方法认为，资产的价值（用 V 表示）是该资产未来能够带来的所有现金流的现值加总，即将式（3-10）改写为：

$$V = \sum_{t=0}^{n} \frac{CF_t}{(1+i)^t} \qquad (3-12)$$

只要知道资产所能产生的各期现金流、期限及合理的贴现率，各类金融和实物投资都可以用该方法进行定价或估值。

【例 3-4】一项资产能在未来 3 年每年的期末带来收益，分别是 2200 元、4100 元和 1460 元，如果利率为 9.5%，该资产的现值是多少？如果利率是 12%，该资产的现值是多少？

解：利率为 9.5% 时，$V = \dfrac{2200}{(1+9.5\%)} + \dfrac{4100}{(1+9.5\%)^2} + \dfrac{1460}{(1+9.5\%)^3} = 6540.59$（元）

利率为 12% 时，$V = \dfrac{2200}{(1+12\%)} + \dfrac{4100}{(1+12\%)^2} + \dfrac{1460}{(1+12\%)^3} = 6271.98$（元）

由此可见，当贴现率越高时，相同现金回报的项目估值越低。

在实际对资产进行估值时，最大的困扰在于如何确定未来现金流和相应的贴现率。(1) 未来存在诸多不确定性，某些类型产品的现金流相对确定，比如银行存款或固定利率债券，若不违约，投资者能按期拿到许诺的固定利息和本金；然而，更多的风险资产不存在事先确定的收益，人们既无法知道收益额，也无法知道其延续的时间或间隔，如股票、投资实业、投资住房等。(2) 贴现率。当对资产进行定价时，并不存在一个统一的利率或贴现率，此处使用的贴现率是投资者主观要求的回报率。我们从上文债券的例子可知，用 5% 计算，债券的现值为 100 元，若利率为 6%，则债券的现值为 95.09 元。贴现率反映了投资者的风险偏好、资金成本等差别，因此，即便是给定相同的现金流，不同投资者的资产估值仍可能存在较大差异。

（二）净现值与内涵收益率

在投资决策时，常采用净现值方法和内涵收益率方法，两类方法均使用了复利和贴现原理。

1. 净现值

净现值（Net Present Value，简称 NPV）是一项投资未来所产生的全部现金流的现值减去全部投资成本现值之后的净值。如果一项投资的净现值为正就可以进行投资，反之则不投资。

为简化起见，我们以期初进行一次性投资为例。用 C_0 代表一项投资当前需要的支出

（投入），该投资的净现值 NPV 可写作：

$$\text{NPV} = \sum_{t=0}^{n} \frac{CF_t}{(1+i)^t} - C_0 \tag{3-13}$$

以上文的债券为例，如果债券的市场交易价格为 98 元，那么该债券是否值得购买呢？我们发现，当贴现率为 5% 时，债券现值为 100 元，购买债券的净现值为 2>0，因此值得投资；当贴现率为 6% 时，债券的现值只有 95.08 元，净现值 -2.92<0，不值得购入。

NPV 方法适用于各种类型的投资项目，包括固定资产投资、股权投资、债券投资等，成为投资者进行投资决策的通用工具，且便于投资者在不同项目之间进行比较，但 NPV 方法对现金流预测和贴现率的选择较为敏感。

2. 内涵收益率

内涵收益率（Internal Rate of Return，简称 IRR），又称内部报酬率，是使项目的净现值 NPV 等于零的贴现率，即在考虑了时间价值的情况下，使一项投资在未来产生的现金收入流量的现值刚好等于投资成本现值的收益率。由于未来各期现金流是投资者预期的现金流，据此计算的收益率可视为预期收益率。人们通过比较项目能否达到投资者要求的收益率来决定该项目是否值得投资。

在前述债券的例子中，当债券的售价为 98 元时，债券的内涵收益率为 5.4%，即通过求解下列方程得到 IRR[①]。

$$\text{NPV} = \sum_{t=1}^{6} \frac{5}{(1+\text{IRR})^t} + \frac{100}{(1+\text{IRR})^6} - 98 = 0$$

IRR 被普遍应用于对投资项目的收益率的估算中，投资者可以将其同资金成本或其他投资收益相比较，判断该项目是否值得投资。本例中，如果投资者要求的收益率是 5%，那么债券售价为 98 元时，投资者可以获得的 IRR 为 5.4%，预期收益率高于要求收益率，是值得投资的；反之，若投资者要求的收益率为 6%，因为 5.4%<6%，则该投资不能满足投资者要求。

在债券投资领域，IRR 有一个专用名称——到期收益率（Yield to Maturity，简称 YTM），指按照当前价格买入债券并持有到期时，使未来各期（承诺的）利息收入和到期本金的现值之和恰等于买入价格的贴现率。到期收益率是衡量债券收益率的常用指标，我们将在第五章进一步详细介绍。

【例 3-5】一项资产能在未来 3 年每年的期末带来收益，分别是 2200 元、4100 元和 1460 元，该资产目前售价为 6000 元，投资者的必要收益率是 9.5%，分别计算其净现值

---

① 在求解 NPV=0 的方程时，可能会出现多个解，根据经济含义，应选择正的解。在财务计算器或 Excel 中，输入 IRR 或 Rate 命令可以计算一笔现金流的内含报酬率。

和内涵收益率，该项目是否值得投资？

解：（1）运用净现值法，当 $i = 9.5\%$ 时：

$$PV = \frac{2200}{(1+9.5\%)} + \frac{4100}{(1+9.5\%)^2} + \frac{1460}{(1+9.5\%)^3} = 6540.59（元）$$

∵ $NPV = 6540.59 - 6000 = 540.59 > 0$ ∴ 值得投资

（2）运用 IRR 方法，求解：

$$NPV = \frac{2200}{(1+IRR)} + \frac{4100}{(1+IRR)^2} + \frac{1460}{(1+IRR)^3} - 6000 = 0$$

∵ $IRR = 14.31\% > 9.5\%$，∴ 值得投资

通常，使用两类方法在对同一个项目是否值得投资的判断上，结论是一致的。但两者使用上存在一些差异：NPV 方法计算出来的是投资的净收益，更适合评估大型项目或需要长期投资的项目，因为它能体现规模效应并综合考虑项目整个生命周期内的现金流；IRR 方法强调收益率，并且暗含投资期间所获收入均能按 IRR 利率进行再投资的假定。若对于多个竞争性项目，使用 NPV 和 IRR 得出相互冲突的结论，如项目 A 的净现值高于 B，但项目 B 的 IRR 高于 A 时，通常会依据 NPV 标准进行选择。

四、特殊现金流：年金

年金（Annuity）是指固定间隔期限的等额收/付的现金流，按照其现金流的时间特点，可分为永续年金、普通年金、即时年金等。

（一）永续年金

永续年金（Perpetuity）是没有到期期限的年金。英国政府曾发售过一种金边债券，购买者有权每年从英国政府领取利息，只要英国政府存续，该债券就一直支付利息。具有固定股利的优先股也具有永续年金的特点，只要公司存续，会一直按照规定的利息水平向优先股的持有者定期支付股息。

考虑一笔永续年金，每年末支付金额 C 元。永续年金没有到期日，不存在终值，其现值可以写为：

$$PV = \sum_{t=1}^{\infty} \frac{C}{(1+i)^t} \tag{3-14}$$

根据等比序列的求和公式，我们可以得到永续年金的现值公式：

$$PV = \frac{C}{i} \tag{3-15}$$

按照这一公式,如果利率为10%,每年支付100元的永续年金现值为1000元。我们可以这样想,假设一开始将一笔钱按照10%的利率存入一个永不破产的银行,第一年银行返还你100元利息而你在银行的本金不变,第二年继续给你100元的利息,本金仍在银行,以此类推。既然本金的金额保持不变,利息金额也没变,那么这笔本金就等于利息/利率,即100/10%=1000元。只要你始终不取出这1000元的初始存款,这个"聚宝盆"将源源不断给你提供每年100元的回报。

(二)有限年金:普通年金与即时年金

金融世界里常见的是有存续期限的定期定额支付年金,分为普通年金和即时年金。

普通年金(Common Annuity,又称后付年金)的收入/支付在一个计息周期的期末,如偿还银行贷款或分期付款等都具有这个特点,银行先给你资金(t_0期获得资金),而在约定的还款日(每个计息周期的期末)偿还。

先付年金(Immediate Annuity,又称即时年金)的收入/支付在每一个周期的期初,如零存整取、基金的定期定额投资(简称基金定投)等,都是从第一笔资金投入时起即刻生效。

设每期的支付金额为C,一共支付的次数为n,则普通年金和即时年金的区别可以用现金流时间线表示(见图3-7)。

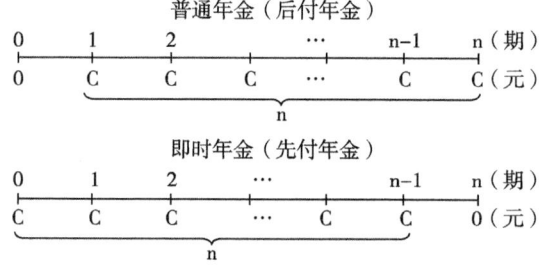

图3-7 普通年金和即时年金

两者的差异在于即时年金比普通年金早支付一期,因而其现值会高于普通年金,而其在n期末的终值也会比普通年金多计算一期复利。

普通年金的现值,由以下公式给出:

$$PV = \frac{C}{(1+i)} + \frac{C}{(1+i)^2} + \cdots + \frac{C}{(1+i)^n} = \frac{C}{i}\left[1-(1+i)^{-n}\right] \tag{3-16}$$

我们可以直接用等比数列求和的方式计算该结果。当然,读者可以结合永续年金的计算方式来计算这种一定存续期的年金现值,窍门是将这笔年金视作两个永续年金之差额,即一个从第 1 期末开始支付的永续年金和一个从 n 期末开始的永续年金的现值之差,其中,第一笔永续年金的现值为 $\frac{C}{i}$,而第二笔永续年金在 n 期末时的现值为 $\frac{C}{i}$,将其贴现到 0 期,可得 $\frac{C}{i} \times (1+i)^{-n}$,两者之差即为 $\frac{C}{i}[1-(1+i)^{-n}]$。

普通年金在第 n 期末的终值为:

$$FV = C + C(1+i)^1 + \cdots + C(1+i)^{n-1} = \frac{C}{i}[(1+i)^n - 1] \tag{3-17}$$

由此可得,对于每期 1 元的支付,普通年金的终值系数为 $\frac{1}{i}[(1+i)^n - 1]$,现值系数为 $\frac{1}{i}[1-(1+i)^{-n}]$。

由于普通年金和即时年金的差异在于付款时间,一个在期初,一个在期末。对于 n 次支付,即时年金因为支付次数提前一期,意味着其各期支付的现值均是普通年金的 $1+i$ 倍,现值加总也等于普通年金现值的 $1+i$ 倍,即:

$$PV = C + \frac{C}{(1+i)} + \frac{C}{(1+i)^2} + \cdots + \frac{C}{(1+i)^{n-1}} = \frac{C(1+i)}{i}[1-(1+i)^{-n}] \tag{3-18}$$

同理,当我们在 n 期期末的时点计算即时年金终值时,由于每笔现金流均比普通年金的现金流提前 1 期,因而年金终值也是普通年金终值的 $(1+i)$ 倍,即 $\frac{C(1+i)}{i}[(1+i)^n - 1]$。不同类型年金的终值和现值系数如表 3-3 所示。

表 3-3 不同类型年金的终值和现值系数总结

	永续年金	普通年金	即时年金
终值系数	无终值	$\frac{1}{i}[(1+i)^n - 1]$	$\frac{1+i}{i}[(1+i)^n - 1]$
现值系数	$\frac{1}{i}$	$\frac{1}{i}[1-(1+i)^{-n}]$	$\frac{1+i}{i}[1-(1+i)^{-n}]$

附录 3-1 运用 Excel 财务公式计算示例

利用 Excel、WPS 软件或者财务计算器,我们可以很方便地计算有关利率和现金流相关的问题。读者只需要掌握函数中现值(PV)、终值(FV)、期间支付(PMT,通常适用于年金计算)、期数(Nper)、利率(Rate)等变量的含义,并且明白复利计息的基本原理,即可按照软件的提示,实现财务计算。计算中常见变量如表 3-4 所示。

表 3-4　　　　　　　　　　　现金流计算的常见变量

变量及含义	变量说明
终值（FV）	资金在未来某个时点的名义金额，正为收入，负为支出
现值（PV）	资金在当前的名义金额，正为收入，负为支出
支付的次数（Nper）	收入或支付现金流的次数
利率（Rate）	每个计息时段对应的利率，例如按月支付即为月利率
每次的支付（PMT）	在每一个时间点的等额支付，正为收入，负为支出（年金）
支付方式（Type）	根据支付时点选择，期末支付默认为0，期初支付选择1

【例 3-6】某商业地产推出一项商铺出租收益计划，投资者只需支付一定金额，就可在未来 3 年每月获取 3000 元的租金，如果市场上资金的名义年利率为 12%，投资者需要投入多少钱才合理？

该投资是普通年金（先投资，一个月后开始收入租金），名义年利率为 12%，折合每个月的利率是 1%，月收入为 3000 元，共 36 期，其现值根据公式计算为 90322.52 元，即：

$$PV = \frac{3000}{(1+1\%)} + \frac{3000}{(1+1\%)^2} + \cdots + \frac{3000}{(1+1\%)^{36}} = \frac{3000}{1\%}[1-(1+1\%)^{-36}] = 90322.52（元）$$

若用 Excel 求解现值，只需在表格空白处输入"= PV（1%，36，3000，0，0）"后按回车键，即可得到该结果为 -90322.52 元，见图 3-8。其中 B9 格中显示了结果，而左上方输入栏则显示了 B9 格中输入的公式。需要特别说明的是，Excel 计算显示的结果是负值，表明若是投资者希望在未来获得这样的回报，当前应该支付多少金额，即 Excel 公式计算的原理是净现值为零。

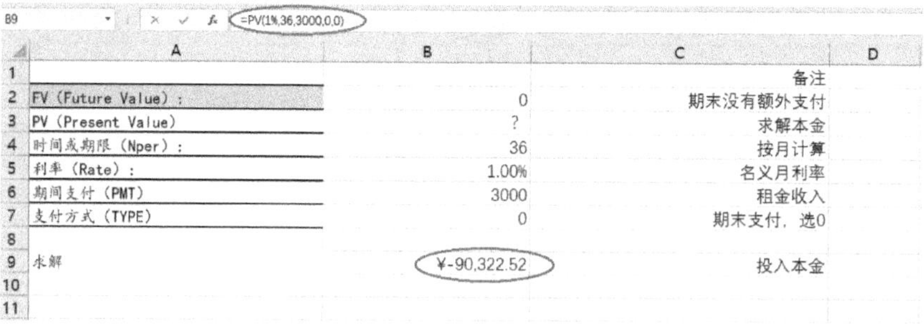

图 3-8　用 Excel 求解现值

【例 3-7】假定购房者打算从银行贷款买房，银行估算该购房者每月能负担的偿还额为 2000 元，如果银行贷款年利率为 6%，还款期 30 年，那么银行的总贷款额度是多少？

这是需要计算银行贷款的现值，求 PV。虽然银行贷款利率为年率，但计算利息时应按月计算，因此首先需要计算月利率，即 6%/12 = 0.5%，银行总贷款额度相当于计算一个每次支付 2000 元，月利率 0.5%，一共 360 期的普通年金的现值。

按式（3－16）计算可得：

$$PV=\frac{2000}{(1+0.5\%)}+\frac{2000}{(1+0.5\%)^{2}}+\cdots+\frac{2000}{(1+0.5\%)^{360}}=\frac{2000}{0.5\%}\left[1-(1+0.5\%)^{-360}\right]$$

这笔金额约为 333583.23 元。

用 Excel 运算命令，在表格空白处输入"＝PV（0.5%，360，－2000，0，0）"即可得到该结果，该结果显示为正，意味着期初的时候从银行获得了 333583.23 元。见图 3－9。

B9　=PV(0.5%,360,-2000,0,0)

	A	B	C	D
1			备注	
2	FV（Future Value）：	0	期末没有额外支付	
3	PV（Present Value）	?	求解贷款本金	
4	时间或期限（Nper）：	360	按月计算	
5	利率（Rate）：	0.50%	名义月利率	
6	期间支付（PMT）	-2000	月还款额	
7	支付方式（TYPE）	0	期末支付，选0	
8				
9	求解	¥333,583.23	可贷款本金	
10				
11				

图 3－9　用 Excel 计算贷款现值

【例 3－8】 假定小张从银行贷款 60 万元，利率 6%，期限 30 年，按照每月等额本息还款方式，小张的每月末还款额是多少？

本题是求每期等额支付 PMT 的值，已知普通年金的现值为 60 万元，银行贷款名义月利率为 6%/12＝0.5%，期数是 360 期，每期支付 C 可以解公式得出：

$$600000=\frac{C}{0.5\%}\left[1-(1+0.5\%)^{-360}\right]$$

即：$C=\frac{600000\times 0.5\%}{1-(1+0.5\%)^{-360}}=\frac{3000}{0.83396}=3597.3$（元）

我们也可以使用 Excel 的 PMT 公式，输入"＝PMT（0.5%，360，600000，0，0）"可得每期 PMT＝－3597.3 元，负号表示支出。见图 3－10。

B9　=PMT(0.5%,360,600000,0,0)

	A	B	C	D
1			备注	
2	FV（Future Value）：	0	期末没有额外支付	
3	PV（Present Value）	600000	贷款本金（现值）	
4	时间或期限（Nper）：	360	按月计算	
5	利率（Rate）：	0.50%	名义月利率	
6	期间支付（PMT）	?	月还款额	
7	支付方式（TYPE）	0	期末支付，选0	
8				
9	求解	¥-3,597.30	月还款额	
10				
11				

图 3－10　用 Excel 计算每月还款额

【例 3-9】 小张决心攒钱，采用了零存整取的方式，每月投入 200 元，零存整取的名义年利率为 3%，问到第 5 年年末，连本带息一共是多少钱？

这一问题是对于年金，已知每期现金流和利率，求终值，需要注意的是该笔年金在存款即日起便生效，因此是即时年金，需按照式（3-18）计算，即：

$$FV=\frac{200\ (1+0.25\%)}{0.25\%}[(1+0.25\%)^{12\times5}-1]=12961.67\ (元)$$

在 EXCEL 软件中，运用公式 FV，输入"=FV（0.25%，60，-200，0，1）"也可得终值为 12961.67 元。见图 3-11。

B9 =FV(0.25%,60,-200,0,1)

	A	B	C	D
1			备注	
2	FV（Future Value）：	?	求解	
3	PV（Present Value）	0	没有单独的现值	
4	时间或期限（Nper）：	60	按月计算	
5	利率（Rate）：	0.25%	名义月利率	
6	期间支付（PMT）	-200	支出为负	
7	支付方式（TYPE）	1	期初支付，选1	
8				
9	求解	¥12,961.67	期满本息和	
10				
11				

图 3-11　用 Excel 计算终值

【例 3-10】 小张为了购买价值 8800 元的笔记本电脑，选择了 12 个月分期付款方式，首次支付在获得电脑后的一个月后开始，他每个月需要支付 760 元，那么他的利息成本是多少？

这是已知一笔普通年金的期间支付数额、次数和总现值，求利率。手动求解普通年金的现值方程，可能过于复杂。

$$8800=\frac{760}{(1+i)}+\frac{760}{(1+i)^2}+\cdots+\frac{760}{(1+i)^n}=\frac{760}{i}\ [1-(1+i)^{-12}]$$

使用 Excel 的 RATE 命令，可以求出对应的月利率水平，即输入"=RATE（12，-760，8800，0，0）"，得到月利率为 0.55%。将月利率用复利计息方法转化为年化利率，即 $(1+0.55\%)^{12}-1=6.80\%$，因此，小张分期付款的利息成本为年化 6.8%。见图 3-12。

B9 =RATE(12,-760,8800,0,0)

	A	B	C	D
1			备注	
2	FV（Future Value）：	0	期末没有额外支付	
3	PV（Present Value）	8800	现值	
4	时间或期限（Nper）：	12	按月计算	
5	利率（Rate）：	?	求解	
6	期间支付（PMT）	-760	支出为负值	
7	支付方式（TYPE）	0	期末支付，选零	
8				
9	求解	0.55%	对应的月利率	
10				
11				
12				
13				

图 3-12　用 Excel 计算利息成本

Excel 还有非常强大的计算功能，可以完成资产定价、投资组合分析等，感兴趣的读者请参见文末的参考文献，进一步学习。

总　结

1. 货币的时间价值是指货币经历一定时间的投资和再投资所增加的价值，它表现为同一数量的货币在不同的时点上具有不同的价值。

2. 实际利率是名义利率扣除通货膨胀的值，反映通过购买力调整后的收益。税后现实收益率则进一步考虑了名义利息所得税的影响。

3. 收益率表示为期末增值部分同期初所投入的本金之比，反映投资的回报。总收益率包括投资的期间收益率（即投资期间获得的股利、利息或其他支付）和资本利得率（即价格增值的百分比）构成。

4. 必要回报率是投资者主观的收益率，同人们的时间偏好和风险厌恶程度有关，通常要高于其资金的机会成本。

5. 现实收益率是事后收益率，反映投资的结果，而预期收益率是投资者事先根据投资收益的状况和不确定性计算的收益率，影响这两个收益率的主要因素是投资品的生产能力和不确定性。

6. 终值（FV）是一系列现金流在末期的价值。现值（PV）是一笔支付或支付流在今天的价值，将各期的现金流折合为现值的计算，称为"折现"或"贴现"。

7. 现金流时间线，是将不同时点上获得的货币收入或支出的金额，标注在时间线上，它是一种常用的现金流分析工具。

8. 资产定价的现金流贴现方法认为：资产的价值是该资产未来能够带来的所有现金流的现值加总，现金流、期限和贴现率是确定价值的重要参数。

9. 净现值（NPV）是一项投资未来所产生的全部现金流的现值减去当前投资成本的净值，当一项投资的净现值为正就可以投资，反之则不投资。

10. 内涵收益率（IRR），是使项目的净现值 NPV 等于零时的贴现率，即使一项投资在未来产生的现金流量现值刚好等于投资成本时的收益率。当人们要求的回报率低于内涵收益率时，人们将选择投资该项目。

11. 年金是指在一段时期内定期定额（等额）收/付的现金流，按照其现金流的期限特点，可以分为永续年金、普通年金、即时年金等。

12. 使用 Excel 公式或财务计算器的现值（PV），终值（FV），内涵收益率（IRR）、每期等额支付（PMT）等命令可以进行各种现金流的价值和收益率计算。

关键术语

货币的时间价值	现值	终值	利率	收益率
到期收益率	现金流贴现	现金流贴现方法	复利	单利
实际利率	名义利率	费雪效应	税后现实收益率	要求收益率
预期收益率	有效年利率	普通年金	先付年金	永续年金
净现值	内涵收益率			

练习题

1. 小李去年在银行存了 1 万元 1 年期定期存款，利率为 3%，去年公布的 CPI 上涨幅度为 1.8%，存款的实际利率是多少？小李发现到手的金额比预想的少，银行服务人员告诉他利息征收了 20% 的所得税，请帮他计算税后本息和的金额。这笔存款的税后实际利率是多少？

2. 如果朋友找你借 1 万元投资，朋友许诺 5 年后你能连本带利拿回 15000 元，你了解到银行的存款利率是每年 4%，这种投资值得吗？为什么？

3. 企业有一个投资项目，初始投入 800 万元，项目运行后的收支情况如表 3-5 所示，（1）请计算企业该项投资的内含报酬率；（2）如果企业将资金用于其他用途可以获得 10% 的收益率，计算该项目的净现值，净现值方法和内涵收益率做出的分析判断是否一致？

表 3-5   收支情况

年份	收入	支出	年度净收入
0	0	800	-800
1	1100	500	600
2	1200	400	800
3	1300	800	500
4	1700	1500	200

4. 某债券面值 1000 元，票面利率为 6%，期限为 30 年，每半年付息一次。投资者以 1050 元的价格购买该债券，其到期收益率是多少？

5. 某人入股某合伙企业 1 万元，每年企业分红 6%，如果选择股票分红而不是现金分红，意味着每年分红的金额会自动计入下期应计的本金中，请分别计算 2 年、3 年和 10 年后，该笔投资的价值是多少？

6. 某财务数据表中，一个4年期的现金流遗漏掉了关键数据，小张知道该笔资金的现值为5979.04元，年利率12%，请补充该现金流序列中第2年数据。

```
0     1     2     3     4    (年)
     1000   ?    2000  2000  (元)
```

7. 小王要到外地上学，家长准备一次性存入银行一笔资金，确保以后4年小王每个月都能取款2000元，如果银行的活期存款利率为0.27%，那么家长应该存入多少钱？小王的父母看到有一种货币市场基金，可以每月定期取款，而基金的平均收益率为月0.8%，按此利率，家长应该存入多少钱？相比活期存款，你觉得这种方式可能有什么风险？

8. 小王在读书期间，连续4年每年都获得5000元奖学金，他在每年的9月1日将奖学金存入银行储蓄账户，设定为1年期定存且到期自动转存，已知银行1年期定期存款利率为3%，等他大学毕业那年的9月1日，他的这个账户一共有多少钱？

9. 小王即将购买一个价值12000元的笔记本电脑，但为了缓解现金支出的压力，小王不打算一次性付款，而是想将还款压力分散到12个月之中。他找到两个银行产品，一个是A银行的分期付款服务，不收取利息，每月平均偿还本金并按分期总金额收取固定的服务费，即每月应还金额为12000/12 + 12000×手续费率，目前12个月的服务费率打5折促销，从0.76%降低到0.38%；另一个是B银行的12个月消费信贷，每月等额本息还款，月贷款利率0.57%。

（1）请计算B银行还款计划的每月应还款，你觉得小王应该选择哪个银行呢？

（2）小王还可卖出自己持有的股票投资来购买笔记本电脑，但他预期如果继续持有股票的话，一年的收益率不低于8%。

计算两种借款的年有效利率，小王应该怎么做？为什么？

	A银行分期付款	B银行消费贷
本金	12000	12000
名义成本（月）	手续费0.38%	贷款利率0.57%
期数	12	12
每月还款金额	1045.6	?
有效年利率	?	?

10. 小王24岁硕士毕业开始工作，保险公司向其推销了一种长期产品，在他25岁生日到60岁生日期间，小王只需每年缴纳3000元保险费，直到60岁退休。此后小王或其指定的家人每月可享受1000元的养老金，直到80岁生日时领取一次性祝寿金5万元，随

后该合同终止。

现在市场利率为6%，请描绘这项保险产品的现金流状况。

小王觉得自己一定能健康长寿，拿到5万元的祝寿金，并且预计未来市场利率平均维持在6%，这款产品值得购买吗？在这个长期合同中，他可能会面临哪些风险呢？

思考与讨论

1. 假定毕业后工作30年，你能否利用现金流贴现的原理计算自己这部分工作收入的现值呢？你需要知道哪些信息才能够给自己"定价"？说出你的思考内容，并估计一下自己未来30年工作收入的现值。

2. 设想自己要在一座城市定居，并需要贷款购房。请查找该城市的平均房价水平，以50平米的住房为例，计算总房价。如果需要自己支付两成的首付，则你需要多少资金呢？如果剩下的八成房款通过银行住房贷款支付，按照现行的住房商业贷款利率水平，计算20年等额本息还款计划的月还款金额，如果利率上涨1个百分点或下跌1个百分点，对你的还款金额有多大影响？如果还款时间从20年缩短到15年，或是延长至30年，每月还款金额是多少？

参考阅读

1. ［美］戴维·G·卢恩伯格. 投资科学［M］. 沈丽萍，文忠桥，译. 北京：中国人民大学出版社，2011.

2. ［美］格莱葛·W. 霍顿. 投资学：以Excel为分析工具（原书第4版）［M］. 张永冀，霍达，译. 北京：机械工业出版社，2015.

第四章 金融市场与机构

学习完本章后，你将能够：
- 掌握金融工具的主要特征
- 掌握金融市场的主要功能
- 掌握金融市场和机构的主要分类

本章概览

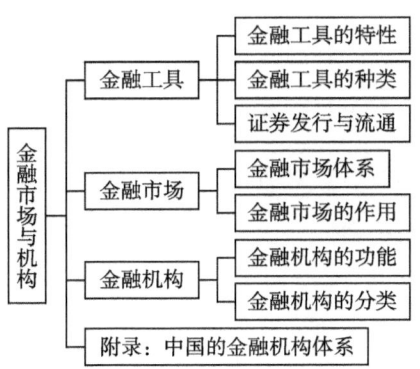

第一节 金融工具

金融工具（Financial Instruments）是一种载明资金所有权和使用权利归属的合约，一般规定了资金盈余者向资金短缺者转让资金的金额、条件和期限等。资金在金融系统中的流动是通过金融工具这个载体来实现的。

金融工具与金融资产这两个概念有着密切的联系。对出资人而言，其持有的金融工具如果能为其带来货币回报，就是金融资产；而对融资人而言，金融工具则是其负债（或所有权）的凭证。例如，国债是一国中央政府发行的债务凭证，对其持有者而言是一项金融资产，对中央政府而言是一项金融负债，而对双方而言，国债都是一种金融工具。因此，在涉及资金盈余者的投资决策时，我们更多使用"金融资产"；而在涉及资金融通的过程时，常用"金融工具"强调其载体性质①。

我们可以从金融工具所代表的契约性质、期限、收益、风险和流动性等描绘金融工具的特征，并对其进行分类。

一、金融工具的基本特征

（一）契约关系的法律特征

本质上，金融工具是融资者与出资者之间关于货币资金或资产给付的契约关系。这种契约关系涉及货币资金或金融工具的（支付）流动，规定了权利和义务。

按照契约关系的法律特征划分，金融工具通常划分为权益（Equity）和债务（Debt）两大类，其区别在于合同的一方能否无条件避免以交付现金或其他金融资产来履行合同的义务，如果可以避免则是权益类，而如果不能避免则是债务类。

权益类工具如股票，承诺持有人依份额享有公司的净收益（扣除费用和税款后的收入）和资产。如果你持有一家公司的100份股票，而该公司总股本为100万股，那么你就

---

① 当然，也有人认为金融工具的范畴比金融资产的范畴更广，后者是指具有价值并能够给持有人带来现金流收益的金融工具。

有了这家公司万分之一的净收益和资产。如果这家公司效益良好，将向股东分配股利，但是分配股利并不是这家公司必须的义务；股东也可以转让其持有的股份，但不能要求公司返还给你股本金，即后者也没有义务归还你的股本金。就此意义而言，股票的持有者对持有股票所能获得的现金流不能事先确定，因而普通股属于权益类工具。

债务类工具如国债、公司债、商业票据、银行存单、民间借条等，均具有确定性的本金，规定借款人需履行在一定期限内还本付息的义务，否则即构成违约。因此，债务工具的持有人对未来现金流的金额能够有确定的预期。

一些金融工具有双重特性。例如，优先股股票是权益工具，但投资人能在发行人向债务工具持有者支付后得到固定的支付；可转换债券每年会支付固定的利率，但规定在一定条件下持有人能将债券转换为股票。

（二）期限性

期限是指金融工具所规定的资金支付/偿还的时间。普通股票没有偿还期限，其期限可视为无穷期。

对债权债务工具和衍生工具而言，期限有合约期限和剩余存续期限两类。合约期限，是义务人自发行日起至完成全部支付或偿还为止的时间间隔。债权类金融工具会在发行时规定期限，短期的资金借贷如隔夜或 3 天、7 天、14 天拆借等，商业票据融资通常以月为单位，而中长期债券则可能是三五十年，更长的是永续债券，例如英国发行的永续公债，规定只要英国政府存续，持有债券的人有权从其获得利息，其期限为无穷。

剩余存续期限，即金融工具从某时点开始至最后偿还期限的时间长短。例如，2018 年 1 月 31 日中国财政部发行了第四期付息国债，债券合约期限为 10 年，在 2020 年 1 月 31 日时，该债券的剩余期限为 8 年。债券市场上常常强调的存续期限（Maturity），即是剩余存续期限，人们据此进行定价和交易。其他条件不变，剩余存续期限越长，债务工具面临的还本付息风险和不确定性越大。

（三）收益性

收益性是指金融工具能定期或不定期给持有人带来收益。当你持有某公司的股票时，可能获得股息和股票价格上涨的收益，当你持有政府或金融机构、企业发行的债券时，你可以获得债券的利息，如果你把钱存入银行，也会得到利息。

为了便于比较不同金融工具的收益特征，我们使用收益率来度量 1 个单位的货币投入所能带来的回报。

收益率（Rate of return，又称回报率）：持有一种金融工具所得的增值回报（收益）

与投资者投入本金的比。

考虑到持有金融工具的期间，物价的变化会使人们未来货币收入的购买力发生变化，因此，人们往往计算扣除通货膨胀率后的实际收益率①，即：

实际收益率 ≈ 名义收益率 – 通货膨胀率

例如，投资债券在 1 年中可获得 4.08% 的名义收益率，但该年物价上涨了 2%，则该投资者的当年实际收益率仅为 2.08%。在通货膨胀严重的时期，实际收益率可能为负值，对投资者而言是得不偿失的。

（四）风险

风险（Risk）是指持有或投资金融工具遭受损失的可能性。客观来说，跨期配置资金必然会面临各种不确定性，即使所谓的"安全"资产如国债等，也会遭遇通货膨胀或本币贬值带来的购买力的损失。

金融工具的风险与其契约权利性质、期限和收益性等密切相关。最常见的风险是违约风险和市场风险。

违约风险（Default Risk）是因为融资或交易双方不履行约定而产生损失的可能性。在债务工具中，违约风险强调债务人不能按期还本付息从而导致债权人损失，它既可能是具有主观故意的违约，也可能是债务人客观偿还能力不足。

市场风险（Market Risk）是指金融工具的持有者因金融资产的市场价格发生不利变化而产生损失的可能性。例如，投资股票的人可能因为股价暴跌，一夜之间血本无归，期货投机者可能因为错误判断市场走势而发生巨额亏损等。就个别金融资产而言，其面临的市场风险可进一步分为个体风险和系统性风险。个体风险（Individual Risk）是该金融工具所特有原因导致其市场价格变动的风险，如某债券的发行人违约导致该债券价格大跌，或者某公司业绩下跌引发的股价下跌等。系统性风险（Systematic Risk）指影响整个市场价格和交易的风险，如全国性的税收调整、降息、通货膨胀、战争等，此类风险不能通过持有不同类型的金融工具而加以分散。

（五）流动性

流动性是指金融工具在转换成货币②时，其价值不会蒙受损失的能力。货币是最具有流动性的金融资产，其他各种金融资产在没有到期之前要想转换成货币，通常需要折价或

---

① 实际收益率的完整公式为实际收益率 =（1 + 名义收益率）/（1 + 通货膨胀率），参见第三章式（3 – 2）。
② 此处的货币通常指狭义货币，即现金和活期存款。

花费一定的时间成本和交易费用。

流动性很大程度上取决于金融工具的契约特征。按单位份额进行交易的标准化金融工具如普通股、债券、基金、期货或期权合约通常有专门的交易市场，存在众多的供给者和需求者，信息的发布和披露较为充分，其流动性较强；相反，金融机构发行的很多金融工具往往是非标准化的，如保险单据、贷款契约、信托凭证等，这些产品对应着不同的票面金额、期限以及融资条款，对其价值评估往往需要专业化的知识技能，买方数量非常有限，因而其流动性较弱。

金融工具的流动性与其期限、收益、风险等存在密切关联。通常期限较长的金融工具，面临的不确定性更大，违约风险和市场风险较高，制约了持有人将其转化为现金的能力。因此，其他条件相同的情况下，期限较长的金融工具往往流动性较低。为了弥补持有人的损失，期限较长的金融工具往往会提供较高的收益率。例如，长期债券相比短期债券，到期收益率通常更高。这种收益率同到期期限之间的关系，称为利率的期限结构，我们将在第五章债券市场部分详细介绍。

二、金融工具的种类

我们可以依照金融工具的不同特征维度对其进行分类，常见的分类包括以下几种。

（一）股权、债权与混合类

股权类工具以股票为主，股票是由股份有限公司发行的用于证明投资者身份和所有权益的凭证，股票赋予持有人决策权、资产分配权和剩余价值索取权。

债权工具包括各种票据、长短期债券、长短期贷款等，具有具体的支付条款，如期限、利息、息票率等，持有者有权获得固定的支付和收益。债权类工具也被称为固定收益工具（Fixed – income Instruments），因为它们承诺在未来支付事先规定数额的现金。

此外，还有混合类金融工具。如优先股股票，投资者既享有对发行方收取合同现金流的权利（即股息），又能享有股权相关的权利，比如剩余价值的分配权等。

（二）长期与短期工具

按照金融工具的到期期限划分，可将金融工具划分为短期、中期与长期金融工具。

到期期限在1年以内（含1年）的金融工具，是短期金融工具，如短期债券、票据、大额存单等融资性工具，以及期限在1年以内的各种期权、期货和远期等衍生品工具。短期金融工具最主要的功能是短期资金融通，以及流动性及相关风险管理。

到期期限在 1 年以上的金融工具被称为中长期金融工具，通常 1—10 年视为中期，而 10 年以上则视为长期。常见的中长期金融工具为长期国债、长期企业债、普通股、优先股等，这些金融工具为发行人提供长期稳定的资金，便利资本形成和投资。

（三）原生与衍生工具

原生金融工具（Primary Financial Instruments），或称基础金融工具，是指能证明债权债务关系或所有权关系的凭证。前述涉及的各类债权和所有权凭证均为原生工具。它们是融资和投资的工具，实现资金配置功能，也是各类衍生金融工具赖以生存的基础。

衍生金融工具（Derivative Financial Instruments）是指其价值依赖于标的资产价值或基础变量的合约。例如，基于股票衍生出的股票期货、股票期权产品，基于债券衍生出来的债券期货，或基于商品衍生出来的商品期货等，这些均是基于基础金融工具衍生出来的产品。股指期货、股指期货期权、利率期货、外汇远期、外汇期货等合约的价值则取决于股票指数、利率或汇率等基础变量的变动。衍生工具的基本功能是管理与标的资产或基础变量相关的风险，其价值依赖于标的资产（或基础变量）的价值变化。有关衍生工具市场的详细介绍请参见第七章。

值得注意的是，金融工具可以依照很多维度分类。例如，30 年期的国债可归为长期、债权类、原生基础工具；而企业签发的 90 天商业票据可归为短期、债权类、原生基础工具。

三、金融资产的交易方式

金融工具（资产）的交易方式通常有三类：现货交易、回购交易和期货交易。

（一）现货交易

现货交易（Spot Transaction），即现金现货交易，是指金融工具的买卖双方对金融资产的买卖价格达成一致，在成交后立即或在很短的时间内办理交割，即俗称的一手交钱，一手交货。

金融市场上，现货交易非常普遍。例如，人们日常购买股票、债券、基金、外汇等，均属于现货交易。

（二）远期和期货交易

远期和期货交易（Forward & Future Transactions）是指交易双方成交以后，按照约定在未来的时间对标的资产或货币进行交割清算的交易方式。

例如，在一笔典型的外汇远期交易中，商业银行和出口商约定在3个月后按1美元等于6.5元人民币的价格，由出口商向商业银行卖出10万美元。在到期日，无论市场汇率是多少，出口商都应该按此价格向银行出售约定的美元，换回65万元人民币。

在期货交易中，人们在交易所买卖和交易标准合约，在未来按约定交付标的资产。例如，国债期货交易的多头（合约买方）需要在到期日按约定的价格和数量买入相应的国债，而空头（合约卖方）需要在到期日按约定的价格和数量卖出相应的国债。

（三）回购交易

回购交易（Repurchase，简称 Repo）是持有金融资产的一方（正回购方）在同其对手方（逆回购方）达成卖出标的资产的交易的同时，规定正回购方在未来某一约定时间以约定的价格从逆回购方那里购回原先售出的金融资产。

如图 4-1 所示，一笔回购交易涉及两个交易主体（正回购方和逆回购方）、二次交易行为（初始交易和期满时的回购交易）以及两次清算。对正回购方而言，金融资产先卖出后买回，赎回价格高于初始的价格，这一价差可以视作给逆回购方支付的利息。因此，正回购方又称为资金的融入方，而逆回购方又称为资金的融出方。

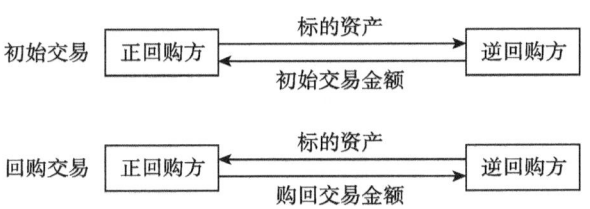

图 4-1 金融资产的回购交易

回购交易的本质，是以标的金融资产为媒介的资金融通业务。根据标的资产权属是否跟随交易而转移，回购可分为质押式回购和买断式回购。在质押式回购中，逆回购方虽然暂时获得了标的资产，但却没有所有权和使用权，不能动用或卖出相关资产；而在买断式回购中，逆回购方在回购期限内拥有标的资产的所有权，可以进行处置，只要到期时归还同等品质的资产即可。

回购交易是一种非常普遍的资金借贷方式，相比普通的资金借贷（信用拆借），回购交易为资金的融出方提供了较为充足的还款保证，能够很大程度保证资金融出者的资金安全。回购交易广泛应用于短期资金融通中，回购标的主要是各种票据和高信用等级的债券，如国债和金融机构发行的债券。中央银行常在国债市场上使用回购交易来影响短期资金市场的货币供给和需求，而商业银行和非银行金融机构也常用票据和国债回购管理自身的流动性。对于普通的投资者而言，股票交易所的国债逆回购交易能够便利投资者将手中多余的资金出借,是一种低风险、低门槛的流动性管理方式。

> **专栏 4-1　交易所国债逆回购交易**
>
> 　　国债逆回购,类似于一种短期贷款,即个人通过国债回购市场把自己的资金借出去,获得固定的利息收益;而回购方也就是借款人,用自己的国债作为抵押获得这笔借款,到期后还本付息。由于有交易所作为中介,逆回购交易通常风险很低。
>
> 　　从品种上看,上海证券交易所和深圳证券交易所都有自己的逆回购品种,投资门槛不高,均为1000元起,以1000元的整数倍递增。GC代表上海证券交易所的品种,R代表深圳证券交易所的品种。每个交易所的逆回购品种后的数字代码表示资金出借的时间长短,如GC001代表期限为1天的逆回购交易;GC007是7天期的资金回购,等等。
>
> 　　操作方面,投资者在交易时段(每个交易日9:30—11:30,13:00—15:30),通过交易软件的交易页面点击"国债逆回购"按钮,沪深两市各品种实时收益率、计息天数等信息一目了然。
>
> 　　国债逆回购交易的收益率与市场资金的供给和需求高度相关,市场资金紧张,尤其是月底、季末、年终等特殊时候,逆回购的收益率通常将升高。
>
> 　　国债逆回购具有多重优点,如安全性好、风险低、期限灵活,投资者可以根据需求实现资金的有效配置。

四、有价证券

人们日常生活中接触到的典型的金融工具,是各种证券(Security),即用于证明持券人或证券指定的特定主体对特定财产拥有所有权或债权的法律凭证,如股票、债券、商业票据等[①]。在金融市场上,证券专指"有价证券",其特点是标有一定票面金额,证明债权债务或所有权关系,持券人对发行人有收入的请求权。有价证券包括货币证券(票据、短期债券、货币市场基金份额等)和资本证券(股票和中长期债券等),相应的证券发行和流通的市场被称为证券市场(Security Market)。

(一)证券发行

证券发行(Issuing)是指发行人按照一定的法律规定和发行程序,向投资者出售证

---

① 广义的证券还包括商品证券,即证明商品所有权或使用权的票证,如邮票、税票、仓库的存单、货运单等。

券，由此形成的市场称为发行市场或一级市场。发行市场的核心功能是为实物投资融资，为资金使用者提供获得资金的渠道和手段，实现资金从储蓄向实物投资的转化。

证券的发行方式分为公募发行和私募发行两类。公募发行（Public Offering）是指面向社会公众发行。一家公司第一次向社会公众公开发行股票，即称为首次公开发行（Initial Public Offering，简称 IPO）。在公募发行情况下，所有符合法律规定的投资者，包括个人投资者、法人机构（企业）、投资基金等都可以参加认购。为保障广大投资者的利益，各国对公募发行都有严格的要求，如发行人要有较高的信用，并符合证券主管部门规定的各项发行条件，经批准后方可发行。在我国，公募发行需符合《证券法》《公司法》的有关规定。企业和金融机构通常通过公募发行股票和债券，而政府则可利用公募发行国债或各种政府债券，募集长期资本。

私募发行（Private Offering）是面向一部分特定的投资人群体进行的非公开发行。私募发行的对象大致有两类，一类是公司原股东，即面向老股东增发新股，后者追加资本；另一类是新的投资者。例如，在发展过程中公司需要吸引更多的资金，面向金融机构或与发行人有密切往来关系的企业等招募资金。相比公募发行，私募发行的门槛较低，信息披露等监管相对宽松。私募发行的股份往往不能在公开市场上转卖，只能进行协议转让或等公司公开发行上市后，才能公开交易。

（二）证券的流通

证券在发行完毕后，即进入流通买卖环节。通过交易，原持有人可以在需要使用资金时获得流动性，而购买者则获得投资该产品的机会。证券流通的市场被称为交易市场或二级市场。二级市场的核心功能是提供流动性和定价，各类经济主体借助二级市场交易调剂资金余缺或是对价格的涨跌进行投机，证券价格因而呈现出波动性，影响着千千万万个体、企业和投资机构的决策、资金流和财富状况。

根据证券是否在有组织的交易场所内进行交易流通，证券交易可分为场内交易和场外交易两种。例如，上市公司的股票和债券在证券交易所进行交易，即为场内交易，投资者在规模巨大的市场上按照市场实时的交易价格买进卖出，拥有较强的流动性。场外交易是指在有组织的交易所之外的交易，如股东之间的协议转让，或将股份转让给新的投资人。场外交易通常具有较高的信息搜寻成本和交易成本，相应的证券流动性较弱。

证券在有组织的交易所进行交易，须受交易规则约束，一旦证券不满足公开上市标准或条件，可能会出现证券终止上市，即"退市"（Delisting）。退市可分主动退市和被动退市。主动退市的情况多发生于公司因为战略规划变更、大股东不满股价低估或股东的股权争夺等原因，主动回购流通股，导致流通中的股本数量或股东数量低于上市要求而退市，公司也因此由公众公司变为"私人公司"。例如，2020年中国在美国上市的公司"58同城"，在9月完成私有化退市。另外是被动退市，即因为财务造假、违反法律、公司盈利不满足标准等原因被交易所终止上市。例如，根据监管法律法规，在我国沪深交易所上市的主板A股（含A+B股）公司如果连续20个交易日每日股票收盘总市值均低于5亿元，创业板、科创板连续20个交易日每日股票收盘总市值均低于3亿元，将终止上市；如果上市公司连续3年财务造假，将被强制退市等等。退市后的公司，如果满足重新上市要求，还可申请重新上市。"上市"和"退市"，成为资本市场奖优惩劣的基础机制。

第二节　金融市场

一、金融市场体系

金融市场（Financial Markets）是金融工具交易、流通的场所。金融市场上的参与者包括政府、中央银行、金融机构、非金融企业和居民，这些经济主体利用金融工具，实现资金融通、配置和风险的转移。人们通常按照交易的金融工具品种，将金融市场划分为货币市场、资本市场、外汇市场、衍生品市场等，这些市场彼此关联，构成一个有机的整体[①]，如图4-2所示。

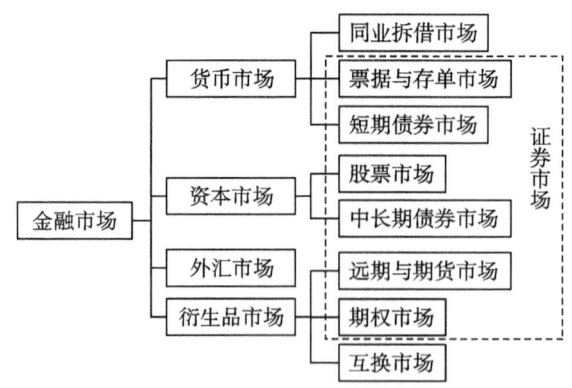

图4-2　金融市场体系

---

① 广义的金融市场还包括信贷市场、保险市场等，然而，这些市场交易的品种主要是金融中介发行的金融工具，往往具有非标准化的特征，缺乏流动性，因而我们将在金融中介部分讨论这类工具，而不将其纳入狭义的金融市场中。

（一）货币市场

货币市场（Money Market），又称短期资金市场，是指存续期在1年（含1年）以下的金融工具如各类票据、短期债券、大额可转让存单等交易的场所。该市场的主要功能是为融资者进行短期流动性管理。例如，企业筹集生产经营过程中的流动性资金，个人借入短期贷款来弥补流动性不足，金融机构借助该类工具进行资金余缺的调整等。在货币市场上交易的金融工具期限短、流动性强，易于变现，功能近似于货币，货币市场因此而得名。

（二）资本市场

资本市场（Capital Markets），即股票、中长期债券等存续期在1年以上的资本证券（Capital Security）的交易和流通场所[①]。这类工具便利了融资者筹集长期发展所需的资金，如补充固定资本，更新改造或扩充厂房设备、扩大生产能力、并购重组等，突出体现了金融系统的资金动员和储蓄转化功能，其发展同一国长期投资和生产能力密切相关。

（三）外汇市场

外汇市场（Foreign Exchange Markets）是实现本外币兑换、交易外币资金的场所。外汇市场联结了国内和国际的商品、资源要素和货币金融市场，便利了商品、资源和资金的流动，有效地推动了国际贸易、国际借贷和资本流动的发展，促进了全球经济的一体化。

汇率是两种货币之间的比价关系，是外汇市场上的核心变量，也是金融市场上最为重要的变量之一。对于开放经济体而言，汇率的起起落落，直接关系千万个经济主体的利益。例如，当人民币对欧元大幅升值时，到欧洲旅游和购物的成本将下降，但出口商可能会发现其出口订单数减少了；而到欧洲发行欧元债券融资的国内企业，会发现因为欧元下跌，用人民币计价的负债账面价值下降了，利息成本折算成人民币也有所下降；准备到中国来投资的欧洲企业会发现其投资的人民币成本上升了，等等。汇率变动影响着贸易、投资和国际信贷等，在宏观上成为各国关注的重点，我们将在第八章详细介绍外汇市场。

（四）衍生品市场

衍生品市场（Derivative Markets）是交易衍生工具的场所。值得一提的是，衍生品是相对于各类原生金融工具而言的，无论是货币市场产品、资本证券还是外汇产品，均有对

[①] 广义的资本市场还包括长期信贷市场（Loan Market），然而该市场主要是由银行等金融中介面向资金需求者提供信贷资金，虽冠以市场之名，但本质上属于间接金融机制。本书所指的资本市场指狭义的资本证券市场。

应的衍生品交易，因而衍生品市场与其他市场并非泾渭分明。

例如，外汇市场上交易者除了进行现货交易外，还进行外汇期权、远期、期货交易和互换交易等；而针对股票等原生工具，相应地衍生出股票期货、股票期权、股指期货、股指期货期权等衍生工具；在债券市场上，人们使用国债期货、违约互换等衍生工具对利率风险和违约风险进行管理。此外，对于原油、黄金、铁矿石等大宗商品，虽然其现货市场属于传统的商品市场，但针对这些大宗商品价格风险进行交易的期货和远期市场却属于金融市场的范畴。

图4-2中虚线部分显示了证券市场的大致范畴，即各种短期和长期有价证券及相关衍生证券交易的市场，包括票据市场、存单市场、短期债券市场、中长期债券和股票市场，以及期货、期权市场等。

二、金融市场的功能

金融系统的核心功能是资金、信息和风险的配置和管理。金融市场作为金融系统最重要的组成部分，其直接金融机制在集聚资金、价格发现、提供流动性和信息传递、管理风险等方面具有其独特之处。

（一）融通和配置资金

金融市场特别是证券市场能够为资金需求者筹集资金，为资金供给者提供投资对象，实现赤字和盈余者之间的资金跨期配置。

相比通过中介机构进行的间接金融机制，通过金融市场发行工具直接融资，更便于集聚社会闲散资金，为大规模、长期投资提供资金来源。例如，2014年中国的阿里巴巴公司在纽约上市募集资金250亿美元，2019年12月沙特阿联酋的阿美石油公司首次发行上市共募集资金294亿美元，2023年中国财政部共发行国债金额高达11万亿元。

金融市场还能通过收益率和价格信号，引导资本流动，实现资金和资本的合理配置。在证券市场上，收益率和价格的变动很大程度上反映了企业经营的效率。长期来看，经济效益高的企业的证券拥有较多的投资者，收益率高，流动性强，再融资的能力也强；相反，经济效益差的企业的证券投资者越来越少，市场上的交易也不旺盛，难以进行新的融资。金融市场的优胜劣汰机制，可促进整体经济效率的提高。

（二）定价和价格发现

运转良好的金融市场能够为资本、风险等关键要素确定价格。资产需求者和资产供给者通过彼此竞争和交易，形成有效的价格和收益率等信号，引导市场资金的流向。例如，能带来高投资回报的资产，市场的需求就大，相应的证券价格就高，反之，证券的价格就低。金融市场通过价格信号的指引，能够引导资本流向（预期）经济效益好的行业和企业，远离效益差的行业和企业，提升投资的效率，实现资源的合理配置。

透过各种金融资产价格和收益率的变动，金融市场同时实现了为风险定价。不同风险偏好的投资主体通过其买卖交易行为，推动了资产价格涨跌，价格背后隐含着人们对风险的看法。例如，相同期限的高风险债券相对于低风险债券的价格较低，隐含的收益率差别即可以视作对前者高违约风险的补偿。

（三）提供流动性

金融市场特别是二级市场为融资者和投资者提供了流动性。对融资方而言，通过发行股票、债券等工具在金融市场上融资后，无须担心原始出资人收回资金而妨碍企业发展。对出资人或投资者而言，需要资金时只需在金融市场上出售相应资产即可获得流动性。金融市场可化解投融资双方的流动性约束。

市场的参与者越多，市场信息越完善，则市场的流动性越强，由此形成的配置效率也越高。

（四）提供信息和激励机制

金融市场提供各种信息，帮助协调不同经济部门的非集中化决策。资金供给者和需求者双方均可以（以一定的代价）获取各种投资品种的价格、资金成本及其影响因素的相关信息，管理部门能够获取金融交易是否正常进行、各种规则是否得到遵守的信息，从而使各经济主体进行分散化决策。

在公开的证券市场上，通常有一系列严格的法律、法规和规章制度对交易者行为进行约束，对于试图通过发行上市实现大规模融资的企业而言，需要从企业组织形式、治理模式、信息披露、内部风险控制等方面满足监管要求；另外，投资人通过交易买卖行为实现"用脚投票"，通过市场价格涨跌实现奖优惩劣，将激励企业管理者提高管理水平和资金使用效率。

（五）管理和分散风险

金融市场不仅为投资者和融资者提供了丰富的投融资渠道，而且具有分散风险的功能。融资方在金融市场上发行股票或债券不仅能够筹措资金，同时还可以将企业的实物投资风险、经营风险部分转移或分散给投资者。公司的股东越多，单个股东承担的风险就越小。企业还可以通过购买证券，保持自身资产的流动性、提高盈利水平、减少对银行信贷资金的依赖，提高企业对宏观经济波动的抗风险能力。

对于投资者来说，金融市场为其提供了闲置资金的投资渠道。储蓄者可以选择不同类型、不同期限、不同风险和收益特征的金融资产，灵活配置资金，达到既能盈利又能保证安全性和流动性的目的。金融市场虽不能消除风险，却为个体管理金融风险提供了丰富的手段和平台。

正因为金融市场具有上述众多功能，金融市场特别是进行长期资本配置的证券市场成为观察一国经济的晴雨表。当一国政治稳定、经济繁荣时，证券市场的整体价格往往会持续上涨，社会的金融财富总量随之增加；反之当经济低迷时，股票市场往往会提前下跌，如果政治动荡或经济社会发展前景难以预测，市场甚至会出现严峻的危机。提升金融市场的效率、维护金融市场的安全，成为各国政府宏观经济管理的一个重要方面。

第三节 金融机构

在金融系统中，以金融机构为中介的间接金融机制连接了储蓄者和投资者，提供了资金融通服务，同时各种类型的金融机构也活跃于金融市场中，机构与市场相互促进，共同发展。

一、金融机构

（一）金融机构及其业务

金融机构（Financial Institution）是指专业从事金融业有关经营和服务的机构，是金融体系的重要组成部分。广义的金融机构还包括一国的货币当局（如中央银行）和金融监管机构，本节主要介绍狭义的金融机构及其功能。

金融机构从事的基本业务，主要包括：

1. 资金融通服务。金融机构发行金融工具，将从盈余方获得的资金提供给资金短缺方，发挥金融中介（Financial Intermediation）功能。例如，商业银行吸收存款发放贷款，保险公司通过保险契约获得资金投向证券市场等。金融机构获利来源主要是资产收益和负债成本的差。

2. 交易经纪。代理客户进行金融资产交易，金融机构据此收取手续费。典型的是证券公司代理客户进行证券交易，收取手续费。近年来，随着电子信息技术的发展，证券交易主要通过网络进行，传统的证券公司经纪业务手续费用不断下调。

3. 以其自身资金进行金融交易。典型的如证券公司的自营业务，利用自有资金进行交易，金融机构的获利来源是投资收益。

4. 帮助客户创造金融工具，并将其售卖给市场的其他参与者。典型的例子是投资银行帮助企业发行股票或债券上市，获取佣金。

5. 资产管理和投资服务。例如，信托公司、银行理财公司、基金公司等就是接受客户委托，为其提供资产管理服务。

6. 资金和资产交易的支付、汇兑、结算等服务。例如，商业银行为客户提供汇兑业务、支付转账业务，证券登记结算公司提供证券登记、结算等功能。

7. 金融信息咨询与服务。例如，提供金融数据、交易软件的金融资讯服务商；收集整理客户信用信息、信用评级、提供会计审计等相关辅助性工作。

（二）金融机构的核心功能

1. 资金融通

金融机构在市场上通过发行金融工具筹资获得货币资金，并创造不同种类的更易接受的金融工具，这类业务形成金融机构的负债和资产。例如，商业银行吸收存款或发行债券吸收社会公共资金，并通过发放贷款、购买债券等为资金需求者提供资金；保险机构通过保险契约获取资金，并在金融市场上进行投资；证券投资基金通过发行基金份额吸收公共资金，并在金融市场上投资，等等。资金融通是金融机构的基本功能。

相比直接金融机制，金融机构在促进资金融通的功能更为突出：（1）金融机构作为借贷双方的中介，可以提供数量、期限和条件不同的资金，提供多种金融工具供资金供求者进行选择，从而可以最大限度、高效地集聚社会资金。（2）间接融资中的风险主要由金融机构来承担，而金融机构通过资产负债多样化和采用科学的管理技术，可以分散风险。（3）金融机构一般有相当的规模和资金实力，拥有专业化的人才、技术和信息，利用各种工具手段和创新促进投融资业务开展，可以在一个地区、国家甚至世界范围内调度资金，容易达到规模经济和范围经济。

2. 支付结算

支付结算的需求来源于货币资金收付的时间和空间不一致，便利支付结算是金融中介机构最早具备的功能。随着经济社会发展和需求的变化，在技术的支持下，支付工具、方式和手段不断更新换代，支付结算的效率日益提高。金融机构通过创造汇票、本票、支票、信用卡以及各种支付账户，使支付结算的工具日益多样化；非现金支付和转账支付使支付方式发生了重大变化；通过建立票据交换所、清算机构、同业支付系统、电子支付系统、网络支付系统等组织形式，拓宽了支付结算的渠道；通过采用电子计算机和卫星通信技术及设备，提高了技术水平，从而极大地增强了现代金融中介的支付结算功能与效率。

3. 降低交易成本

金融中介机构通过规模经营和专业化运作，降低交易的单位成本。例如，在民间的点对点个人（Peer to Peer，简称P2P）贷款中，出借人通常只向熟人放款以避免信用风险，而借款人由于难以找到合适的出借方就资金数量、期限和贷款条件达成一致，交易过程存在大量的信息成本和签约成本，只能支付更高的利息进行融资，由此造成民间普遍存在高利贷现象。金融机构一端利用自身的信用发行金融工具集合闲散资金，另一端利用自身的专业能力甄别资金需求方、构造各种期限和规模的资金，通过标准化的契约和条款可以降低资金配置的成本，提高融资效率。

4. 改善信息不对称

金融中介机构通过自身的优势，能够及时收集、获取比较真实完整的信息，据此选择合适的借款人和投资项目，对所投资的项目进行专业化的监控。顺利开展投融资活动的重要前提条件之一，是资金提供者获得与交易有关的真实、完整的信息。然而，信息不对称和由此产生的逆向选择和道德风险问题使投资困难重重。金融中介机构具有双重角色（既是债务人又是债权人，既是筹资人又是投资人），为了保证债权债务关系以及其他与资金融通有关的契约关系的顺利建立和清偿，必须对资金供应者和需求者的信息有充分的了解和必要的监督，从而改善了金融交易信息不对称的情况。

5. 转移与管理风险

金融中介机构通过各种业务、技术和管理，分散、转移、控制、减轻金融、经济和社会活动中的各种风险。首先，保险类金融机构直接通过提供保险和相关服务，对经济和社会生活中的各种风险进行分散和事后补偿。其次，金融机构在投融资过程中构造各种期限、流动性和风险特征的金融资产，为投资者或融资者转移和分担风险提供服务。例如，开放式的证券投资基金允许投资者随时赎回持有的基金份额，降低了投资人的流动性风险；银行提供的流动性贷款则解决了融资人的短期资金风险等。此外，金融机构通过分散化投资（Diversification）可帮助投资者降低个体投资风险。实力雄厚的金融机构可以借助规模效应，构造复杂的资产组合，购买各种类型的资产来实现降低风险的目的，而资金量较少的投资者只需购买相应机构发行的份额即可实现以较低的成本转移和分散风险的目的。金融机构帮助投资者将高风险资产转换为低风险资产，运用自身的技术和经验，对可能遭遇的风险进行有效管理和控制，获得规模经济效益。

需要指出的是，金融机构虽然能够帮助客户转移或分散风险，但经济系统中的总风险并不能因此而减少，金融机构作为融通中介，以其自身的资产负债承担了源自投资者和融资者的风险，因此，金融机构的规范运作对于金融安全和社会稳定具有极大的重要性，对金融机构的监管也成为维护金融系统安全稳定的重要环节。

总之，金融机构在社会经济运行中发挥了重要作用。它通过便利支付结算，使社会资金运转的链条得以维系；通过促进投融资活动，动员储蓄资金向投资转移，优化资金配置；通过改善不对称信息，降低交易成本，进一步提高了投融资效率；通过风险管理，对投融资过程中的风险实现了转移、分散和降低，保证了投融资的安全和储蓄向投资转化的顺畅进行。

二、金融机构的类别

金融机构按照不同的标准可以划分为若干类。例如，按照职能作用可分为金融监管机构和一般金融机构；从中央银行的货币控制角度出发，根据是否可以吸收存款可分为存款性金融机构和非存款性金融机构；从金融监管角度，按照机构监管思路分类，金融机构可以分为银行业、证券业、保险业、其他金融机构等。

本书根据各类金融机构在金融活动中的业务特点和基本功能，将货币当局和金融监管机构之外的一般金融机构划分为以商业银行为代表的融资类金融机构、以投资基金和证券公司为代表的投资类金融机构、以保险公司为代表的保险类金融机构和其他金融机构四大类。

（一）监管机构

总体上，一国负责金融稳定的机构包括货币当局（负责币值稳定）以及具体负责金融市场或金融业务的专业监管部门。

1. 货币当局

货币当局是一国货币发行者、货币政策制定者和执行者。通常一国的中央银行作为货币当局负责宏观货币运行与调控。中央银行的基本职责是代表政府管理货币事宜，执行货币政策，保持货币和金融稳定。中央银行对金融机构特别是商业银行发挥着"最后贷款人"的职能，当金融机构出现资金不足可能威胁到金融安全时，中央银行通过向这些机构发放贷款来遏制金融风险的蔓延和传播。例如，2008年金融危机期间，美国联邦储备委员会向市场提供紧急流动性支持，有效地缓解了金融危机；2015年中国股票市场出现大幅下跌时，中国人民银行宣布无限量向中国证券金融公司提供贷款以缓解股票市场的恐慌情绪。这些措施都发挥了最后贷款人职责。

2. 金融监管机构

金融监管机构是根据法律规定对一国的金融体系进行监督管理的机构，其职责包括发布有关金融监督管理和业务的命令和规章；按照规定监督管理金融市场；监督管理金融机构的合法合规运作等。

当前的国际实践中，货币当局一般负责宏观货币政策调控，而专门的金融监管机构则负责微观监管，如市场准入、金融业务等方面的监督管理。

目前，我国实行金融分业经营体制，并依据人民银行法、商业银行法、证券法、保险法等的规定实施具体的金融监管。经过历年的改革发展（详见第十六章），截至 2023 年，我国形成了如图 4-3 所示的"一行一会一局"的金融监管格局。

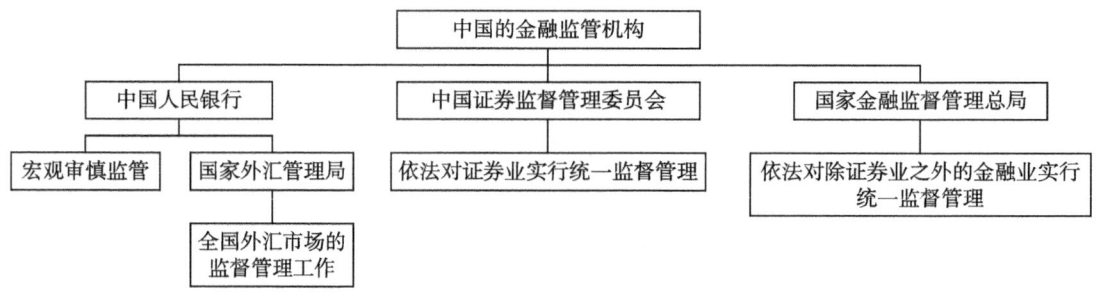

图 4-3 中国金融监管机构格局

其中，中国人民银行是人民币发行和货币政策制定者，肩负宏观审慎监管的重要职能，此外还负有很多基础的金融监管职能，如全国支付、清算系统和征信系统、金融基础设施的监督管理、场外衍生产品的监督管理、全国反洗钱和反恐怖融资等的监督管理，以及对全国金融控股公司等金融集团和系统重要性金融机构实施监督管理等，并作为最后贷款人负责防范系统性金融风险。人民银行还负责管理国家外汇管理局，后者监管外汇市场、维持人民币汇率稳定。

中国证券监督管理委员会（以下简称"证监会"）负责监督证券市场和相关的证券基金业务，监管对象包括：证券期货经营机构、证券交易所、证券投资基金管理公司、证券登记结算公司、期货结算机构、证券期货投资咨询机构、证券资信评级机构。

国家金融监督管理总局是在前银行监督管理委员会和保险监督管理委员会基础上成立的，负责除证券业外的金融业统一监管，监管对象包括商业银行、政策性银行、信托公司等银行类金融机构，保险类金融机构、小额贷款公司、融资性担保公司、典当行、融资租赁公司、商业保理公司、地方资产管理公司等其他类金融机构。

（二）商业银行和其他融资类金融机构

商业银行、储蓄银行、信用合作社、财务公司和政策性银行等融资类金融机构，其相似之处在于大多是以吸收存款或借入资金等债务融资方式获得资金来源，并通过贷款及证券投资等方式实现资金的融通和资源的优化配置。

商业银行（Commercial Banks）是以经营存款、贷款、办理转账支付结算为主要业务，以盈利为主要经营目标的金融企业。同其他金融机构相比，商业银行最突出的特征在于能够吸收公众活期存款，是重要的存款性金融机构。

储蓄银行（Saving Banks）是指以吸收个人储蓄存款为主要业务的专业银行。在美国称为"互助储蓄银行"，在英国称为"信托储蓄银行"，通常以较低利率吸收居民的长期储蓄存款，发放住房抵押贷款等长期贷款或购买政府公债、企业股票和债券等进行较长期投资。同商业银行相比，储蓄银行吸收的存款期限更长，随着金融监管的放松，这类金融机构同普通商业银行之间的界限日益模糊。

信用合作社（Credit Union）是由一些具有共同利益的人们组织起来的、具有互助性质的合作金融组织。信用合作社的资金来源一般为成员交纳的股金、会员与非会员的存款，贷款主要用于解决成员的资金需要。信用合作社基本的经营目标是以简便的手续和较低的利率，向社员提供信贷服务，帮助经济力量薄弱的个人解决资金困难。随着金融的不断发展，信用合作社的业务不断拓展，资金来源和运用从以前以会员为主逐渐向多元化发展。

财务公司（Finance Company）是非金融企业为从事金融业务设置的机构组织，通常为集团内部融资投资服务。英美等发达国家的财务公司往往通过发行商业票据或债券方式筹资，主要为本集团产品销售提供融资，如通用汽车公司的财务公司主要发放汽车分期贷款。在我国，财务公司的资金来源主要是吸收集团成员存款、发行债券和同业拆借，业务是面向集团成员提供信贷、证券投资、承销债券、财务顾问和咨询服务等。

政策性银行（Policy Banks）是指政府创立或担保，以贯彻政府的经济政策为目标，在特定领域开展金融业务的不以盈利为目的的专业性金融机构。政策性银行的资本金多由政府财政出资，并依靠发行债券或向中央银行借款筹集资金，在开展业务时主要考虑国家利益、社会效益，不以盈利为目标。目前，中国的政策性银行包括中国进出口银行、中国农业发展银行两家。

（三）投资类金融机构

投资类金融机构是以提供投资服务为主的机构，在中国又称为资本市场机构，包括投资银行、证券公司、投资基金等。

投资银行（Investment Bank）是专门为工商企业办理各项投资相关业务（如证券发行承销和企业重组并购等）的金融机构。虽然被称为银行，但投资银行并非通常意义上的银行：它不吸收资金，也不发放贷款。投资银行对企业发行证券提供建议，为企业上市进行辅导，并负责帮助企业销售证券（承销）；投资银行还通过对企业兼并收购或重组提供咨询顾问服务，获得佣金和服务费用[①]。

证券公司（Securities Company）是证券市场上经营证券业务的非银行金融机构。在不同的国家，经营证券业务的实体称谓有别。在美国，证券机构包括投资银行（Investment Bank）和证券经纪商（Broker-Dealer）；在英国，证券公司被称作商人银行（Merchant Bank）；在欧洲大陆（以德国为代表），由于一直沿用混业经营制度，证券业务是全能银行的一个部门；在东亚如日本、中国和韩国，则称为证券公司。

投资基金（Investment Funds）通过向众多个人销售基金份额的形式获取资金，并把资金用于购买多样化的股票、债券或股权资产。按照资金募集方式，投资基金可分为公募基金（共同基金）和私募基金。

公募基金（Public Funds）公开向社会发行基金份额形成基金资产，并将募集资金按契约约定投资于货币、短期债券、大额定期存单、股票、债券、房地产、股权、衍生工具等多种金融资产。人们通常将投资于证券市场的公募基金称为共同基金（Mutual Funds）。基金份额的持有者按所持基金份额的占比，实现"利益共享，风险共担"。公募基金往往规模庞大，其规模优势有效地降低了投资者的投资门槛和交易成本，使基金持有者能够投资于更为多样化的资产组合，这种优势是单个投资者分散投资所无法享受到的。

在共同基金中，货币市场共同基金（Money Market Mutual Funds，简称MMMFs）尤为引人注目。它们以销售基金份额的形式获取资金，投资于更为安全和更具流动性的货币市场工具，之后将这些资产的利息收入支付给份额持有者。货币市场基金除具有收益稳定、购买限额低、本金安全性高等特点外，其流动性特别强。例如，美国的MMMFs可以用基金账户签发支票、支付消费账单，在中国的货币市场基金通常可以很快赎回到活期存款账户上，已经成为高流动性资产之一。

私募基金（Private Fund）是私下或直接向特定群体募集资金的基金，私募基金投资范围非常广泛，一些私募基金活跃于证券市场，而另一些私募基金则专注于中小企业的非上市股权（Private Equity）投资，作为风险资本（Venture Capital），对扶植企业创业、推动企业成长起着重要的作用。

[①] 由于监管差异，投资银行业务可能由不同金融机构承担。例如，在中国，证券公司和商业银行均可以从事投资银行业务，前者为股票上市提供发行承销服务，后者主要为银行间债券发行提供承销服务，两者均可提供资产重组和并购咨询服务等。

(四) 保险类金融机构

保险类金融机构以提供保险服务和产品为主要业务,包括人寿保险公司、财产保险公司、再保险公司和公共养老、失业和医疗保险基金等。

保险公司的基本功能是分担和管理风险,除此之外,保险公司在平滑家庭部门生命周期内的收入方面有着非常重要的作用。例如,保险公司出售养老保险的保单,购买者定期缴纳养老保险费用,若干年后保险的受益人可每月从该账户中领取一定的金额用于支出,从而有效地缓解了家庭和居民对于未来养老问题的焦虑。

人寿保险公司是提供与人的生命、身体健康等相关保险服务的保险公司,其提供的产品包括寿险、健康险和重大疾病险、意外伤害险等。寿险是以人的寿命和身体为保险标的,以人的生存和死亡为给付条件的一种保险,健康险和重大疾病险则对被保险人因身体健康或重大疾病导致的伤残、死亡或金钱上的损失给予补偿;意外伤害险则是对被保险人遭受意外伤害事件引发伤残、致死等给予保险补偿,如航空意外险就属于意外伤害险的范畴。

财产保险公司是提供财产保险服务的机构。财产保险是以财产及其相关利益为保险标的,补偿因为自然灾害或意外事故所造成的经济损失的保险。人们熟悉的家庭财产保险、火灾险等均属于财产险。财产保险中的一个特殊类型是责任保险,是以法律赔偿风险为承保对象的一类保险。例如,企业往往会为其生产的产品购买责任保险,各国一般强制要求汽车驾驶员为其汽车购买第三者责任险,企业为其员工购买责任险等,一旦出现责任事故,保险公司会按约定予以赔偿。

再保险公司是提供再保险业务的机构。再保险是保险机构之间的保险业务,是保险人通过订立合约,将自己已经承保的风险转移给另一个或几个保险人以降低自己所面临的风险的保险行为。例如,中国《保险法》就规定,除了人寿保险业务外,保险公司应当将其承保的每笔保险业务的20%办理再保险。我国专门从事再保险业务的公司是中国再保险公司。

除上述商业性保险机构外,各国普遍还有规模庞大的养老基金与社会保险机构,如美国私人养老基金、州和地方政府的退休基金等。这些机构每年吸收来自雇主和雇员的缴款,并以年金的方式向参加养老计划的雇员提供退休收入保障,养老基金是金融市场上的长期投资者。中国也有着规模庞大的社会保障基金(以下简称"社保基金"),该基金是为解决劳动者退休或因年老丧失劳动能力退出劳动岗位后的基本生活而建立的。目前,社保基金由全国社会保障保险基金理事会负责管理。

相比其他类金融机构,保险类机构的资金运用具有期限长、风险偏好低、监管约束严等特点,它们通常更偏好长期投资,是国债市场、高信用等级债券和股票市场的重要投资者。

（五）金融信息与辅助服务机构

这类金融机构提供金融信息和金融相关的咨询、分析、评估等服务，主要包括金融信息服务商（例如，路透社、蓬勃资讯，国内的万得资讯、大智慧和同花顺等交易软件服务提供商）、信用评估公司、征信公司、会计师事务所、主要提供金融法律服务的相关律师事务所等。这些机构在降低金融交易成本、降低信息不对称、便利金融交易等方面发挥着巨大的作用。

本章后的附录显示了中国目前的金融机构体系，读者可参考相关网站资源了解金融机构的主要业务范围和发展概貌。

附录4-1 中国的金融机构体系

经过40多年的改革开放，中国金融业获得了巨大的发展，金融机构体系结构日臻完善，已经形成了由"一行一会一局"（中国人民银行、证券业监督管理委员会、国家金融监督管理总局）为主导、大中小型商业银行为主体、多种非银行金融机构为辅的层次丰富、种类齐全、服务功能比较完备的金融机构体系。

表4-1提供了最近10年银行业、证券业和保险业资产的对比情况，表4-2总结了我国目前的金融机构体系结构。

表4-1　　　　　2012—2022年我国银行、保险与证券业的资产对比

年份	资产总额（亿元）	银行业 资产（亿元）	占比（%）	保险业 资产（亿元）	占比（%）	证券业 资产（亿元）	占比（%）
2012	1426979	1336224	94	73546	5	17209	1
2013	1617237	1513547	94	82887	5	20803	1
2014	1865287	1723355	92	101591	5	40341	2
2015	2181222	1993454	91	123598	6	64171	3
2016	2531636	2322532	92	151169	6	57934	2
2017	2752943	2524040	92	167489	6	61414	2
2018	2928359	2682401	92	183309	6	62649	2
2019	3178270	2900025	91	205645	7	72600	2
2020	3519401	3197417	91	232984	6	89000	3
2021	3802380	3447606	91	248874	6	105900	3
2022	4175923	3793856	91	271467	6	110600	3

资料来源：国家金融监督管理总局，中国证券监督管理委员会，中国证券业协会。

表 4-2　　　　我国金融中介机构体系概览（截至 2023 年 6 月末）

分类			数量	代表性机构名称
融资类金融中介机构	银行业存款类金融机构	开发性金融机构	1	国家开发银行
		政策性银行	2	中国进出口银行、中国农业发展银行
		国有大型商业银行	6	中国工商银行、中国农业银行、中国银行、中国建设银行、中国邮政储蓄银行、交通银行
		股份制商业银行	12	中信银行、招商银行、中国光大银行、渤海银行、广发银行等
		城市商业银行	125	北京银行、上海银行、江苏银行、中原银行等
		民营银行	19	微众银行、网商银行等
		外资法人银行	41	东亚银行、汇丰银行、渣打银行、德意志银行等
		住房储蓄银行	1	中德住房储蓄银行
		农村商业银行	1609	北京农商行、深圳农商行等
		农村合作银行	23	昆明官渡农村合作银行、甘肃榆中农村合作银行等
		农村信用社	545	河北省农村信用社联合社、陕西省农村信用社联合社等
		农村资金互助社	36	绥棱县四海店镇海鑫农村资金互助社等
		贷款公司	4	开化通济贷款有限责任公司等
		村镇银行	1642	天津宝坻浦发村镇银行股份有限公司等
	银行业非存款类金融机构	信托公司	67	中国金谷国际信托有限责任公司、中诚信托有限责任公司等
		金融资产管理公司	5	中国长城资产管理股份有限公司、中国银河资产管理有限责任公司等
		金融租赁公司	71	工银金融租赁有限公司、国银金融租赁股份有限公司等
		企业集团财务公司	248	中铁财务有限责任公司、中国黄金集团财务有限公司等
		汽车金融公司	25	梅赛德斯-奔驰汽车金融有限公司、东风汽车金融有限公司等
		消费金融公司	31	北银消费金融有限公司、兴业消费金融股份公司等
		货币经纪公司	6	上海国利货币经纪有限公司、上海国际货币经纪有限责任公司等
	其他金融机构	直销银行	2	中邮邮惠万家银行有限公司、中信百信银行股份有限公司
		金融资产投资	5	工银金融资产投资有限公司、农银金融资产投资有限公司等
		银行理财子公司	31	中银理财有限责任公司、建信理财有限责任公司等
		城商行合作联盟	1	山东省城市商业银行合作联盟有限公司
		信托保障基金	1	中国信托业保障基金有限责任公司
		信托登记	1	中国信托登记有限责任公司
		养老基金公司	1	建信养老金管理有限责任公司
投资类金融机构		证券公司	145	中信证券股份有限公司、招商证券股份有限公司等
		期货公司	150	五矿期货有限公司、招商期货有限公司等
		公募基金公司	144	易方达基金管理有限公司、华夏基金管理有限公司等
		交易所（全国性）	9	北京证券交易所、郑州商品交易所、上海能源交易所、广州期货交易所等
		证券结算公司	1	中国证券登记结算公司
		证券投资咨询机构	78	略

续表

分类		数量	代表性机构名称
保险业金融机构	保险集团控股公司	13	中国人民保险、中国人寿保险等
	政策性保险公司	1	中国出口信用保险公司
	财险公司	89	中国人民财产保险、中华联合财产保险等
	再保险公司	7	中国财产再保险、中国人寿再保险等
	寿险公司	77	中国人寿保险、中国平安人寿保险等
	养老保险公司	10	平安养老保险、太平养老保险等
	健康险公司	7	平安健康保险、中国人民健康保险等
	保险资产管理公司	33	中国人保资产管理有限公司、中国人寿资产管理有限公司等
	保险经纪公司	494	汇鼎保险经纪有限责任公司、华泰保险经纪有限公司等（截至2022年9月末）
	保险代理公司	1733	北京红枫鑫保险代理有限公司、北京德信保险代理有限公司等（截至2022年9月末）
	保险公估公司	377	北京合信保险公估有限公司、北京金正保险公估有限公司等（截至2022年9月末）
信息咨询服务类中介机构	资信评级机构		中诚信国际信用评级公司、鹏元资信评估有限公司等
	征信公司		芝麻信用、立木征信等
	会计师事务所		毕马威会计师事务所、普华永道会计师事务所等
	律师事务所		环球律师事务所、盈科律师事务所等

资料来源：国家金融监督管理总局、中国证券投资基金业协会、中国证券投资监督管理委员会、中国证券业协会、《中国保险家》杂志。

中国的金融体系很大程度上以银行为主导，银行业总资产占金融机构总资产比重超过90%，保险业和证券业合计占比不超过10%；银行业的机构数量也是最多的。当然，近年来随着中国直接金融市场的不断发展，银行业资产规模占比开始下降，保险和证券未来具有大的发展潜力。

总　结

1. 金融工具是一种载明资金所有权和使用权利归属的合约，通常规定了资金盈余者向资金短缺者转让资金的金额、条件和期限等。资金在金融系统中的流动是通过金融工具这个载体来实现的。

2. 金融工具的主要特征包括：契约关系、期限性、收益性、风险性和流动性。

3. 按照契约关系划分，金融工具通常划分为权益（Equity）和债务（Debt）两大类。股权工具承诺持有人依份额享有公司的净收益（扣除费用和税款后的收入）和资产。债务类工具则承诺持有人按照约定获取本金和利息。

4. 期限是指金融工具所规定的资金支付/偿还的时间，金融市场上，人们一般关注的是金融工具的剩余存续期限又称到期期限。其他不变，剩余期限越长，债权债务工具面临的还本付息风险和不确定性越大。

5. 收益性是指金融工具能定期或不定期给持有人带来收益，使用名义收益率度量单位货币获得的收益。

6. 金融工具的风险性是指持有或投资金融工具可能遭受损失。常见的风险是违约风险和市场风险，后者可进一步区分为个体风险和系统性风险。

7. 流动性是指金融工具在转换成通货时，其价值不会蒙受损失的能力。人们通常要求流动性低的资产提供更高的收益率作为补偿。

8. 金融市场的主要功能包括：融通和配置资金、提供流动性、风险管理、提供信息和解决激励问题。

9. 金融工具可以按照诸多维度进行分类。例如，按契约性质分，金融工具可以分为股权和债权类工具；按期限长短分，可分为长期金融工具和短期金融工具；按工具的独立性分，可分为原生金融工具和衍生金融工具。

10. 有价证券是金融工具的一种，是标有一定票面金额，证明债权债务或所有权关系的凭证。有价证券包括货币证券（货币市场基金份额、银行票据、短期债券）和资本证券（股票和中长期债券等），相应的证券发行和流通的市场被称为证券市场。

11. 金融工具（资产）的交易方式通常有三类：现货、期货和回购交易。

12. 金融市场的主要分类包括：按金融资产的发行和流通特征划分为发行市场与交易市场；按市场中金融资产的存续期限长短划分为货币市场与资本市场；按标的物划分为债券市场与股票市场。

13. 金融中介机构主要分为四大类：一是商业银行和其他融资类，主要包括商业银行、信用合作社、财务公司等；二是投资类，主要包括投资银行、证券公司、共同基金与私募基金等；三是保险类金融机构，包括寿险公司、财产险公司等；四是金融信息与辅助服务机构。

关键术语

金融市场	金融工具	金融资产	衍生工具	货币市场
资本市场	债券市场	票据市场	股票市场	一级市场

二级市场　　　　场外交易　　　　证券发行　　　　首次公开发行

练习题

1. 用思维导图的方式勾勒出金融市场的各个组成部分。
2. 简述货币市场和资本市场的区别。
3. 简述金融工具的要素特征。
4. 分析和比较股票和债券在金融工具的要素特征方面的差异。
5. 用思维导图的方式梳理金融机构的主要分类和代表性机构。
6. 说说你常打交道的金融机构,你主要享受的是哪些服务?
7. 列举两个你常使用的金融工具或金融产品,结合金融工具的要素,说说它的特征。

思考与讨论

阅读中国人民银行《中国金融市场发展报告》、易纲"再论中国金融资产结构及政策含义",查阅文中所提的相关文献和数据,思考和讨论如下问题:

(1) 分析金融资产结构的意义是什么?
(2) 中国现在的金融资产结构具有什么特征?
(3) 过去30年来的金融资产结构发生了怎样的变化?
(4) 为什么会出现这样的变化?
(5) 中国和其他国家如美国和日本的金融资产结构特征有什么不同?

参考阅读

1. [美] 弗雷德里克·米什金,斯坦利·埃金斯. 金融市场与金融机构(第8版) [M]. 北京:人民大学出版社,2017.

2. 黄达,张杰. 金融学(第六版) [M]. 北京:中国人民大学出版社,2024.

3. [美] 杰夫·马杜拉. 金融市场与金融机构(第12版) [M]. 北京:人民大学出版社,2020.

4. [美] 弗兰克·法博齐,等. 金融市场与金融机构基础(原书第4版) [M]. 北京:机械工业出版社,2019.

5. 中国人民银行. 金融工具统计分类及编码标准(试行). 中国人民银行官网,

2010.

6. 中国人民银行. 中国金融市场发展报告（2018～2023 各期）[M]. 北京：中国金融出版社.

7. 易纲. 再论中国金融资产结构及政策含义 [J]. 经济研究，2020，55（3）：4-17.

8. 易纲，宋旺. 中国金融资产结构演进：1991—2007 [J]. 经济研究，2008（8）：4-15.

9. 易纲. 中国金融资产结构分析及政策含义 [J]. 经济研究，1996（12）：26-33.

网络资源

1. 中国证券监督管理委员会：http：//www.csrc.gov.cn/，中国证券市场、机构和证券业务监管的法律法规和统计数据.

2. 中国银行保险监督管理委员会：http：//www.cbirc.gov.cn/，中国银行业监管法律法规和银行业统计数据.

3. 中国人民银行：http：//www.pbc.gov.cn/，货币政策、金融基础设施建设法律法规、金融市场和宏观经济运行的统计数据.

4. G20 集团金融稳定委员会（Financial Stability Board）：https：//www.fsb.org/，定期发布有关全球金融稳定、结构改革等的评估报告.

5. 国际清算银行 https：//www.bis.org/，发布有关银行业监管的现状、国际协助、巴塞尔协议的相关内容，并发布有关银行监管、金融市场运行的统计数据.

6. 中国机构编制网：http：//www.scopsr.gov.cn/，机构编制动态公告，国家金融监督管理总局职能配置、内设机构和人员编制规定.

第五章 债券市场与利率行为

学完本章后,你将能够:

- 了解债券的基本特征和分类
- 了解债券市场的基本运行情况
- 能够运用 DCF 方法计算债券的内在价值和到期收益率
- 列举影响利率的因素
- 说明利率的风险结构和风险价差
- 理解利率的期限结构和收益率曲线

本章概览

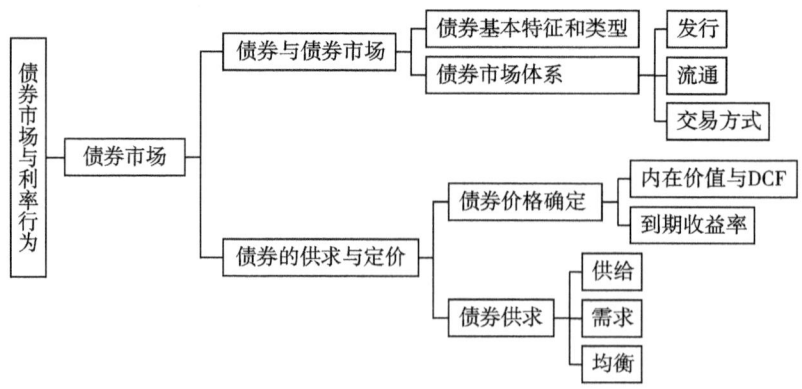

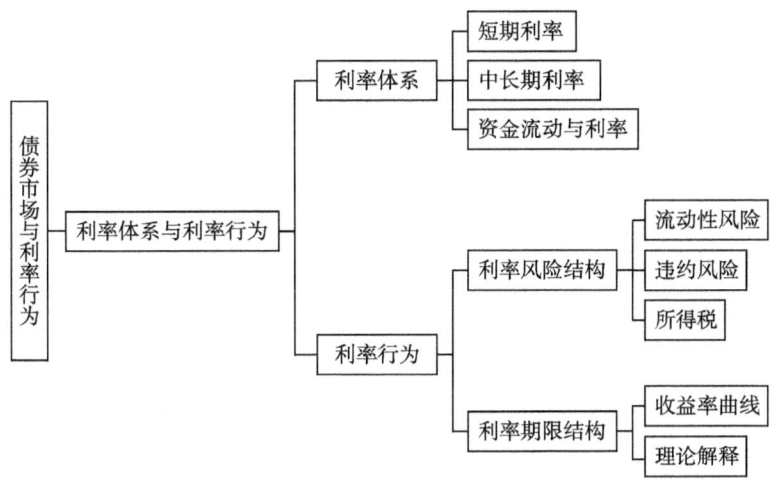

债券市场是发行和买卖债券的场所,是一国金融体系中不可或缺的部分。除了为各类投资者和筹资者提供投融资工具之外,债券市场还具有非常重要的价格指示器功能,其收益率体系是各类金融资产收益水平的参照基准,也是各国政府实施宏观调控的重要目标。本章我们将简要介绍债券市场概况,并聚焦债券类工具的定价以及利率体系。

第一节 债券与债券市场

一、债券

债券是各类经济主体为筹集资金而向投资者发行,承诺按约定方式支付利息并到期偿还本金的债权债务凭证。债券本质上是债权债务关系的证明书,具有法律效力。债券购买者与发行者之间是一种债权债务关系,债券发行人即债务人,债券购买和持有者即债权人。

(一) 债券票面要素和特征

作为证明债权债务关系的凭证,债券通常用具有一定格式的票面形式来表现,其基本票面要素如表 5-1 所示。

表 5-1　　　　　　　　　　　　　债券的票面要素

票面要素	说明
票面价值	标明票面金额和币种
还本期限	指债券从发行之日起至偿清本息之日止的时间
发行人	指明债券的债务主体
债券利率	利息与票面价值的比率（通常用年利率表示）
计息频率	一年内计息（付息）的次数

上述基本要素并不一定全部印制在票面上。很多情况下，债券发行者以公告形式向社会公布债券的期限和利率。此外，一些债券还包含有其他要素，如求偿等级、限制性条款、抵押与担保及选择权（如赎回与转换条款）等。

债券还本付息的特征，使得债券相比股票具有更确定的现金流支付结构，而一旦面临企业破产清算时，债权人享有的剩余财产求偿权也优先于股权持有者，因此债券的安全性通常高于股票。

（二）债券的类型

债券的种类繁多，为投资者提供了多样化的选择。根据债券的票面要素及其特征，可以对债券进行不同的分类。

1. 按发行主体分

政府债券（Government Bonds），是指政府为筹集资金而发行的债券，主要包括国债、地方政府债券等，其中最重要的是一国中央政府财政部发行的国债。国债因其信誉好、风险小而又被称为"金边债券"，常被视为无风险证券。

公司债券（Corporate Bonds），是指股份公司依照法定程序发行的债券。公司债券蕴含信用风险，在中国被称为"信用债"。

在我国债券市场上，将银行类金融机构和非银行金融机构发行的债券单独列出，称为金融债券（Financial Bonds），金融债券是信用等级较高的债券类型，如政策性银行中国进出口银行发行的金融债券常被市场视作无风险债券。

2. 按计息方式分

附息债券（Coupon Bonds），是指按照债券票面载明的利率及支付方式支付利息，到期偿还本金的债券。付息债券是最为常见的债券品种。早期债券在发行时会在债券上附上息票（Coupon），息票上标有利息额、支付利息的期限和债券号码等内容，持有人从债券上剪下息票，并据此领取利息。如今，在债券全面电子化发行和流通的背景下，这种有形的息票已经销声匿迹了。

贴现债券（Discount Bonds），有时又称零息债券（Zero-coupon Bonds），是指债券不附有息票，发行时按低于债券面值的价格折价发行，到期按面值偿还本金的债券。例如，面值为 100 元的国债发行价为 98.2 元，1 年后债券持有人将获得 100 元的面值偿还。贴现债券的期限往往不超过 1 年，常见于各国政府发行的短期国债（国库券）。

3. 按利率确定方式分

固定利率债券（Fixed Rate Bonds），是指在发行时规定利率在整个偿还期内不变的债券。

浮动利率债券（Float Rate Bonds），是指发行时规定债券利率随市场利率定期浮动的债券，其利率通常根据市场基准利率加上一定的利差来确定。浮动利率债券往往是中长期债券。由于利率可以随市场利率浮动，浮动利率债券可以有效地规避利率风险。

4. 按偿还期限分类

长期债券，通常指偿还期限在 10 年以上的债券；中期债券，指期限在 1 年以上（含 1 年）、10 年以下（包括 10 年）的债券[①]；短期债券，指偿还期限在 1 年以下的债券，如商业票据、中央银行贴现票据等。

5. 其他类型

按债券是否附带其他权利，债券还包括担保债券、可转换债券、可赎回债券、可卖回债券等。

担保债券，由债券的发行人或第三方为债券的还本付息提供担保，从而降低了债券还本付息违约的风险。

可转换债券，是指该债券的持有人有权在约定的时间将债券按照规定条件转化为公司普通股票的债券。可赎回债券，是指该债券发行者有权在约定的时间以特定价格赎回的债券。可卖回债券，是指该债券持有者在约定时间有权选择延续债券持有期或者卖出债券收回本金的债券。这三种债券实际上是附带选择权（期权）的债券品种，赋予特定对象特定权利。

由于债券涉及众多因素，一张债券可以归于许多种类。以在上海和深圳证券交易所上市的 2019 年第 11 期国债（见表 5-2）为例：按发行者分，是财政部发行的国债；按利息方式分，是固定利率附息债券；按时间划分，是长期债券；最后，它还可以归于无担保债券。

---

① 我国企业债券的期限划分与上述标准有所不同。我国企业债券以 5 年为界划分中期和长期，偿还期限在 1 年以上 5 年以下的为中期企业债券，偿还期限在 5 年以上的为长期企业债券。

表 5-2　　　　　　　　中国 2019 年第 11 期付息国债信息要素

证券名称	2019 年记账式附息 （十一期）国债	证券简称	19 附息国债 11
证券代码	190011	发行总额（亿元）	462.10000000
证券期限	3 年	票面年利率（%）	2.750000
计息方式	附息式固定利率	付息频率	12 月/次
发行日	20190807	起息日	20190808
债权债务登记日	2010809	结算服务起始日	20190812
交易流通终止日	20220805	兑付日	20220808
面值（元）	100	发行价格	100.00 元/百元面值

资料来源：中国债券信息网 https://www.chinabond.com.cn/。

（三）债券的风险

1. 违约风险

违约风险（Default Risk）指发行债券的借款人不能按时支付债券利息或偿还本金，而给债券投资者带来损失的风险，即信用风险。一国中央政府发行的债券（国债）由于有税收和货币发行作为信用保障，往往被视为无违约风险。然而实践中，国际上不乏国债违约的事例。例如，一些低收入发展中国家持续出现国债违约事件，而 2012 年欧洲主权债务危机中，意大利、爱尔兰等国发行的欧元面值政府债券也曾出现不能及时兑付的问题。

2. 市场风险

市场风险（Market Risk）指因债券价格的波动而导致债券投资者发生资本利得损失的风险。如果投资者打算将债券持有至到期，则价格波动对他来说没有影响，但对于试图获取买卖价差的交易者而言，市场价格的变动会使其面临投资损失。市场风险既可能来自整个债券市场的供给和需求因素，如资金数量的增减，或者突然发生的外部冲击，也可能来自个别债券的违约导致价格大幅度降低。

3. 流动性风险

流动性风险（Liquidity Risk），即投资者无法迅速以合理的价格将债券变现的风险。当债券需求萎缩时，债券持有人可能面临窘境。流动性风险可能同违约事件有关，也可能同市场整体价格的波动相关。流动性风险往往具有很强的传染性，即当部分交易者面临流动性风险而不得不持续抛售债券时，可能产生债券价格下跌—流动性减少—抛售债券—价格进一步下跌—流动性风险加大的循环。

4. 通货膨胀和再投资风险

投资者如果选择持有债券到期，还将面临到期本息未来价值的不确定性所带来的风险，包括通货膨胀风险和再投资风险。

通货膨胀会降低债券持有人的真实回报。长期固定利率债券的票面利率固定不变，通货膨胀风险较为突出；相反，浮动利率债券的利率同市场利率挂钩，而后者会跟随通货膨胀而变动，因而浮动利率债券的通货膨胀风险相对较低。

再投资风险是指持有债券至到期的投资者可能面临未来市场利率低于当前债券收益率的情况。例如，当前投资债券可以获得5%的收益率，然而2年后如果债券到期时的市场利率水平下降至3%，则投资者到期资金再进行投资的回报将显著降低。因此，投资者可能更倾向于当前购买中长期的债券，以规避预期市场利率下跌的风险。

二、债券市场体系

（一）债券的发行市场

债券发行（Bond Issuance）是发行人以借贷资金为目的，依照法律规定的程序向投资人要约发行债券，债券发行人完成融资的行为。按照债券的发行对象是否公开，债券可分为公募发行和私募发行两种方式。

公募发行（Public Issue）是指公开向广泛不特定的投资者发行债券，发行者必须向证券管理机关办理发行注册手续。公募债券一般发行数额较大，信用度高并可以直接上市流通转让。公募债券通常会采取招标发行的方式，确定债券的关键要素（如票面利率、债券发行价格等），并委托证券公司等中介机构承销。常见的招标方式是利率招标（即对发行债券的票面利率进行招标）或价格招标（即确定债券的各项票面要素后对发行价格进行招标），一级市场上形成的国债发行利率往往成为观测一国利率走势的基准。

私募发行（Private Issue）是指面向少数特定的投资者发行债券。私募发行的对象通常是机构投资者，如大的金融机构或与发行者有密切业务往来的企业等，也包括资金雄厚、富有经验的个人投资者。私募发行一般采取协议方式确定发行规模和发行条件，并进行直接销售。由于无须向证券管理机关办理发行注册手续，可以节省承销费用和注册费用，手续比较简便。但是私募债券不能公开上市，流动性相对较差。

（二）债券流通市场

债券流通市场，又称二级市场，指已发行债券买卖转让的市场。通过债券流通市场，投资者可以转让债权,极大提高了债券市场的活跃度。

按照市场的组织形式,债券流通市场可分为交易所组织的场内交易市场和场外交易市场(Over the Counter,即 OTC 市场)。证券交易所是专门进行证券买卖的场所,交易所作为债券交易的组织者,本身不参加债券的买卖和价格的决定,只是为债券买卖双方创造条件,提供服务,并进行监管。场外交易市场是在证券交易所以外进行证券交易的市场,如银行间交易市场和证券经营机构的柜台市场等。在中国,债券主要在银行间市场流通,场外市场交易量远远大于场内交易量。

(三) 债券的交易方式

债券流通市场存在三类交易方式,即现货交易、回购交易和期货交易。

现货交易,即现金现货交易,是指债券买卖双方对债券的买卖价格达成一致,在成交后立即办理交割,或在很短的时间内办理交割。

回购交易,指债券出券方(正回购方)和购券方(逆回购方)在达成买卖一笔交易的同时,规定正回购方必须在未来某一约定时间以双方约定的价格从逆回购方那里按照约定的价格购回原先售出的那笔债券。两次买卖价格之间的差异便是资金出让方获得的利息(参见第四章)。

远期和期货交易,是指交易双方成交以后,按照远期或期货合约中规定的价格,在未来某一特定时间进行债券交割和清算的交易方式。

在各类交易方式中,债券回购交易主要用于短期资金融通,金融机构、中央银行等借助回购交易进行流动性管理。在金融市场发达的国家中,通过国债期货交易管理远期利率风险是非常普遍的做法。

第二节 债券的供求与定价

债券的一个突出特点是未来现金流的可预测性。理论上,投资者采用现金流贴现方法可以计算出债券的"内在价值",而现实中债券的市场价格由债券供给和需求决定,与融资和投资密切相关。

一、债券定价与收益率

（一）债券的内在价值

投资者使用现金流贴现法（Discounted Cash Flow Method，以下简称为 DCF 法）来确定债券的理论价值，即债券的理论价值等于持有该债券所能收到的全部现金流（利息和本金）的贴现值之和。

1. 附息债券定价

附息债券按照票面金额的百分比（名义利率）定期支付利息，期满时偿还本金（面值），假定距下一个付息日恰好为 1 个完整年度，则其内在价值（合理价格）可写作：

$$V = \frac{c}{(1+i)} + \frac{c}{(1+i)^2} + \frac{c}{(1+i)^3} + \cdots + \frac{c}{(1+i)^T} + \frac{A}{(1+i)^T} \tag{5-1}$$

其中，V 表示该债券按某特定利率进行贴现的内在价值或合理价格，c 表示债券每期支付的利息，A 表示本金（面值），i 表示投资者的主观贴现率（要求的回报率），T 表示债券剩余期限（单位为年）。投资者大多情况下会参考市场的平均利率水平作为主观贴现率，因而定价时市场利率便成为关键。

实践中，如果债券交易日距离下一个付息日并非一个完整年度。例如，债券每年 10 月 1 日付息，而债券交易日为 7 月 1 日，距离下一个付息日还有 0.25 年，距离债券到期还有 3.25 年，则公式相应改写为：

$$V = \frac{c}{(1+i)^{0.25}} + \frac{c}{(1+i)^{1.25}} + \frac{c}{(1+i)^{2.25}} + \frac{c}{(1+i)^{3.25}} + \frac{A}{(1+i)^{3.25}}$$

为简便起见，如无特殊说明，下文所举示例均假定交易日距下一个付息日为完整周期。

【例 5-1】某国财政部在 10 月发行了面值为 100 元的 5 年期国债，票面利率为 10%，次年起每年 10 月支付利息，如果市场平均利率水平为 6%，那么国债的合理价格为多少？

解：由题意知，$A = 100$，$c = 100 \times 10\% = 10$，$i = 6\%$，债券的理论价值为：

$$V = \frac{10}{(1+6\%)} + \frac{10}{(1+6\%)^2} + \cdots + \frac{110}{(1+6\%)^5} = 116.85 \text{（元）}$$

由 DCF 方法，我们可以计算出给定票面利率 10% 的 5 年期债券在不同市场利率下的内在价值，如图 5-1 所示。

可以看出，债券的内在价值跟贴现利率（市场利率）反相关。当债券的票面利率等于市场利率时（图 5-1 中 A 点），债券的理论价值等于面值；当市场利率低于票面利率时，

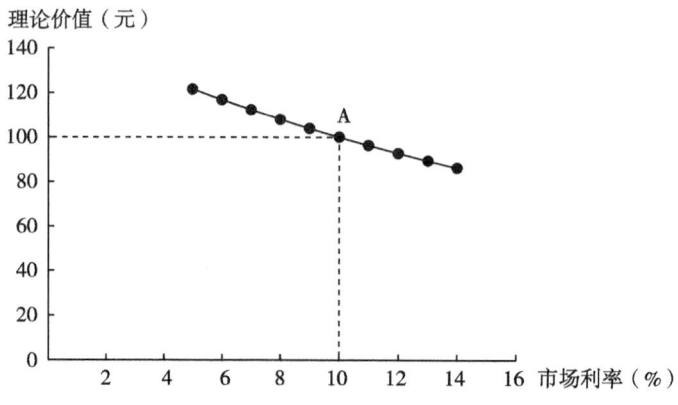

图 5-1 不同市场利率下的债券理论价值

债券的理论价值大于面值；当市场利率高于票面利率时，债券的理论价值小于债券面值。

由此我们可以得到：当市场利率上升时，债券的估值下降，即债券估值同利率负相关。

有的息票债券在发行时规定每半年付一次利息，甚至是一年多次付息，其定价公式与每年付一次利息稍有不同。每年支付 n 次利息的债券，其定价公式为：

$$V = \frac{A \times \frac{i_c}{n}}{\left(1+\frac{i}{n}\right)} + \frac{A \times \frac{i_c}{n}}{\left(1+\frac{i}{n}\right)^2} + \frac{A \times \frac{i_c}{n}}{\left(1+\frac{i}{n}\right)^3} + \cdots + \frac{A \times \frac{i_c}{n}}{\left(1+\frac{i}{n}\right)^{n \times T}} + \frac{A}{\left(1+\frac{i}{n}\right)^{n \times T}} \quad (5-2)$$

其中，i 表示市场利率，i_c 表示票面利率，n 表示每年付息次数，T 表示债券到期年限。一年多次付息债券不再以年为单位计算复利贴现，而是以计息周期（半年或季度）为单位计算贴现，对应的贴现率也由年名义利率改为半年期或季度名义利率。

【例 5-2】面值为 100 元的 5 年期国债，票面利率为 10%，每年付息两次，如果市场名义利率为 6%，该五年期债券的合理价格是多少？

解：由题意知，A = 100，C = 100 × 10%/2 = 5，对应的贴现率是半年期市场名义利率，i = 3%，其合理价格为：

$$V = \frac{5}{\left(1+\frac{6\%}{2}\right)} + \frac{5}{\left(1+\frac{6\%}{2}\right)^2} + \frac{5}{\left(1+\frac{6\%}{2}\right)^3} + \cdots + \frac{5}{\left(1+\frac{6\%}{2}\right)^{10}} + \frac{100}{\left(1+\frac{6\%}{2}\right)^{10}} = 117.06 \text{（元）}$$

2. 贴现债券定价

贴现债券以低于面值的价格发行，不支付利息，到期按债券面值偿还，发行价格与面值之间的差额就是投资者的利息收入。由于面值是投资者未来唯一获取的现金流，所以贴现债券的内在价格由式（5-3）决定：

$$V = \frac{A}{(1+i)^T} \quad (5-3)$$

【例5-3】某面值100元的贴现债券,距离到期日还有3个月,市场利率为5%时,该债券的价格应为多少?

解:由题意可知,A=100,i=5%,剩余期限 T=3/12=0.25年,根据式(5-3),则有:

$$V = \frac{100}{(1+5\%)^{0.25}} = \frac{100}{1.05^{0.25}} = 98.79 \text{(元)}$$

3. 永续债券定价

永续债券没有到期日,按照事先规定的利率水平支付利息。假定其每年支付利息为 C,i 为贴现率,则其定价公式为:

$$V = \frac{C}{i} \tag{5-4}$$

【例5-4】某永续债券每年支付固定利息7元,市场利率为6%,则该永续债券的合理价格为:

$$V = \frac{7}{6\%} = 116.67 \text{(元)}$$

(二)债券的当期收益率和持有期收益率

当期收益率是债券的年息除以债券当前的市场价格所计算出的收益率。它不考虑债券投资所获得的资本利得或损失,旨在衡量债券某一期间所获得的现金收入相较于债券价格的比率。

持有期收益率是持有债券期间获得的全部收入(利息)和资本利得与购买债券的成本之比。

【例5-5】某公司发行的10年期债券面值100元、票面利率为6%、每年付息一次,剩余期限为4年,投资者买入市场价格为102元,持有2年后以104元价格卖出,求投资者的当期收益率和持有期收益率。

解:

(1)当期收益率=票面利息/购买成本=6/102=5.88%

(2)持有期收益率=(利息收入+资本利得)/购入成本,其中利息收入2年为12元,资本利得为卖出价减买入价即104-102=2元,则持有期收益率为(12+2)/102=13.73%

由此可见,当期收益率不关注债券价格变动,而持有期收益率的计算则没有考虑利息收入的时间价值因素和持有期的时长。债券市场最常用的收益率指标是充分反映货币时间价值和期限的到期收益率。

(三) 债券的到期收益率

债券的到期收益率（Yield to Maturity，简称 YTM），是指投资者购买债券并一直持有至到期的内含报酬率，即令债券未来现金流贴现值之和等于债券当前市价的贴现率。债券的购入价格可视为投资者购买债券的成本，未来现金流的现值之和即为投资的总回报，则到期收益率意味着使投资者的成本现值与收入现值相等（即净现值为零）的贴现率，隐含假设是每期收入现金均可按照该利率进行再投资。

以附息债券为例，其到期收益率（Y）就是满足以下等式的值，即：

$$P = \frac{c}{(1+Y)} + \frac{c}{(1+Y)^2} + \frac{c}{(1+Y)^3} + \cdots + \frac{c}{(1+Y)^T} + \frac{A}{(1+Y)^T} \qquad (5-5)$$

其中，P 表示该债券的市场价格，等式左边反映购买债券的成本，而右边表示用 DCF 方法计算的债券收入的现值。

【例 5-6】 某公司发行的 10 年期债券面值 100 元、票面利率为 6%、每年付息一次，剩余期限为 4 年，当前市场价格为 102 元，求该债券的当期收益率和到期收益率。

解：由题意可知，由题意可知，A = 100，c = 100 × 6% = 6，T = 4，

根据式（5-5）求解到期收益率：

$$102 = \frac{6}{(1+Y)} + \frac{6}{(1+Y)^2} + \frac{6}{(1+Y)^3} + \frac{106}{(1+Y)^4}$$

解方程，可得 Y = 5.43%

由于市场价格高于面值，因此到期收益率低于当期收益率，也低于票面利率。

需要注意的是：到期收益率并非是投资者能够真实获得的收益率，而是一种承诺收益率或预期收益率，隐含假设是：(1) 投资者按照当前价格买入并持有到期，中途不转卖；(2) 债券不违约，发行人按期支付各期现金流；(3) 投资者在持有期间获得的各期利息收入均能按照该利率进行再投资。

金融现实中，第三个假设往往很难满足。投资者持有债券期间获得的利息收入只能按当时的市场利率进行再投资，可能面临再投资风险。例如，投资者购买 3 年期债券时的 YTM 为 4%，而未来 3 年的市场短期利率出现下降，则投资者获得利息收入再投资时利率可能仅为 3% 或 2%。投资者在债券投资期满后，获得的真实年回报率也将低于 4%。

从式（5-5）可知，对于任意的市场价格 P，总能计算出与其对应的到期收益率。债券市场通常采用价格/收益率的报价方式，即同时报出成交价格和相对应的到期收益率，以便于投资者迅速判断债券是否具有投资价值。

（四）主观贴现率、市场利率与债券供求

式（5-1）和式（5-5）均采用了 DCF 方法，两者的区别在于：

债券定价式（5-1）中，投资者按照主观贴现率 i 确定债券的合理价值 V，i 因人而异，因条件而异，因此同一个债券会对应着不同的主观估值。

到期收益率式（5-5）显示了按市场价格 P 买入债券时，投资者可能获得的内部报酬率，使等式成立的利率可视为市场利率。投资者根据自己的主观估值 V 和所观察到的市场价格 P 之间的差异，决定交易行为。

针对同一个债券，当投资者的主观贴现率 i 低于市场利率 Y 时，投资者对债券的主观估值高于市场价格，投资者以当前价格买入债券能预期获得正收益；相反，如果投资者的主观贴现率高于市场利率，意味着持有该债券不能达到投资者的预期收益率，则投资者更愿意卖出该债券。由此可见，债券市场的供求，很大程度上取决于交易主体的主观贴现率与市场利率之间、主观估值与市场价格之间的差异。

【例 5-7】某公司发行的 10 年期债券面值 100 元、票面利率为 6%、每年付息一次，剩余期限为 4 年，当前市场价格为 102 元，投资者的必要回报率为 5%，投资者是否应购买该债券？

解：投资者是否应购买该债券可以从收益率或估值两个方面进行判断。

（1）根据收益率判断：根据式（5-5），102 元市场价格对应的 YTM 为 5.43%，高于 5%，投资者可投资。

（2）根据估值判断：A = 100，c = 100 × 6% = 6，T = 4，根据式（5-1）：

$$V = \frac{6}{(1+5\%)} + \frac{6}{(1+5\%)^2} + \frac{6}{(1+5\%)^3} + \frac{106}{(1+5\%)^4} = 103.55 > 102$$

即市场价格低于投资者的主观估值，值得购买。

由此可见，两种方法得出的投资决策是一致的。

值得指出的是，债券市场的实际定价并不像例题中那么容易。因为针对不同期限、不同风险特征的债券，并没有一个单一的市场利率可供参考，投资者需要综合考虑债券的风险、期限特征，结合债券市场上的供给和需求总体情况进行估值。

二、债券市场的供求

（一）债券的需求和需求曲线

影响资产需求的一般因素包括投资者的财富、收入状况、该资产相对其他资产的预期

回报率（扣除各种交易成本）、风险以及该资产的流动性。具体对债券而言，假定其他因素不变，投资者对特定债券的需求具有如下的特点：

第一，对债券的需求与其价格负相关，与其到期收益率正相关。债券的价格越高，意味着购买债券并持有到期的（预期）收益率越低，人们对该债券的需求就会减少。反之，当债券价格较低时，人们买入债券并持有到期可以获得较高的预期收益率。我们据此可以画出一条倾斜向下的需求曲线，见图5-2中的需求曲线B^d，债券的价格越高，则需求量越低。

第二，对债券的需求同投资者的财富（或收入）正相关。人们越富有，收入越高，其储蓄比重越高，持有的金融资产总量就越大，其他条件不变时，会增加持有各类型的金融资产。因此，收入或财富的增加将使债券需求曲线B^d向右移动。

第三，对债券的需求还取决于替代性资产的收益率和风险状况。如果债券相对其他资产能提供更高的收益率，则对其需求将增加；如果债券相对于其他资产的风险越高，则对其需求越低。例如，人们预期股票的收益率下降时，将增加持有债券，则债券的需求曲线B^d将整体向右移动；人们预期未来出现资金紧张，会增加持有货币这种高流动性资产而降低债券持有数量，以应付突发支付需求，此时债券的需求曲线B^d将整体向左移动；当特定债券相对其他类别的债券违约风险增大时，人们对该类债券的需求将下降，此时债券的需求曲线B^d将整体向左移动。

（二）债券的供给和供给曲线

单个债券的供给是指该债券已发行尚未到期的存续债券的数量，就债券市场整体而言，债券的总供给量包括已发行尚未到期的存量债券，以及发行市场上的新增债券发行①。从企业财务的角度出发，发行债券是企业融资的一种方式，因而债券的新增供给对应着企业的新增融资需求。债券的供给具有如下的特点：

第一，对债券的供给与市场价格正相关。市场上交易的债券价格越高，意味着投资者愿意接受更低的到期收益率（即主观要求的回报率更低），企业此时可以发行具有较低票面利率的债券，降低自身的融资成本；同时持有债券的部分主体也会因为债券到期收益率低而卖出债券。因此，债券市场价格越高，存量债券的卖出者将增加，而新增的债券供给也会增加。我们据此可以画出一条倾斜向上的供给曲线，见图5-2中的供给曲线B^s，债券的价格越高，则供给越多。

第二，债券新增供给与企业预期投资的盈利性和融资需求正相关。如果企业预期未来投资的盈利性越强，则越愿意通过借款为这些投资筹集资金；另外，如果存在较大的资金

---

① 此处不考虑融券业务，即反复借出债券卖出导致的供给增加。

需求（如弥补预算赤字），也会增加债务发行。因此，给定市场价格，预期盈利性增加或企业融资需求增大，均会增加债券供给，此时 B^s 向右移动。

第三，债券供给与预期通货膨胀率正相关。预期通货膨胀率主要通过影响实际利率影响企业融资决策。当通货膨胀率上升，同样的货币量在未来购买的产品和服务数量会减少，借款人未来偿还债务的真实数额（用产品和服务来衡量）会下降，从而更愿意增加融资（债券供给），因此预期通货膨胀上升将使 B^s 向右移动。

（三）债券市场的供求均衡

在债券市场上，当债券的供给与需求数量相等，即 $B^d = B^s$ 时，就实现了市场均衡。图 5-2 中，均衡点出现在点 P 处，P^* 是市场出清价格，由于每一个价格均对应着一个到期收益率，因此市场出清价格对应着的利率 i^* 即为市场均衡利率。

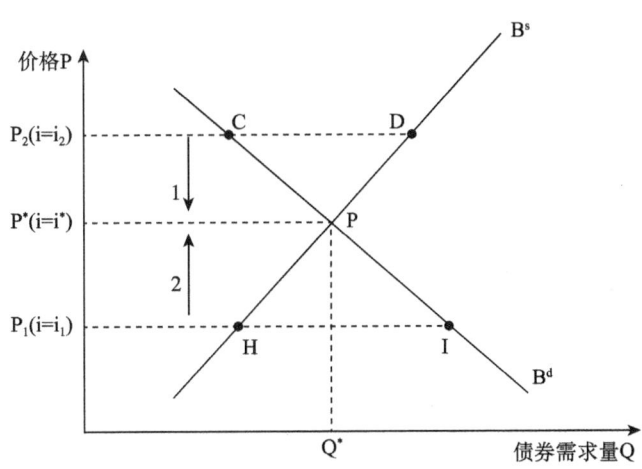

图 5-2 债券的供求与均衡

当债券市场的价格为 $P_2 > P^*$ 时，债券的供给位于 D 点，而需求位于 C 点，出现"超额供给"，卖方之间的竞价将导致债券价格下跌，如箭头 1 所示；当债券价格 $P_1 < P^*$ 时，I 点需求量超过了 H 点的供给量，出现"超额需求"，债券价格会因为买方的竞价而上升，正如图中箭头 2 所示，最终供给和需求相等时整个市场重新在 P 点达到均衡。

当债券的供给和需求曲线变化时，债券市场的均衡也会发生变化。例如，财富量的增加将使债券需求曲线向右上方移动，如图 5-3 所示，需求曲线向右移动到 B_2^d，均衡价格也就由 P^* 上升到 P_1^*（此时对应的到期收益率 i^* 也变为 i_1^*，$i_1^* < i^*$）。

读者可进一步思考当企业的预期投资收益率上升、股票价格上涨和企业财务困境增加时债券均衡价格可能发生怎样的变化。

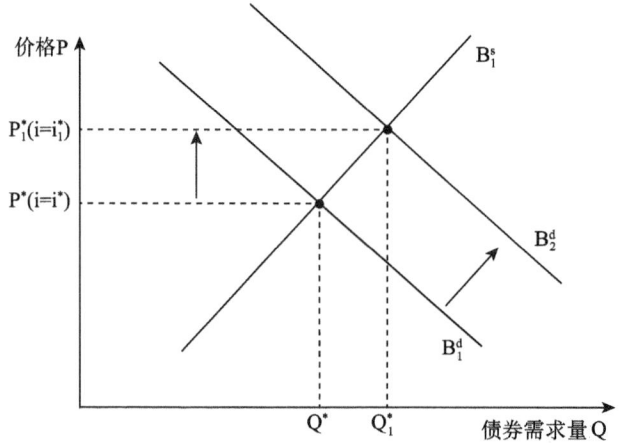

图 5-3 债券供求变化与均衡利率变化

第三节 利率体系与利率行为

对应着不同期限特征、不同风险特征的债务类金融工具,市场上也有各类利率(收益率)水平,形成了一个完整的利率体系。债券市场(包括短期货币市场)为整个金融市场定价提供了基准收益率参照,而诸多宏观经济变量、货币政策、投资者情绪和风险偏好等均会影响利率的变化,从而使利率成为整个金融市场最受关注的指标。

一、利率体系

金融市场中存在众多彼此相互关联的利率,我们称之为利率体系,通常包括短期资金利率(货币市场利率)和中长期资金利率(信贷与资本市场利率),见表 5-3。

(一)短期资金利率

短期资金利率是指在短期金融市场(即货币市场)上资金借贷的利率水平。

1. 中央银行政策利率

中央银行与商业银行和其他金融机构之间短期融通资金的政策性利率,包括中央银行对金融机构的再贴现率和再贷款利率,以及商业银行等金融机构在中央银行的准备金存款

表 5-3　　　　　　　　　　　我国利率体系一览

	政策利率（中央银行）	金融机构利率（商业银行）	金融市场利率	其他
短期	准备金存款利率	短期存款利率	国库券利率	民间拆借利率
	再贴现利率 再贷款利率	票据贴现利率 短期贷款利率	商业票据利率	
	公开市场操作利率 （逆回购、正回购）	同业拆借利率、同业存单利率、正回购、逆回购利率		非标准化债权利率（如理财资管产品收益率、信托收益率、租赁）
中长期	存贷款基准利率	中长期存款利率 中长期贷款利率	各类中长期债券利率	
	中长期再贷款利率			

的利率，这些政策利率反映了中央银行的政策倾向，也是中央银行进行货币政策调控的主要工具之一（参见第十章中央银行和第十五章货币政策）。

2. 货币市场利率

货币市场利率是货币市场上一系列短期利率的统称，包括银行间拆借利率、回购利率、国库券利率和商业票据利率等。

拆借利率是银行及金融机构之间（简称同业）的短期资金融通利率，这类资金借贷的特点是信用拆借，即无抵押无担保，期限较短，适用于金融机构之间调剂余缺，并有较为严格的市场准入条件。同业拆借的期限通常有隔夜、7 天、14 天、21 天、1 个月、2 个月、3 个月、6 个月、1 年等，最为普遍的是隔夜拆借和 7 天拆借。国际货币市场上的代表性拆借利率包括：伦敦同业拆借利率[①]、美国联邦基金利率、欧元区银行间同业拆借利率、新加坡银行间同业拆借利率等，而我国以上海同业拆借利率为主导。

短期回购利率是以债券或其他有价证券为质押的短期资金融通利率。由于资金融出方可以凭借质押物来抵御违约风险，因而回购利率通常低于同期限的拆借利率，市场准入也相对宽松，非金融机构可以参与，其交易规模也远高于信用拆借。回购交易的期限同信用拆借类似，常见的期限在 14 天之内，特别是隔夜回购较为普遍。回购也是中央银行在公开市场上开展货币政策操作的主要交易方式。

回购利率（表示为年率）的计算公式为：

[①] 伦敦同业拆借利率诞生于 20 世纪 60 年代，曾是全球最重要的短期基准利率，影响着数百亿美元的债券、工商业贷款、住房抵押贷款、利率衍生品等的定价，但其利率基于报价而非市场交易，并且易于被大型银行集团操纵，2017 年英国金融行为监管局决定到 2021 年底废除 LIBOR。2023 年 6 月，LIBOR 报价正式退出历史舞台。https://www.jiemian.com/article/6977179.html。

$$回购利率 = \frac{回购价格 - 出售价格}{出售价格} \times \frac{360}{距到期日天数} \times 100\% \tag{5-6}$$

【例 5-8】A 银行与 B 银行开展一笔 7 天回购交易，约定以 97.8 元出售 10 万个单位标准债券，并承诺 7 天后以 97.9 元的价格购回，求对应的回购利率。

解：对于每单位标准债券，A 银行支付的利息：97.9 - 97.8 = 0.1（元）

A 银行该笔交易的融资成本：$\frac{0.1}{97.8} \times 100\% = 0.10225\%$

折合为年率：$0.10225\% \times \frac{360}{7} = 5.26\%$

国库券利率是投资者持有国库券的收益率。国库券是一国中央政府发行的 1 年期以内的债务凭证，折价发行，到期按面值偿还。投资者按某价格购买国库券并持有至到期的收益率，可用以下公式（单利法）计算：

$$收益率 = \frac{面值 - 购入价格}{购入价格} \times \frac{360}{距到期日天数} \times 100\% \tag{5-7}$$

【例 5-9】投资者以 99.5 元购买一张 90 天期限，面额为 100 元的国库券，其收益率（单利法）是多少？

解：投资者 3 个月的回报率为 $\frac{100 - 99.5}{99.5} \times 100\% = 0.5025\%$，折算为年率为 $0.5025\% \times \frac{360}{90} = 2.01\%$。

短期票据利率是金融机构和企业发行短期票据（债券）融资时提供的收益率，包括央行票据利率、金融机构承兑的票据利率以及公开发行的商业票据（Commercial Paper）利率等。商业票据是由企业开具、无担保、可流通、期限短的债务性融资票据，通常只有信誉卓越的大公司才能公开发行商业票据。

作为债务工具，短期票据的利率差异主要反映票据发行主体的信用风险差异，中央银行发行的短期票据违约风险最小，因而具有较低的利率，而银行发行的短期票据利率略高，最高的则是普通工商业企业发行的商业票据。

3. 商业银行的短期存贷款利率

商业银行等金融机构对存款人和贷款人提供的短期利率，同货币市场利率是机构间的资金融通利率不同，这些利率是零售客户利率，比如居民 3 个月期的定期存款利率、活期存款利率、消费贷款利率、流动资金贷款利率等。

4. 民间短期借贷利率

在正规金融机构和有组织的金融市场之外，还存在着不受金融监管的借贷关系，如民间的借贷合约，相应的利率水平即为民间借贷利率水平。由于参与主体参差不齐，信息和信用状况难以保证，民间借贷的利率水平往往远远高于金融市场和金融机构的利率水平，且通常波动幅度较大。

（二）中长期利率

中长期利率包括借贷市场利率和资本市场利率，前者指借贷合约的利率水平。例如，银行的中长期信贷利率、企业之间的借贷合约利率等，而资本市场利率则专指各类在市场上公开交易、流通的中长期债务工具的收益率，包括国债和政府债券、公司债券等各种中长期债务工具的收益率。

本章末的专题分析提供了对美国2020年以来中长期国债收益率变化的简要解读，感兴趣的读者可进一步结合参考资料深入挖掘背后的原因。

（三）资金流动与利率联动

尽管利率众多，但利率之间存在着一定的关系，横贯不同期限市场的资金流动和套利活动将各金融工具紧密地联结起来，使各类金融工具的收益率和价格相互影响，整体利率走势呈现出明显的联动特征。

从宏观视角来看，当资金的供给大于融资需求时，各类债务工具的收益率均会下降，即利率整体走低，而当资金供给小于融资需求时，利率会整体上扬。除此之外，不同的利率之间还存在结构性的特征，表现为不同产品的信用风险差异和期限差异会使利率存在差别。

二、利率的风险结构

债券市场上一个非常普遍的现象是：到期期限相同的债券在收益率上存在差别。如图5-4所示，2015—2020年中国的银行间债券市场上几种代表性的10年期债券的到期收益率有较大的差异，其中标注为A级的公司债券到期收益率高于AA级和AAA级企业债券，后者又比国债的到期收益率高；此外，这些利率走向比较接近，但它们之间的差距（Spread）却随着时间而变化。

相同期限的金融资产，可能因违约风险、流动性风险和税收风险等方面的差异，而形成不同的到期收益率，这类现象被称为利率的风险结构，其中，违约风险是造成利率差异最主要的因素。

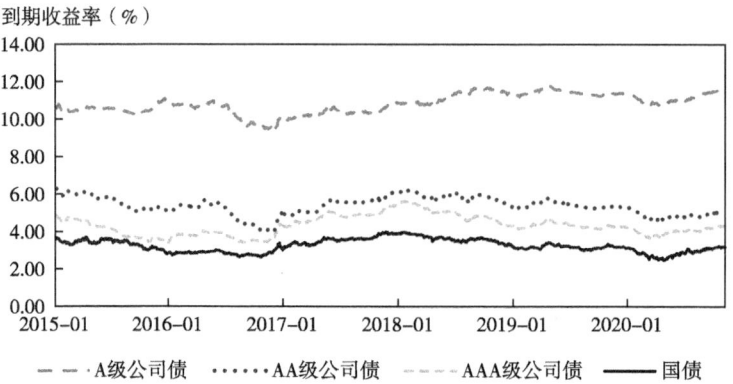

图 5-4　中国债券市场 10 年期各类债券到期收益率变化

资料来源：Wind 资讯。

（一）违约风险与信用价差

债券的违约风险（Default Risk）是指债券发行人不能履行其按期支付利息或到期偿付面值的承诺，而使投资者遭遇损失的风险。违约风险很大程度上取决于发行主体的经营和财务状况，也同债券是否具有其他信用增强手段（即抵押、担保等保证还款的其他条款）有关。

信用风险溢价（Credit Risk Premium）是指有违约风险的债券与无风险债券之间的利率差，可视为人们对前者要求的信用风险补偿。鉴于一国中央政府拥有税收和货币发行权，人们往往将一国国债利率视作该国的无风险利率，因此信用风险溢价往往是各类债券同国债到期收益率之间的差。不同类别债券之间的收益率差称为信用价差（Credit Spread），违约风险越大的债券，提供的违约溢价越高，到期收益率也就越高。

我们可以通过债券市场的供给需求图（见图 5-5）分析违约风险的影响。图 5-5 中左图显示的是有风险的债券——公司债市场，而右图则是国债市场，代表无信用风险的债券市场。当债券市场完全竞争、资金自由套利时，如果没有违约风险，具有相同支付结构和期限特征的公司债券应该与国债具有相同的交易价格，即 $P_1^C = P_1^T$，对应的到期收益率也相同。

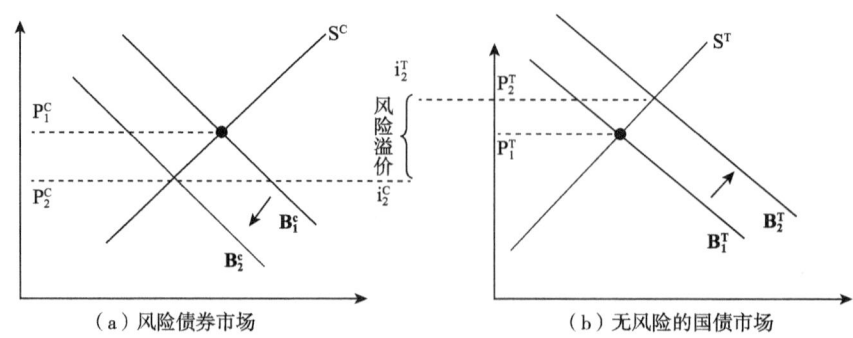

（a）风险债券市场　　　　　（b）无风险的国债市场

图 5-5　违约风险增加导致的风险溢价

如果企业债券的违约风险上升（例如公司经营不善，或资金出现问题），在相同价位下，理性的投资者会减少对公司债券的需求而增加对无风险债券的需求，风险债券市场的需求曲线由 B_1^C 向左移动到 B_2^C 位置，相应均衡价格下降到 P_2^C（对应着更高的到期收益率 i_2^C）；而国债需求曲线 B_1^T 右移到 B_2^T，均衡价格上升到 P_2^T（对应着较低的到期收益率 i_2^T），$i_2^C - i_2^T$ 即为风险溢价。

当违约风险加大时，资金从风险债券转移到无风险债券的幅度会增加，风险溢价将提升。极端情况下，风险债券市场产生恐慌情绪，交易者的资金将大量从风险市场撤出而涌向无风险市场以寻求安全（Fly to Safety），风险溢价会大幅上升。例如，美国 2008 年金融危机期间，长期国债与金融机构债之间的到期收益率差额一度达到 20 个百分点。然而，危机一旦解除且企业正常还本付息，则按照较低价格买入风险债券的投资者将获得高额的回报，其低价购买这类债券所承受的风险得到了事后的补偿。

由此可得到有关利率风险结构的结论：违约风险越高的债券，其风险溢价越高，利率越高。

那么，投资者如何确定债券的违约风险呢？通常专业的信用评级公司会负责收集、整理各种金融信息，对发行主体和各类企业债、市政债券及国际债券进行信用评级，为融资和投资提供便利。很多国家的交易所设立了信用评级等级要求，作为发行上市的条件。国际知名的信用评级机构有穆迪投资服务公司、标准普尔公司、惠誉国际公司等，国内的债券评级公司主要包括大公评级、中诚信评级公司等。

表 5-4 显示了标准普尔和穆迪的评级分类，其中评级为高信誉级别（即 BBB 级或 Baa 级以上）的债券被称为投资级债券，这类债券的违约风险相对较低，而其余债券则被称为投机级债券，这些债券往往具有较高的违约风险和较高的到期收益率，因而也被称为高收益率债券或垃圾债券。评级公司对信用等级定期加以调整，用以反映违约风险的动态变化。

表 5-4　　　　　　　　　　债券的信用等级分类

	信誉极高		高信誉		投机性		信誉极低			
标准普尔	AAA	AA	A	BBB	BB	B	CCC	CC	C	D
穆迪	Aaa	Aa	A	Baa	Ba	B	Caa	Ca	C	D

（二）流动性

影响债券利率的另外一个因素是流动性。其他条件相同，低的流动性会降低债券的需求，从而导致较低的价格和较高的到期收益率。国债通常发行量巨大且交易活跃，易于出售，具有很强的流动性，同等条件下，国债的价格高于流动性弱的其他债券，即国债有着较低的到期收益率。

在图 5-5 中，由于违约风险的增加可能导致风险债券市场需求下降，如果投资者出现恐慌情绪急于抛售转向购买高流动性资产，风险债券市场会出现流动性困境；相反，国债市场因为资金大幅流入，会产生更多的流动性，此时便产生了逃向流动性（Fly to Liquidity）的现象，投资者的避险行为叠加对流动性的追求，会进一步加大高风险债券的风险溢价。

（三）所得税

造成相同期限的债券呈现不同到期收益率的另一个原因是投资所得税差异。如果对特定类型债券（如国债或者符合环保标准的债券）实施税收优惠或减免，则非免税债券需要提供更高的（税前）收益率来补偿投资者的税收成本，这意味着其他条件相同，税率越高的债券应该具有更高的到期收益率（更低的价格）。

当存在投资所得税时，人们使用"税后收益率"进行投资决策。假设对来自公司债的利息收入征收 20% 的所得税，而对国债免于征收，那么同样是 10% 的到期收益率，投资国债的税后收益率高于公司债 2 个百分点，国债需求将增加而公司债的需求将下降，直到两者的税后收益率一致为止，此时公司债的到期收益率约为 12.5%。因此，税收因素也会影响对应产品的利率。

三、利率的期限结构

利率的另一个结构性特征是利率水平跟随到期期限的变化而变化：即使是同一个发行主体，不同期限的债券在同一时间可能呈现出不同的到期收益率。最为典型的便是一国中央政府发行的国债，无违约风险、流动性强、税收特征一致，但不同到期期限的国债收益率存在明显差异，长期国债的收益率往往高于短期国债。生活中另一个随处可见的例子，是银行的活期、短期和中长期存款利率存在差别，到期期限越长，则利率越高。这种利率在时间维度上呈现出来的差异，称为利率的期限结构（Term Structure of Interest Rate），通常采用收益率曲线来刻画期限结构特征。

（一）收益率曲线

我们将期限不同，但违约风险和税收政策相同的一组债券的收益率连接成一条曲线，即得到收益率曲线（Yield Curve），它描述了在某特定时点，某一类债券利率的期限结构。

鉴于国债通常不存在违约风险，因此金融市场往往用国债的收益率曲线描述因为到期期限不同而不同的利率状况，国债收益率曲线也因此反映了利率的"纯期限结构"。

图5-6显示了2019年11月12日我国国债的到期收益率曲线（实线），横轴代表国债的到期期限，从短期到中长期排列，纵轴则是到期收益率，可以看到当天1个月期的到期收益率约为2.37%，10年期的国债到期收益率为3.24%，50年期的到期收益率为3.97%，随着到期期限的延长，到期收益率随之上升。虚线条显示了2018年11月12日的国债到期收益率，可以发现1个月、10年、50年期的到期收益率分别为2%、3.47%和4.05%。两条不同时点的到期收益率曲线形态基本一致，但2019年11月12日的短期利率相比1年前出现了上升，中长期利率则相比1年前下降，两者的1年期利率水平基本相等，为2.61%。整体上，这两个时点的国债到期收益率曲线都呈现出正斜率，但随着到期期限的延长，利率变动的幅度缩窄，如到期期限在30年以上的国债收益率曲线基本走平。

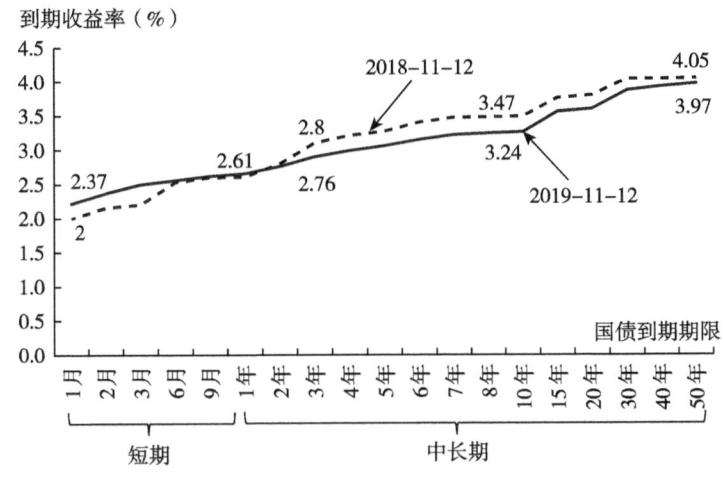

图 5-6 中国的国债到期收益率曲线

资料来源：根据wind数据库资料整理制作。

不同时期，不同的金融市场环境下，收益率曲线可能呈现出不同的形状，如图5-7所示。收益率曲线向上倾斜，表示长期利率高于短期利率，这也是最普遍的情况，金融市场称之为正常的收益曲线；若收益率曲线是向下倾斜的，即长期利率低于短期利率，则称为反向的收益率曲线，通常发生在金融市场短期利率飙升和市场出现特殊变化时期；若收益率曲线是平坦的，则意味着长期利率与短期利率相等；此外还可能出现驼峰（鞍形）的收益曲线，即短期利率和长期利率较低而中期利率较高的情况等。

通常不难理解长期债券的收益率比短期债券收益率高的原因。到期期限越长，不确定性越高，长期财务状况恶化导致违约的可能性也比短期高，此外期限越长，相应的通货膨

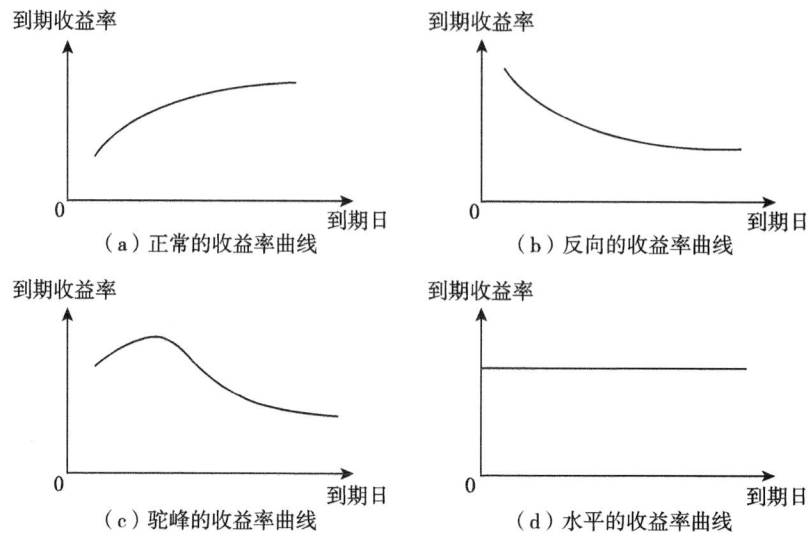

图 5-7 收益率曲线的四种形态

胀风险也越高。因此，长期债券的发行人需要提供较高的票面利率来补偿投资者的相关风险，投资者需要较高的到期收益率来弥补相关风险。然而，现实中存在各种形态的收益率曲线意味着，长期利率和短期利率之间的关系并不这么简单。

（二）利率期限结构的理论解释

金融学对利率期限结构成因的理论解释包括：预期理论、市场分割理论、流动性溢价与期限选择理论，这些理论的主要区别在于对投资者偏好、资产投资选择行为以及债券可替代性的假设的差异。

1. 预期理论

预期理论假定，投资者对于不同到期期限的债券没有特别的主观偏好，不同期限的债券之间具有完全可替代性，投资者仅凭债券的预期回报率来进行投资决策。在一个完全竞争的市场里，投资者之间的充分套利会使均衡状态下各种期限债券提供的预期回报率完全相等。此时，长期利率等于其有效期内预期的各期短期利率的平均值。

以一个投资者的投资选择为例，假设该名投资者打算作 n 年的长期投资，他可以有三种选择：

（1）期限匹配策略，即购买在 n 年底到期的长期债券并持有到期，投资者在 n 年末的总收益为 $Y = (1 + Y_n)^n$，其中，Y_n 表示期限 n 年的到期收益率。

（2）滚动投资策略，即投资 1 年期债券，到期后再将本息和投资于新的 1 年期短期债券，以此类推，滚动投资直至 n 年底。用 r 表示为期 1 年的短期利率水平，当前的 r_1 为已知，而第 2 年至第 n 年的 1 年期利率水平为预期值，用 r_2^e、$r_3^e \cdots r_n^e$ 表示，则 n 期满时总收益可写作：$(1+r_1) \cdot (1+r_2^e) \cdots (1+r_n^e)$。

（3）投资于期限长于 n 年的债券，持有到 n 年底再卖出。假定投资者购买一个 n+1 期的债券，在第 n 年末其总收益为 $\dfrac{(1+Y_{n+1})^{n+1}}{(1+r_{n+1}^e)}$，即投资者将第 n+1 年底的总收益 $(1+Y_{n+1})^{n+1}$ 按第 n+1 年的短期利率 r_{n+1}^e 贴现到第 n 年末。

事实上，在完全可替代假设和债券金额完全可分、市场上有大量各种期限债券的假设下，投资者可以利用市场上的债券构造出符合他所期望的投资期限的投资，而投资者没有期限偏好意味着他们将比较各类策略的期望收益（不考虑风险）。在资金完全充分套利的条件下，投资者的选择会使各类投资策略提供的期满总收益完全相等，即：

$$(1+Y_n)^n = (1+r_1) \cdot (1+r_2^e) \cdots (1+r_n^e) = \dfrac{(1+Y_{n+1})^{n+1}}{(1+r_{n+1}^e)}$$

此时：$Y_n = \sqrt[n]{(1+r_1) \cdot (1+r_2^e) \cdots (1+r_n^e)} - 1$ （5-8）

式（5-8）表明，长期利率取决于未来各期（预期）短期利率的走势。当利率较低时，长期利率可近似表示为未来各期短期利率的算数平均，即：

$$Y_n \approx \dfrac{r_1 + r_2^e + \cdots + r_n^e}{n} \quad (5-9)$$

若人们预期未来各年的短期利率逐步走高，即 $r_1 < r_2^e < \cdots < r_n^e$，则有 $Y_1 = r_1 < Y_2 < \cdots < Y_n$，收益率曲线向右上方倾斜；反之若预期未来各年的短期利率下降，则收益率曲线呈现反向形态；如果人们预期未来的各年短期利率会先高后低，则收益率曲线会呈现出驼峰型，而平坦的收益率曲线意味着人们预期未来各年的短期利率不变。

2. 市场分割理论

市场分割理论将不同到期期限的债券看作是完全独立和相互分割的，由于不同期限债券无法相互替代，特定期限的债券收益率仅取决于该类债券的供给与需求，不受其他期限的债券回报率的影响。

我们可以将该假设理解为投资者对特定期限的债券有着强烈偏好，且只关心所偏好的债券的收益率。他们总是选择期限匹配策略进行投资，而不考虑其他期限的债券。此时，由于缺乏资金套利，短期利率和长期利率之间的关联可能被割裂。如果人们更愿意进行短期投资，而融资者（债券发行者）更希望寻求长期负债，那么短期债券会出现过度需求导致价格上涨；而长期债券市场会出现供给过度，价格下跌，则长期债券的到期收益率会高于短期债券。

反之，当资金偏好于长期投资时，可能会导致长期债券价格上涨，对应着较低的长期到期收益率。人们认为,最近30年来以养老金、保险基金为代表的长期投资资金的快速增长,有力地推动了长期收益率的下降,使得收益曲线日益扁平化。

3. 期限选择理论和流动性溢价理论

期限选择理论认为,人们对特定期限的资金供求具有一定的偏好,各类型债券具有部分替代性。如果投资时存在期限错配(比如投资者本来倾向于短期投资但缺乏对应债券而被迫投资于长期债券),则债券收益率除了反映未来短期利率变动预期之外,还需增加对投资者的风险补偿 ρ,即:

$$(1+Y_n)^n = (1+r_1) \cdot (1+r_2^e) \cdots (1+r_n^e) + \rho \tag{5-10}$$

其中,$\begin{cases} \rho > 0,\text{偏好短期的投资者} \\ \rho = 0,\text{无期限偏好者} \\ \rho < 0,\text{偏好长期的投资者} \end{cases}$

如果市场上以短期投资者为主导,则收益率曲线可能呈现出正斜率,反之长期投资者为主导,则短期收益率可能更高。预期理论是投资者无期限偏好的特殊情形($\rho = 0$),无须考虑期限错配的补偿。

流动性溢价理论强调投资者对流动性风险要求的补偿 ρ 随期限 n 的增加而增加。如果市场上占主导的投资者更看重流动性,其债券投资会更倾向于完全的期限匹配策略,当且仅当长期债券提供更高的到期收益率(溢价)时,才会吸引这类投资者进行长期债券投资。由于期限越长不确定性越大,因此投资者要求的流动性溢价随着到期期限的提高而增加。用 l_n 表示这种期限溢价,则式(5-7)可修正为:

$$(1+Y_n)^n = (1+r_1) \cdot (1+r_2^e) \cdots (1+r_n^e) + l(n) \tag{5-11}$$

其近似表达为:

$$Y_n \approx \frac{i_t + r_1^e + r_2^e + \cdots + r_n^e}{n} + l_n \tag{5-12}$$

与期限选择理论相比,流动性溢价理论强调期限溢价总是正的,长期利率不仅取决于未来短期利率的预期,还取决于不同期限的溢价。

图5-8显示了期限选择理论中的一种特殊情形,即便人们预期未来各期的短期利率不变,即 $r_1 = r_2^e = r_3^e = r_n^e$,由于存在流动性溢价,到期收益率会随着期限的增加而增加,即收益率曲线会向右上方倾斜。

表5-5总结了不同的利率期限结构理论的差异。由于完全替代和完全分割只是理想状态,金融市场上,人们更倾向于采用期限选择和流动性溢价理论来解释不同时期利率的期限结构形态。

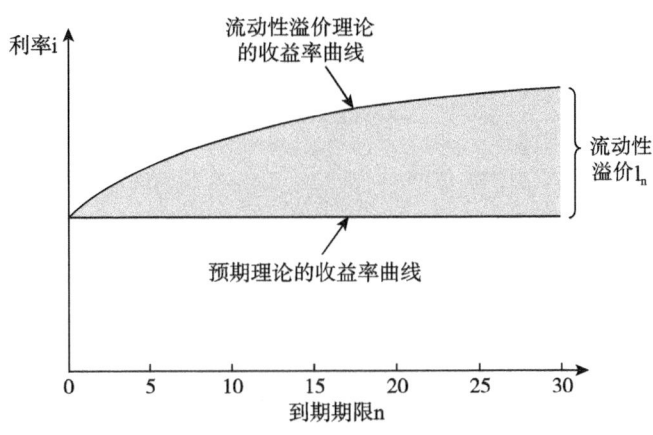

图 5-8 预期短期利率不变情况下的收益率曲线

表 5-5 利率期限结构的理论解释

	债券替代性	期限偏好	套利假设	对期限结构的解释
预期理论	完全替代	无	完全套利	长期利率是预期短期利率的均值
期限选择理论	部分替代	偏好特定期限，非偏好的期限投资需要补偿	部分套利	长期利率等于短期利率预期均值加期限溢价（贴水）
流动性溢价理论	部分替代	偏好短期，长期投资需要补偿	部分套利	长期利率等于短期利率预期均值加流动性溢价
市场分割理论	不可替代	固定偏好，不可变	无套利	长、短期利率由分割市场决定

专题分析 5-1 2020 年以来美国的国债收益率走势

2020 年初以来，美国国债收益率波动幅度增大，各期限品种收益率经历了新冠疫情初期的快速下降之后逐步上升，尤其是 2022 年 1 月以来随着美联储逐步加息，短期利率上涨幅度大幅超越长期利率的上涨幅度。截至 2023 年 12 月，美国 6 个月期国债利率为 5.28%，而 10 年期、30 年期国债收益率分别为 3.85% 和 4.02%，呈现出长短期利率倒挂现象（见图 5-9）。

2020 年以来美国各期限国债收益率整体先降后升，背后原因包括：（1）疫情期间人们悲观预期导致债券投资需求下降。疫情冲击下，美联储快速降息，人们寻求安全性和流动性，国债市场需求增长，利率快速下降，然而，随着人们疫情期间财富缩水、收入减少，债券整体投资需求下降，各期限国债价格出现下跌，收益率开始回升。（2）通货膨胀和经济增长预期影响。国债收益率通常反映人们对一国未来通胀走势和经济增长的判断。2021 年 3 月以来，美国的各项物价指标持续上扬，市场参与者预期未来通货膨胀将上升，

图5-9 美国国债收益率走势（2008—2024年）

资料来源：https://zh.tradingeconomics.com/。

要求更高的收益率作为补偿，从而带动国债收益率的整体上升。（3）美国货币政策调整影响。为应对疫情后出现的高通货膨胀，美联储自2022年3月至2023年7月连续11次加息，将联邦基金利率目标区间从0—0.25%推升至5.25%—5.5%。短期利率的快速大幅上升，叠加高通货膨胀预期，降低了人们购买长期债券的需求，也逐步推高了长期利率。（4）美国赤字和发债预期影响。2023年6月1日，美国众议院通过法案，同意将美国债务上限提升至31.4万亿美元。随后，美国财政部公布再融资计划，增加发行10年期、20年期和30年期的长期债券，债券市场供给加速助推了长期国债收益率走高。（5）资金供求关系影响。美国国债作为无风险资产，通常是全球投资者资产配置的重要标的。疫情暴发初期，出于避险的目的，各类机构加大了对美国国债的配置。随着疫情得到控制，美国通胀上升、经济复苏，引发各类机构对美联储政策转向的担忧，部分投资者为避免损失卖出中长期国债，市场交易行为也拉动了美国长期国债收益率快速上升。

对于美国国债长短期利率倒挂现象，通常的解释包括：（1）短期货币政策快速加息，使得短期利率上升高于长期利率，人们普遍认为短期利率见顶，未来的短期利率即将下降。此时，根据预期理论，长期利率将低于短期利率。（2）国债长期利率反映了人们对中长期经济走势的判断和通货膨胀预期。人们认为当前经济过热，未来可能出现经济衰退和长期通货膨胀下降，此时人们更倾向于购买长期国债，从而长期利率低于短期国债利率。（3）从债券的投机性交易来看，长期债券比短期债券对利率的敏感度更高。预期降息时，长期债券的价格上升空间更大，市场上存在对长期国债的大量投机需求，抬高了长期国债价格。综上，当前美国长期国债利率低于短期债券利率，主要反映人们对未来经济的悲观预期和降息预期。历史上看,美国国债收益率出现长短期倒挂的信号,往往预示着短期内美国经济出现衰退。

总　结

1. 债券是投资者向政府、企业和金融机构提供资金的债权债务合同,是代表债权债务关系的一种凭证。债券持有者面临违约风险、流动性风险和市场风险等。

2. 统一、成熟的债券市场构成了一个国家金融市场的基础。债券市场按基本功能区分可分为发行市场和流通市场;按组织形式可分为场内和场外市场;按照发行主体可分为政府债券、金融债券和企业债券;按发行地点可分为国内债券市场和国外债券市场。

3. 中央银行、金融机构以及非金融企业是债券市场的主要参与者。

4. 债券的内在价值可以通过现金流贴现方法来计算,影响债券价值的重要因素包括债券的现金流支付(面值、票面利率),支付的期限以及投资者使用的贴现率。

5. 到期收益率是指按照当前的市场价格买入债券并持有至到期时,投资者获得的内涵回报率,即能够使债券带来的未来现金收入等于当前支出的贴现率,是一个承诺收益率,隐含假定是债券的各期利息收入均可按照该利率水平获得增值收入。

6. 债券的需求量与价格成反比,供给量与价格成正比,债券供求相等时的价格对应着均衡的利率——到期收益率。外部因素的变化会导致债券供给和需求曲线移动,从而影响债券的价格和收益率。

7. 利率的风险结构强调相同期限的债券由于其风险不同而具有不同的到期收益率。最主要的风险是违约风险,即债券发行方不能按时还本付息给持有人带来损失。

8. 相同期限,不同违约风险的债券之间的收益率差被称为"信用价差",其中,风险债券与无风险债券(通常是国债)之间的利率差被称为"风险溢价",它是对投资者承担额外风险的补偿。流动性高低和债券的税收特征也会影响债券的到期收益率。

9. 利率的期限结构强调由于到期期限不同所产生的收益率差别,即使是同一主体发行的债券,也会因为期限不同而呈现出不同的到期收益率。利率的期限结构可以通过收益率曲线来描述,国债的收益率曲线也被称为"纯收益率曲线",因为其违约风险或流动性风险较低。

10. 纯预期理论指出长期利率是未来各期短期利率的平均,期限选择理论认为投资者要求收益率应该包含对期限错配的补偿,流动性溢价理论认为长期利率应该为投资者提供流动性溢价,而市场分割理论则认为各期利率之间完全由彼此独立的债券市场供求决定。

关键术语

债券　　　　　违约风险　　　　流动性风险　　　市场风险　　　　发行市场
流通市场　　　政府债券　　　　金融债券　　　　贴现债券　　　　息票债券
永续债券　　　到期收益率　　　当期收益率　　　资本利得率　　　回报率
利率风险结构　利率期限结构　　收益率曲线　　　预期理论　　　　市场分割理论
期限选择理论　流动性溢价理论

练习题

1. 3个月贴现国库券价格为97.64元，6个月贴现国库券价格为95.39元，两者的面值都为100元。请问哪种国库券年收益率更高？

2. 如果利率为10%，你购买的一种债券在明年你收到1200元，后年可以收到1124元，3年收到1331元，则这种债券的现值是多少？

3. 一张10年期的息票债券，利率为10%，面值为1000元，出售价格为1432元。写出该券到期收益率的计算公式。

4. 一种新发行的债券每年支付一次利息，息票率为5%，期限20年，到期收益率为8%。（1）如果1年后该债券的到期收益变为7%，请问这1年的持有期收益率等于多少？（2）假设你在2年后卖掉该债券，在第2年底时的到期收益率为7%，息票按3%的利率存入银行，请问在这两年中你实现的税前年持有期收益率（一年计一次复利）是多少？

5. 某公司发行了一种5年期的贴现债券，面值为100元，发行价格是80元，现在的市场价格为85元，剩余期限4年。请计算该债券发行时的年利率。

6. 如果其他条件不变，该公司打算现在发行面值为100元4年期的附息债券，票面利率为5.25%，投资者是在市场上购买前述已发行1年的贴现债券划算，还是购买新发行的附息债券划算？

以下7-10题请结合债券供求曲线和均衡，画图分析。

7. 人们发现，利率有时具有顺周期的特征，比如经济形势扩张时利率上升，经济形势收缩时利率下降，试利用债券供求理论解释这一现象。

8. 请分析政府出现巨额财政赤字对利率的影响。

9. 中央银行调整利率的一个途径就是在公开市场上出售债券，请运用供求理论说明这一举措对于利率的影响。

10. 股票交易要收取交易手续费，如果股票交易手续降低了，对于利率会有什么影响？请用债券供求理论做出解释。

以下11—14题有关利率的风险结构，请结合所学知识进行分析。

11. 除了债券市场之外，其他资金借贷关系中，利率是否也具有风险结构特征？请查看不同类型银行，如国有大型商业银行、股份制银行、城市商业银行和农村商业银行的1年期存款利率，存在什么特征？

12. 银行存款利率和国债利率谁更高？运用违约风险是否能够解释这一问题？这种现象是合理的吗？

13. 银行贷款的利率水平往往因借款人的信用等级而存在差别，其特点是什么？为什么？

14. 假定预期理论对解释期限结构成立，请根据下列未来5年的1年期利率，分别计算1—5年期限结构中的到期收益率，并绘制到期收益率曲线：

	第1年	第2年	第3年	第4年	第5年
情景1	5%	6%	6.5%	7%	7%
情景2	5%	4%	4.1%	3.6%	4.7%

思考与讨论

1. 如果相对于长期债券，投资者更倾向于短期债券，收益率曲线可能会发生怎样的变化？如果预期未来短期利率突然下跌，收益率曲线会发生什么样的变化？

2. 流动性对债券收益率的影响，还体现在同一产品在不同市场的交易价格和收益率上。据统计，银行间市场的交易数量占我国全部债券交易数量的90%以上，银行间市场的参与主体主要是金融机构和大型企业，而沪深交易所的参与主体则主要是中小金融机构和个人投资者，根据上述信息，请判断：在银行间市场交易和沪深交易所交易的国债，哪个市场的报价更具有代表性？哪个市场存在流动性溢价？为什么？

3. 查阅资料，美国的国债到期收益率曲线和中国的国债到期收益率曲线各自有什么特点？请结合所学知识，解释为什么会出现这样的现象？

4. 下图是某年某日中国银行间市场固定利率企业债（AAA级）的到期收益率曲线，请结合收益率曲线形状与流动性风险溢价和期限优先理论，预测未来短期利率将如何变化？结合新的数据，你的预测方向对了吗？为什么？

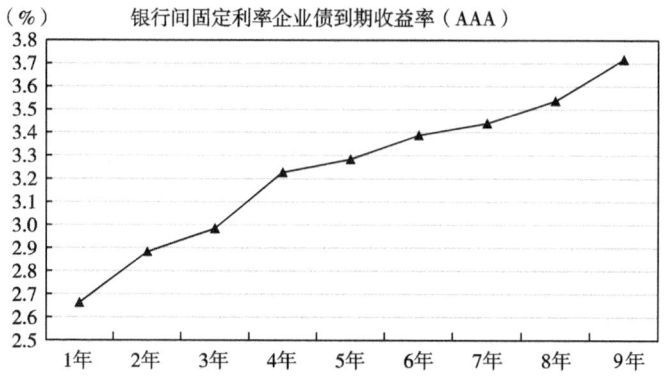

参考阅读

1. [美] 弗雷德里克·S. 米什金. 货币金融学（第十三版）[M]. 北京：中国人民大学出版社，2024.

2. [美] 弗兰克·J. 法博齐，固定收益证券手册（第8版）[M]. 北京：中国人民大学出版社，2018.

3. 彭兴韵. 金融学原理（第七版）[M]. 上海：格致出版社，2023.

4. [美] 弗兰克·J. 法博齐. 金融工具手册 [M]. 上海：上海格致出版社，2018.

5. [美] 兹维·博迪，罗伯特·C. 默顿. 金融学（第2版）[M]. 北京：中国人民大学出版社，2018.

6. [美] 悉尼·霍顿. 利率史 [M]. 北京：中信出版社，2008.

7. [美] 安东尼·克里森兹. 债券投资策略 [M]. 北京：机械工业出版社，2015.

网络资源

1. 中国债券信息网关于债券的数据和信息：https://www.chinabond.com.cn/.

2. 世界交易所联合会网站：https://www.world-exchanges.org/.

3. 美国财政部的国债数据和收益曲线：https://home.treasury.gov/data/treasury-coupon-issues-and-corporate-bond-yield-curves/treasury-coupon-issues.

第六章 股票市场与资产定价

学习目标

学完本章后，你将能够：

- 了解股票的基本特征
- 了解股票上市和交易的基本流程
- 掌握股票定价的股利贴现模型（DDM）
- 列举影响股票定价的主要因素
- 能够使用市盈率（PE）和市净率（PB）方法估算股票价格
- 了解资产组合理论
- 阐述有效市场假说和市场有效性的层次

本章概览

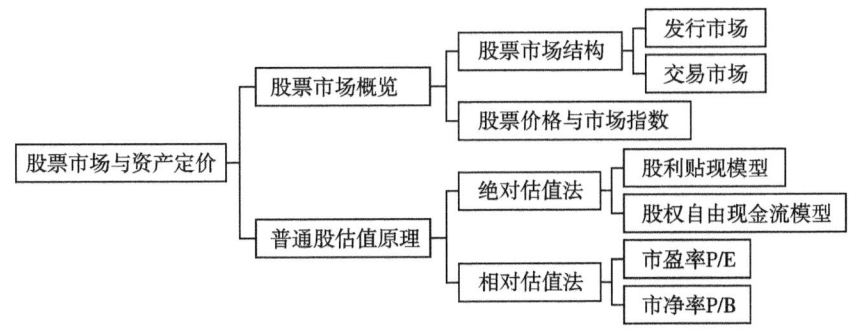

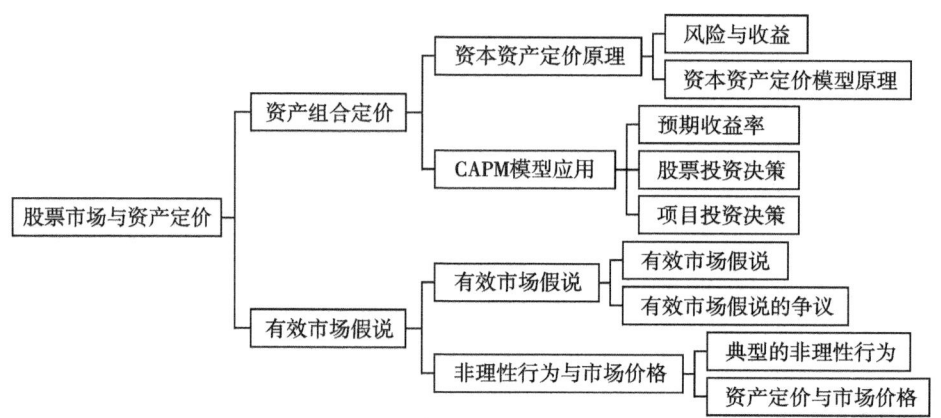

股票市场作为长期资金的配置场所，对于企业创立发展、资源配置以及宏观经济具有重要的意义，被称为"宏观经济的晴雨表"。股票市场价格的涨跌，不仅牵动着亿万投资者的心，而且间接对宏观经济金融政策产生影响。本章聚焦股票市场，考察这一重要市场的运作，帮助读者了解股票定价的基本原理和相关的争论。

第一节 股票市场概览

企业的股权融资，是指企业通过发行股票的方式筹集资金，持有股票者按照其所持股票的份额比重，取得企业的所有权、经营决策权、剩余价值分配权等。股权融资既可充实企业的营运资金，也可以用于长期投资。股权融资的场所统称为"权益市场"（Equity Market），包括公开和非公开发行交易的普通股、优先股等品种，而人们平常所称的股票市场（Stock Market）是指公开交易的股权市场，如在证券交易所交易的股票市场或柜台交易市场。

一、股票的发行与上市

（一）股票的发行

股票的发行是指股权融资企业向最初购买者出售股权，相应的市场称为发行市场。股权融资发行有两大类方式，即公募发行和私募发行。前者面向公共投资者，如企业首次公开募股（Initial Public Offering，简称 IPO）、已上市企业公开增发新股和配股等。在私募发行中，企业自行或委托投资银行寻找特定的投资人，向其发行股权进行融资。

出于保护投资者的目的，各国股票公募发行一般具有较高的门槛，上市规则主要针对主体资格、独立性、规范运行、财务与会计、募集资金运用、股本及公开发行比例等作出要求，重点是对净利润、营业收入等财务会计内容的规定。例如，我国 2006 年出台的《首次公开发行股票并上市管理办法》规定公司上市前股本总额不少于人民币 3000 万元，大多数中小企业较难达到上市发行股票的门槛，私募发行便成为中小企业进行股权融资的主要方式。

投资银行在一级市场上发挥了重要作用，协助企业发行证券。它们负责承销（Underwriting）证券，即按照特定价格向公众推销这些证券。当股票公开发行规模较大时，为了避免发行失败的风险，往往由一家投资银行作为"主承销商"，牵头若干家投资银行以"承销团"的方式，共同完成承销过程。

承销的方式分为包销和代销两大类。

1. 包销（Firm Commitment），投资银行与发行人签订协议购入证券并负责向投资者销售。在全额包销的情况下，承销人购买全部证券并负责出售全部证券，实际上对发行者预付了全部筹集资金，承销商承担了全部的股票销售风险；在余额包销时，承销商与发行人签订协议，在约定的期限内代理发行证券并收取佣金，对于约定销售期满后剩余未销售的证券，由承销商按协议价格全部认购。余额包销占用投资银行资金少，风险较低，但利润也相应较低。

2. 代销（Best Efforts）。承销商接受发行人的委托代理销售股票，从中收取佣金。投资银行尽其最大可能按商定一致的发行价格出售证券，但投资银行不承担发行失败的风险，后者是指该证券无法按发行价出售或认购的数量未能达到事先约定的发行数量导致发行终止的情况。

一级市场上，融资企业向购买者出售股权的价格，即为发行价格。投资银行通常会对拟上市公司进行价值评估，并在市场上进行发行推介（称为路演），询问机构投资者对价格的看法（询价），之后同发行人协商确定发行价格。如果发行定价过高，很可能会不受市场欢迎、无人问津，导致发行失败；若发行定价较低，则发行人募集的资金数量可能低于应得数量，发行人的利益将受到损害。

（二）股票的流通交易

当上市公司将股票发售给公众之后，持有该企业股票的投资者可以通过股票的二级市场进行交易转让，交易市场的核心功能是价格发现和提供流动性。

在交易市场上，证券经纪人（Broker）的职责是在投资者间撮合交易，将愿意买入证券和愿意卖出证券的人相互匹配。一些市场还采用做市商（Market Maker）制度，即具备一定实力和信誉的金融机构作为做市商，持有相关股票，给出买卖的报价，从意愿出售证券的投资者处购买证券，向意愿购买证券的投资者出售证券。做市商的买入价（Bid）和卖出价（Ask）之间的差额，被称为买入卖出价差，这也是做市商的利润来源。相比经纪人只是负责撮合交易，做市商本身为市场提供了流动性，也极大地促进了价格发现。

二、股票价格与股票价格指数

（一）股票的市场价格

股票的价格包含两类，即一级市场的股票发行价格，以及二级市场的股票交易价格（又称股票市价）。发行价格是融资人发行单位股票所能获得的资金，一旦确定即固定不变，而二级市场交易的价格则会跟随股票市场的供求变动而发生变动。影响股票供求的因素复杂多变，既包括影响整个股票市场的系统性因素如宏观经济、政策变动，也包括影响企业的具体因素如企业盈利、分红情况、发展前景等，还包括市场和投资者的情绪和心理等因素，因而股票市场价格呈现出高低起伏的波动性特征。

在投资实践中，人们往往关注几个关键的股票价格，即开盘价、收盘价、最高价和最低价，并用各种数据图形来记录描绘股票的价格走势，读者可翻阅财经报道或参阅文后的网络资源了解股票的报价详情。

（二）股票市场价格指数

股票市场价格指数（简称股票指数），是由证券交易所或金融服务机构编制的一篮子股票价格平均数。股票指数能够帮助投资者了解整体股票市场或特定的行业、主题或一篮子股票组合的走势，各经济部门也能以此为参考指标，观察和预测有关社会政治、经济发展形势。

全球主要的股票交易所和重要的交易指数如表 6-1 所示。

表 6-1　　　　　　　　　　全球主要交易所和股票指数

国家/地区	交易所	相关指数
美国	纽约交易所	纽约道琼斯工业平均指数
		标准普尔 500 指数
	NASDAQ	纳斯达克综合指数

续表

国家/地区	交易所	相关指数
加拿大	多伦多证券交易所	多伦多 300 股票指数
澳大利亚	悉尼证券交易所	悉尼普通股指数
中国	上海证券交易所	上海 A 股指数、上海 B 股指数
	深圳证券交易所	深圳 A 股指数、深圳 B 股指数
中国香港	香港证券交易所	恒生指数
英国	伦敦证券交易所	伦敦金融时报 100 指数
法国	巴黎证券交易所	巴黎 CAC40 指数
德国	法兰克福证券交易所	法兰克福 DAX 指数
日本	东京证券交易所	日经 225 股票平均指数
印度	孟买证券交易所	印度孟买 SENSEX-30 指数
新加坡	新加坡证券交易所	新加坡海峡时报指数

1. 股票指数的编制

编制股票指数，首先需要确定一篮子股票的成分及其各自权重，随后以某特定日期（称为基期）的股票价格作为基准，用以后 t 时刻的股票价格和基期价格比较，计算平均的价格变化情况，便得到 t 时刻的股票指数。

根据指数涉及的对象和覆盖面的大小，股票指数通常可以分为综合指数、样本指数、分类指数等。

综合指数是指以全部上市股票为样本、以股票发行量（或交易量）为权数，按加权平均法计算的股价指数，是覆盖最广的指数。例如，我国的上证综合指数（简称上证综指），是由上海证券交易所从 1991 年 7 月 15 日起编制并公布，以全部上市股票为样本、以股票发行量为权数，按加权平均法计算的股价指数。它以 1990 年 12 月 19 日为基期，基期指数定为 100 点。综合指数能够揭示市场整体走势，通常被广泛应用于宏观经济和金融分析。

成分指数是指以市场上若干种富有代表性的股票为成分股，计算这些样本股票的价格平均数或指数。例如，深圳成分指数（简称深成指）是深圳证券交易所按一定标准选出 40 家有代表性的上市公司作为成分股，以其流通数作为权数，采用综合法进行编制而成的股价指标，该指数从 1995 年 5 月 1 日起开始计算，基数为 1000 点。我国比较有代表性的成分指数还包括上证 50、上证 180、沪深 300 指数等。选择成分股时，需要综合考虑样本股票的典型性和代表性。例如，其行业分布、股票市值规模、市场影响力、公司业绩等因素，并且定期根据标准进行调整，以反映行业、公司的更迭。

综合指数和成分指数既可以反映市场的整体走势，衡量市场整体回报（如在 CAPM 定价模型中作为市场回报的指标),也是一些被动型投资基金(即按照指数构造资产组合的投资基金)资产组合的参照器,常被用于资产组合业绩比较。在中国的证券市场上,人们通常关注上证综指和深成指,以其作为两个市场整体走势的判断依据,而机构投资者常将沪深300指数作为业绩比较基准。例如,某基金在特定阶段取得15%的年化收益率,而沪深300指数在该阶段上涨了10%,则该基金阶段性"跑赢大盘","战胜了市场"。

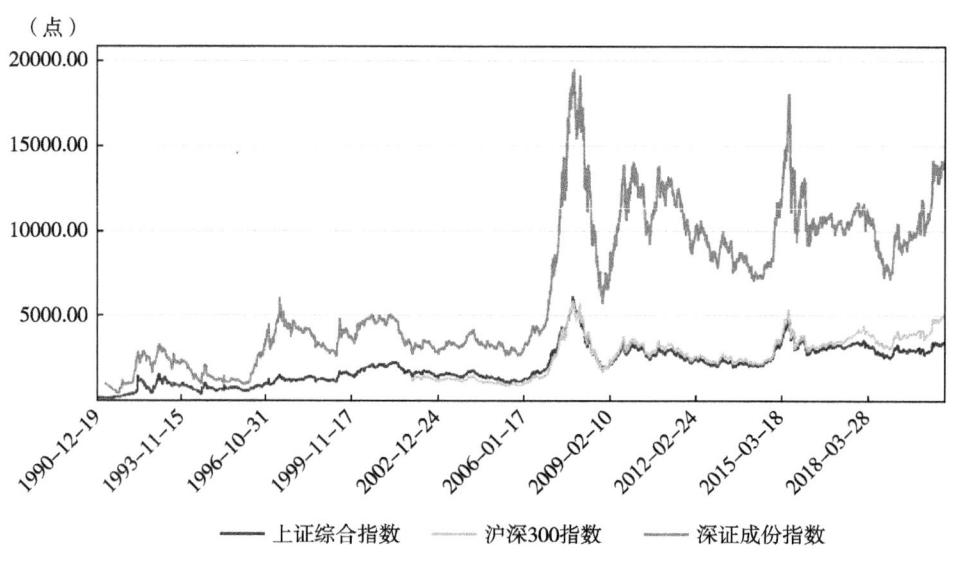

图6—1 中国股市的代表性指数

资料来源:Wind。

分类指数是显示局部市场或具有特定性质的一篮子股票的价格走势的指数,通常包括:(1)行业分类指数,如金融行业指数、地产行业指数、医疗行业指数、钢铁行业指数等;(2)主题分类指数,比如具有某类主题特征的一篮子股票,如新能源指数、高端装备制造指数等;(3)国别和市场分类指数,如MSCI新兴市场国家指数等。跟踪这些分类指数变化,将有助于投资者了解特定类型股票组合的走势,也为衡量有关的投资基金业绩提供参考。

在编制股票指数时,除样本股选择外,加权计算方法和基期选择也非常重要。加权方法包括按照单价加权、按成交量加权,以及按市值加权,或简单算数平均计算价格,并且还需对不断变化的股市行情作出相应的调整或修正,使股票指数或平均数有较好的敏感性。股票价格指数编制时所选择的基期,应有较好的均衡性和代表性①。

---

① 感兴趣的读者,可在章后提供的各证券交易所网站上,参看其代表性的股票市场指数及具体的指数编制方法。例如,上海证券交易所编制的主要指数,可参见其网站www.sse.com.cn"指数与证券"一栏的详细介绍。

2. 全球主要股票指数

股票市场的价格涨跌，关乎到亿万投资者的财富。国际投资者最关注的是全球各地的股票市场变动情况，读者可在财经网站上查看全球各主要市场的股票价格变动情况。

道·琼斯股票指数，是世界上历史最为悠久的股票指数。它是在1884年由道·琼斯公司的创始人查理斯·道采用算术平均法进行计算编制而成的，最为投资者关注的是道·琼斯工业股票指数，选取有代表性的30种工业股票作为样本，当前的样本股包括通用、波音、杜邦、IBM、迪士尼、可口可乐、麦当劳等全球知名的大公司，是美国经济的典型代表。

标准·普尔股票500种股票价格指数（简称标普500指数），是从纽约证交所等上市股票中选出500支样本股，包含400家工业类股、40家公用事业、40家金融类股及20家运输类股，经由股本加权后所得到的指数，以1941—1943年的股价平均为基数10，并在1957年由标准普尔公司加以推广。标普500成分股综合考虑了市值、流动性及产业代表性等因素，占纽约证交所股票总值80%以上，受到机构投资者的青睐，成为反映美国股市整体走势和基金业绩比较的重要指标。

纳斯达克综合指数，反映在美国全国证券交易商协会自动报价系统（简称NASDAQ）交易的股票价格走势，由于在NASDAQ上市并交易的公司包括微软、苹果、甲骨文、亚马逊等科技公司股票，该指数往往被视为全球科技类公司股票价格的风向标。

日经225平均股价指数，由日本经济新闻社编制并公布的反映日本股票市场价格变动的股票价格平均数，该指数从1950年9月开始编制，涵盖了日本东京证券交易所第一市场上市的225家实力雄厚的大公司的股票。

英国金融时报100种股票价格指数，由英国《金融时报》1984年发布，包含从英国工商业中挑选出来的具有代表性的100家公开挂牌的普通股股票，市值占伦敦交易所的70%左右，是英国具有代表性的股票成分指数。

香港恒生指数，由恒生银行指数服务公司于1969年推出，是香港股票市场价格变动的指标。该指数以1964年7月31日为基准日，包含了33只代表性且经济实力雄厚的大公司成分股，市值约占香港联合交易所总市值的70%以上，是香港股市的风向标。

第二节 普通股估值

股票投资的核心问题是股票价值评估。在股票市场上，人们根据对股票价格和股票价值的关系的相关判断进行交易,当人们心目中的合理价值高于市场价格时,人们将购入股票,相反人们将卖出股票,因此股票估值是理性投资的前提。

对普通股票的价值评估通常有两类方法,一类是绝对估值法,该方法认为股票的内在价值等于其未来能够产生的全部现金流的贴现值,代表性的是股利贴现模型和公司自由现金流贴现模型;另一类是相对估值法,该方法聚焦于市场交易价格本身,使用市场估值乘数对股票价值进行评估。

一、绝对估值模型

绝对估值模型认为,股票的内在价值是由股票所能获得的未来各期现金流决定的。股利贴现模型(Dividend Discount Model)假定股票持有人的所有收益都来自公司发放的未来股利收入,以股利收入资本化来确定普通股价值;而自由现金流模型(Free Cash Flow Model)则聚焦于公司作为一个整体获取未来自由现金的能力,认为股东持有的股票价值取决于公司或股东未来获得自由现金流的现值。

(一) 股利贴现模型

股票投资者可以获得的现金流,由股利现金流量和资本利得两部分构成。我们首先考虑无限期持股的情景,即投资者买入股票后永不卖出(不产生资本利得),则在 t_0 时刻,股票的内在价值 V_0 可以写作:

$$V_0 = \frac{D_1}{(1+k)} + \frac{D_2}{(1+k)^2} + \cdots + \frac{D_t}{(1+k)^t} \quad t \to \infty \tag{6-1}$$

其中,D_t 为每期股利,k 为贴现率,即投资者投资该股票要求的回报率,t 为持股期(趋于无穷)。该式表明,影响股票价值的关键因素是未来各期的股利 D_t 以及投资者要求的必要回报率 k。为简化起见,人们对各期股利进行了一系列假定,产生了不同的估值模型。

1. 固定股利增长模型

假定每期股利以 g 的速率增长,即 $D_t = D_0(1+g)^t$,则当前的股票价值 V_0 可以写作:

$$V_0 = \frac{D_0(1+g)^1}{(1+k)} + \frac{D_0(1+g)^2}{(1+k)^2} + \cdots + \frac{D_0(1+g)^t}{(1+k)^t} \tag{6-2}$$

当 $k > g$,即贴现率大于股息增长率[①]时,可通过对上式右边求极限而得到:

---

① 若 $k < g$,公式(6-2)中的无穷数列发散,无法加总求和。

$$V_0 = \frac{D_1}{k-g} \tag{6-3}$$

由此可见，当股利按照一个固定速度增长时，股票的理论价值取决于股利增长的速度、贴现率和第一期的股利值。实践中，很多投资者倾向于购买具有稳定分红历史的公司，这类公司被称为现金牛公司，其特点是盈利丰厚、现金流充沛，不会大量进行新的投资，对股东的分红维持稳定的增长速度。例如，贵州茅台公司 2001 年上市至 2023 年，累计实现利润超过 4200 亿元，现金分红 23 次，分红总额 2714 亿元，分红金额从 2001 年的 45.4 亿元增长到 2023 的 565.5 亿元，年复合增长率 28.4%。对于这类持续稳定进行分红的公司而言，固定增长率的股利增长模型有一定的借鉴意义。

【例 6-1】 某投资者持有 A 公司的股票，一年后将获得每股 3 元的股利，且预计股利将以每年 10% 的速率增长，投资者要求的回报率为 15%，则求：（1）投资者对 A 公司的普通股估值应是多少？（2）如果每年股利按照 12.5% 的速度增长，则 A 公司的估值是多少？（3）B 公司一年后支付股利 1 元钱，但该公司的股利将以 14% 的速度增长，B 公司的合理估值是多少？

解：（1）由已知 $D_1 = 3$，$k = 15\%$，$g = 10\%$，则 $V = \frac{D_1}{k-g} = \frac{3}{0.15-0.1} = 60$（元），A 公司的估值为 60 元。

（2）若 $g = 12.5\%$，则 $V = \frac{D_1}{k-g} = \frac{3}{0.15-0.125} = 120$（元），当股利增长速度提高后，公司的估值也将显著提升。

（3）若 $D_1 = 1$，但 $g = 14\%$，则 $V = \frac{D_1}{k-g} = \frac{1}{0.15-0.14} = 100$（元），B 公司的合理估值为 100 元。

可以看出，股利增长率越快的公司，其股票的内在价值越高。同股息稳定的公司相比，有些公司虽然一开始股利发放较少，但在高速增长的背景下，其内在估值超过低速增长的公司。现实中，一些公司当前的分红数量很低，但投资者预期其拥有较高的未来增长率（这类股票称为成长股），从而对这类股票给予了更高的估值。

然而，永续增长这一假设过于乐观，现实是公司的利润和股利增长到达一定阶段后会逐步放缓，甚至出现零增长（$g = 0$）。在股利零增长条件下，未来各期股利相同，$D_t = D_{t-1} = \cdots = D_0$，此时股东持有股票相当于永续年金，其价值为：

$$V = \frac{D_0}{k} \tag{6-4}$$

2. 可变股利增长模型

现实中，公司经营往往会呈现出波动性，公司的利润和分发的股利可能因公司处于不同的生命周期阶段（如成长、稳定、衰退）而发生变化，此时可以使用可变增长模型（又称多阶段增长模型）进行估值。

我们以化学制药公司 B 公司为例，说明多阶段增长模型的应用。假设该公司最近研制出了一种新的产品，将大大改善经营状况。该公司今年的每股股利为 1 元，分析师预计受利润增长的影响，以后 5 年内股利将以 12% 的增长率增加，而当市场出现饱和后，预计利润增速放缓，股利年增长率也将放缓为 8%，并一直持续下去。假设投资者要求的收益率为 12%，那么 B 公司的每股股票现值应该是多少？

本例中，B 公司的股利在不同阶段增长率不同，其中前 5 年各个时期的股利如表 6-2 所示。

表 6-2　　　　　　　　　　公司的预期股利及现值

年份	增长率 g1	预计股利	现值（r=12%）
1	0.12	1.120	1
2	0.12	1.254	1
3	0.12	1.405	1
4	0.12	1.574	1
5	0.12	1.762	1
1—5 年合计		股利现值加总	5

从第 6 年开始，公司进入稳定增长阶段，股利增长率 $g_2 = 8\%$，可用固定增长率的股利贴现模型估计股票第 5 年年末的价值：

$$V_5 = \frac{D_6}{k - g_2} = \frac{1.762 \times 1.08}{0.12 - 0.08} = 47.58 \text{（元）}$$

将该价值贴现到 t_0 时期，可得 $V'_0 = \dfrac{47.58}{(1 + 0.12)^5} = 27$（元）

最终，股票的现值等于两阶段价值加总：V = 5 + 27 = 32（元）。相比固定股利增长率模型，可变股利增长率模型可根据公司的发展周期对公司的股利进行估计，其应用性更广，也更易于反映公司的真实状况。读者请参见章后参考书目了解更为复杂的多阶段估值模型。

3. 有限持股期的价值评估

很多投资者倾向于在给定的期限内投资股票，在期满后卖出。对于有限期持股的投资者而言，未来获得的现金流将由两部分构成：一是持有期内的股利，二是预期的售价，二者的现值之和即是该股票的内在价值。

假定投资者持有 1 年，则其对股票的估值如下：

$$V_0 = \frac{D_1}{(1+k)} + \frac{P_1^e}{(1+k)} \tag{6-5}$$

其中，P_1^e 代表投资者预测 1 年期满后出售股票的价格。如果投资者按照股利贴现模型来确定一年后的股价，即：

$$P_1^e = V_1 = \frac{D_2}{(1+k)} + \frac{D_3}{(1+k)^2} + \cdots + \frac{D_t}{(1+k)^{t-1}}$$

将 P_1^e 代入公式（6-5）中，可得：

$$V_0 = \frac{D_1}{(1+k)} + \frac{D_2}{(1+k)^2} + \cdots + \frac{D_t}{(1+k)^t}$$

可见，如果投资者使用股利贴现模型对股票进行估值，且认为未来股票的价格恰好等于股票的内在价值，那么有限持股期与永久持股的股票估值公式完全相同。

（二）股权自由现金流贴现模型

股利增长模型聚焦于股东持有股票所能获取的利润分配。然而，股东不仅拥有获取股利的权利，还具有公司剩余价值的求偿权，即按比例获得公司支付给债权人、员工和政府（税收）之后的剩余价值。正因如此，股票作为公司所有权的凭证，其内在价值取决于公司的总体价值。基于这一思路，近年来越来越多的分析机构采用自由现金流贴现方法对股权估值。

股权自由现金流贴现模型认为：股票的当前内在价值等于未来各期每股股权自由现金流（Free Cash Flow of Equity，简称 FCFE）的现值加总，即：

$$V_0 = \frac{FCFE_1}{(1+k)} + \frac{FCFE_2}{(1+k)^2} + \cdots + \frac{FCFE_t}{(1+k)^t} \tag{6-6}$$

其中，股权自由现金流是指不影响公司资本投资时公司股东可自由支配的资金，分母中的贴现率 k 为股东要求的必要回报率。相比股利贴现模型，股权自由现金流模型将股票作为一种资产所获取的"现金流"的含义进一步拓宽了，不仅包括了可见的股利，还考虑了股票所代表的广义的剩余价值的所有权。对股权自由现金流的计算涉及较为复杂的财务会计知识，感兴趣的读者可以进一步参阅章后有关估值的文献，获取相关的内容。

绝对估值方法将估值目光聚焦于公司自身，投资者根据对现金流的预测和贴现率的选择，可以估算出一个绝对的理论价值。值得注意的是，该理论价值独立于市场价格，并经常与市场价格存在较大的偏差。

二、相对估值法

相对估值法强调从市场价格角度进行价值评判,侧重于借助市场估值乘数,参照历史或横向的估值乘数表现,来判断股票价格是否合理。

生活中,大家购买东西时对完全同质商品会直接比较价格,但对存在差异的同类产品之间比较时,往往会综合考虑不同物品在购买成本、品质、等级和使用效果方面的差异,采用"性价比"之类的思路来进行决策,其中价格是付出的成本,而性能则是期望获得的东西。相对估值法的原理与之类似:股票市场价格是购买股票的成本,而很多指标可以反映股票的特征,比如每股盈利、每股账面净资产、单位销售收入、每股现金流等,这些是投资者购买股票看重的"品质",用市场价格除以特定的指标,就可以得到估值乘数,投资者根据估值乘数,参照可比公司(即拥有相似业务、相似前景或相似盈利结构)对特定的股票进行定价。

表6-3展示了某行业内4家业务相似公司的相对估值情况,其中,股票价格一栏显示的是某时点股票成交价格,每股盈利反映的是截至该时点最新的历史盈利数据(如上一个会计年度的盈利水平),每股净值衡量的是每一份额股票代表的账面净资产,用(资产总额-负债总额)/总股本数来计算。这4家公司业务相似,但股票价格有高有低,其盈利状况和账面每股净值也有较大差异,投资者可以根据市盈率、市净率等指标来度量股票的相对估值高低。

表6-3　　　　　　　　　　　常见的估值乘数

公司	股价	每股盈利（最新）	预期盈利（下年度）	每股净值	市盈率（静态）	市盈率（动态）	市净率
A	22	2.2	2.6	11	10	8.5	2
B	32	2	2	8	16	16	4
C	42	3	4	20	14	10.5	2.1
D	10	0.5	0.4	4	20	25	2.5
…	…	…	…	…	…	…	…
行业平均	—	—	—	—	18	16	2.6
新股X	?	3	3.2	12	—	—	—

(一) 市盈率

市盈率(Price to Earnings Ratio,简称PE)是股票的市场价格与每股收益之比,用公式表示为：

$$PE = \frac{公司股票市值}{公司净盈利} = \frac{P}{E} \qquad (6-7)$$

其中，P 代表每股市场价格，E 代表每股盈利（Earnings Per Share，简称 EPS），此处如果用最近一年年度公司财务报告的每股盈利作为分母，则计算出来的市盈率称为静态市盈率；如果采用预期的每股盈利水平作为分母，则计算出来的称为动态市盈率。对于行业（或整体上市公司）而言，可以采用加权平均方法来计算行业平均市盈率。

市盈率清晰地表明了投资者持有公司股票每获得 1 元的盈利，将付出多少单位成本，其中市场价格 P 可视作购买股票的成本，E 是股东能获得的全部当期回报，因此市盈率又被称为本益比。市盈率的倒数为 E/P，恰好反映了购买股票的当期收益率。

表 6-3 显示，A 公司的 PE 最低，10 倍的静态市盈率对应着 10% 的当期回报率，而 D 公司的市盈率为 20 倍，对应当期回报率为 5%。市盈率越高，意味着市场对于单位盈利给予的估值越高。此例中，A 公司的市盈率低于行业平均，意味着该公司的市场价格相对较低。

市盈率指标除了可用作价值评估比较外，还可以用作定价。例如，行业内一家新的公司 X 即将上市，定价多少合理呢？财务数据显示该公司每股收益是 3 元，未来一年每股收益 3.2 元，则按照行业平均静态市盈率，该公司合理价格为 54 元（18×3），按照最高 20 倍市盈率估算，其价格约为 60 元，按最低 10 倍估值的话，价格为 30 元，因此估计该公司价格在 30 至 60 元之间；如果按照行业动态市盈率估值的话，该公司的价格为 51.2 元。

市盈率指标还可以用作股票与其他投资品种之间的比较。将所有股票的市盈率加权平均，就可以得到整个股票市场的市盈率。若股票市场的市盈率为 30 倍，意味着投资股票的当期收益率为 3.33%，此时若银行存款利率为 4%，则股票投资的当期收益低于银行存款，投资股票不合算；当股票指数的市盈率为 25 倍时，投资股票和银行存款的当期收益率均为 4%。

值得注意的是，不同行业的市盈率存在差异，对于亏损企业而言，使用市盈率方法没有意义。此外，一些企业在成长初期每股盈利很低，其市盈率看上去非常高，一些高科技公司的市盈率高达数百倍，甚至上千倍；当公司不断发展壮大时，其盈利远远超过股价增长速度，我们将看到该类公司的市盈率从高位稳步回落。尽管有较多的缺陷，市盈率指标因为其简洁明了，有助于投资者较为快速地判断市场或个股估值的情况，因此被广泛使用。

著名金融学家罗伯特·席勒跟踪美国股市的市盈率和价格指标，并将其同长期利率进行比较，探讨美国股市是否高估，参见专栏 6-1。

专栏 6-1 市盈率、长期利率与股市泡沫

美国经济学家,诺贝尔经济学奖得主罗伯特·席勒教授长期跟踪美国的股票市场价格指数、市盈率和长期利率之间的关系。图 6-2 显示了美国股市的整体价格走势和上市公司的盈利水平,可以发现 2008 年金融危机之后,美国股市的价格快速攀升,而公司盈利增速虽然也有所增长,但价格与盈利之间的差异逐步增加,特别是在 2008 年以来股票价格大幅上涨远远超过盈利的增长速度。

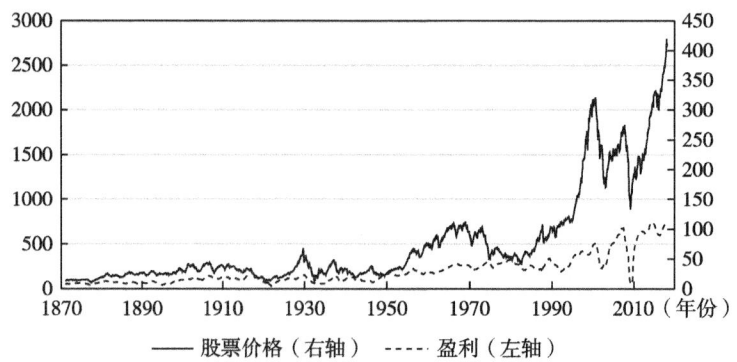

图 6-2 美国股票市场的整体价格和上市公司盈利

图 6-3 显示了美国股市的长期利率和整体市盈率。在 1929 年美国股市大危机时期,美国的市盈率为 32.5 倍,2000—2001 年的互联网泡沫时期,市盈率超过了 40 倍,而 2020 年美国股市的市盈率已经达到 32.77 倍,超过大萧条的峰值。另外,美国的长期国债利率不断下降,2020 年已经达到历史低点。长期利率的下降催生了股市的价格上涨,但市盈率的攀升意味着美国股市高估的风险也在上升。2020 年 3 月,美国的股市标准普尔指数从 30000 点快速下跌,短短半个月连续发生 4 次交易熔断,下跌幅度超过 30%,市盈率也迅速回落到 23 倍左右。

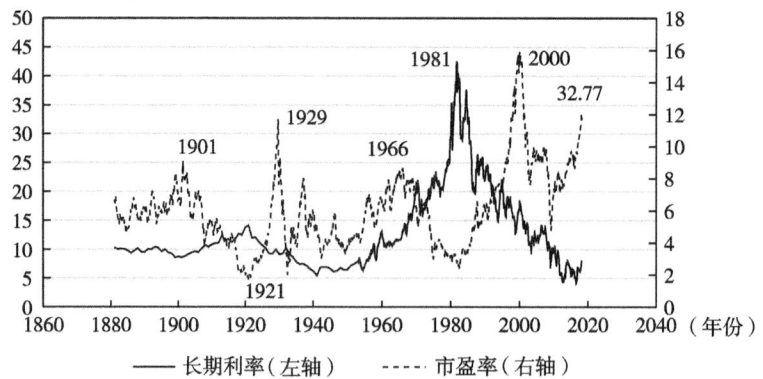

图 6-3 美国的长期利率与市盈率

资料来源:Robert. J. Shiller 个人主页:http://www.econ.yale.edu/~shiller/。

（二）市净率

市净率（Price to Book Value Ratio，简称 PB），是股票的市值与股东净值（又称账面净资产）的比，如果将分子分母同除总股本数，即可得到市净率的常见表达方法，即每股价格 P 与每股账面净资产 B 的比率，用公式表示为：

$$PB = \frac{公司股票市值}{公司账面净资产} = \frac{P}{B} \tag{6-8}$$

PB 乘数可视为二级市场为获得该公司单位净资产愿意付出的价钱。表 6-3 中，A 公司每股账面净值为 11 元，股价 22 元，其 PB 乘数为 2 倍，而 B 公司每股账面净值虽然只有 8 元，但是股价 32 元，PB 乘数为 4 倍，即 B 公司的 PB 估值远高于 A 公司。

市净率乘数可用作估值定价。假定新公司 X 的每股账面净资产为 12 元，按市净率定价，股价应该是多少呢？如果我们采用行业平均的市净率 2.6 倍计算，该公司合理价格为 31.2 元（12×2.6）；若按行业最高 4 倍或最低 2 倍的市净率计算，价格分别为 48 元和 24 元。因此如果按市净率定价，该公司股票价格在 24—48 元较为合理。

市盈率和市净率是较为常见的市场估值指标，除此之外还有市销率、市现率、企业 EBITDA 乘数等指标，为我们衡量目标股票的合理价格提供了一个便捷的参照。

值得注意的是，相对估值指标均存在适用范围要求。例如，市盈率指标不适用于微利甚至亏损的公司，而市净率指标不能用于评估账面净资产为负的公司；使用相对估值指标时，需要注意企业规模、行业、生命周期、监管政策环境等的差异。尤为重要的是，股票本质上是公司收益的凭证，其内在价值应反映未来收益，而相对估值中无论使用哪种指标，均不能很好地体现出未来的现金流状况，不能提供精确的定价。

值得指出的是，金融市场上存在着各类投资者，他们各自依据不同的定价原理、模型或者方法来进行交易，最终市场价格是所有投资者交易的结果。绝对估值法虽然模型完美，但由于需要对未来现金流状况进行估算，对主观的贴现率进行估计，更像是一门艺术；相对估值法虽然简洁明了，但较为依赖历史和经验数据，对股票的估值存在模糊性；此外，市场上还存在形形色色的其他交易者，如看图交易的技术分析者、跟风操作的非理性交易者、听从占卜命运的交易者等，正因如此，股票市场的价格才会出现各种波动，难以预测，这也是股票市场的魔幻魅力之所在。

专栏 6-2　托宾 q、产业投资与股票价格

同市净率指标类似，经济学家使用托宾 q 值来度量股票的市值和公司重置成本的比值。如果投资者想进入某行业经营，可以在证券市场上按市场价格收购公司股票来获得控制权（兼并收购），也可通过实物投资（新建）一家公司来实现，后者会产生重置成本。q 值较高，意味着相比重置成本而言，公司市值过高，因此外部投资者会倾向于通过新建投资进入行业，再在资本市场上出售股票赚取差价。该策略将使实物投资的代价（重置成本）上升，而新增资本投资将增加行业供给降低利润，行业内上市公司增加将降低股票的稀缺性，从而使股票市场价格下跌，最终使托宾 q 的比值从高位下降。反之，当 q 值较低时，会激励企业在资本市场上通过股权收购而不是新建投资等方式进入该行业，从而带动股票市场价格上涨，直至 q 值恢复到一定水平。正常的托宾 q 值约在 0.8—1.6 倍，过高或过低的 q 都会导致市场上的投资和并购行为的变化。

我们常常看到，当出现某些新技术突破（比如生物医药、新能源、人工智能等领域的技术突破），行业内已上市公司的股票价格和市值均会大幅上升，吸引大量投资者进入该行业，形成行业产能扩张、上市公司数量增长、股价上升的热潮，然而伴随着竞争加剧、产能过剩或者上市公司盈利反转，投资者又会因为公司达不到预期而抛售行业股票。投资者根据股票市场的价格信号在产业投资和资本市场并购之间权衡，导致股票价格出现大起大落；而股价的波动，反过来也影响产业投资，使股票市场成为产业投资方向的指示器。

第三节　资产组合定价

前述绝对估值模型适用于单个证券（股票）理论估值。资产组合理论更关注整个资本市场定价，着重从资产组合和配置的角度分析股票和股票组合的定价问题。1952 年马科维茨提出了均值—方差投资组合理论，创立了衡量效用与风险程度的指标，奠定了现代资本市场理论的基础，随后威廉·夏普提出了资本资产定价模型（Capital Asset Pricing Model，简称 CAPM），罗斯发展了套利定价理论（Arbitrage Pricing Theory，简称 APT）。时至今日，这些定价原理已经成为金融市场资产组合管理应用的主流方法。本节简要介绍资本资产定价模型的原理及其应用，感兴趣的读者请参见章后的参考文献。

一、资本资产定价原理

马科维茨提出了均值—方差投资组合理论，创立了衡量效用与风险程度的指标，奠定了现代资本市场理论的基础。1970年，经济学家威廉·夏普提出了资本资产定价模型，指出投资者面临系统风险和非系统性风险，通过投资组合可以降低甚至消除非系统性风险，但无法规避系统性风险。系统性风险较高的投资组合，风险溢价也比较高。

（一）风险与收益

金融资产的两个重要特征是收益性与风险性。投资者既希望通过投资获得一定的收益，又对投资的安全性十分关注，试图避免损失。现代金融学用均值和方差描绘不确定条件下的投资收益和风险。

1. 用期望值表示的收益率

人们在进行投资时，需要估计未来的收益率即预期收益率。假定未来投资的收益会有 n 种可能，那么该投资的预期收益率 $E(r)$ 可表示为：

$$E(r) = \sum_{i=1}^{n} p_i r_i \tag{6-9}$$

其中，p_i 表示收益出现某种情况的概率，r_i 表示这种情况发生时投资的收益率。以常见的均匀的 6 面骰子为例，出现 1—6 点的概率是相同的，尽管每一次掷骰子会出现一个确定性的结果，但在预测点位时，人们只能根据概率来计算，其期望值为 $(1+2+3+4+5+6)/6 = 3.5$。同理，在掷硬币的游戏中，国徽或花朵图案的概率是一样的，如果我们就此打赌，猜对了图像的一方获得对方支付 1 元，那么每个游戏参与者参与这种赌局的预期收益应该为零。

假设投资者有初始财富 100 元，可投资于两种资产 A 和 B，投资后可能的结果（期末财富）及其发生概率如表 6-4 所示，你会选择投资于哪一项资产呢？

表 6-4　　　　　　　　　　预期的投资结果及概率

期末财富	A	B
	概率（%）	概率（%）
70	0	5
80	0	15
90	5	10
100	15	5

续表

期末财富	A 概率（%）	B 概率（%）
110	40	15
120	25	20
130	0	20
140	15	10

运用公式（6-9），我们可以计算两项投资的预期收益率，其中投资于 A 的期末财富期望值是 114.5，预期收益率 $E(r_A)$ 为 13.21%，而 B 期末的财富期望值为 110，预期收益率 $E(r_B)$ 为 10%，因此投资于 A 的预期收益率高于 B。

2. 风险

风险源自未来的不确定性。金融学中，通常用收益的波动性（标准差）度量风险。

现实生活中，我们常常会用波动性来衡量未来的不确定性的大小。例如，四季如春的昆明，平均气温是 21 度，而一些城市可能冬天极冷，而夏天又很热，但平均温度与昆明差不多，如果只看平均气温而不考虑温差变动，则会误导人们的决策。同理，在进行投资时，投资者除了要考虑期望收益率之外，还需关注收益率的波动性。实践中，人们使用收益率的标准差 σ 来度量收益率的波动程度，并用其表示特定投资的风险①：

$$\sigma = \sqrt{\sum_{i=1}^{n} p_i [r_i - E(r)]^2} \qquad (6-10)$$

在前例中，投资 A 项目的标准差为 14.39%，而投资 B 项目的标准差为 5.98%，可以发现 A 有着较高的收益率，但其收益率的波动性也高于 B 项目。

3. 资产组合的收益与风险

资产组合是由不同风险和收益特征的资产组成的资产篮子。资产组合的预期收益 $E(R_P)$ 表示为组合中各资产预期收益率的加权平均，即：

$$E(R_P) = \sum_{i=1}^{n} W_i E(R_i) \qquad (6-11)$$

其中，$E(R_i)$ 表示第 i 种证券的预期收益率，W_i 表示组合中第 i 种证券的权重。前例中，投资 A 的预期收益率 $E(R_A)$ 为 13.21%，投资 B 的预期收益率 $E(R_B)$ 为 10%，假设投资者平均分配投资资金，即组合中两种股票的权重均为 0.5，那么该组合的预期收益

---

① 在现实应用中，人们通常用历史收益数据而不是预测数据计算方差，即 $\sigma^2 = \frac{1}{n-1}\sum_{i=1}^{n}(R_i - \overline{R})^2$，其中，n 代表时期数，$R_i$ 代表已实现的各期收益率，而 $\overline{R}$ 代表历史平均收益率。

率为 11.605%。

与收益不同,资产组合的风险通常不等于资产组合中单个证券风险的加权平均,资产组合的风险取决于构成组合的证券的收益率之间的关系。(1)有些资产的收益率彼此之间是独立的,即 A 的收益率不受 B 收益率的影响。例如,无风险证券的收益率独立于其他风险资产。(2)有些资产收益率之间存在相关性,如房地产类股票的收益率和建筑建材类股票的收益率往往正相关,而某些公司如汽车类和石油类公司的收益率则可能是负相关;出口企业和进口企业由于受到汇率影响的不同,其收益率也可能呈现出负相关。

资产收益率之间的相关性可以用协方差表示。A 和 B 两种资产收益的协方差可以表示为:

$$\sigma_{AB} = \sum_{i=1}^{n} P_i [R_{A,i} - E(R_A)][R_{B,i} - E(R_B)] \tag{6-12}$$

其中,σ_{AB} 代表证券 A 和 B 之间的协方差,$R_{A,i}$ 代表证券 A 在状态 i 时的可能收益,$E(R_A)$ 代表证券 A 的期望收益价值,n 代表证券收益可能出现的 N 种状态。协方差可以理解为对应着每一个状态 i,A 的收益率偏离其均值的程度与 B 的收益率偏离其均值的幅度的乘积,按照状态 i 出现的概率计算的加权平均值。

协方差为正值意味着两种资产的收益率呈同方向变动;协方差为负值意味着两种资产的收益率成相反方向变化。协方差的绝对值越大,表示这两种资产收益率的关系越密切;协方差绝对值越小,则这两种资产收益率的关系就越疏远,当协方差为零时,两者完全无关。

对于含有多只证券的资产组合来说,其资产组合的风险是证券风险和证券收益之间协方差的函数,即:

$$\sigma_p^2 = \sum_{i=1}^{n} w_i^2 \sigma_i^2 + \sum_{i=1}^{n} \sum_{j=1}^{n} w_i w_j \sigma_{ij} \quad (i \neq j) \tag{6-13}$$

其中,σ_p^2 为资产组合收益率的方差,σ_i^2 为证券 i 收益率的方差,σ_{ij} 为证券 i 和证券 j 收益的协方差,w_i 为资产组合中证券 i 的权重。

公式(6-13)可推导出分散化投资原理。在投资时选择收益相关程度较低、不相关或负相关的资产构建多样化的证券组合,能够降低资产组合的总体方差(风险)。其原因在于,组合中资产的非系统性风险可能相互抵消。此处,非系统性风险又称为个别风险,是指由公司或行业自身原因引起的证券价格波动风险。例如,当能源价格上涨时,石油开采类公司利润上涨,股票收益率增加,而航空类公司因为燃油成本上升,其利润下降,股票收益率会下跌;反之能源价格下跌时,航空类公司股票收益率上升而石油开采公司收益率下降,两者的收益率变动在一定程度上相互抵消,整体资产组合收益的波动性下降。不同证券的非系统性风险可能呈现负相关,因此可以通过构建资产组合的方式加以分散。在投资中,通俗地讲,就是"不要将鸡蛋放在一个篮子里"。

然而，分散化并不是万能的。研究表明，当持有的资产种类超过30种时，分散化的好处就不明显了，分散化投资并不能完全消除组合收益的波动性，这部分不能通过分散化投资消除的风险被称为系统性风险。系统性风险往往由不受个体控制的因素引发，如战争、自然灾害、经济严重衰退、国家政策调整等，这些因素导致所有证券价格发生动荡，即使分散投资也不能降低其风险。一旦发生系统性风险，无论鸡蛋放在多少个篮子中都会有损失，也就是说"覆巢之下，安有完卵"。

（二）CAPM原理

资本资产定价模型假定，投资者是理性的，资本市场是完全有效的市场，没有任何摩擦；投资者事先知道投资收益率的概率分布，影响其决策的是期望收益率和风险。投资者是风险厌恶的，即风险相同的条件下，投资者会选择预期收益率最高的证券（或组合），如果收益率相同，则投资者会选择风险较低的证券（或组合）。

资本资产定价模型指出，在市场均衡时，单一证券或组合的预期回报率取决于无风险收益率、市场组合的风险溢价和该证券（或组合）承担的系统性风险，用公式表示即为：

$$E(R_i) = R_F + \beta \times (R_M - R_F) \tag{6-14}$$

其中，R_F为无风险证券的收益率（通常用长期国债收益率来表示），$E(R_i)$为第i种证券（或资产组合）的预期回报率，R_M为市场组合（即包含全体股票的组合）的收益率。

公式（6-14）变形可得：

$$E(R_i) - R_F = \beta \times (R_M - R_F) \tag{6-15}$$

$E(R_i) - R_F$为特定证券（或组合）相对无风险利率的风险溢价，$R_M - R_F$为均衡时的股票市场溢价，β是该资产组合的系统性风险系数。公式（6-15）表明特定证券（组合）的风险溢价是整个市场风险溢价的β倍。

实践中，人们采用统计方法来计算β系数：

$$\beta_i = \frac{\sigma_{iM}}{\sigma_M^2} \tag{6-16}$$

其中，σ_M^2代表一定时期的市场收益率的方差，σ_{iM}代表该段时期市场组合M和单个证券（或组合）收益率之间的协方差，β的取值并非一成不变，而是受样本区间的影响。β系数的高低直接反映了股票（或组合）对资产组合收益率变动的边际贡献。单个资产（或组合）的收益率同市场收益率的波动越趋于一致，则该证券（或组合）的β系数就越接近1。根据此定义，包含全部证券的市场组合的β系数恰为1。β系数大于1的单个证券（或组合），通常被称为"激进的组合"，在整体市场上升时其收益率会上升得更多，但在市场低迷时也比整体市场下降得更多。相反β小于1的证券（或组合）往往被视为

"防守型"的资产组合,其收益率的波动性一般较市场整体波动小。

公式(6-15)可以用图6-4的证券市场线(Security Market Line)来表示,该线代表市场均衡时的风险证券(或组合)的预期收益率与β系数的线性关系。图中横轴为β值,纵轴是预期收益率,无风险证券同市场组合无关,因而其β值为零,SML线在Y轴上的截距为无风险利率 R_F,而市场组合M点,对应的β系数为1,收益率为 R_M。该图表明"高风险,高收益"的风险补偿原理,即投资者承担更高的系统性风险,希望能够获得更高的期望收益率作为补偿。

SML线描述了均衡条件下的风险资产预期收益率与β的关系。现实中,SML可用来评估资产组合管理的绩效。如果某证券或组合位于SML下方,例如S点,意味着该证券(或组合)的实际收益率未能达到与其风险相匹配的预期收益率;相反,SML上方的点如T点,则意味着特定证券或组合的收益率高于必要的风险收益率。

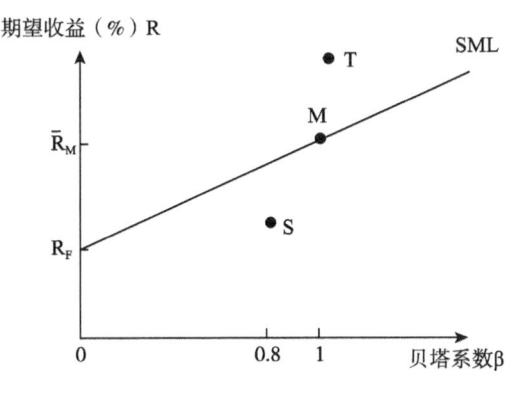

图6-4 证券市场线

【例6-2】已知某股票的β值是1.6,10年期国债利率为2%,股票市场收益率是7%,求该股票的风险溢价及预期收益率。

解:由已知,$R_F = 2\%$,$R_M = 7\%$,则市场组合的风险溢价为 Rm - Rf = 5%,

该股票的风险溢价 $E(R) - R_F = 1.6 \times 5\% = 8\%$,

该股票的预期收益率为 8% + 2% = 10%。

二、资本资产定价模型的应用

(一) 预期收益率计算

投资者正在考虑是否购买一种基金。从该基金过去10年的历史表现来看,其收益率与市场收益率的协方差为0.045,市场收益率的标准差为0.15,当前无风险利率为8%,

预期证券市场收益率为 12%，那么投资该基金的预期回报率是多少呢？

借助历史数据，可计算出该基金与证券市场组合的关系：$\beta = \dfrac{0.045}{(0.15)^2} = 2$，由 CAPM 模型可得，投资该基金的预期收益率为：

$$E(R) = 8\% + 2 \times (12\% - 8\%) = 16\%$$

（二）股票投资决策

假定投资者正在考虑一笔为期 1 年的投资决策，某股票现价为 48 元，预期该股票会在 1 年末分红 4 元/股，除息后股价为 52 元，届时投资者将卖出了结。投资者估计一年期市场收益水平为 11%，无风险利率为 6%，且该股票的 β 值为 1.2，那么投资者是否应购买该股票？

我们可以根据 CAPM 求出投资该股票的必要回报率，即投资者承担了相应风险后要求的预期收益率：

$$R_i = R_f + \beta_i \times (R_M - R_f) = 6\% + 1.2 \times (11\% - 6\%) = 12\%$$

考虑到股票可以获得当期股利 4 元，期末卖出价格为 52 元，按照投资者要求的收益率 12% 进行贴现，则其理论价值：$V = \dfrac{4 + 52}{1 + 0.12} = 50 > 48$，比市场价格高，因此投资者按当前价格买入该股票将获利。

我们还可以换一个思路，计算投资者以当前价格投资股票，获得的预期收益是否高于必要的回报率。投资者投资 1 年，获得 4 元红利和 4 元的资本利得，则该投资的预期收益率为 8/48，即 16.67%，高于 12% 的风险回报率，因而投资是合算的。

（三）公司投资决策

在公司的财务决策中，财务部门往往借助 CPAM 模型测算公司股票的预期收益率，以此作为投资项目的必要回报率，进行净现值比较。例如，一家美国上市公司 β 值为 1.5，美国的股票市场收益率为 8%，美国国债利率为 3%，如果该公司打算在东欧收购一个工厂，预计投资 25 亿美元，第二年开始 3 年内每年可以获得净收入 10 亿美元，该公司是否应该投资呢？

根据 CAPM，股权预期收益率为：$R_i = 3\% + 1.5 \times (8\% - 3\%) = 10.5\%$，即股东投资该公司要求的必要收益率为 10.5%。

公司投资该项目的净现值为：

$$NPV_1 = -25 + \dfrac{10}{(1 + 10.5\%)} + \dfrac{10}{(1 + 10.5\%)^2} + \dfrac{10}{(1 + 10.5\%)^3} = -0.35$$

净现值计算结果为负，表示该公司投资新厂的预期收益不能满足其股权成本，因此应该否决该项目。

CAPM 模型是目前资本市场上运用最广泛的定价模型，如果金融市场能够对市场组合和各项资产的预期收益和风险进行合理的定价，则投资人可以依赖市场定价而无须对单独的证券或资产进行仔细研究和分析，人们只需要关注收益率和风险的相关性。然而，CAPM 模型自诞生以来就饱受争议，人们争论最为激烈的话题集中于市场定价总是有效的吗？有关该模型是否成立的经验验证一直没有停止。但总体来说，CAPM 仍是当今金融领域内应用最为广泛的组合定价模型。

第四节　有效市场假说

一、有效市场假说和市场效率

资本市场的有效性，通常是指市场根据新信息迅速调整证券价格的能力，这些"信息"既包括有关公司、行业、国内及世界经济的所有公开可用的信息，也包括个人、群体所能得到的私人的、内部非公开的信息。

（一）有效市场假说

有效市场假说（Efficient Market Hypothesis，简称 EMH）是现代金融学理论的基石之一，也是最有争议的一个假说。该假说由美国芝加哥大学金融学教授尤金·法玛提出，法玛也因此获得了诺贝尔经济学奖。有效市场假说认为，在投资者是理性人的假设前提下，在法律健全、功能良好、透明度高、竞争充分的股票市场，一切有关企业价值的信息已经及时、准确、充分地反映在股价走势当中，换言之，人们不能通过分析价格和相关信息持续获得高于市场平均水平的超额利润。

有效市场理论假定市场参与主体都是理性的经济人，投资者利用可获得的信息力图得到更高的报酬。理性人时刻关注市场、获取信息并分析评估，并谨慎地在风险与收益之间进行权衡取舍，一旦发现市场价格偏离了内在价值，理性人能够迅速通过交易改变供求关系，相应地引起资产价格的变动直至新的均衡产生。

法玛根据证券价格反映的信息效率,将资本市场的有效性分为弱有效、半强有效和强有效三种(见图 6-5)。证券的价格取决于其内在价值(Intrinsic Value),市场有效性越高则市场的定价偏差越小,投资者越难以从市场中获取超额回报。

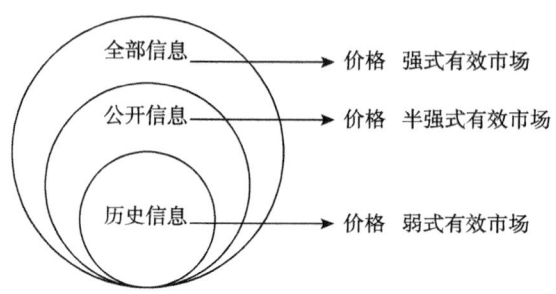

图 6-5 信息集与有效市场形式

1. 弱式有效(Weak Form Efficiency)

在弱式有效的情况下,市场价格能够充分反映所有过去的证券价格信息和基本信息,前者包括股票的成交价、成交量、卖空金额,融资金融等,后者包括所有历史财务数据、公司运营相关信息等。因此,那些试图通过分析价格和成交量的历史走势并预测未来的图表分析者或技术分析者将是白费心力。

2. 半强式有效(Semi-Strong Form Efficiency)

市场价格除了能反映过去的信息外,还能充分反映所有公开的有关公司营运前景的信息。这些信息有成交价、成交量、盈利资料、盈利预测值,公司管理状况及其他公开披露的财务信息等。一旦市场上出现相关的新信息,股价会迅速作出反应,投资者不能通过新信息持续获得超额利润。然而,在半强式有效市场中,内幕交易者可能凭借不公开信息,获得超额利润。

3. 强式有效(Strong Form Efficiency)

强式有效市场下,价格充分地反映了所有关于公司的信息,这些信息包括已公开信息或未公开的内幕信息。在强式有效市场中,证券价格与预期价值一致,不存在价格与价值的持续偏离;即使出现偏离,人们也会立即掌握该信息并迅速进行交易,从而消除这种错误定价。因此,任何投资者都不能依据信息优势获得持续的超额利润。人们与其花费时间和精力去分析解读数据、信息,寻找市场错误定价的机会,不如采用被动投资策略,如通过购买指数基金的方式获取市场的平均收益。

有效市场假说极大地影响着金融理论与实践。从投资策略角度看,如果投资者相信市场是无效的,那么个人可以凭借努力发现市场(定价)失效的地方,人们应该努力去发现内在价值的决定因素并关注内在价值和价格的关系。相反,如果认为市场始终是有效的,那么投资者采用被动投资策略获得平均收益就是一个理性的选择。

（二）有效市场假说的争议

有效市场假说是在理性人和充分信息条件下，关于市场运行效率的完美假设，然而这一理论却充满了争议。

1. 市场上是否存在超额盈利机会

投资者关心的是，市场上是否存在未被人发现的定价偏差？如果的确存在的话，这种定价偏差会持续多久？有效市场假说存在一个悖论，如果大家都相信市场是有效的，因而不主动针对市场定价偏误进行纠正，那么市场便无效了。

华尔街有一个著名的调侃。女儿对身为投资银行家的父亲说："爸爸，路上有20美元。"父亲不屑地说："不可能，这是在华尔街大街上，有20美元早就被人捡走了。"对于这个真真切切的20美元（"新信息"带来的新机会），这对父女或许是首次发现机会的人，然而如果所有人都像投资银行家这样，认为不可能出现而视而不见，不采取纠正行动，那么这20美元最终将被一个单纯的家伙捡到，该家伙只相信事实而不会严守刻板教条。市场上，试图从市场的错误定价中获利的人越多，错误定价带来的机会消失得越快，华尔街的大街上不会总是出现捡钱的好事，市场的确消灭了机会，同时可能又产生了新的机会。

从理论基础看，市场有效性理论以完全理性和完全信息为基本前提条件，但这种无摩擦和完全理性是不现实的。不同的市场参与者对信息的获取能力、加工处理信息的方式和效率也有差别，尤为重要的是，人们的行为模式很大程度受到心理因素的影响，市场整体可能出现持续性、群体性的非理性行为。例如，美国经济学家罗伯特·席勒发现，1987年10月19日华尔街股市在黑色星期一出现了20%的股价暴跌，但相关的信息并不足以解释如此规模的暴跌；此外，证券市场还普遍存在定价偏差、IPO折价、日历效应等用金融学原理无法解释的现象。

2. 投资者是否能够持续超越市场

有效市场假说的一个推论是，如果市场是有效的，人们将无法预测价格或凭借选择标的股票获利，主动投资策略是无效的。与其让基金经理们选择股票投资，还不如让大猩猩扔飞镖进行选择。

从现实来看，我们总能在证券市场上发现一些投资大师和明星，他们持续10年、20年甚至40年超越市场平均表现，获得巨额利润。对各国证券市场的经验研究也表明，现实中没有完全有效的市场，美国的证券市场是半强有效的，而中国的证券市场则往往是无效的，最多是弱式有效的。

当然，有效市场理论的支持者指出，尽管有个别人能持续超越市场，但这些持续超额利润是对市场分析者孜孜不倦收集信息、加工和整理信息的报酬或补偿，如果扣除这些潜在的成本，他们也只能获得平均收益。总体来说，有效市场假说意味着"天下没有免费的午餐"，世上没有唾手可得之物。

有效市场假说在解释金融现象时遇到了难题，尤其是20世纪80年代以后，多次爆发全球性的金融危机对金融理论提出了新的挑战，如果市场是有效的，为什么会出现大规模的资产泡沫和定价扭曲？为什么市场会从一个极端（繁荣）快速走向另一个极端（崩溃）？

二、非理性行为与市场价格

有效市场假说建立在理性人和完全信息的前提之上，20世纪80年代逐渐兴起的行为金融理论从人们的心理、决策和行为入手，探讨非理性行为对金融市场运行的影响，成为金融领域的前沿。实际上，早在18世纪英国南海泡沫事件中，科学家牛顿就曾评论过："我能计算出天体运行，但人们的疯狂实在难以估计。"

（一）典型的非理性行为

在金融市场上，常见的一些投资者行为特征或心理特征挑战了理性人假说。

1. 过度自信

投资者过度自信，表现为将成功归因于自己而将失败归于外界无法控制的因素。投资者坚信他们掌握了进行交易的必要信息，所以经常在不确定的情况下出现非理性的投资；投资者过分相信自己能获得高于平均水平的投资回报率，还会导致大量的盲目交易；此外，投资者的过度自信也容易使其低估风险，倾向于持有高风险资产组合，这些都会导致投资者进行非理性的投资行为。

2. 代表性偏差

代表性偏差是指人们在不确定的情形下，会根据问题的某个特征而直接推断结果，而不考虑这种特征出现的真实概率，以及与特征有关的其他原因。例如，对于掷骰子游戏而言，如果前5次抛出的硬币都是正面时，则大多数人会认为下一个应该出现的是反面，但实际上下一次出现正面和反面的概率是一样的。

3. 证实偏差

当人们形成一个较强的信念假设后，往往倾向于搜寻支持该假设的信息，而忽略不支持该假设的信息，这种倾向于证实而不证伪的信息选择倾向称为"证实偏差"。证实偏差的出现，意味着投资者并不能正确看待获取的新信息，从而无法形成客观公正的判断。

4. 羊群效应

羊群效应是指投资群体易受到其他投资者的影响，进而选择跟随大众的思想或者行为，也被称为"从众效应"。单个投资者容易根据其他同类投资者的行动而行动，在他人买入时买入，在他人卖出时卖出。羊群效应涉及多个投资主体的相关性行为，对市场的稳定和效率有很大影响，常会造成市场的大起大落。

5. 处置效应

投资者在对待自己的投资时，往往倾向于卖出获利的股票而保留亏损股票，这意味着投资者处于盈利状态时会回避风险，而处于亏损状态时偏好冒险。很多投资者在市场中一旦亏损就不再关注自己的投资账户，采用"掩耳盗铃"方式，本质上是不愿意承认自己的错误，直面失败。

人们的心理和行为同经典金融理论中冷酷计算的理性人相去甚远，投资主体因为心理因素的影响会经常出现违反理性假设的投资决策和行为，于是金融市场上总是会存在定价扭曲。正因如此，金融市场上的交易行为和最终的市场价格并不能完全由理性的定价进行解释。

（二）资产定价与市场有效性

在有效市场假设中，投资者是完全理性的，信息是公开的并能够被投资者全面准确地获得，投资者分析和加工处理信息的并形成决策的过程是有效的，而投资行为也是有效的，即投资者能够完美地执行其决策。在这样的假设下，整个市场可视为一个整体，人们将发现市场价格会迅速反映新的信息，不存在定价偏差。

现实中，为什么会出现资产定价的持续性或系统性偏离呢？不完全信息理论提供了一种解释，而行为金融学试图打开市场价格决定的黑箱，从投资者心理、决策和行为等视角探究其背后的原因（见图6-6）。

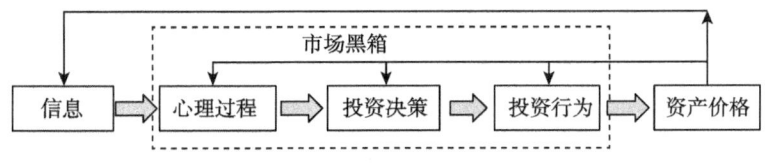

图6-6 市场定价

第一，信息不完全和市场摩擦。现实中，投资者能够获取的信息存在差异，投资者加工处理信息的能力也有差别，考虑到这些差异，市场参与主体对于资产定价将存在分歧和不一致，市场的价格不能瞬时反映新的信息。

第二，人们的心理决策和行为过程不符合理性人的假说，由此产生的资产价格也将偏离理性均衡价格。金融投资涉及很多心理过程，包括投资者对市场的认知、受环境影响的情绪和心态，以及投资者的意志，这些心理过程决定了投资者的决策和行为。例如，投资者可能出现过度自信、损失厌恶、认知偏差、从众效应等，进而作出错误的投资决策。更有甚者，即便投资者作出了正确的决策，当市场环境发生变化时，投资者也不一定能完美地执行决策。例如，投资者受到市场价格波动的影响，推翻了自己冷静制定的交易策略，在市场上追涨杀跌，等等。

第三，市场定价偏差会反过来影响人们的交易决策和行为，可能产生自我强化。当资产价格发生变化时，人们的决策和行为可能发生进一步的强化。

有关市场定价的过程与市场有效性的争议，或许将一直持续下去。有效市场理论的最大贡献，在于其提供了一个关于资产定价的完美状态，而考虑人类心理和行为局限的行为金融理论，则为我们提供了理解现实中市场定价偏差的新视野。

附录 6-1　中国的多层次股权市场

改革开放以来，我国的股票市场从无到有，迅速壮大，目前已形成主板、科创板、创业板、北交所、新三板及区域性股权市场等多层次资本市场体系，截至 2023 年年底上市公司（不含新三板挂牌）超过 4700 家，总市值约 78 万亿元，各板块和市场功能定位明确，促进不同成长阶段和不同类型企业创新发展。

主板市场（Main-Board Market）包括上海证券交易所主板和深圳证券交易所主板。板块定位突出"大盘蓝筹"特色，重点支持业务模式成熟、经营业绩稳定、规模较大、具有代表性的优质企业。值得一提的是，深圳证券交易所曾在 2004—2021 年推出"中小板"，旨在服务规模相对较小的一些企业，2021 年 4 月深圳主板与中小板合并。主板上市条件较高，除了要求企业过去 1 年净利润为正之外，还包括但不限于：（1）依法设立且持续经营 3 年以上；（2）满足相应的财务指标要求；（3）公开发行的股份达到公司股份总数的 25% 以上；（4）公开发行后股本总额不低于 5000 万元人民币等要求。主板上市公司普遍具有收入稳定、盈利能力强的特点，因此股票流动性较好，交易活跃。截至 2023 年年底，两市主板市场上市公司 3200 余家，上市公司总市值为 59.8 万亿元，市值占比约为 77%，其中，贵州茅台、工商银行、农业银行和中国石油 4 家公司市值超过万亿元。

创业板（Growth Enterprises Market）主要面向科技型中小企业特别是高成长性企业，是对主板市场的重要补充，主要服务成长型创新创业企业，支持传统产业与新技术、新产业、新业态、新模式深度融合。创业板与主板市场相比，较为强调创业属性指标：（1）最近 3 年研发投入复合增长率大于等于 15% 且最近 1 年研发投入金额大于等于 1000 万元且最近3年营业收入复合增长率大于等于20%；（2）最近3年累计研发投入金额大于等于5000万元且最近3年营业收入复合增长率大于等于20%；（3）属于制造业优化升级、现代服务业或数字经济等现代产业体系领域，且最近3年营业收入复合增长率大于等于30%；三个条件中满足其中一项才可以注册上市。截至2023年年底，创业板上市公司1333家，市值约11.4万亿元，市值占比约15%，上市企业包括宁德时代、迈瑞医疗、东方财富、爱尔眼科等优秀企业。

科创板（The Science and Technology Innovation Board）成立于2019年7月，优先支持符合国家战略、拥有关键核心技术、科技创新能力突出、具有稳定商业模式、市场认可度高、社会形象良好，具有较强成长性的企业。科创板虽然在盈利能力要求上不如主板高，但在科创属性指标上需要满足全部4项常规指标和5项例外指标之一，涉及研发投入、研发人员占比、核心技术、发明专利等方面。截至2023年年底，科创板上市公司566家，市值约6.2万亿元，市值占比约8%。海光信息、金山办公、联影医疗、传音控股、中芯国际等科技企业市值前列。

北京证券交易所（简称北交所）于2021年9月3日注册成立，是经国务院批准设立的我国第一家公司制证券交易所，其前身为"新三板"的精选层，区别在于北交所中挂牌的公司属于上市公司，而精选层并不属于上市公司。北交所板块定位主要服务创新型中小企业，重点支持先进制造业和现代服务业等领域的企业。截至2023年年底，北交所上市公司239家，市值约0.45万亿元，市值占比不到千分之五；上市企业普遍规模较小，如，北交所市值最高的贝特瑞为253亿元，仅为贵州茅台市值1%。

除上述交易市场外，中国的场外交易市场主要包括新三板和区域股权交易市场。新三板全称为全国中小企业股份转让系统，主要是为创新型、创业型、成长型中小微企业发展服务，股票代码以8或4开头，属于场外交易。新三板挂牌门槛相对较低。目前，新三板分为基础层、创新层和精选层，对企业的要求顺次提高，而在进入精选层后可以选择是否进入北交所正式挂牌上市。新三板挂牌公司数量众多，但普遍规模小，且流动性较弱。在全国性的交易市场之外，还存在诸多区域股权交易市场，即为特定区域内的非上市企业提供股权、债券转让和融资服务的私募市场，代表性的如深圳前海股权交易中心，这些区域股权交易市场通常具有较高的投资者门槛，对于促进企业特别是中小微企业股权交易和融资，鼓励科技创新和激活民间资本具有积极作用。

综合来看，沪深主板市场定位于为大型成熟企业融资；创业板定位于为具备一定规模、发展迅速的中小企业融资；科创板服务于科技创新企业；北交所重点立足于专精特新中小企业，促进新兴产业发展。场外市场中，区域股权市场为各地方小微企业提供交易、融资平台，各板块相辅相成，为各类规模大小、各种类型的企业解决融资问题。

表 6-5　　　　　　　　　中国的多层次股票交易市场　　　（数据截至 2023 年 12 月 30 日）

市场	市值（万亿元）	上市公司（家）	市值占比较高的行业
上交所	46.3	1702	
主板市场	40.1	1697	银行、非银金融、电力设备、食品饮料、半导体及元件
科创板	6.2	566	计算机、通信和电子信息设备、专用设备制造业、软件和信息服务业、医药制造业等
深交所	31	2844	
主板	19.6	1511	医药生物、电子、电力设备、计算机、家用电器
创业板	11.4	1333	工业行业、信息技术、可选消费、材料行业
北交所	0.45	239	电力设备、基础化工、医药生物、机械设备
新三板	2	6147	软件和信息技术服务业、专用设备制造业、高端制造业等

资料来源：各交易所、中国上市公司协会网站统计数据。

总　结

1. 股票是代表公司所有权的凭证，企业可以通过公开发行或私募发行的方式进行融资。

2. 股票市场包括一级市场和二级市场，前者是股票新发行（包括首次公开发行 IPO 和增发新股等）的市场，主要的功能是为企业提供融资；二级市场是交易已发行股票的市场，其主要功能在于为股票提供流动性。

3. 中国的股票市场包括主板（沪深交易所），创业板，中小板和科创板等多层次股票市场。

4. 股票定价是股票市场的重要问题，其核心在于寻找股票的内在价值。对单一股票的估值方法包括绝对估值法和相对估值法。

5. 绝对估值模型认为股票的内在价值由股票所代表的未来各期收益（现金流）的贴现值加总决定。股利贴现模型重点关注公司分配的股利，认为公司未来利润和股利增长率越高，则公司股票的内在价值越高；股东要求的必要回报率（贴现率）越高，则股票的内在价值越低。

6. 相对估值法认为股票的合理价格由市场决定，借助乘数进行估值，常见的方法包括市盈率方法和市净率方法。

7. 金融学用期望值度量不确定投资的预期收益，而用期望收益率的标准差反映投资的风险。

8. 资产组合理论解决了证券组合的定价问题。资本资产定价模型（CAPM）指出，市场均衡时，单一证券或某投资组合的预期回报率取决于无风险收益率、市场组合的风险溢价和该证券（或投资组合）的系统性风险系数，即：$E(R_i) = R_F + \beta \times (R_M - R_F)$。

9. 有效市场假说（EMH）认为在市场信息充分的条件下，市场的价格反映一切信息。市场的信息效率包括三个层次，即弱式有效、半强有效和强式有效。

10. 行为金融学将心理学尤其是行为科学的理论融入到金融学之中，侧重从微观个体行为以及产生这种行为的心理等动因来解释金融市场的现象，揭示金融市场的定价偏差。

关键术语

股权融资	一级市场	二级市场	承销商	做市商
股利贴现模型	DCF估值	相对估值法	市盈率	市净率
市场组合	证券市场线	资本资产定价模型	有效市场假说	行为金融学

练习题

1. 某公司预计明年每股股利为3元，且以后每年股利可望以8%的增长率永久增长，如果你投资的期望收益率（贴现率）为12%，预计该公司的价格为多少？

2. 假设投资者以每股50元价格买入某公司股票，预计该股票明年每股支付股利2元，股利的永久增长率为8%，你知道他预期的年回报率是多少吗？

3. 假设某股票明年的每股红利D1为0.72元，当前价格P0为12元，预期的股利永续增长率g为5%，求对应于该价格的市场贴现率，你会投资该股票吗？

4. 已知无风险利率为10%，市场必要收益率为15%，某公司股票的β值为1.5。如果预期该公司明年的每股红利$D_1 = 2.50$美元，g = 5%，求该公司股票的合理价格。

5. 某基金经理持有的资产组合的回报率为18%，假定无风险利率为6%，市场组合的收益率为14%，根据CAPM模型，该资产组合的β值等于多少？

6. 某高科技公司已连续3年没有给予投资者现金分红，目前它的每股盈余是0.7元，市场价格是15元，由于该公司潜在的高成长性，投资者预计其市盈率应为30。请问该股票目前是否具有投资价值？

7. 判断以下说法是否正确：

（1）当前价值为零的股票，其预期收益率为零。

（2）CAPM模型表明如果要投资者持有高风险的证券，相应地也要求更高的回报率。

(3) 通过将 0.75 的投资预算投入到国库券,其余投入到市场资产组合,可以构建 β 值为 0.75 的资产组合。

8. 投资者购入一家企业,其预期的永久现金流为 1000 美元,但因有风险而不确定。假定无风险利率为 6%,市场收益率为 16%。如果投资者认为企业的 β 是 0.5 并据此支付了购买企业的价格,那么当 β 值实际为 1 时,投资者支付的金额比该企业实际价值高多少?

9. 某股票 A 的期望收益率为 12%,β=1,另一只股票 B 的期望收益率为 13%,β=1.5,市场期望收益率为 11%,r_f=5%,根据 CAPM 模型,购买哪只股票更好?

10. 无风险利率为 8%,市场资产组合的期望收益率为 16%,某投资项目的 β 估计值为 1.3,求这一项目的要求收益率;如果该项目的预期内涵回报率为 19%,投资者是否应投资于该项目?

思考与讨论

1. 假设你正试图对一家生物医药公司的普通股进行价值评估,该企业是医药行业中的一家运用生物医药技术发明新药的企业。医药行业的平均市盈率为 15。该公司的预期每股盈利为 2 元。如果你运用行业平均市盈率,估计其公司股票价格为每股 30 元。然而,你发现该公司的实际交易价格为每股 100 元,有哪些因素造成这种差别?你会如何解释?

2. 你是怎样看待市场有效性假说的?查阅相关文献或书籍,谈谈你是否认同这一假说?有人说中国的股票市场不是有效市场,你认为背后有哪些原因?

3. 结合自己身边的例子,说说哪些典型的非理性行为会影响投资决策?

参考阅读

1. [美] 乔纳森·伯克,[美] 彼得·德马佐. 公司理财 [M]. 姜英兵,译. 北京:中国人民大学出版社,2014.

2. [美] 罗斯,[美] 威斯特菲尔德,[美] 杰富. 公司理财 [M]. 吴世农,等译. 北京:机械工业出版社,2017.

3. [美] 科勒. 价值评估:公司价值的衡量与管理(第 4 版)[M]. 高建,等译. 北京:电子工业出版社.

4. [美] 伯顿 G. 马尔基尔. 漫步华尔街(第 11 版)[M]. 张伟,译. 北京:机械工业出版社,2017.

5. 罗伯特J. 希勒. 非理性繁荣 [M]. 李心丹, 等译. 北京：中国人民大学出版社, 2016年.

 网络资源

全球主要交易所的网站

上海证券交易所：http://www.sse.com.cn	深圳证券交易所：http://www.sse.org.cn/
香港联合证券交易所：http://www.sehk.com.hk	美国证券交易所：http://www.amex.com
纽约股票交易所：http://www.nyse.com	新加坡证券交易所：http://www.ses.com.sg
伦敦证券交易所：http://www.londonstockex.co.uk	东京证券交易所：http://www.tse.or.jp

第七章 金融衍生品

学完本章后,你将能够:
- 了解什么是金融衍生工具
- 掌握远期交易的基本特征和常见品种
- 掌握期货的概念、特征、功能与常见种类
- 掌握期权的概念及影响期权价格的因素
- 了解利率互换、货币互换的差异和信用违约互换的原理

本章概览

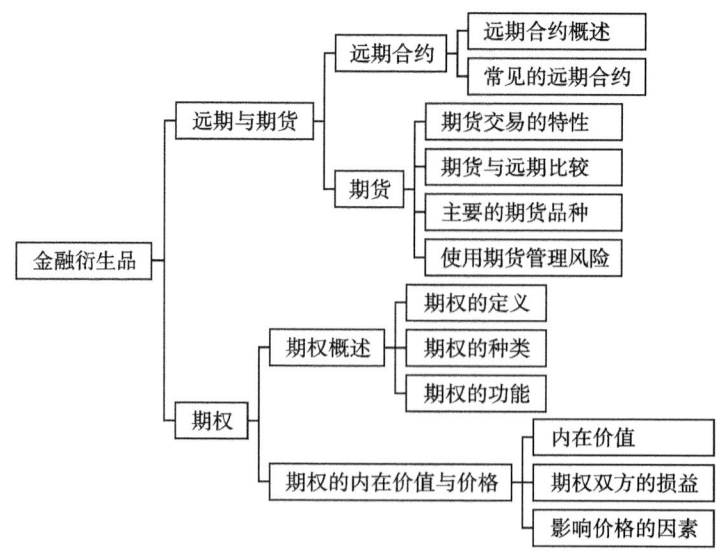

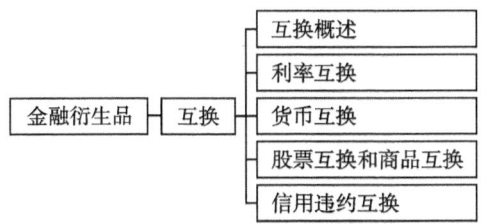

金融衍生工具，又称金融衍生产品，是指建立在金融基础产品或基础变量之上，其内在价值依赖于后者价格（或基础变量变化）的金融产品。此处的基础产品是一个相对的概念，不仅包括现货金融产品（如债券、股票等），还包括金融衍生产品，例如，期货期权就是以期货这一衍生品为基础产品的衍生工具，而基础变量则包括利率、各类价格指数，以及某类事件的发生概率等。

前面介绍的债券、股票等原生金融工具，其主要功能是促进储蓄向投资转化，或者作为债权债务的凭证，而金融衍生工具的主要功能，不在于调剂资金余缺和直接促进储蓄向投资的转化，而是管理与原生金融工具相关的风险，即风险的转移和分配。

金融衍生工具多种多样，按照产品内含契约性质，可以分为远期与期货、期权和互换产品，而根据原生资产可以分为股票类、利率类、汇率类和商品类衍生工具。本章我们简要介绍常见的金融衍生工具。

第一节 远期与期货

远期和期货交易是交易双方买入或者卖出未来某一日交付的资产。这类交易最早产生于商品市场，生产商和销售商为了避免未来价格大幅度波动而提前按照预期价格买卖产品，以锁定未来的交易价格。期货与远期的主要区别在于远期交易的品种、交易场所和交易条件是双方协商形成，具有非标准化特点，而期货交易通常是在有组织的交易场所进行的标准化合约交易。

一、远期合约

（一）远期合约概述

远期合约（Forward Contract）是指双方约定在未来某一个确定的时间，按照某一确定的价格买卖一定数量的某种资产的协议。

在合约中，双方约定买卖的资产称为标的资产，约定的成交价格称为标的价格或交割价格。交易双方中，同意以约定的价格在未来卖出标的资产的一方称作空头方或空方，而同意以约定的价格在未来买入标的资产的一方称作多头方或多方。常见的远期合约包括金属、能源产品等商品类远期合约，利率远期合约和外汇远期合约等金融远期合约。

多数远期合约是场外交易合约，由交易双方通过谈判后签署，合约涉及的交割地点、时间、价格以及合约的规模、标的物等细节都可由双方协商决定，具有很大的灵活性。然而，正是由于合约的非标准化，其流动性较弱，很难进行转让和再次交易，合约的流动性风险和信用违约风险均比较高。

远期合约双方的损益取决于标的资产价格 S_t 与协议价格 X 的差异。对多方而言，单位远期合约的损益相当于 $S_t - X$，标的资产到期日的价格 S_t 高于协议价格 X 时，多方获益；而空方的损益为 $X - S_t$，买卖双方是零和支付，双方损益状况如图 7-1 所示。

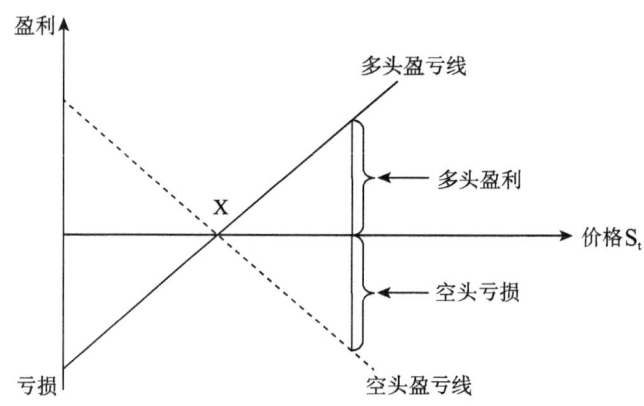

图 7-1 远期类合约的损益图

例如，在一份铁矿石远期合约中，买卖双方约定 3 个月后交付标准铁矿石 1000 吨，合同的协议单价为 700 元/吨，此时现货市场上的铁矿石价格为 680 元/吨。3 个月期满时，若现货市场价格为 750 元/吨，则多方按照 700 元价格从空方手里买入铁矿石，相比现货市价购买可以节约 50 元/吨成本，而空方则相比现货卖出损失 50 元/吨，凭借这一笔交易，多方节约总成本 5 万元。当然，双方也可以按照净额轧差结算，则当现货价格为 750 元/吨时，空方将向多方共支付 5 万元；若 3 个月后的市场现货价格为 680 元，则多方向空方支付 2 万元。

在以利率、汇率、股指或其他金融变量为基础参照的远期协议中，交易双方并不进行实物交割，而是通过轧差结算，双方的结算金额即为 $(S_t - X) \times$ 合约本金，详见下文远期利率协议的例子。

(二) 常见的远期合约

1. 远期利率协议

远期利率协议（Forward Rate Agreement，简称 FRA）是货币市场上常见的衍生工具合约，协议双方商定在未来某时间点（结算日），按规定的协议利率、期限和名义本金额支付或收取利息。FRA 的要素包括协议期限、协议利率、参考利率和结算利率、名义金额和结算日期。

FRA 可视为一种不支付本金的资金借贷协议，协议的买方是名义借款人，按照约定利率支付利息；而协议的卖方就是名义贷款人，按照协议确定的利率收取利息。双方锁定了利息成本/收益，如果届时结算利率（即结算日当天的参考利率水平）超过协议利率，则买方受益，相反，若结算利率低于协议利率，则卖方受益。

【例 7-1】利用远期利率协议锁定融资成本

某公司预计将在 3 个月后融资 3000 万元，融资期限 6 个月，为规避利率上升的风险，该公司同银行签订了一个名义本金为 3000 万元的 3 个月远期利率协议 FRA(3×9)，约定利率为 3.15%，融资期限 6 个月，并规定以 6 个月的 SHIBOR（SHIBOR6M）为参考利率。

协议解读：

FRA 的表示方法是 m×n 月，其中 m 表示远期协议的到期期限，n 表示资金使用的截止日，(n-m) 即为对应名义本金的借贷持续期，FRA(3×9) 意味着 3 个月到期的关于 6 个月期限资金借贷利率的协议，结算日在 3 个月后，相应计息期间是自 3 个月末起到 9 个月末为止的 6 个月。

协议中，名义本金额是计算应付（应收）利息的基准，本例为 3000 万元。双方约定的参考利率为 SHIBOR6M，其结算日的水平即为 FRA 的结算利率，若高于协议利率，则卖方银行需支付给买方一笔资金，用以补偿买方进行实际借款时因利率上升而造成的损失；反之若结算利率低于协议利率水平，则由买方支付给卖方一笔结算金。

结算金的具体计算方法为：

$$结算金 = \frac{(r_r - r_k) \times A \times \dfrac{D}{B}}{1 + \left(r_r \times \dfrac{D}{B}\right)}$$

其中，r_r 表示结算利率，r_k 表示合同的协议利率，A 表示合同名义本金，D 表示计息天数，B 表示天数计算惯例（如人民币、美元为 360 天，英镑为 365 天）。公式中分子表示的是协议利率与结算利率之差按名义本金计算的利息支付，除以分母意味着将其贴现计算[①]。

本例中，若结算日的SHIBOR6M为3.45%，高于协议利率，则卖方（银行）需支付给买方结算金，总利息差为3000万元名义本金×（3.45% – 3.15%）×180/360，等于45000元，再除以（1+3.45%/2），则银行应补偿给企业的结算金为44236.9元。卖方补偿给买方的利息差恰能弥补买方在市场上融资时相比协议利率多出的利息成本，买方可达到锁定融资利率的目的。当市场利率下降时，买方应向卖方支付结算金，如结算日的SHIBOR6M为3%时，买方需要向卖方支付22167.5元。

FRA的主要功能是帮助协议双方锁定未来的利率水平，希望规避利率上升的风险是协议的买方，而希望规避利率下跌风险的是卖方，协议得以达成是因为双方对未来利率变动存在不同预期或有着不同的风险偏好。

2. 远期外汇交易

远期外汇交易又称期汇交易，协议双方商定在未来某时间点（交割日），按协议汇率、数量（名义金额）支付或收取外汇。远期外汇交易是国际上常用的避免外汇风险、固定外汇成本的方法，能够满足对外贸易结算、海外投资、外汇借贷或还贷的各种外汇保值需求。

在远期外汇交易中，合同双方锁定了未来交易的外汇价格（远期汇率），决定双方盈亏的是到期日的即期参考汇率同约定的远期汇率的关系：若某货币的市场汇率（S_t）高于约定的远期汇率（F），则远期买入该货币的一方获益，而远期卖出方受损。根据交割方式的不同，远期外汇交易又可分为本金足额交割（Delivered Forward，简称DF）和采用差额结算的无本金交割（Non-Deliverd Forward，简称NDF）。

【例7–2】人民币对美元的远期外汇交易

某进出口集团预计净外汇收入约5000万美元，如果人民币对美元汇率升值，则该公司的收入换成人民币将下降，为保护自己免受汇率风险，该公司同银行A签订了一个远期出售美元（从银行视角而言称为美元结汇）合约，对其美元仓位进行套期保值。该交易中，进出口集团为美元的远期空方（人民币的多方），而银行为美元的远期多方（人民币的空方）。

双方约定6个月后公司按照美元兑人民币汇率1∶7向银行出售5000万美元。如果双方约定的是全额支付方式，则合约到期日，银行将支付企业35000万元人民币，而该企业

[①] 远期协议到期的结算金额是在资金计息期间因利率差造成的额外利息支付，但FRA的结算日m和资金使用的截止日n不同，考虑到货币的时间价值，需要将该笔金额贴现到结算日，按货币市场惯例用单利进行贴现计算。

将支付给银行 5000 万美元，该数字与市场即期汇率 S_t 变化完全无关。但是，相比企业在即期市场按即期汇率实时交易美元，使用远期外汇协议将使企业发生潜在盈利或亏损，例如当即期汇率为 6.8 时，企业的远期外汇交易将为其增加 1000 万元的潜在收益，而当即期汇率为 7.2 时，使用远期汇率使企业遭受 1000 万元的潜在亏损。

如果双方约定使用净额支付，则在外汇升值时，多方将获得空方的支付，反之则反是。本例中，当美元的市场即期汇率低于约定的汇率（如等于 6.8 时），收购美元的银行将向该企业补偿机会损失，而当美元市场即期汇率为 7.2，高于约定汇率时，卖出美元的企业将向银行补偿损失，见表 7-1 中的净额支付方向。

表 7-1　　　　　　　　远期外汇交易（企业远期出售美元）示例

到期时的即期汇率（RMB/USD）S_t	7.2	7	6.8
即期市场售汇可得人民币收入（A）	5000 万元 ×7.2	5000 万元 ×7	5000 万元 ×6.8
企业远期出售美元的人民币收入（B）	5000 万元 ×7	5000 万元 ×7	5000 万元 ×7
企业的机会收益/损失（B-A）元人民币	-5000 万元 ×0.2	0	5000 万元 ×0.2
净额支付方向	客户付给银行	无净支付	银行付给客户

无本金交割远期外汇（NDF）是一种特殊的远期外汇交易，交易双方在到期日不交割货币的本金，而是通过即期汇价和协议的远期汇价的差（$S_t - F$）计算出彼此损益，由亏损方以双方认可的货币币种（通常是可自由兑换的币种，如美元）交付收益方。NDF 起源于发展中市场，由于实施外汇管制，境外投资者难以获得该国的货币，但又存在管理该货币汇率波动的风险或进行投机的需要，因此通过场外合约的方式锁定汇率水平。常见的 NDF 品种包括人民币 NDF、韩元 NDF、印度卢比 NDF 等。2005—2015 年，在中国香港或新加坡交易的人民币 NDF 是比较活跃的 NDF 品种，人们常用 NDF 远期汇率数据来代表境外投资者对某国货币汇率未来走势的预期。

【例 7-3】人民币 NDF 交易

某总部位于美国的跨国公司甲预期将有一笔来自中国的价值 3500 万元人民币的利润，但受到投资和外汇管制限制，无法立刻将其兑换成美元汇出，担心在等待期间人民币大幅贬值；与此同时，另一家境外公司乙预期将在 6 个月后从中国进口商品，对方用人民币报价和结算，而该公司目前仅持有美元，担心人民币未来升值。双方通过海外银行的居间撮合，达成如下的 6 个月期人民币 NDF 协议：甲公司向乙公司按照 1 美元 =7 元人民币的远期汇率出售 3500 万元人民币，购入 500 万美元，6 个月后双方按照香港外汇交易中心公布的 USDCNH（美元对人民币离岸汇率），用美元进行差额结算。该协议中，甲公司是美元的多方，而乙公司是美元的空方，则未来即期汇率相对约定汇率的走势决定了双方的支付方向，美元升值则甲公司获利，美元贬值则乙公司获利。

本例中当即期市场美元汇率升值到 7.2 时，甲公司在即期市场上用 3500 万元人民币只能购买 4861111 美元，而远期市场上获得乙公司支付的 138888 美元，合计 500 万美元；当美元汇率贬值到 6.8 时，甲公司虽然可在即期市场换取更多美元，扣除远期市场对乙公司支付的 147059 美元，合计仍是 500 万美元。通过 NDF 交易，远期市场同即期市场上的损益互补，甲公司相当于锁定了 3500 万元人民币能换取的美元数量（500 万美元），而乙则锁定了 500 万美元能换取的人民币数量，双方均达到了避免即期汇率波动风险的目的。如表 7－2 所示。

表 7－2　　　　　　　　　　　　人民币对美元 NDF 交易示例

到期时的即期汇率（RMB/USD）	7.2	7	6.8
即期：3500 万元人民币等值美元（USD）（1）	4861111	5000000	5147059
远期：甲公司收入净额（USD）*（2）	+138888	0	-147059
合计：甲公司可获得美元（1）＋（2）	5000000	5000000	5000000
乙公司获得的等值人民币	35000000	35000000	35000000

注：*：+ 为收入，- 为支付。

二、期货

期货合约与远期协议类似，均是在未来约定时段按约定条款买入或卖出标的资产的合约，两类合约均能锁定标的资产的未来交易价格，但与远期交易不同的是，期货合约是交易所交易的标准化合约，买卖双方在交易时确定买入或卖出的价格，期货价格即为未来交割的价格。

（一）期货交易的特征

1. 期货合约的特性

期货合约的最大特点是标准化，因而具备高度的流动性，便利投资者在二级市场上进行交易。交易双方无须就合约条款进行谈判，只需选择适合自己的期货合约，并通过交易所竞价确定成交价格。期货合约通常对交易品种的质量、数量、最小价格变动单位、合约月份、交易时间、交易结算日、交割方式、保证金等内容做出详细的规定。表 7－3 列出了上海期货交易所的黄金期货交易标准合约，供读者了解商品期货标准合约的要素。

表 7-3　　　　　　　　　　　上海期货交易所黄金期货标准合约

交易品种	黄金
交易单位	1000 克/手
报价单位	元（人民币）/克
最小变动价位	0.02 元/克
涨跌停板幅度	上一交易日结算价±3%
合约月份	最近 3 个连续月份的合约以及最近 13 个月以内的双月合约
交易时间	9：00—11：30，13：30—15：00 和交易所规定的其他交易时间
最后交易日	合约月份的 15 日（遇国家法定节假日顺延，春节月份等最后交易日交易所可另行调整并通知）
交割日期	最后交易日后第一个工作日
交割品级	金含量不小于 99.95% 的国产金锭及经交易所认可的伦敦金银市场协会（LBMA）认定的合格供货商或精炼厂生产的标准金锭
交割地点	交易所指定交割金库
最低交易保证金	合约价值的 4%
交割方式	实物交割
交割单位	3000 克
交易代码	AU
上市交易所	上海期货交易所

资料来源：上海期货交易所网站 http：//www.shfe.com.cn。

2. 期货交易的特点

（1）期货交易是场内交易，交易所和结算所担当了交易中介职能，结算所作为每笔期货交易的对手方，同时拥有完全匹配的多头和空头头寸，使得远期交易中存在的信息不对称和违约风险高等主要缺陷都得到了有效的克服。

（2）期货合约可以双向交易。市场参与者在交易过程中既可以先买入再卖出，也可以先卖出（卖出自己不持有的合约，简称"卖空"）再买入，只要交易价格有波动，涨跌均有获利机会，因而期货交易不仅用于套期保值，也常被用于对价格涨跌进行预测的投机交易。

（3）期货交易有多种方式结清头寸，包括实物交割、现金结算和对冲平仓。实物交割方式适用于套期保值者，交易者要按交易所的规定，在特定时间特定地点交割标的资产，目前全球只有不到 2% 的期货合约通过此方式结清头寸。对冲平仓是指交易者在交割日之前通过反向交易来结清自身的期货头寸，即先买后卖或先卖后买，最终使自己的头寸净值为零。现金结算则常用于金融期货如股指期货、外汇期货等交易，交易者直接同交易所进行现金结算盈亏。

（4）期货交易实施保证金交易制度，具有杠杆性。买卖双方在交易之前必须开立专门的保证金账户，并存入一定数量的保证金——初始保证金（Initial Margin），其功能主要是减少交易所面临的违约风险。初始保证金通常仅为合约价值的5%—10%，交易杠杆比例为10—20倍，具有明显的"以小博大"特点，风险性较大。

（5）期货交易实施逐日盯市，每日无负债结算制度。在每个交易日结束之后，交易所结算部门先计算出当日各期货合约的结算价格，并核算出每个会员持仓的浮动盈亏，盈利则等额增加其保证金账户金额，亏损则减记保证金，若调整后的保证金余额小于维持保证金水平，交易所便发出追加保证金通知（Margin Call），要求交易者在下一交易日开市之前追加保证金，使其达到初始保证金的水平。若后者不能按时追加保证金，交易所有权将客户持有的部分或全部合约强制平仓，以保证后者具有充足保证金，控制风险，见例7－4。

【例7－4】期货交易的保证金

某期货合约多头在T1日以100元成本买入合约50份，该合约规定每一张合约初始保证金为5元，维持保证金为3元[①]。T1当日结算价格恰为100元，因此初始保证金为5元×50份共250元，当日无盈亏，保证金不变。在随后的交易日中，该多头的保证金账户变动情况见表7－4。

表7－4　　　　　　　　　　期货交易盈亏与保证金

日期	结算价格	每日单位盈亏	累计盈亏	保证金余额	保证金追加
1	100	0	0	250*	0
2	99.2	－0.8	－0.8×50	210	0
3	96	－3.2	－4.0×50	50	200
4	99	3.0	－1.0×50	400	0
5	96.5	－2.5	－3.5×50	275	0
6	95	－1.5	－5×50	200	0
7	93	－2	－7×50	100	150

注：*为初始保证金。

当期货合约的价格随着时间变化时，保证金账户就会产生盈利或亏损，其累计利润和损失也会随之变化。在每日交易结束进行结算时，当天的盈利计入保证金账户，可在下一个交易日动用，而当日如果出现亏损导致保证金低于维持保证金，则需要追加保证金。本

---

① 为便于初学者理解，此处假设采用保证金固定金额制，每张合约规定一个不变的保证金金额，另一种常见制度是保证金比例制度，即规定保证金金额为每张合约结算价格乘以保证金比率。

例中，第3天价格跌到96元，相比买入价格跌了4%，其保证金余额仅为50元，低于维持保证金（150元），需要追加保证金到250元水平，即追加200元保证金；随后该合约价格继续下跌，到第7日价格下跌后，保证金账户仅为100元，低于维持保证金，又需要追加150元保证金。由此可见，在逐日盯市结算制度下，当期货价格发生剧烈波动时，期货交易者可能会面临相当大的负现金流的风险，期货投资者必须计算出为满足逐日清算条件可能需要的资金，并在整个投资期间设立相应动态的现金流储备。

（二）主要的期货品种

1. 商品期货

商品期货的历史有100多年，主要包括农副产品、金属产品、能源产品等几大类。其中，农副产品主要包括小麦、玉米、黄豆、谷物、亚麻以及生猪、菜牛、禽蛋和其他牲畜或家禽等商品，金属产品包括铜、铝、锡、锌以及贵金属黄金、白银，能源产品主要是原油、无铅汽油和取暖用油等商品。

芝加哥期货交易所（Chicago Board of Trade，简称CBOT）是当今世界上最具代表性的期货交易所。芝加哥期货交易所除提供玉米、大豆、小麦等农产品期货交易外，还为中长期美国政府债券、股票指数、市政债券指数、黄金和白银等商品提供期货交易市场，并提供农产品、金融及金属的期权交易。芝加哥期货交易所的玉米、大豆、小麦等品种的期货价格，是美国农业生产乃至国际农产品贸易中的重要参考价格。表7-5列出了小麦期货合约的主要条款。

表7-5　　　　　　　　　　　CBOT小麦期货合约

交易单位	5000蒲式耳
最小变动单位	每蒲式耳1/4美分（每份合约12.5美元）
每日价格最大波动限制	每蒲式耳不高于或低于上一交易日结算价格30美分（每份合约1500美元）；现货月份无限制
交割月份	7、9、12、3、5
交易时间	芝加哥时间9:30—13:15 到期合约最后交易日截止时间为当日中午
最后交易日	合约月份15日的前一个交易日
交割等级	2号软红麦，2号硬红冬麦，2号黑北春麦和1号北春麦。其他替代品种的价格差由交易所规定

2. 金融期货

金融期货包括国债期货、股票期货、外汇期货和股指期货等。股票期货是以单只股票作为标的物的期货；外汇期货是以外国货币为交易标的物的期货品种；国债期货，则是以国债为交易标的物的期货。在金融期货交易中，交易双方通常会使用现金结算或对冲平仓的方式结清头寸。金融期货交易的主要功能是规避金融资产价格波动的市场风险或从波动中获利（投机）。

股票指数期货简称股指期货，是以某种股票指数为标的资产的标准化的期货合约。买卖双方约定在未来的某个特定日期，按照事先确定的股价指数的大小，进行标的指数的买卖，到期后通过现金结算差价来进行交割。最早的股指期货是由美国堪萨斯期货交易所于1982年推出的价值线综合指数期货合约，随后芝加哥商业交易所推出了标准普尔500股价指数的期货合约。目前，全球主要的股票指数几乎均有对应的股指期货，中国目前代表性的股指期货交易品种包括香港期货交易所的恒生指数期货、中国金融期货交易所的上证50指数期货、沪深300指数期货和中证500指数期货交易品种等。表7-6、表7-7显示了沪深300指数期货的标准合约，以及相关合约品种的报价交易信息。

表7-6　　　　　　　　　　沪深300股指期货合约表

交易品种	沪深300股指期货	最后交易日	合约到期月份的第三个周五遇法定节假日顺延（非完整周）
合约乘数	每点300元	交割日期	同最后交易日
报价单位	指数点	交割地点	—
最小变动价位	0.2指数点	最初交易保证金	最低交易保证金：合约价值的8%
涨跌停板限幅	上一个交易日结算价的±10%	交割方式	现金交割
合约交割月份	当月，下月及随后两个季月	交易代码	IF
交易时间	9:30—11:30；13:00—15:00	上市交易所	中国金融期货交易所（CFFEX）

资料来源：中国金融期货交易所：http://www.cffex.com.cn/。

表7-7　　　　　　　　　沪深300指数期货合约交易信息（节选）

代码	名称	现价	涨跌	涨跌幅	基差	买量	买价	卖价	卖量	成交量	成交额	持仓量
000300	沪深300	4587.40	-4.40	-0.10%	0.00	—	—	—	—	89.08亿	1655.32亿元	0
CFFEX深圳300期货指数												
IF2010	2020年10月	4555.4	-44.0	-0.96%	-32.00	8	4555.2	4556.6	1	8.4万	1161.14亿元	8.3万
IF2011	2020年11月	4526.4	-46.2	-1.01%	-61.00	1	4523.4	4526.2	2	3432	46.95亿元	5802
IF2012	2020年12月	4499.2	-47.2	-1.04%	-88.20	1	4499.0	4500.2	1	2.0万	272.03亿元	7.0万
IF2103	2021年03月	4462.0	-50.2	-1.11%	-125.40	9	4461.0	4462.0	18	5010	67.56亿元	1.8万

股指期货以其基础股票指数的点数报价，表7-7中基础指数为沪深300指数，是上海和深圳交易所上市的成交量最大的300只股票的一揽子指数。IF2010、IF2011、IF2012

等分别表示的是 2020 年 10 月、11 月和 12 月到期的合约，IF2103 则是 2021 年 3 月到期的合约。在股指期货交易中，单笔合约的价值是以一定的货币金额（称为合约乘数）与标的指数的乘积来表示的。例如，沪深 300 指数的合约乘数为 300，成交价格为 4555.4 点的 IF2010 合约的总价值即为 1366620 元，指数每下跌 1 点，合约的价值下跌 300 元。

报价信息栏中的"基差"是指期货与现货的价差，表 7-7 中，沪深 300 指数点位（现货价位）为 4587.4 点，IF2010 价格为 4555.4 点，期货与现货的差额为 -32 点。通常随着到期日的临近，期货和现货价格往往会趋于一致，基差将缩窄直至消失，这便为期货和现货市场的对冲提供了基础条件。

股指期货实行现金结算，结算金额等于合约交割日的基础股指结算点数 S_T 与交易时期货价格 F_0 之间的点数差值和合约乘子的乘积，即股指期货合约多头的盈利为 $(S_T - F_0)$ × 合约乘子，而空头的恰与多头相反。假设投资者以 4555.4 点的价格买了 5 份 IF2010 合约，到交割日时若结算点数为 4600.4 点，则该投资者每笔合约的收益等于 300 × (4600.4 - 4555.4) = 13500 元人民币，该投资者 5 份合约共收益 6.75 万元。

（三）使用期货管理风险

利用期货合约，投资者可以实现套期保值和管理风险的目标，包括管理商品价格风险、单个股票价格波动风险、利率风险、外汇风险和股票市场整体价格变动风险等。

1. 套期保值和风险对冲

利用期货交易进行套期保值（Hedge）的基本原则是：在现货市场和期货市场对同一种类商品同时进行数量相等但方向相反的买卖活动。例如，在现货市场为多头（买入），则在期货市场上为空头（卖出），当价格变动使现货买卖上出现盈亏时，可由期货交易的亏盈进行抵销或弥补。其背后的机制在于期货和现货市场的价格走向往往趋于一致，相反的操作将导致盈亏相抵，从而锁定实际买卖标的物的价格。

【例 7-5】使用外汇期货对外币应付款进行套期保值

一家澳大利亚公司签订了一笔价值 70000 美元的进口合约，4 个月后用美元支付。进口商如果 4 个月后购买美元支付，则当美元汇率升值时将付出更多的本币（澳大利亚元）。该公司决定利用期货产品管理汇率风险，其交易的详情如表 7-8 所示。

进口商未来需要卖出澳元购买美元用于支付，因而其在 7 月 12 日建立了期货头寸（美元多头/澳元空头），并于 11 月 12 日结清，该交易给进口商的美元成本提供了套期保值。期货市场获取的利润抵销了即期市场上美元对澳元升值给进口商带来的额外的进口成本。

表 7-8 对外币成本进行套期保值

现金或现货市场	期货市场
7月12日 澳大利亚进口商购买价值 70000 美元的商品，同意在 11 月支付美元，即期汇率为 1 澳元等于 0.7 美元 （即期成本 = 100000 澳元）	出售一份 12 月到期的澳元期货合约，汇率为 0.7000 合约的面值 = 100000 澳元 合约的价值 = 70000 美元
11月12日 美元即期汇率升值，1 澳元等于 0.6750 美元，进口商购买 70000 美元的成本为 103703.7 澳元。 澳元成本增加 3703.7 元	买入一份 12 月到期的澳元期货合约，汇率为 0.6750 合约的价值 = 67500 美元（1000000 × 0.6750） 期货获利：70000 - 67500 = 2500 美元， 期货获利的澳元价值：2500 美元/0.6750 = 3703.3 澳元

机构投资者常用股指期货对股票资产组合的市场风险进行对冲，其具体做法是持有与现货价值基本相等，方向相反的股指期货头寸。

【例 7-6】 使用沪深 300 股指期货管理资产组合风险

某基金管理着现值 3 亿元人民币的股票投资组合，该组合主要由国内代表性的银行、保险和大盘蓝筹股构成，组合同市场基准（沪深 300 指数）的 β 系数为 0.9。基金经理认为股票市场整体长期看涨，但未来两个月可能会受到经济不景气的短期冲击而出现下跌，并选择沪深 300 指数期货合约来对冲短期市场风险。

假设 8 月 1 日，沪深 300 指数期货价格为 4000 点，假定现货和期货同涨同跌比例一致。若沪深 300 指数下跌 3%，基金的投资组合价值将下降 $3\% \times 0.9 = 2.7\%$，即 810 万元人民币。指数下跌 3% 相当于 120 个点位，对应的单张期货合约结算差额为：$300 \times 120 = 36000$ 元。若要使期货的收益完全弥补现货的亏损，则应该卖出的期货合约数量为：$8100000/36000 = 225$ 份。如果市场价格出现下降，投资者从卖空股指期货中可以获利，并完全抵销其在投资组合价值上的损失。当市场出现上涨时，投资者现货市场上出现收益，而期货市场上则会出现亏损。无论上涨还是下跌，投资者均可以确保其持有的资产组合总价值（股票价值加上期货合约的价值）稳定在可接受的水平上。如表 7-9 所示。

表 7-9 对股票组合进行套期保值

现金或现货市场	期货市场
8月1日 基金拥有市值 3 亿元的股票投资组合，组合 β 值为 0.9 （系统性风险敞口为 2.7 亿元） 沪深 300 指数 11 月合约期货价格为 4000 点	出售 225 份 11 月到期的沪深 300 指数期货，价格为 4000 点 合约价值 27000 万元

续表

现金或现货市场	期货市场
10月6日（股票市场下跌场景） 沪深300指数下跌3% 现货浮亏：3亿元×3%×0.9=810万元	买入225份11月到期的指数期货合约，价格为3880点 合约价值225×3880×300=26190万元 期货获利27000−26190=810万元
10月6日（股票市场上涨场景） 沪深300指数相比期初上升2% 现货浮盈：3亿元×2%×0.9=540万元	买入225份11月到期的指数期货合约，价格为4080点 合约价值：225×4080×300=27540万元 期货亏损：27540−27000=540万元

当然，现实中利用股指期货很难实现完美对冲：第一，资产组合价值很难恰好是合约金额的整数倍；第二，期货市场和现货市场的基差随着时间而发生变化，从而使两个市场中的盈亏头寸并不完全一致。尽管如此，期货仍为对冲标的资产价格风险提供了良好的工具，提升了投资者的流动性和风险保护程度。

2. 投机交易

在投机交易中，投机者预测价格的涨跌情况，利用期货产品，通过主动承担风险头寸试图获取利润。投机交易的特点是，在期货市场上看多做多，看空做空。例如，如果投机者不看好股票市场的未来走势，可以卖出相应品种的股指期货，等指数下跌后再买回对应合约进行平仓；如果看好，则买入相应的股指期货（成为多头），等待价格上涨后卖出平仓，从中获利。

然而，利用期货进行投机交易风险巨大，由于期货交易杠杆率高达10—20倍，标的资产价格的波动将很快侵蚀交易者的资金，遇到基础资产价格出现极端波动时，往往会给交易者致命的打击。我们在本章末提供了一个期货市场价格波动的典型案例，即2022年伦敦交易所的镍价格巨幅波动事件，供读者进一步了解市场的风险。

（四）期货与现货价格的关系

期货市场和现货市场存在较为密切的关系。随着期货合约交割月份的逼近，期货价格会逐渐收敛于标的资产的现货价格，在交割日，两者价格会趋于一致（基差接近零）。

促使两者价格一致的力量是市场的套利行为。假设在交割时间内，期货的价格 F 显著高于现货价格 P，投资者可以得到一个明显的套利机会：在期货市场上，以 F 价格卖出一份期货合约（做空）；在现货市场上，以 P 价格买入一份资产并进行交割。投资者的套利活动将一直延续到期货和现货的基差等于交易手续费为止。最终的结果是，期货市场价格下跌而现货市场价格上涨，最终两者价格趋于一致，基差接近零。读者可试着分析如果期货价格低于现货价格时的交易套利行为。

在交割期限内,期货价格和现货价格十分接近,如图 7-2 所示。图（a）表明期货价格在交割期之前高于现货价格场景,而图（b）表明了交割期前期货价格低于现货价格的场景。期货和现货价格在交割时期收敛这一特性,是投资者利用期货对冲风险的重要依据。

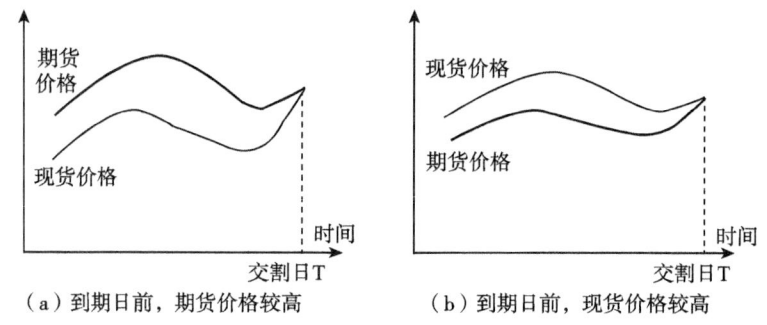

图 7-2 期货与现货价格在交割日趋于一致

第二节 期权

一、期权概述

（一）期权的定义

期权（Option）是指在限定的时点或时期内按事先约定的价格买进或卖出特定金融产品或合约的权利。期权合约中规定的交易价格被称为执行价格（Excute Price）或协议价格（Strike Price）。期权的买方拥有权利（而非义务）在某一个特定时期内或某个时点,按照事先约定的价格买入或卖出某约定产品。

期权的独特之处在于,交易中买卖双方的权利义务是不对等的,期权买方享有按照合约规定买进/卖出标的资产的权利,而期权卖方则只有履约的义务,没有不履约的权利。期权的持有者具有行使交易的主动权。例如,投资者买入一份期权合约,规定 6 个月后按照每盎司 1000 美元卖出 10 盎司黄金。该期权的标的资产为黄金,执行价格为 1000 美元/

盎司。如果 6 个月后,黄金现货市场价格下跌到 800 美元/盎司,期权买方(权利方)将执行期权,按照 1000 美元/盎司的协议价格出售黄金,若黄金价格上升到每盎司 1320 美元,则期权的持有者将放弃行使权利,期权作废。

现实生活中,人们去买房时提交定金后,售楼公司会为买房者保留其看好的房屋,该交易行为赋予买房者在一定时期内购买双方约定的房产的权利。售楼公司收了定金,就有到期按照约定价格出售房屋的义务,无论期间房价发生怎样的变化,都不能反悔;但买房者如果后悔不想买房了,可以不支付剩余款项,但其付出的定金不予退还。定金给买方提供了一种未来是否交易的选择权,本质上就是一种期权。

按照履约的时间条件,期权可分为欧式期权和美式期权两类。欧式期权的买方只能在期权到期日才能执行期权,而美式期权则允许买方在期权到期日前的任何时点(含到期日)执行期权。上例中,投资者若持有的是欧式期权,则只能在 6 个月到期之日决定是否行权,关键影响因素是到期日那个时点的黄金市场价格,如果持有的是美式期权,则买方可以观察 6 个月内的黄金市场价格变动,选择有利时机行权。由此可见,美式期权的买方具有更大的选择余地,能充分利用价格变动带来的好处,因而更受投资者欢迎,但相对欧式期权的权利费也更高一些。目前,多数的场内交易期权都是美式期权,而大部分的场外交易期权为欧式期权。

(二)期权的种类

1. 期权的权利类型

按期权的权利性质,期权分为买权(又称看涨期权)、卖权(又称看跌期权)和双向期权。买权(Call Option)给予期权的买方按照合约条件买入合约规定的商品或金融工具的权利。卖权(Put Option)给予期权的买方按照合约条件卖出合约规定的商品或金融工具的权利。双向期权则授予期权的买方在规定的时间按执行价格买进和卖出一定数量的约定物的权利,它是具有同一执行价格的看涨期权和看跌期权的组合。在市场十分混乱、价格波动剧烈、反复无常的情况下,可利用双向期权进行投资,对冲风险或博取收益。

表 7-10 总结了期权的买入者(持有者)和卖出者(立权者)的权利义务、收益损失状况。

表 7-10　　　　　　　　　　期权的持有者和卖出者

	买入者(持有者)	卖出者(立权者)
权利/义务	享有权利而无义务	没有权利只有义务
期权费	支付	收取

续表

	买入者（持有者）	卖出者（立权者）
买权	买入/做多头的权利	对方执行时，必须卖出
卖权	卖出/做空头的权利	对方执行时，必须买入
执行	主动决策	被动接受
最大损失	期权费	无限
最大收益	无限	期权费
场内交易结束办法	行权：执行权利	履行义务
	平仓卖出期权结清头寸	买回期权结清头寸
	期权过期，失效	期权到期，保留期权费

2. 基础产品类型

按照期权交易的基础产品来划分，期权可分为四大类，即利率、货币、股票和商品期权。在我国使用较为广泛的期权产品包括交易所交易的指数基金期权（例如，沪深300ETF基金期权和上证50ETF基金期权）、银行间外汇市场的外汇期权等。

（三）期权的功能

1. 套期保值与避险

期权向投资者提供了一个类似于保险的单向套期保值工具，尤其是对于那些持有复杂的投资组合的投资者而言，他们可以通过交易与自己所拥有的投资组合有关的期权来调整其投资的风险和收益特征，实现最优的风险管理。因而，期权市场的主要参与者是机构投资者。

期权的应用非常普遍，除了股票市场外，人们在债券和外汇市场上均可以运用期权来避免未来基础资产价格的不利变动。例如，未来有购买美元需求的客户，可通过购买美元买权的方式锁定最高购汇成本。

【例7-7】利用期权管理外汇风险

6月20日，企业向A银行购买了一份名义本金1000万美元的美元买权，期限1个月，执行价格为6.60元人民币/美元，支付期权费500点即0.05元人民币/美元，而1个月的远期购汇价为6.60元人民币/美元。

假定7月20日市场的即期汇率可能为6.40、6.55或6.80，则该企业的基本状况如表7-11所示。相比远期购汇，企业用外汇期权控制汇率风险，具有较大的灵活度，可以观望市场的实际变动方向，并在美元汇率贬值时以较低的成本实现购汇。

表 7-11　　　　　　　　　运用美元外汇买权控制买入外汇成本

	到期日即期汇率	期权执行	综合购汇成本（含期权费）	成本说明
情景 1	6.40	否	6.45	即期市价购汇，比远期购汇更优
情景 2	6.55	否	6.60	即期市价购汇，同远期购汇成本持平
情景 3	6.80	是	6.65	低于即期购汇，略高于远期购汇

2. 投机

对于那些希望对标的资产价格的涨跌进行投机的投资者来说，期权是一个较好的工具。这是因为，一般情况下期权的权利费价格比标的资产价格低得多；期权产品的价格波动性往往大于标的资产价格的波动性，具有很大的杠杆作用，往往能够在短期获取巨幅收益。例如，沪深 300 指数 ETF 基金的日涨跌幅不超过 10%，而沪深 300 指数 ETF 基金期权可能在单日内价格上涨 500% 甚至 2000%，2019 年 2 月当月到期的认购期权价格曾在一天之内从 0.0002 元上涨到 0.0581 元，创单日涨幅 192 倍的历史纪录。当然，期权的巨大的波动性也意味着期权交易具有较大的风险，一些期权内在价值可能为零，买入方很可能损失全部投资，而期权的卖出方在理论上更有可能遭受远超过本金的亏损。因此，在期权交易中，权利的买入方无须支付保证金，而权利的卖出方需要相应的保证金以确保市场价格向不利于卖方方向运动时，具有足够的账面资金应对买方的行权。

二、期权的内在价值与价格

（一）内在价值

期权的内在价值（Intrinsic Value）是指立刻执行期权能否带来经济价值。如果不能带来正的经济价值，则其内在价值为零。

在期权交易中，执行价格 X 是确定的，而标的资产的市场价格 S 随着市场状况波动，期权买方需要根据两者的相对关系，判断是否行使期权。对于买权而言，当期权的即时市场价格大于执行价格时，其内在价值大于零；而对于卖权则恰好相反，在期权的市场价格低于执行价格时，其内在价值大于零，内在价值大于零的期权称为"实值"或价内期权；如果期权的执行价格与现货市场的即时市场价格相等，称该期权为"平值"期权；如果执行期权时对买方不利，该期权是"虚值"或"价外"期权，平值和虚值的期权内在价值均为零。

值得注意的是，判断虚值、平值或实值期权时，是以基础资产即期的市场价格而不是到期日的市场价格为参照的。人们常看到市场上存在大量的"虚值"和"平值"期权，在到期日之前，这些期权有着正的交易价格，主要反映了人们对于该期权在到期日时能执行的概率的预期。买权和卖权的市场价格、执行价格和内在价值的关系如表7-12所示。

表7-12　　　　　　　　　　　期权的内在价值

	情景	买权（Call）	卖权（Put）
正的内在价值	实值（行权）	S > X	S < X
内在价值为零	平值（无差异）	S = X	S = X
	虚值（不行权）	S < X	S > X

注：S为基础资产的即期市场价格，X为期权的协议价格。

值得注意的是，期权的内在价值决定了期权的多方是否行权，但期权双方的最终净损益除了内在价值外，还取决于期权费P（即期权的价格）。

（二）期权双方的损益状况

1. 买权的损益

假定一份买入期权合约规定持有者在6个月后能以12元的执行价格购买某标的股票，买方在t时期需支付期权费1.5元，则在到期日，该股票的市场价格情景与这份期权的买入者（多头）和卖出者（空头）损益情况如表7-13所示。

表7-13　　　　　一份股票买权的损益（执行价格为12.00元，期权费为1.50元）

到期日现货市场价格（元）	多头的损益（元）	是否行权	空头的损益（元）
10.00	-1.50	否	1.50
11.00	-1.50	否	1.50
12.00	-1.50	无差异	1.50
13.00	-0.50	是	0.50
13.50	0.00	是	0.00
14.00	0.50	是	-0.50
S > 12	S - X - P	是	-(S - X - P)

买方付出的期权费是买方的沉没成本，它与是否行权无关，因此买权的多头方损益中总是包含 -P，即期权费；当到期日资产的价格高于执行价格时，买方将行权，此时获取

的是市场价和行权价的差即 S－X，而当资产的市场价格低于执行价格时，买方不行权，全部损失为付出的期权费 P；因此买权的多头损益可以表示为：V = max(S－X,0)－P，其盈亏平衡条件是：市场价格等于执行价格和期权费之和，即 S = X + P。与之相对，买权的卖出者（空头）的损益情况恰好与多方相反，对方所得即为其所失。卖方的损益可写作：V = P－max(S－X,0)，即最大收益为期权费 P，但其损失可能是无限的。

本例中，当到期日目标的股票的市场价格低于 12 元行权价（如 10 元、11 元）时，多头将放弃行权，其损失即为 1.5 元；当市场价格高于 12 元时，买方选择行权，其损益为 S－13.5，当市场价格为 13.5 元时，买方盈亏平衡。表现在图 7－3 中，买方的损益 R 分割为两段：

$$\begin{cases} R = -1.5 & (S < 12) \\ R = S - 13.5 & (S \geq 12) \end{cases}$$

对于这份买权的卖出者或开立者而言（简称该买权的空头），损益情况恰好相反，对方所得即为其所失。因此，卖方可能获得的最大收益是期权费 1.5 元，其盈亏平衡点与多方一致，也是 13.5 元。

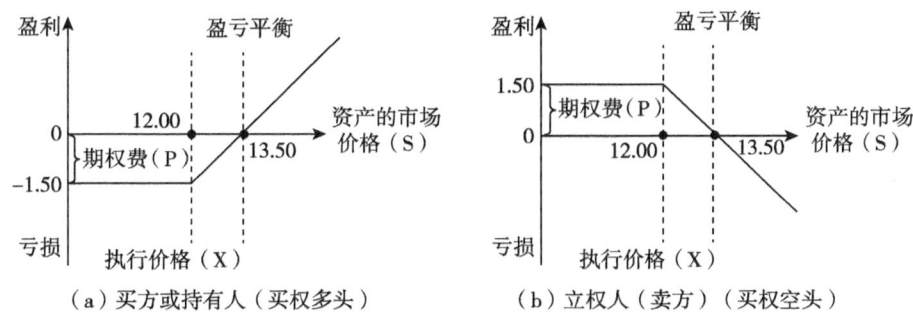

（a）买方或持有人（买权多头）　　（b）立权人（卖方）（买权空头）

图 7－3　买权的损益状况

2. 卖权的损益

卖权的行权触发条件与买权恰恰相反。当到期日的市场价格低于执行价格（S < X）时，卖权的多方将执行期权，否则期权将不被执行，多方的损失为全部期权费，因此，多头损益为：V = max(X－S,0)－P；而空头的损益恰与多头相反，V = P－max(X－S,0)，双方的盈亏平衡点均为 S = X－P。

假定一份卖出期权合约规定持有者在 6 个月后能以 12 元的执行价格卖出某标的股票，买方在 t 时刻需支付期权费 1.5 元。则在到期日，该股票的现货市场价格情景、这份期权的买入者（多头）和卖出者（空头）损益情况如表 7－14 所示，卖权的买入者（多方）和立权人（空方）的损益状况如图 7－4 所示。

表7-14　　　　　　一份股票卖权的损益（执行价格为12.00元，期权费为1.50元）

到期日现货S价格（元）	多头的损益（元）	是否行权	空头的损益（元）
S<12时	X-S-P	是	P-(X-S)
0	10.5	是	-10.5
10.00	0.5	是	-0.5
10.5	0	是	0
11.00	-0.5	是	0.5
12.00	-1.5	均可	1.5
13.00	-1.5	否	1.5
S>12	-1.5	否	1.5

图7-4（a）显示了卖权多方的损益。权利费1.5元是多方的沉没成本，当到期日股票的市场价格高于执行价格时，卖权的多方将不行权，其最大潜在损失即为1.5元；当股票的市场价格低于执行价格时，多方将选择行权。考虑到期权费，仅在市场价格等于行权价格减去期权费（即市场价格等于10.5元）时，多方才能盈亏平衡，市场价格低于10.5元时多方将获得净利润。但是，基础资产的理论价格最低为零，因而卖权的多方最大净收益为10.5元/股。

图7-4（b）揭示了卖权的空头（立权人）的损益情况，当到期日的股票价格高于执行价格时，空头获取利润，当即期价格从执行价格下跌到盈亏平衡点10.5元时，利润逐步减少。无论即期价格高于执行价格的幅度有多大，最大利润只限于出售期权获得的期权费，当基础资产价格为零时，卖权的空头最大损失为10.5元。

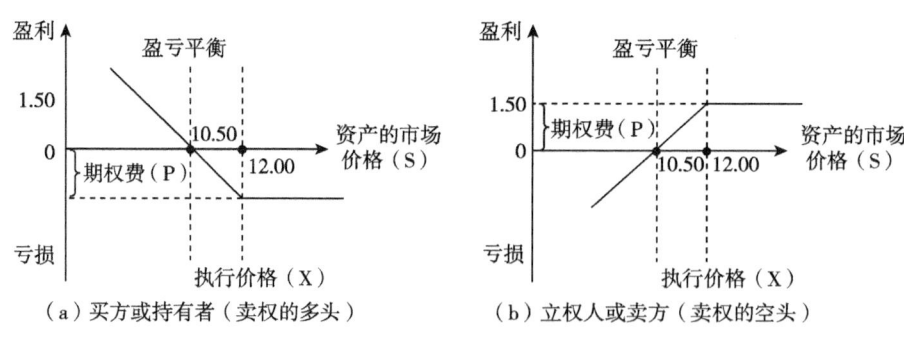

图7-4　卖权的损益状况

（三）影响期权价格的因素

在期权交易中，期权费（期权价格）是买卖双方竞价的结果。期权费的大小取决于期权的价值，而期权的价值又取决于期权剩余有效期限、所选择的执行价格、标的资产的波动性以及利率等因素。期权定价理论是整个期权理论的核心,有关定价模型包括二项式模型、布莱克—斯科尔斯定价模型等,感兴趣的读者请参阅本章末的参考文献,此处仅介绍基本原理。

从期权买卖双方的净损益入手,将很容易理解影响期权价格的因素,总的原则是,对于权利方而言,执行期权获得正的净收益的概率越高,则对应的期权费(价格)越高。

1. 期权的执行价格

对于买权而言,执行价格越低,资产价格在未来时间超过执行价格的可能性越高,则多方获得正收益的概率越高,因而期权费越高;相反,对卖权而言,执行价格越高,资产价格在未来时间低于执行价格的可能性较高,因而期权费越高。

2. 标的资产价格

对买权的多方而言,内在价值等于 $S-X$,标的资产的市场价格越高,资产价格未来超过执行价格的可能性就越大,因此期权的价格较高;对于卖权的多方而言,内在价值等于 $X-S$,标的资产的市场价格越低,则期权的价格就越高。

3. 到期期限与时间价值

其他因素相同时,期权的价格通常与到期期限的长短正相关。在期权的交易中,期权价格与内在价值之间的差值被称为期权的时间价值。假定一个股票买权,执行价格为 12 元,到期日为 2020 年 6 月 30 日,而 2020 年 2 月 1 日基础资产(股票)的市场价格为 11 元,则该期权此时为"虚值"期权(其内在价值为零),然而,考虑到未来随着时间推移,基础资产的预期价格在到期日可能会上涨,如涨到 13 元,因此投资者愿意支付一定费用(比如 1 元)购买该期权,获得未来价格上涨带来的好处。因此,即使是虚值期权,也有交易价格,1 元即为期权的时间价值。由此可见,期权的时间价值,是投资者为了从基础资产在到期日的有利变动中获取收益(行权)而付出的风险溢价。

通常来说,时间价值与到期期限的长短正相关,原因在于期限越长,基础资产价格发生有利变动的可能性越大,但是时间价值会随着到期日的临近而下降,截至到期日,期权的价格完全取决于内在价值,时间价值为零,很多"虚值"期权在到期日之前呈现出价格持续下跌,最后归零的现象。

4. 标的资产价格的波动率

其他条件相同,基础资产价格波动率越大,标的资产的未来价格满足多方获利的可能性越大,因而期权的价格越高。标的资产价格波动率是用来衡量基础资产未来价格变动不确定性的指标。通常用基础资产收益率的标准差或方差表示。

5. 期权有效期内的无风险利率

其他条件不变,对于买权而言,期权有效期内的无风险利率越高,期权费越高;相反，对于卖权而言，期权有效期内的无风险利率越高，期权费越小。之所以会出现这种结果，主要原因是无风险利率可视作投资者的机会成本。买入一份买权同直接买入标的资产相比，占用资金较少（前面的例子中，仅需要支付1.5元就可以锁定未来以12元购买股票的机会），节约的资金可以按无风险利率获得回报，因此期权的吸引力增加，期权费就高。相反，比较卖出股票和买入卖权这两个策略，前者迅速回笼资金而后者占用资金，当无风险利率上升时，卖出股票相比买入一份卖权能够获得更高的无风险回报，因而卖权的价格下跌。

6. 有效期内标的资产的红利

其他条件不变，有效期内标的资产发放的红利越高则买权的价格越低，而卖权的价格越高。红利是持有股票的收益，买入期权同直接购买资产现货相比，前者不能获得标的资产在期间的分红收益，因而红利的数量会降低持有买权的吸引力；而对于卖权而言，由于购买卖权而不是直接卖出相关标的资产，投资者可在到期日前获得相应的红利，因此红利数量越高会增加卖权的吸引力，提高其价格。

结合以上分析，对于美式期权价格的影响因素，总结如表7-15所示，其中+号表示正相关，-号表示负相关。

表7-15　　　　　　　　　　　相关因素对期权价格的影响

影响因素	买权（Call）	卖权（Put）
执行价格	—	+
标的资产当前价格	+	—
标的资产价格波动率	+	+
标的资产的红利	—	+
无风险利率	+	—
到期期限	+	+

第三节　互换

经济金融系统中，人们有各种对冲、转移风险的需求，有些可以通过购买保险或标准化产品如期货、期权合约解决，也可以通过场外交易的远期交易等来完成，而另一种可量身定做的金融衍生工具——互换（Swap），能针对各种需求提供更加个性化的解决方案。

互换的起源可以追溯到 20 世纪 70 年代末，货币交易商为躲避英国的外汇管制而开发了货币互换，1981 年 IBM 公司与世界银行签署了世界上第一份利率互换协议。此后，互换市场迅猛发展，在全球范围内迅速扩张，已经成为使用最为广泛的金融衍生产品。

一、互换概述

互换（Swap），是买卖双方在一定时间内交换一系列现金流的合约。在一个互换交易中，当事人按照事先商定的条件，在约定的时间内，交换基础金融工具的一系列收付款项，就此意义而言，互换可视作一系列远期合约的组合。

互换交易具有高度的灵活性，能够根据交易双方需求进行定制，被普遍用于管理信用风险、市场风险（如利率风险、汇率风险、价格波动风险）等。作为表外业务，互换合约通常不反映在资产负债表上，可以逃避相关的金融监管、规避外汇或利率管制、破除因为监管差异造成的市场资金流动壁垒等，极大地促进了资金套利和风险分散。

按照其交易对应的基础产品来看，互换可以分为利率互换、股票互换、货币互换和商品互换。

二、利率互换

利率互换（Interest Rate Swap），是交易双方在事先确定的时间范围内，按照约定，对同种货币不同利率形式的现金流收付进行交换。常见的利率互换是浮动利率与固定利率利息互换，即针对名义本金按照浮动利率计算的现金流金额与按照固定利率计算的现金流金额的交换。

利率互换的名义本金，是用来计算各期支付的名义基础，互换的双方通常无须在期初和期末互换本金。利率互换的期限一般较长，时间跨度有 1—5 年期、7—10 年期，甚至更长的 30—50 年期。

【例 7-8】利率互换

利率互换是基于互换双方在固定利率或浮动利率市场上拥有不同的比较优势而产生的。

A 银行和 B 公司均计划融入一笔 10 年期的本金为 1 亿元的资金。A 银行主要经营浮动贷款业务，希望能够获取浮动利率的资金；B 公司希望锁定债务成本，支付固定利率水平。他们如果分别从资本市场筹资，面临的融资成本如表 7-16 所示，其中，A 银行因为信用等级比 B 公司高，具有融资成本的绝对优势，即无论发行固定利率债券还是浮动利率债券均比 B 公司融资成本低，双方偏好的融资方式用√表示。

表 7-16　　　　　　　　　　A 银行、B 公司的融资成本

	固定利率	浮动利率	互换后的实际融资成本
A 银行	5%	1 年期 LIBOR + 3.5% √	1 年期 LIBOR + 3%
B 公司	7% √	1 年期 LIBOR + 4.5%	6.5%

然而，从利差来看，A 银行在浮动利率市场上，相对 B 公司的融资优势仅为 100 个 BP[①]；而固定利率市场上，A 银行的融资优势为 200 个 BP，意味着 A 银行的固定利率融资具有比较优势，而 B 公司在浮动利率融资方面拥有比较优势。

如果双方利用各自的比较优势进行融资，随后对利息进行交换，就能达到共同降低筹资成本的目的。A 银行和 B 公司经过协商，决定进行如下合约安排：

（1）A 银行以 5% 的固定利率从市场融资 1 亿元，B 公司以 1 年期 SHIBOR + 4.5% 的浮动汇率从市场借入同等金额资金。由于本金相同，双方在互换中无须交换本金，只需 A 银行每年向 B 公司支付浮动利息，B 公司向 A 银行支付固定利息。

（2）A 银行每年向 B 公司按照 1 年期 SHIBOR + 3.5% 的利率水平支付利息，而 B 公司每年按照 5.5% 的固定利率向 A 银行支付利息，为期 10 年。

该笔互换的每年现金流状况如图 7-5 所示。对 A 银行而言，每年支付市场融资利息为 5%，向 B 公司支付利息 SHIBOR + 3.5%，获得 B 公司支付的利率为 5.5%，合计融资成本为 SHIBOR + 3%（即 5% + SHIBOR + 3.5% - 5.5%），比其单独进行浮动利率的成本下降 50 个 BP；B 公司每年支付市场的融资利息 SHIBOR + 4.5%，向 A 银行支付 5.5%，获得 A 银行支付的利息为 SHIBOR + 3.5%，合计融资成本为 6.5%（即 SHIBOR + 4.5% + 5.5% - SHIBOR - 3.5%），比其单独进行固定利率融资成本下降 50 个 BP，不仅融资方式符合预期，而且各自均节约了 50 个 BP 的资金成本。

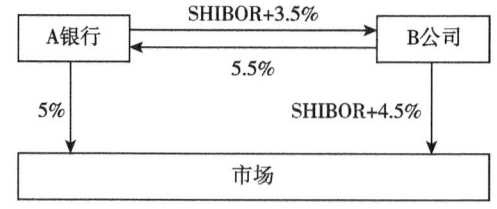

图 7-5　利率互换示意图

双方进行互换交易的总收益，等于双方按照其初始偏好进行融资的总资金成本同按照比较优势进行融资的总资金成本的差值。如果按照各自偏好的融资方式（即表中√项），

---

① 注：BP 为 Basis point 的缩写，代表万分之一。

A 银行和 B 公司的利息成本合计为（7% +1 年期 SHIBOR +3.5%）×1 亿元；互换后，双方只需支付（5% +1 年期 SHIBOR +4.5%）×1 亿元的利息，双方融资成本共下降了 1 亿元的 1%。双方各自获得的成本节约规模取决于双方谈判的结果，本例中按照平均分配的方式，各自融资成本均下降了 50 个 BP。现实中，谈判能力越强的交易方，越能够享受更多的利益，如 A 银行可能要求对方提供 5.7% 的利息支付，从而使银行成本节约 70 个 BP，而 B 公司成本下降 30 个 BP。

在互换交易中，双方在每一个付息支付日无须全额支付利息，而是按照利率轧差进行，即由 A 银行向 B 公司净支付 10000 万元 ×（SHIBOR − 2%）。例如，某一年支付日 SHIBOR 为 3%，则 A 银行应付给 B 公司的净利息差额为 10000 万元 ×1% = 100 万元；相反，若该支付日的 SHIBOR 为 1%，则实际的现金流交换为 B 公司向 A 银行支付 10000 万元 ×1% = 100 万元。

三、货币互换

货币互换（Currency Swap）是指交易双方同意在合约规定的一系列时点交换一定的现金流，以不同货币计算和支付。将美元的本金和固定利息与期初等额人民币和固定利息进行交换的金融合约就是一个简单的货币互换。货币互换的基础是交易双方在不同国家的资本市场融资/投资具有优势。

【例 7 − 9】货币互换

A 公司总部在中国，其英国分公司想要筹集 5 年期 1000 万英镑的资金用以支付海外开支；B 公司的总部在英国，其中国分公司想要借入 5 年期的人民币资金。两家公司在中国和英国的融资成本存在差异，A 公司能获得利率较低的人民币贷款，但英镑融资利率很高；相反，B 公司能够获得比较低的英镑贷款，但人民币贷款成本较高，如果各自在母国融资虽然可以获得较低成本，但可能面临汇率变动风险。两公司具体的融资成本如表 7 − 17 所示。

表 7 − 17　　　　　　　　　A、B 公司不同币种的融资利率

	人民币	英镑
中国 A 公司	4%	5%
英国 B 公司	5%	4%

A 公司在人民币融资上具有绝对优势，B 公司在英镑融资上具有绝对优势，双方可利用各自的优势融资，并互换利息支付，降低筹资成本。假设合约签订时的人民币对英镑汇率为 9∶1，即 1 英镑等于 9 元人民币。

双方达成互换协议：A 公司以 4% 的利率借入 5 年期人民币贷款 9000 万元，B 公司以 4% 的利率借入 5 年期的资金 1000 万英镑（按照初始汇率本金相等），双方按照当前的汇率水平交换本金，即 A 公司获得 1000 万英镑，而 B 公司获得 9000 万元人民币。在未来的 5 年时间内，双方每年进行利息互换，A 公司支付给 B 公司 1000 万英镑×4% 的利息，而 B 公司支付给 A 公司 9000 万元×4% 的利息，则两家公司每年的融资成本相比用外币融资的成本将降低 1 个百分点。与利率互换在同一币种下进行净额轧差不同的是，由于币种不同，货币互换的利息交换往往采用全额支付的方式。5 年期满后，双方还需要按照最初的汇率再度交换本金，从而偿还各自的借款。由于汇率是固定的，因此整个交易的本金避免了汇率变动的风险。双方的现金流如图 7-6 所示。

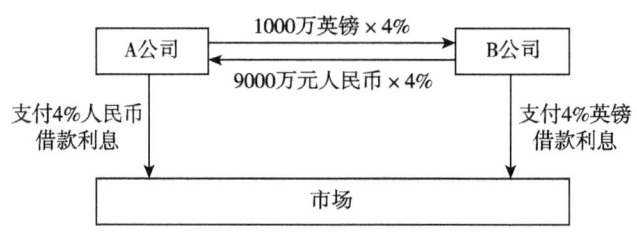

图 7-6 货币互换中的利息交换

按利率支付方式不同，货币互换可以分为三种：(1) 固定对固定：一方基于某一种货币按照固定利率支付利息，而另一方则基于另外一种货币支付固定利率的利息，前面的例子便是这样的一种方式；(2) 固定对浮动：一方基于某一种货币按照固定利率支付利息，而另一方则基于另外一种货币支付浮动利率的利息；(3) 浮动对浮动：一方基于某一种货币按照浮动利率支付利息，而另一方则基于另外一种货币支付浮动利率的利息。

货币互换与利率互换的区别在于：货币互换在协议开始和结束日均会发生本金的交换；货币互换的交易双方所支付款项的币种不同，某种意义上，利率互换可视为一种特殊的货币互换，即币种相同的货币互换。

四、股票互换和商品互换

股票互换和商品互换都是基于某种价格指数进行的互换，其中股票互换的参照对象通常是股票价格指数，而商品互换则基于某个商品价格指数。

股票互换的一方同意在协议有效期内依照未来的时间表向另一方支付根据股票指数确定的、一定比率的回报，而另一方则支付给交易对手一种固定或浮动的利率或者另一种股票指数的收益率，这些支付按相关名义本金的一个百分比确定。双方至少有一方的支付是基于一个股票指数进行的。

例如，某基金经理的资产组合完全由中国的股票组成，但他认为应该分散组合投资一定比例的外国股票。由于种种限制，该基金经理很难直接投资外国股票，但可以与国际投资者签订互换协议，每季按约定的名义金额，如 20 亿美元，向对方支付沪深 300 指数的回报率，对方以同样的名义本金向其支付标准普尔指数回报率。这样，双方无须实际买卖股票，但却实现了风险的分散，又规避了海外交易面临的种种限制。

商品互换是指基于某种商品价格指数进行的互换协议。交易双方约定按期根据某种商品指数的变动和另一种事先确定的支付基准收益（如固定利率、浮动利率或收益率）之间的差，向对方支付差价。例如，为规避燃油价格上涨风险，某航空公司同 A 银行达成为期 3 年的互换协议，交易结构如图 7-7 所示。

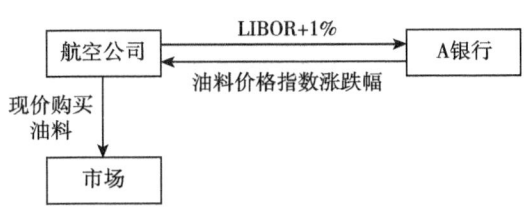

图 7-7　商品互换示意图

A 银行每半年向航空公司支付北海布伦特石油价格指数的变动率，而该航空公司则向 A 银行按名义本金的浮动利率支付利息，利率为 6 个月 LIBOR + 1%。当标的石油价格指数上涨 5%，而 LIBOR 为 3% 时，A 银行向航空公司支付 1% 的净收益差，相反如果石油价格大幅下跌，则航空公司向 A 银行支付差价。由此可见，商品互换并非双方交易商品，而是挂钩某一商品的现金流的交换。

五、信用违约互换

信用违约互换（Credit Default Swap，简称 CDS），也称"信用违约掉期"，是债券市场中最常见的信用衍生产品。CDS 是一种信用风险保护合约，交易双方约定在未来一定期限内，信用保护买方按照约定的标准和方式向信用保护卖方支付信用保护费用，由信用保护卖方就约定的一个或多个参照物向信用保护买方提供信用风险保护，它属于合约类的信用风险缓释工具，功能类似于损失保险。

在典型的 CDS 交易中，买方定期支付信用保险费用，一旦参照物发生约定的信用风险（如信用违约），则卖方需要支付给买方约定的金额作为补偿，如果没有风险事件，则卖方获得相应的保险费，其典型的交易结构如图 7-8 所示。

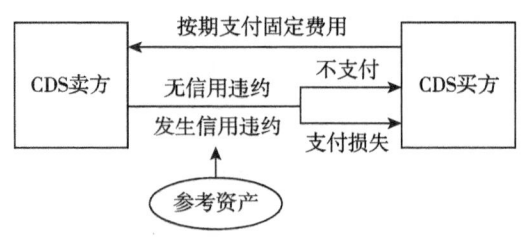

图 7-8　信用违约互换示意图

CDS 的买方通常为银行类金融机构。例如，银行对客户发放大额贷款，后者每年偿还利息，到期还清本息。但是，借款客户一旦违约将给该银行带来极大损失。为了对冲风险，银行通常与另一方（CDS 卖方）签订 CDS 合约，向后者定期支付部分费用，后者对该银行提供信用风险保护，一旦贷款客户违约，则剩余未清偿债务由 CDS 卖方负责偿还给买方银行。CDS 的买方以小额的代价实现贷款客户违约风险的转移，相当于为自己的信贷资产购买了保险；而 CDS 的卖方在初始贷款客户不违约的条件下，也能得到定期的保费收入。目前，信用违约互换已经成为商业银行和金融机构管理信用风险的一个常用手段。

当然，CDS 并不能消除原始资产或原始借款人的信用风险，只是将信用风险从 CDS 的买方转移到了 CDS 的卖方，当经济环境恶化而参考资产信用风险普遍暴露时，CDS 的卖方也可能会因为无法偿付而陷入信用危机和财务困境。衍生工具并不能消灭金融体系中的风险，如果运用不当会引发更大的问题。

专题讨论 7-1　LME "镍期货" 波动事件

伦敦金属交易所（LME）是目前全球有色金属定价中心，其公布的基准镍价（该基准以 3 个月镍期货为主力合约，以下简称"伦镍"）是供应链上下游企业和金融机构用于现货贸易、产品权益结算的计价基准和重要参考。2022 年 3 月，LME 镍期货价格上演了一波暴涨行情，LME 连续两次暂停交易，成为轰动国际金融市场的标志性事件。

2022 年 3 月 7 日到 8 日，LME 镍期货主力合约连续突破历史记录，最高涨幅达 250%。3 月 7 日，伦镍期货由 29770 美元/吨开盘，盘中一度冲高到 5.5 万美元/吨的历史高位，比前一日收盘上涨 88.81%，并创下 2.53 万手的最高日交易量。3 月 8 日，伦镍期货在夜盘的交易中继续暴涨，从 5 万美元突破 10 万美元关口，最高价达 101365 美元/吨，涨幅最高为 101.52%，达到了创纪录水平。如图 7-9 所示。

面对如此巨幅的极端价格波动，LME 打破其百年记录，罕见地作出叫停市场、取消交易、延迟交割、头寸转移、增设涨跌停板等一系列紧急调整。

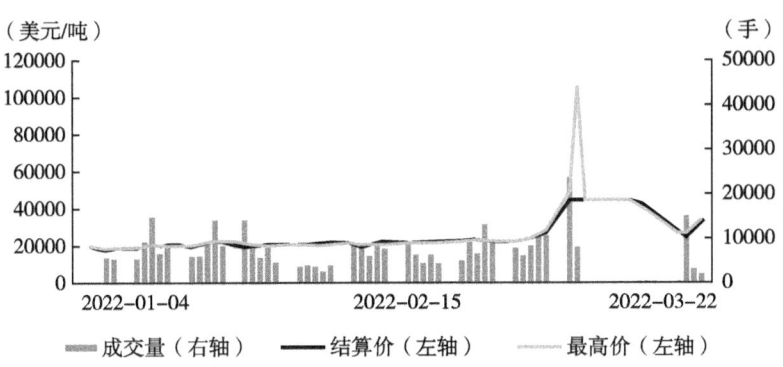

图 7-9 2022 年 1—3 月伦镍期货价格与成交量

资料来源：Wind。

2022 年 3 月 8 日伦敦时间上午 9 点开市前（北京时间 16：00 左右），LME 宣布暂停镍交易，并取消所有在英国时间 2022 年 3 月 8 日 00：00 之后在场外交易和 LME 电子交易系统执行的镍交易。此后，LME 发布了多项公告，向市场解释停牌的原因、复牌的准则、针对本次特殊情况制定的头寸转移的具体流程和费用等，宣布推迟所有应于 2022 年 3 月 9 日及后续交割日因暂停交易而无法交割结算的镍合约。3 月 14 日 LME 发布公告，于 3 月 16 日星期三上午恢复镍期货交易，并首次引入了涨跌幅限制制度，对所有镍期货合约涨跌幅设置为上一日结算价的上下 5%，其他金属合约每日价格变动幅度限定为 15%，要求所有会员上报有关场内和场外镍交易头寸。

3 月 16 日，伦镍终于在停盘 6 个交易日后恢复交易。开盘后，伦镍期货即报 45990 美元/吨，触及 5% 的跌停板。但由于系统问题，伦镍跌停后出现了在跌停价以下成交的情况。随后 LME 又一次紧急暂停了镍交易，以调查跌停板可能存在的技术问题，且跌停线以下的镍交易被取消。LME 扩大伦镍的涨跌停板幅度，由 3 月 16 日的 5% 调整到 3 月 17 日的 8%，再到 3 月 18 日的 12%，3 月 21 日伦镍涨跌幅限制进一步提高至 15%，和其他金属保持一致。连续扩大限制幅度有助于伦镍价格更快回归。3 月 17 日、18 日、21 日伦镍重现了开盘即跌停局面，仍有多笔交易在低于交易所设定的跌停板以下成交后被取消。随后又在 3 月 23 日、24 日涨停，30 日结算价报 32893 美元/吨，总体价格在震荡中大幅回调。

分析师认为，该现象出现的主要原因是期货空头逼仓。2022 年 2 月底，俄乌战争爆发，引发西方国家对俄罗斯进行多轮制裁。俄罗斯是镍生产大国，俄镍供应占全球 8%，且大部分用于出口，其镍板出口量高居全球榜首，而这也正是 LME 接受的主要交割品种。但是，随着俄乌冲突的持续，针对俄罗斯的国际制裁层层加码，使俄罗斯镍板的交易和运输不确定性增加，对本来就产量较低的镍市场造成一定冲击。截至 2022 年 3 月 4 日，即逼空前一个交易日，LME 镍库存仅为 77082 吨，降到 2020 年以来的新低水平，同比降幅达到了70%。同时，LME镍现货升水高达690美元/吨，现货供应十分紧张，而由于镍产业链多元化，有较多非标准套期保值现象，但标准的交割品相对供给单一，使得交割难度加大，可供交割产品库存严重不足，进而引发资金博弈，多方借助供给冲击事件，对空方进行逼仓，导致价格大幅上涨。

此次价格的暴涨暴跌中，实体套期保值者也受到较大冲击。中国企业青山控股集团（以下简称"青山控股"）持有约15万—20万吨LME镍空单，镍价暴涨为其带来追加大量保证金的压力，青山控股要么购买高价的实物镍来进行交割，要么买入大量合约进行平仓，而这会进一步推高价格。无论哪种方式，青山控股都要承受巨额的亏损。即便以2万美元/吨的损失来估算，青山控股的伦镍期货交易亏损将达30亿—40亿美元，如果按3月8日停盘报价8万美元/吨估算，账面亏损将达到百亿美元。北京时间3月15日凌晨，青山集团发表声明，已经与由期货银行债权人组成的银团达成了一项静默协议。在静默期内，青山和银团将积极协商落实备用、有担保的流动性授信，主要用于青山的镍持仓保证金及结算需求。在静默期内，各参团期货银行同意不对青山的持仓进行平仓，或对已有持仓要求增加保证金。作为协议的重要组成部分，青山集团应随着异常市场条件的消除，以合理有序的方式减少其现有持仓。

请读者查阅该事件的相关资料信息，思考：（1）投机者、套期保值者、交易所三方在该事件中扮演了怎样的角色？（2）此次交易事件暴露出了哪些类别的金融风险？（3）青山控股作为套期保值的交易者，为何会陷入市场风险中？（4）请读者跟踪该事件的后续演变，该事件的风险最终通过何种方式进行化解？从中你可以得到哪些启示？

总　结

1. 金融衍生工具，又称金融衍生产品，是指建立在金融基础产品或基础变量之上，其内在价值依赖于后者价格（或基础变量变化）的金融产品。

2. 金融衍生工具按照产品交易内在的类型，可以分为远期与期货、期权和互换产品；根据原生资产可以分为股票类、利率类、汇率类和商品类衍生工具。

3. 金融衍生工具的主要功能，不在于调剂资金余缺和直接促进储蓄向投资的转化，而是管理与原生金融工具相关的风险，即风险的转移和分配。

4. 远期合约是指双方约定在未来某一个确定的时间，按照某一确定的价格买卖一定数量某种资产的协议。远期合约通常是场外交易的非标准化合约。

5. 期货合约是在交易所交易的标准化合约，买卖双方通过交易时买入或卖出的期货价格来确定自己未来获取/卖出资产的价格。

6. 期货交易的特点是：可以双向交易，交易实施保证金交易制度，交易所实施逐日盯市、每日无负债结算制度；根据交易产品的不同，可以采用实物交割、现金结算和对冲平仓等方式。

7. 期权是指在限定的时点或时期内按事先约定的价格买进或卖出特定金融产品或期货合约的权利。期权分为买权（又称看涨期权）和卖权（又称看跌期权）。

8. 期权可分为欧式期权和美式期权两类。欧式期权的买方只能在期权到期日才能执行期权，而美式期权则允许买方在期权到期日前的任何时点（含到期日）执行期权。

9. 期权的内在价值是指立刻执行期权能否带来经济价值。如果不能带来正的经济价值，则其内在价值为零。

10. 期权价格取决于期权的剩余有效期限、所选择的执行价格、标的资产的波动性以及利率等因素。

11. 互换是买卖双方在一定时间内交换一系列现金流的合约。互换可以分为利率互换、股票互换、货币互换和商品互换等。

12. 利率互换是交易双方在事先确定的时间范围内，按照约定，对同种货币不同利率形式的现金流收付进行交换。常见的利率互换是浮动利率与固定利率利息互换，即针对名义本金按照浮动利率计算的现金流金额与按照固定利率计算的现金流金额的交换。

13. 货币互换是指交易双方同意在合约规定的一系列时点交换一定的现金流，以不同货币计算和支付。

14. 股票互换和商品互换都是基于某种价格指数进行的互换，其中股票互换的参照对象通常是股票价格指数，而商品互换则基于某个商品价格指数。

15. 信用违约互换，也称"信用违约掉期"，是一种信用风险保护合约，交易双方约定在未来一定期限内，信用保护买方按照约定的标准和方式向信用保护卖方支付信用保护费用，由信用保护卖方就约定的一个或多个参照物向信用保护买方提供信用风险保护。

关键术语

金融衍生工具	原生工具	对冲	投机	多头
空头	远期	利率远期协议	汇率远期协议	期货
商品期货	利率期货	股票期货	股指期货	期权
美式期权	欧式期权	看涨期权	看跌期权	内在价值
互换	利率互换	货币互换	股票互换	商品互换

练习题

1. 期货和远期交易有什么区别？

2. 如果总部位于中国的一家贸易公司想规避人民币对美元汇率变动的风险，可以利用哪些衍生工具？

3. 期权的价格理论上由什么决定？为什么期权的价格有时候大规模地偏离其理论价格，特别是在期权即将结束交易时，价格会出现大幅度波动？

4. 利率互换、货币互换的基本区别是什么？

5. 假定某投资者在9月1日按照4000点价格卖出3个月后到期的沪深300股指期货合约10份，合约乘数300元，初始保证金为8%。期间该投资者没有追加保证金，也没有取得任何现金盈利。该投资者在9月底，以3920点价格买入10份期货合约平仓。

 （1）该投资者初始保证金的数量是多少？该投资者净利润多少？

 （2）如果以初始保证金为投入成本，该笔投资的净收益率是多少？相比沪深300指数的下跌幅度，该投资者的回报率是高还是低？为什么？

6. 某公司是一家半导体行业生产制造和销售的综合性公司，其业务范围是中国地区和美国地区，为规避利率和汇率变动风险，该公司选用了一些衍生金融工具，请分析使用这些金融工具的效果如何。

 （1）远期利率协议。该公司打算为年底进行的销售促销融入一笔短期资金，于是在6月30日向商业银行买入了一份FRA(3×9)，协议利率为3.15%，参考利率为180天SHIBOR，名义本金2000万元人民币，该协议的结算日为9月30日，如果结算利率为3.0%，谁应该向谁支付结算金？支付金额是多少？如果结算利率为2.7%，谁应该向谁支付结算金？支付金额是多少？

 （2）外汇风险管理。该公司预计年底将从美国进口3000万美元的货物，需购买美元。商业银行向其推荐了一款3个月的远期产品，名义本金3000万美元，签约日即期汇率为1：6.8623，3个月期的美元远期升水237个基点，请帮该公司核算一下其进行远期交易的支付；如果该公司同银行进行差额结算，写出不同即期汇率水平下的支付方向和金额。

思考与讨论

国内国际金融市场上，衍生品交易引发市场风险的例子不胜枚举，如中国1995年发生的国债期货3.27事件、1995年英国老牌银行巴林银行因交易员期货投资失败而倒闭、

2020年纽约商品交易所"负油价"事件,等等。历史上影响最大的衍生品交易引发危机的事件,当属2007年美国住房抵押贷款债券市场信用危机引发的全球金融危机。

请读者查阅相关的资料,思考并讨论:

(1) 衍生品本质功能是管理金融风险,为什么衍生品交易的风险相比原生金融工具(基础产品)更高?

(2) 有评论家指出,应该限制并减少金融衍生工具的开发和应用,监管当局应该出台更严格的监管措施,金融机构也应该增强对金融衍生交易部门的内部监管,你是否赞同这一观点?为什么?

参考阅读

1. [加] 约翰·赫尔. 期货期权及其衍生品(原书第10版)[M]. 王勇,等译. 北京:机械工业出版社,2018.

2. [美] 唐·钱斯,[美] 罗伯特·布鲁克斯. 衍生工具与风险管理(原书第9版)[M]. 丁志杰,等译. 北京:机械工业出版社,2014.

网络资源

世界交易所联合会:http://www.world-exchange.org/,定期发布有关全球金融衍生品交易的系列报告:《WFE Derivatives Reports》;并提供了其会员单位的网址链接。

全球主要的期货、期权等衍生品交易所的网站上均会列出该交易所交易的品种、交易规则以及交易数据,国内一些重要的网站地址如下:

上海期货交易所:http://www.shfe.com.cn,主要交易金、银、铜、铁、铝、螺纹钢、板材等金属品,原油、燃料油、橡胶等能源化工产品以及相关的期权产品。

中国金融期货交易所:http://www.cffex.com.cn,主要交易以沪深300股指期货为代表的股指期货、期权和国债期货产品。

郑州商品交易所:http://www.czce.com.cn,主要交易白糖、棉花、稻米、棉纱等农产品,以及动力煤、甲醇、玻璃、尿素等工业原料或半成品。

大连商品交易所:http://www.dce.com.cn,主要交易玉米、大豆、棕榈油等农产品,以及焦煤、铁矿石、液化石油气等工业品。

第八章　全球金融与外汇市场

学完本章后，你将能够：

- 了解全球金融市场和外汇市场的范畴和主要的交易中心
- 掌握影响外汇市场供求的主要因素
- 阐述购买力平价的原理，并运用其分析长期汇率走势
- 阐述利息平价原理，并运用其分析短期汇率走势
- 阐述影响汇率的主要宏观经济因素

本章概览

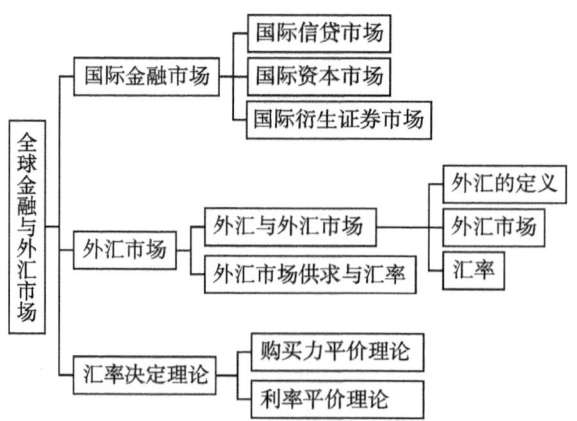

在世界经济飞速发展的今天，一国同其他国家的交往越来越频繁，国际金融市场的价格变化，特别是汇率的变动越来越多地影响人们的财富、收入状况，也影响着各国以及世

界金融体系的稳定性。无论是货币交易商、贸易和投资商、普通的消费者还是一国货币管理当局，人们迫切需要了解汇率到底是由什么决定的，哪些因素引发了汇率变动，汇率在未来一段时期内会怎样变动？本章将简要介绍全球金融市场和外汇市场，探索影响汇率的重要经济因素，介绍汇率决定的购买力平价和利率平价理论，读者可从中掌握分析外汇市场的基本逻辑框架，并进一步结合经济现实分析汇率的变化。

第一节 国际金融市场

国际金融市场是国际资金融通的场所，主要包括国际信贷市场、国际资本市场、国际衍生品市场和国际外汇市场等，我们将在第二节详细介绍国际外汇市场。

一、国际信贷市场

国际信贷主要由国际银行信贷、政府与国际组织信贷组成，其中又以国际银行贷款为主。跨国放贷或者融资可能由很多原因引起，通常商业银行贷款主要是满足盈利性的要求，而政府和国际组织信贷则往往出于多种考虑，例如，世界银行对欠发达国家提供援助贷款，某些国家对合作国家提供科技贷款、特定领域贷款等。

（一）国际商业银行贷款

国际商业银行贷款是指一国借款人向其他国家或地区的银行或国际金融机构借款的行为。在国际银行贷款中，借款人可以是银行、政府机构、公司企业以及国际机构等；贷款人（债权人）则是提供贷款的外国银行或多家银行组成的银团。根据国际清算银行的数据，截至2019年年底，全球商业银行跨境贷款余额大约超过30万亿美元，这些商业银行贷款极大地推动了资金的跨国流动，也便利了国与国之间的储蓄—投资转换。

在国际信贷市场上，贷款利率通常是以某一个国际短期利率水平，如伦敦同业拆借利率（London Interbank Offered Rate，简称LIBOR）为基础，参照贷款的信用风险和市场风险，加收一定的利率溢价。鉴于跨境信贷在很大程度上不受货币发行国中央银行的管辖，资金的国际流动加大了各国金融市场的关联，并因此增加了金融市场的脆弱性。

(二) 国际金融组织贷款

国际金融组织贷款是由一些国家的政府共同投资组建并共同管理的国际金融组织机构提供的贷款,旨在帮助成员国开发资源、发展经济和平衡国际收支。贷款往往具有无息或低息、期限长等特点。

国际金融机构可分为全球性和区域性两个层次。全球性的国际金融机构的代表是世界银行集团,包括国际复兴开发银行、国际开发协会和国际金融公司等,宗旨是减贫和促进经济发展,通常通过中长期贷款支持和提供政策建议,帮助会员国家提高劳动生产力,促进发展中国家的经济发展和社会进步,改善和提高社会生产水平。另一个全球性金融组织是国际货币基金组织(International Monetary Fund,简称IMF),其职责是监察货币汇率和各国贸易情况,提供技术和资金协助,确保全球金融制度运作正常。IMF发放的贷款往往以维护汇率和金融稳定为目标,贷款期限一般不超过3年,且贷款条件通常较为苛刻。区域性国际金融机构通常聚焦于区域发展,典型代表如亚洲开发银行、非洲开发银行、泛美开发银行、欧洲投资银行等。

2015年12月,首个由中国倡议设立的多边金融机构——亚洲基础设施投资银行(Asian Infrastructure Investment Bank,简称亚投行,AIIB)正式成立,其总部位于北京,法定资本1000亿美元,中国出资50%,是最大的股东。亚投行的宗旨是促进亚洲区域的建设互联互通化和经济一体化的进程,并加强中国及其他亚洲国家和地区的合作,其贷款项目聚焦于支持区域基础设施建设。亚投行的57个创始成员国既包括中国、印度、韩国、新加坡等亚洲国家,也包括英国、德国、加拿大、澳大利亚和南非等其他洲的国家;既包括发达经济体,也包括欠发达经济体。

二、国际资本市场

国际资本市场由国际债券市场和国际股票市场构成。在资本自由流动的经济体如欧元区和美国、日本之间,由于大量外国投资者的参与,国内股票、债券市场同国际市场之间已没有明显的界限,而在实施较为严格的资本管制的国家如中国,虽然已经逐步向外国投资者开放,但国内资本市场和国际资本市场仍存在分割。以下所指的"国际市场",强调发行人、投资人或交易场所分属不同经济体的情况。

(一) 国际债券市场

国际债券是指一国的筹资者或国际机构为筹措资金而在国外金融市场上发行的以某种

货币为面值的债务凭证。国际债券的发行和流通跨越了国境，按发行场所来划分，国际债券可以划分为外国债券、欧洲债券和全球债券三个类别。

1. 外国债券

外国债券（Foreign Bonds）是指A国发行者在B国证券市场上发行的以B国货币计价的债券，发行者和发行市场分别属于两个不同的国家。比较著名的外国债券有外国筹资者在美国发行的美元扬基债券（Yankee Bonds），在日本发行的日元武士债券（Samurai Bonds），在亚洲（除日本以外）地区发行的"龙债券"（Dragon Bonds）等。

2005年国际金融公司和亚洲开发银行获准在中国境内发行人民币债券，此类境外发行者在中国发行的以人民币计价的债券被称为"熊猫债券"。2023年，熊猫债券全年发行量突破1500亿元大关，知名的国内外跨国企业如大众汽车、中国船舶租赁、德意志银行等企业纷纷在华发行熊猫债券，国际金融机构新开发银行也在中国银行间债券市场成功发行85亿元人民币熊猫债券。

外国债券通常使用单一货币计价，其发行者既要受本国外汇管理法规的约束，又要获得发行市场所在国的批准，通常委托市场所在国的投资银行代理发行，因而手续比较复杂，但发行国当地的投资者不需承担外汇风险。

新闻链接

新开发银行成功发行85亿元人民币熊猫债券

来源：中央广播电视总台央视新闻 | 2023年05月30日 10：26：36

https://news.cctv.com/

5月29日，新开发银行（NDB）在中国银行间债券市场成功发行85亿元人民币熊猫债券。此次发行体现了新开发银行多元化参与资本市场、动员资源支持可持续发展项目融资的战略，发行规模超过了新开发银行此前70亿元人民币的单笔最大的熊猫债券发行规模。通过此次交易，新开发银行在中国银行间债券市场建立了新的熊猫债券基准。该笔交易吸引了境内和境外投资者的关注和参与，最终以负溢价为债券成功定价。本期债券的募集资金将为新开发银行支持的基础设施和可持续发展项目提供融资，支持成员国发展和促进实现可持续发展目标。募集资金可以人民币和/或兑换成其他货币汇出投资于境外。本次债券的发行得到了投资者的广泛关注和踊跃认购，反映了投资者对新开发银行的信心以及银行在市场上的良好声誉。

中国银行担任此次发行的主承销商。中国工商银行、中国农业银行、中国建设银行、平安银行、宁波银行、中信证券、国泰君安证券担任此次发行的联席承销商。

> 新开发银行由巴西、俄罗斯、印度、中国和南非于2015年共同成立，旨在支持金砖国家及其他新兴经济体和发展中国家的基础设施和可持续发展项目，作为现有多边和区域金融机构的补充，促进全球增长和发展。2021年，新开发银行接纳孟加拉国、埃及、阿联酋和乌拉圭为新成员国。
>
> （总台记者　白廷俊　罗安敏）

2. 欧洲债券

欧洲债券（Euro Bonds）是A国发行者在A国以外的资本市场（即B地资本市场）上发行的，以第三国（C国）货币计价的国际债券，债券的发行者、债券发行市场和债券计价货币分别属于不同的国家。欧洲债券产生于20世纪60年代，目前以欧洲美元债券比重最大。欧洲债券的发行者大多为跨国公司、国际金融机构和国家政府。欧洲债券的发行者一般资信水平都很高，拖欠违约的可能性很小，因此债券的信用风险很小，并且具有税收优惠和避税功能，其交易市场非常活跃，流动性也比较高。

3. 全球债券

全球债券（Global Bonds）是在世界各地的金融中心同步发行流通的债券，其计价货币为国际硬通货币，如美元、日元、瑞士法郎等。世界银行在1989年首次发行了这种债券并且一直在该领域内占据主导地位。一些国家也发行过全球债券，如瑞典在1993年发行了20亿美元的全球债券；意大利同年发行了55亿美元的全球债券，1994年发行了3000亿日元的全球债券。虽然全球债券的发行往往要经由所在国进行清算和登记，但由于各清算系统间的联系相当便捷迅速，因而能够保证流动性。

总体来说，国际债券具有筹集资金方便、成本低、来源广、选择性强、流通性高、期限长等特点，因此发展迅猛。

（二）国际股票市场

股票是直接融资的主要方式，当股票的发行与流通超越国界之后，国际股票便应运而生。发行者可以直接到海外上市，或发行股票存托凭证实现间接上市，也可以通过发行欧洲股权（Euro Equities），在面值货币所属国以外的国家或者全球金融市场上发行并流通。

1. 海外直接上市

海外直接上市即一国的公司直接以自身名义到海外或离岸证券市场发行股票并申请挂牌交易上市。许多跨国企业在成熟的海外证券市场上均采取海外直接上市的方式进行融资，在香港上市的称为H股，在新加坡上市的称为S股，在美国纽约上市的称为N股等。然而，各市场直接上市的标准不同,门槛相对较高。美国证券法律规定在其股票市场上市的公司注册地应该在美国,很多公司无法达到这一门槛,因而转向发行存托凭证等方式间接上市。

2. 存托凭证

存托凭证(Depositary Receipts)是一国银行或证券(信托)公司开列的外国有价证券(通常是股票)的保管凭证。在美国发行和销售的存托凭证称为美国存托凭证(American Depositary Receipts,简称ADRs),在中国市场发行和销售的存托凭证称为中国存托凭证(Chinese Depositary Receipts,简称CDRs),在全球发行销售的存托凭证称为全球存托凭证(Global Depositary Receipts,简称GDRs)。

存托凭证本质上是标的股票的替代物,便利了国际投资者投资特定的外国股票,同时能够较为有效地规避直接上市的监管措施和限制。中国互联网行业的知名公司如阿里、京东、百度、网易等均采用发行ADRs方式间接实现在美国的上市融资。

典型的存托凭证业务涉及发行人、存托机构、托管机构和投资人等至少四个关键主体。以ADRs交易为例(见图8-1),在美国境内的投资银行作为存托机构,同境外的发行人签订存托协议,后者确认特定数量的股票交由指定的托管机构进行托管;托管机构同美国境内的存托机构签订托管协议,后者据此发行相应的存托股份,确定每一个单位存托股份同标的股票之间的兑换关系,投资者在美国市场购买、交易相应的存托凭证,并按照比例享受标的股票的各项权益。例如,中国联通在纽交所上市的存托凭证与其标的股份(中国联通港股)的对应关系为1个存托凭证对应于10股港股普通股,因此当中国联通港股每一股发放0.3港元红利时,ADRs的持有者每持有1个单位ADRs可以获得价值3港元的红利。

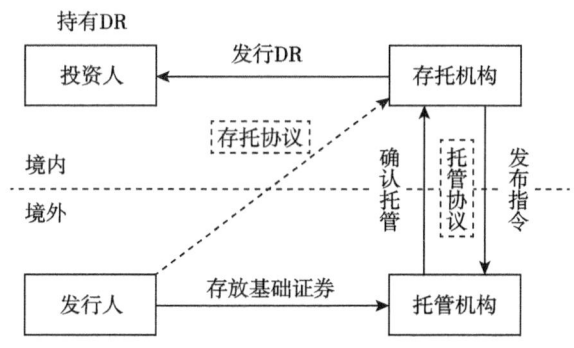

图8-1 存托凭证发行示意图

2020年6月,中国太平洋保险集团有限公司在伦敦证券交易所发行总值18亿美元的全球存托凭证,规模创下中国公司在欧洲股票融资交易之最。

对发行者(筹资者)而言,存托凭证扩展了其股票的发行和流通的范围,为企业提供了一种新的筹集资金或进行收购的机制,同时回避了在外国证券市场直接上市的一些限制和管制。对投资者而言,存托凭证与它所代表的基础股票具有同样的特性,投资者能减少或消除诸如交割延误、高额交易成本以及其他与跨国交易有关的不便之处,降低成本;共同基金、退休基金和其他机构投资者可以回避一些证券交易的法规限制,克服在购买和持有非本国证券时的障碍。

三、国际衍生证券市场

衍生证券作为一种双边合约,其价值取决于合约所涉及的某种"基础性标的资产"的价格及其变化。同基础金融工具不同,衍生证券的主要功能不是为了调剂资金余缺或者直接促进储蓄—投资的转化,而更多的是为了管理与基础证券和基础资产相关的风险,因而衍生证券的创造具有很大的灵活性,能够满足各种偏好投资者的不同需要。衍生证券主要包括期权、远期和期货类以及互换类产品。由于设计复杂,衍生证券的价格受基础资产价格变动的影响很大;由于交易过程往往采用保证金制度,因而其杠杆效应也十分明显,这在提高了投资者资金利用率的同时,也使投资风险倍增。近年来一些大型跨国金融机构就因为在衍生证券交易中的失误导致破产或被收购,如英国的巴林银行。

总体来说,全球衍生证券的发展速度非常迅猛,一方面,衍生品交易大大便利了风险的转移和专业化分担,强化了金融市场一体化,另一方面,也加大了金融市场基础证券价格的波动性,并扩大了国际金融风险的传导,因此人们正在寻求对衍生证券交易的适度监管。

第二节 外汇市场

外汇市场(Foreign Exchange Market)是进行外汇买卖的交易场所或网络,是由外汇供给者、需求者以及买卖外汇的中介机构构成的买卖外汇的交易系统。

世界上大多数经济体都有自己独立的货币和货币制度,除少数的国际货币如美元、欧元外,大多数货币在主权边界之外不能流通使用,因而无论是与贸易相关的结算,还是与证券投资和直接投资相关的跨境资本流动或是债务清偿,均需进行货币兑换和买卖。外汇市场就是为了适应各种货币的兑换或买卖的需要而产生的,它是连接国际商品市场、资源市场和金融市场不可缺少的纽带。外汇市场上,各国货币进行兑换的比率便是汇率,它是开放经济体最为重要的金融价格变量,也是最难以预测的变量。

一、外汇与外汇市场

（一）外汇的定义

外汇（Foreign Exchange）最初的含义是指国家间货币相互兑换的交易过程，但人们如今提到的外汇概念，专指以外币表示的，可用于进行国际结算的支付手段，包括以外币表示的银行汇票、支票、银行存款等①。

根据其持有者的不同，外汇既包括一国政府官方持有的"官方外汇储备"，也包括居民（个人、企业和机构）持有的民间外币资产。国际货币基金组织对官方外汇储备的定义为，"货币行政当局（中央银行、货币机构、外汇平准基金及财政部）以银行存款、财政部库券、长短期政府证券等形式所保有的，在国际收支逆差时可以使用的债权，包括中央银行之间与各国政府之间协议而发生的不在市场上流通的债券"。截至2023年年末，我国的官方外汇储备规模为32380亿美元。

（二）外汇市场

全球外汇市场是一个覆盖全球各国，24小时不间断交易的交易网络体系。大部分的外汇交易是场外交易，没有具体的交易场所，没有统一的交易时间，买卖双方主要通过电话、电报、电传及其他通信工具进行交易。

1. 外汇市场的主要参与者

外汇市场上活跃着形形色色的参与者，包括以外汇银行为主的金融类机构，参与国际经贸和资金往来的企业和个人，投机者以及中央银行等政府机构。

外汇银行是经中央银行批准可以从事外汇经营活动的商业银行和其他金融机构，它进行外汇买卖以及跨国资金的融通，发挥着主导性作用。银行间的外汇交易占全部外汇交易的90%左右，银行间的外汇市场又被称为"外汇的批发市场"，它是一国政府进行汇率干预的主要场所。

外汇市场上存在大量的一般目的交易者，包括政府、企业、各类组织和个人，其经济活动产生了相应的外汇供求。例如，进出口商从事进出口贸易活动，出口商获得的外汇收入需要换成本币，进口商则要需要购买外汇支付货款；企业进行国际融资（发行国际债券

---

① 广义的外汇概念，是指一切用外币表示的金融资产，本书采用狭义外汇概念，强调该资产可用于进行支付清偿，或可兑换为外币。

或股票)、跨国投资需要进行货币兑换；此外还有大量因为国际资金兑换和往来引起的外汇资金供求，如出国旅游、留学、捐赠、买卖外国证券、外债本息收付、政府及民间私人贷款等。上述交易需求反映了外汇市场的实质性供求，对一国国民经济产生重要的影响。

此外，外汇市场还存在经纪人、交易员和投机者。外汇经纪人（Broker）是专门介绍外汇买卖业务、促使买卖双方成交的中间人；交易员（Dealer）是专门从事外汇交易的人员，交易员向客户报价，接受银行指令，进行外汇买卖。投机者（Speculator）同基于实际需求的交易者不同，其通过预测汇率的涨跌趋势进行交易，从中赚取利润。一方面，他们频繁买卖外汇，是纠正汇率扭曲定价的机制和力量；另一方面，投机者往往操纵大量的巨额资金，可能会影响货币的正常趋势，加剧外汇市场的动荡。著名的外汇投机者索罗斯就曾经动用上亿美元资金，狙击英镑汇率，并迫使英镑大幅贬值。

财政部门和中央银行也会涉足外汇市场。财政部门代表政府筹借外债、还本付息，这些均会产生货币兑换的需求。中央银行则兼具监管者和参与者身份，制定一国的汇率制度和规则，监督和管理外汇市场，通过外汇买卖或货币政策工具引导汇率变动，使之有利于本国宏观经济政策的贯彻或符合国际协定的要求。全球主要经济体的中央银行，如美联储、欧洲央行、日本央行和中国人民银行等，对外汇市场有着举足轻重的影响。

2. 全球主要的外汇市场

与那些在本国银行与居民范围内进行交易的"国内外汇市场"[①] 不同，国际外汇市场是开放的交易网络体系。世界上大约有 30 个主要的外汇市场，根据传统的地域划分，可分为亚太地区、欧洲、北美洲等三大区域，著名的外汇交易中心包括欧洲的伦敦、法兰克福、苏黎世和巴黎，北美洲的纽约和洛杉矶，亚太地区的悉尼、东京、新加坡和中国香港等，其中伦敦、纽约和东京外汇市场集中了全球大部分外汇交易。各外汇交易中心通过先进的通信设备和计算机网络连成一体，市场的参与者可以在世界各地进行交易，外汇资金流动顺畅，形成了全球一体化运作、全天候运行的统一的国际外汇市场（见表 8-1）。

表 8-1　　　　　　　　　　　全球主要外汇市场

地区	城市	开市时间 （格林威治时间）	收市时间 （格林威治时间）	备注
亚太地区	悉尼	23 时	7 时	
	东京	0 时	8 时	远东地区最大外汇市场
	中国香港	1 时	9 时	

---

① 例如，中国的银行间外汇市场主要面向中国居民（金融机构、企业等）进行交易，尽管也有外资金融机构或企业进行交易，但由于没有实现人民币在资本账户的完全自由兑换，这些交易的金额、交易用途本身受到限制，还未能同国际外汇市场形成无缝连接。

续表

地区	城市	开市时间（格林威治时间）	收市时间（格林威治时间）	备注
欧洲	法兰克福	8时	4时	
	巴黎	8时	4时	
	伦敦	9时	5时	全球最早、最大的外汇市场
北美洲	纽约	13时	21时	最大的美元外汇交易市场

伦敦外汇市场是历史最为悠久也是目前最大的外汇市场；纽约外汇市场是美元清算和划拨的主要场所，美国等国家干预外汇市场时也多在纽约外汇市场上进行；东京外汇市场主导日元交易，中国香港外汇市场则是人民币离岸外汇交易的主要场所。近年来中国的银行间外汇市场交易规模日益增长，上海已成为全球最大的人民币外汇交易中心，但由于中国资本账户下的外汇兑换还未完全开放，距离成为"国际"外汇中心还任重道远。

（三）汇率

汇率（Exchange Rate）是不同国家货币之间的比价关系，也称汇价。我们每天会接触形形色色的汇率数据。图8-2显示了中国外汇交易中心公布的人民币对主要外币的汇率中间价。

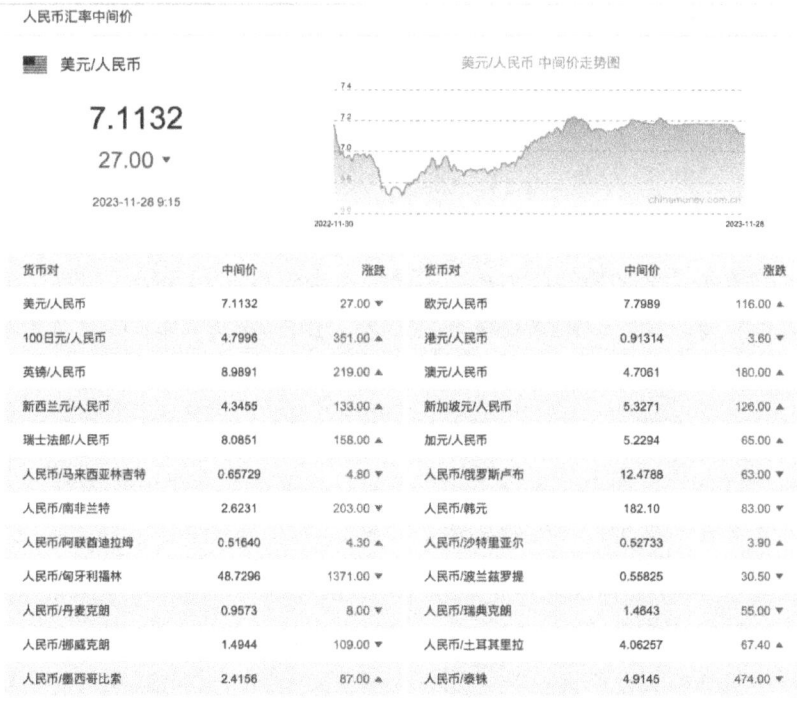

图8-2 中国外汇交易中心公布的人民币汇率中间价

注：图片来源于中国货币网，日期为2023年11月28日，http://www.chinamoney.com.cn/chinese/bkccpr/。

图 8-2 中，人民币中间价汇率表示为单位外币折合成多少人民币，即用本国货币来对其他货币进行标价，该方法称为"直接标价法"。世界上大多数货币均采用这种标价方法。如图 8-2 所示，人民币对美元的中间价是 1 美元兑换 7.1132 元人民币，1 欧元兑换 7.7989 元人民币，100 日元兑换 4.7996 元人民币，1 港元兑换 0.91314 元人民币。直接标价法下，汇率数值增大意味着单位外币折合的本币数额增多，说明外币币值升高，反之则反是。

与"直接标价法"相对，"间接标价法"是一种以本币为被标价货币的报价方法，即单位本币可以折合成多少其他货币。欧元、英镑对其他货币通常采用间接标价法，即 1 欧元（或英镑）等于多少外币。

"美元标价法"以美元为基准货币，标出其他货币对单位美元的价格，这也是外汇市场常见的标价方法，反映了美元在国际上的特殊地位。从美国的视角来看，美元标价法为间接标价法。

专栏 8-1　人民币汇率中间价

人民币汇率中间价指中国外汇交易中心根据中国人民银行授权，每日计算和发布的人民币对美元等主要外汇币种汇率的中间价。目前，中国外汇交易中心挂牌交易的外国货币包括美元、港元、欧元、日元、英镑、澳大利亚元、新西兰元、新加坡元、瑞士法郎、加拿大元、林吉特、俄罗斯卢布、兰特、韩元、阿联酋迪拉姆、沙特里亚尔、匈牙利福林、波兰兹罗提、丹麦克朗、瑞典克朗、挪威克朗、土耳其里拉、墨西哥比索和泰铢，共计 24 种货币。外汇交易中心对人民币兑 24 种货币的汇率提供中间价报价。

人民币对美元汇率中间价的形成方式为：交易中心于每日银行间外汇市场开盘前向外汇市场做市商询价。外汇市场做市商参考上日银行间外汇市场收盘汇率，综合考虑外汇供求情况以及国际主要货币汇率变化进行报价。交易中心将全部做市商报价作为人民币对美元汇率中间价的计算样本，去掉最高和最低报价后，将剩余做市商报价加权平均，得到当日人民币对美元汇率中间价，权重由交易中心根据报价方在银行间外汇市场的交易量及报价情况等指标综合确定。

人民币对港元汇率中间价由交易中心分别根据当日人民币对美元汇率中间价与上午 9 时国际外汇市场港元对美元汇率套算确定。人民币对欧元、日元、英镑等其他 22 种货币汇率中间价形成方式为：交易中心于每日银行间外汇市场开盘前向银行间外汇市场相应币种的做市商询价，去掉最高和最低报价后，将剩余做市商报价平均，得到当日人民币对欧元、日元等各币种的汇率中间价。其余不在24种货币之内的货币兑人民币的汇率，可由国际外汇市场美元交叉汇率计算得出。

资料来源：中国外汇交易中心，http://www.chinamoney.com.cn/chinese/bkccpr/。

图 8-3 显示的是 1995—2023 年人民币对美元的市场汇率走势，用直接标价法表示。可以看出，1995—2005 上半年和 2008—2010 年，人民币汇率对美元汇率几乎固定，而 2005 年 7 月—2008 年 7 月，2010 年 12 月—2015 年 7 月出现连续两波单边升值，2015 年 8 月以后，人民币兑美元汇率呈现双向波动态势，截至 2023 年年底，1 美元可以兑换 7.1 元人民币。

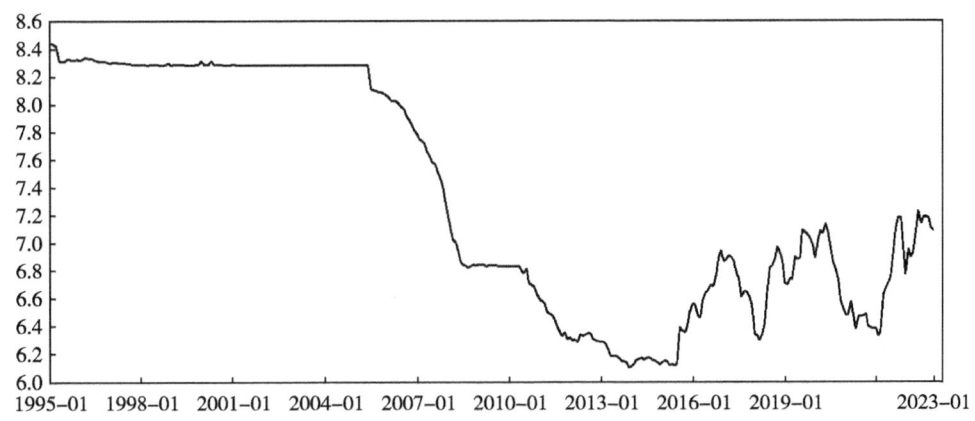

图 8-3 1995—2023 年人民币对美元的市场汇率

资料来源：Choice 数据。

二、外汇市场供求与汇率

汇率作为货币兑换的比价，其价格是如何决定的呢？我们可以从外汇市场供求入手，探讨汇率的决定机制。

（一）外汇市场的供求与均衡

我们使用外汇的供求曲线来描绘外汇市场上对外币的供给和需求数量同汇率之间的关系，如图 8-4 所示，横轴是对外币（此处假定为美元）的需求或供给的数量，纵轴表示外币对人民币汇率，即外币的人民币价格。

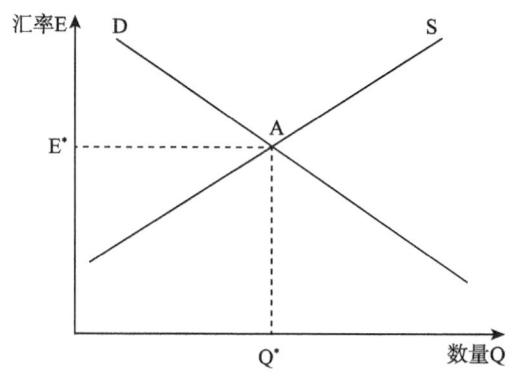

图 8-4 外汇市场的供求

1. 外汇需求

如果不考虑一国的货币当局影响，在任一时点对某一外币的需求包括：贸易支付结算、对海外进行转移支付和支付报酬引发的外汇需求；使用该外币对外投资引发的需求以及由货币套期保值或投机引发的需求。例如，中国的进口商从美国进口商品，或从沙特阿拉伯购买石油，均需要使用美元，于是产生对美元的需求，而境内的借款人偿还美元贷款或支付利息股息、中国企业到海外投资也产生大量对美元的需求。

对外汇的需求同汇率密切相关。当美元价格上涨时，其他条件不变，意味着外国商品、服务和对外投资用人民币衡量变得更贵，于是人们可能减少进口需求，减少对外国的投资，从而减少对外币的需求，因此外汇需求随着汇率的上升而下降，为了简便起见，我们使用一条向右下方倾斜的直线 D 来刻画外汇需求同汇率的关系。

当人们存在外币升值预期时，如果其他基本条件未发生变化，人们预期未来用本币表示的外币商品和服务价格会上涨，借入的外币成本也会上升，因此当前可能会增加对外国商品服务的购买，或囤积外币，持币待涨。此时，对外币的需求曲线将向右平移，即对应着任意的汇率水平，经济主体的外币需求都会有所上升。

2. 外汇供给

如果不考虑一国的货币当局影响，在任一时点对某一外币的供给来源包括：本国商品和服务的出口商将所获得的外币兑换成本币；外资流入产生外汇供给，比如外国企业在中国新建或收购中国企业、外国投资于本国证券市场、外资金融机构或国际组织对中国提供外币贷款等，这些资金需要换成人民币才能在境内使用，因而外资流入行为会产生外汇供给。

外汇的供给同汇率密切相关，当外币价格上涨时，意味着本国商品、服务以及资本品用外币衡量变得便宜，其他条件不变，外国将增加从该国的进口，增加对该国的投资，即资本会流入，相应地会产生更多的外汇供给。因此外汇供给随着汇率的上升而上升，为简便起见,我们使用一条向右上倾斜的直线 S 来刻画外汇供给同汇率的关系。

当除了汇率以外的因素影响人们的交易行为时,外币供应曲线会相应发生移动。假设国际投资者对中国的经济前景非常看好,将增加对中国的投资,此时流入中国的资金或贷款数量上升,对应于任意的汇率水平,均会有外汇供给数量的上升,即 S 右移。

3. 外汇市场的交易均衡

如果外汇市场是完全自由的,则市场供求关系将通过交易实现平衡,形成市场汇率水平。图 8-4 中,供给和需求曲线交点为 A,对应的汇率为 E^*,此时供给和需求相等。

假设人们预期外币会继续升值,如图 8-5(a)所示,从而当前增加了对外币的需求,即需求线 D 右移至 D′,在新的均衡点 B,汇率水平将上升到 E′,外币升值;如果国际投资者对中国经济有信心,增加了对中国的投资,则外币的供给相应右移见图 8-5(b),在均衡点 B 处,均衡的汇率水平会下降到 E′,即外币贬值,人民币升值。只要外汇的供求发生了变动,汇率就会发生相应的变动。

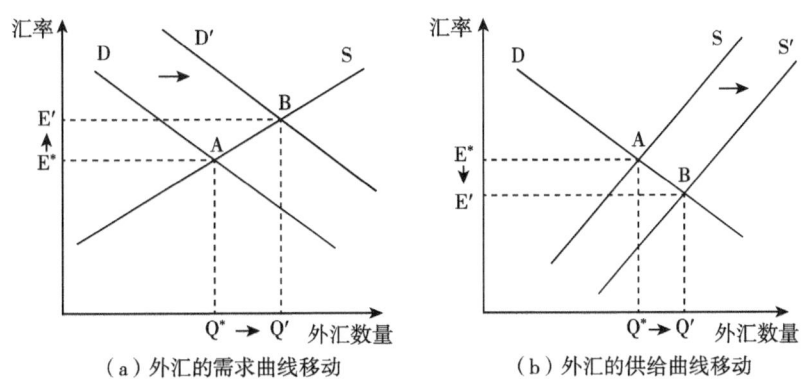

(a)外汇的需求曲线移动　　　(b)外汇的供给曲线移动

图 8-5　外汇市场的供求变动与汇率

(二) 制度、政策与外汇市场

一国的汇率制度和政策可能影响外汇的供给和需求曲线。在自由浮动汇率制度下,政府不干预外汇市场,均衡汇率水平由外汇市场的供给和需求决定,在固定汇率制度下,政府固定本币与外币的兑换价格,并通过严格的外汇市场干预来实现汇率的稳定①。

1. 固定汇率制度与外汇干预

图 8-6 简要对比了固定汇率制度和浮动汇率制度下外汇市场的均衡。图 8-6(a)描绘了自由浮动汇率制度下的均衡,外汇供求曲线分别是 S 和 D,市场在 O 点达到均衡,

---

① 在完全固定汇率制度和完全浮动汇率制度之间,还存在很多其他的汇率制度安排,感兴趣的读者请参见思考和讨论中的介绍。

均衡汇率水平为 Em^*。图 8-6 (b) 是固定汇率制度下的外汇供求，官方设定固定汇率水平为 Eg，假定官方设定的外币汇率水平高于自由市场汇率水平，即 $Eg > Em^*$。

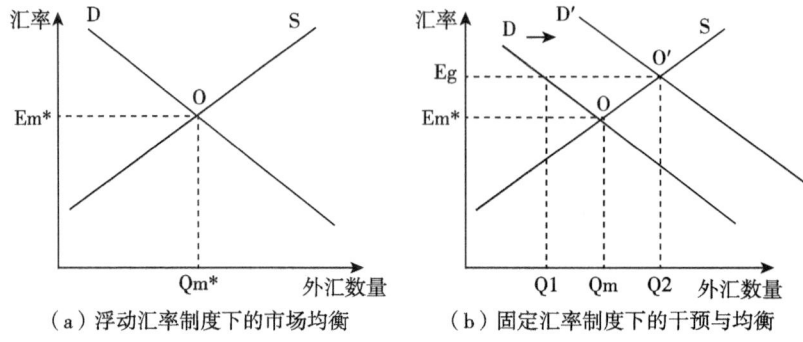

(a) 浮动汇率制度下的市场均衡　　(b) 固定汇率制度下的干预与均衡

图 8-6　浮动汇率与固定汇率制度下的汇率

按照 Eg 这个官方汇率水平，单位外币可以比市场汇率换取更多的本币，本币的商品、资产等显得相对便宜，外国对本国的商品、服务需求和资产投资需求均较高，此时外汇的供给为 $Q2$，而外汇的需求为 $Q1$，外汇市场出现供过于求的现象，本币将有升值的压力。

政府要维持 Eg 的汇率水平，可以通过多种措施改变外汇供求曲线的位置。图中显示了一种方式，即政府（中央银行）按照固定的官方价格 Eg 直接在外汇市场购买数量为 $(Q2-Q1)$ 的外汇，意味着在市场需求基础上增加了官方的外汇需求，外汇需求曲线 D 向右平移到 D'，外汇市场的需求和供给总量在 Eg 水平上重新均衡。当然，政府当局也可想办法减少外汇供给，例如，限制出口或限制资本流入等，使 S 向左移动；如果同时使用官方购买外汇并限制出口和资本流入等方式，也能使被干预后的汇率在官方汇率水平上实现短期均衡。

当本币名义汇率高估时，情况恰好相反，请读者自行模拟相应的政策措施及其对外汇市场供求的影响。

2. 影响外汇供求的其他政策手段

除汇率制度和兑换限制之外，很多宏观政策均能影响外汇需求和供给曲线。使外汇需求曲线移动的政策包括：以税收、进口检验和流通环节影响进口，政府直接增减大规模国外采购的数量、限制或者放宽对外旅游和人员流动；限制或者放松本国居民对外投资的方式、规模和渠道等。

使供给曲线移动的政策包括：以各种税收和补贴措施影响出口，限制或鼓励外国居民对本国商品和服务的需求，限制或放松外国对本国的投资方式、规模和渠道等。

（三）影响汇率的因素

外汇市场上，很多因素均会引起对外币的需求和供给的变化，从而影响汇率变化。概括起来,其他条件不变,凡是引起外汇需求增加的事项都会引发外汇汇率升值,而引起外汇供给增加的事项都会引发外汇汇率贬值。外汇市场比较关注的影响因素有国际收支差额、物价、利率和短期资本流动等。

1. 国际收支差额

国际收支是指一个国家在一定时期内由对外经济往来、对外债权债务清算而引起的所有货币收支,通常用外币(美元)计价。当一定时期内外币收入大于支出时,即为国际收支顺差,反之则为逆差。由于外汇收入对应着外汇供给,而外汇支出产生外汇需求,顺差意味着在既定的汇率水平下,外汇供给大于需求,本币有升值的压力;相反,逆差国的外汇需求大于供给,本币易于贬值。1994—2014年中国持续出现贸易顺差和资本净流入状态,推动了人民币汇率的长期升值。

假定一国经济状况良好,外国投资者看好该国经济未来发展而增加了对该国的投资或贷款,此时该国外汇供给增加;如果一国的出口产品质量提升,在相同的价格下性能更好,则该国的商品出口将增加,则也会带来外汇收入的增加;如果外国旅行者更青睐于到一国旅行,该国的外币收入也会因此增加……以上种种均会表现在国际收支上,推动该国的汇率升值。

2. 物价、工资水平和通货膨胀

当一国物价和工资水平相比其他国家处于较高水平,或该国的物价上涨比较快,则外国人会减少对该国商品、服务的需求,或减少在该国的投资(因为成本较高),而该国会增加对其他国家商品和服务的需求,以及增加对他国的投资,则该国的外汇收入减少,支出增加,汇率将产生贬值压力。人们认为通货膨胀率高的国家货币将会贬值;而通货膨胀率低的国家,货币将会升值。我们将在下一节详细探讨物价和汇率的关系。

3. 利率和资产预期收益率

利率是货币资金的价格,利率的高低直接影响资金的供求关系的变化。当一国利率上升较快时,短期内会刺激外国资金流入本国,推动本国汇率的上升,外币贬值。除了货币资金外,外国投资者还会对比该国和世界其他国家的股票、债券或房地产等资产的预期收益率,进行全球的资产配置。一国的预期资产收益率较高时,会吸引大量的海外资金流入该国,从而推动该国汇率的升值,并进一步推高该国的资产价格。

4. 经济政策与政府干预

各国的经济政策和国家间政策协调与冲突也会影响外汇市场。例如,一国宽松的货币政策可能导致外汇市场上本币供过于求,引起本币贬值;或者导致本国的利率下降,触发资金外流;而财政税收政策可能会引起投资建厂的成本变化;贸易政策将影响一国的贸易竞争状况和相应的贸易收支,等等。

政府对外汇市场进行干预的行为也会引发汇率变动。外汇干预的主要形式包括：直接在外汇市场进行外汇买卖；调整国内货币和财政政策；在国际范围内发表各种言论以影响市场心理预期；与其他国家联合进行直接干预，或协调政策进行间接干预等。最为典型的案例是1985年以美国和日本为首的西方国家联手干预日元和美元汇率，使日元升值；在1997年和1998年东亚金融危机中香港金融管理局干预外汇市场，稳定港元汇率等。

5. 投机和短期资本流动

短期资本流动是指1年期以下的资金流动，它是影响汇率短期波动的最直接因素，它主要是受投机动机驱动。全球短期资本流动规模庞大，远超贸易和长期投资等基础交易引发资本流动。短期资本流动对经济基本面、政策面等信息高度敏感，具有高度的波动性，有很强的羊群效应。短期资本的流入流出加大了汇率的波动性，也使得汇率难以预测。

6. 预期和信心等心理因素

预期是人们对将来事物发展变化的预计；信心则表明了人们对某一个问题的态度，这些心理因素往往具有自我实现和自我强化的特点，即预期影响决策进而影响交易行为。当外汇市场的参与者预期某种货币将要走强时，便会大量购进，市场上该种货币供不应求将使其价格上升；相反，如果人们预期某种货币将贬值，便会抛售该种货币，大量的悲观抛售会加大货币贬值的压力。随着信息技术的发展，各种信息、新闻和传闻转瞬间就会引发人们的心理变化，带来大规模的外汇资金转移，因此，心理预期对短期汇率的影响是不可忽视的。

7. 国际政治、外交、军事等因素

国际性的政治、经济、军事等突发事件的冲击，如重要资源、能源的发现，国内国际政治局势的变动，地区性、局部性军事冲突的爆发、升级、缓和或结束，政权交替等，都可能对汇率产生影响。近年内比较典型的事件是2016年6月23日英国举行"脱欧"全民公投，结果公布当天英镑对美元最大跌幅达到10%，在"脱欧"的持续谈判和不确定前景下，英镑汇率持续多年疲软；2022年2月俄乌冲突爆发后，俄罗斯卢布2月28日单日一度下跌达到25%，短短2周卢布汇率从冲突前的1美元兑换80左右下跌到1美元兑换120卢布，3月31日又快速反弹到冲突前的水平，此后随着冲突加剧，2023年俄罗斯卢布对美元下跌了23%。除了影响一国前景的此类重大事件外，还存在各种短期冲击，汇率的短期波动变得难以预测。

影响汇率的因素还有很多，但最终都会表现在外汇市场的供求变化上，把握外汇供求这一分析框架，是我们理解汇率变动的关键。在浮动汇率制度下，汇率不仅难以预测，而且其剧烈波动为经济带来了巨大的不确定性，因此一些经济学家建议对汇率进行适度管理，以降低短期因素对汇率水平的影响。中国目前的汇率制度是以市场供求为基础的，参考一篮子货币进行调节、有管理的浮动汇率制度。

第三节 汇率决定理论

汇率是由外汇市场供给和需求的相互作用决定的,那么,外汇供求背后的影响因素是什么呢?汇率决定理论试图探寻货币相对价格背后的决定因素,并探讨均衡的汇率水平。本节我们介绍两种最为经典的汇率决定理论,即购买力平价理论和利率平价理论,更多更精妙的汇率决定理论,读者可以参见本章末参考文献中的相关书籍。

一、购买力平价理论

购买力平价理论(Theory of Purchasing Power Parity,简称 PPP)可谓是历史最悠久的汇率决定理论了,其渊源可追溯到 16 世纪的铸币平价学说①,瑞典学者卡塞尔于 1922 年进行了系统阐述。

购买力平价理论的核心思想是:货币的价值是由该货币在一国能买到的商品和劳务的量(即货币购买力)决定的,不同货币之间的兑换率取决于货币购买力之比,汇率的变动也取决于货币购买力的相对变动。

(一) 绝对购买力平价

绝对购买力平价理论认为:在某一时点,两种货币之间的汇率水平取决于两国总体物价水平之比,一国相对于外国的物价水平越高,意味着该国单位货币的购买力越低,则该国的币值越低。

我们可以从货币的基本职能出发,探寻购买力平价的内在逻辑。货币具有价值尺度职能,假定一篮子商品价格为 1000 元人民币,那么 1 单位的人民币可以表示为 1/1000 个篮子商品,也就是说 1 单位货币的购买力体现为 1/1000 个篮子商品。

用 P 表示本国一篮子商品的本币价格,用 P^* 代表外国一篮子商品的外币价格,采用

---

① 金本位制度下,各国铸币的兑换关系由其铸币的含金量决定,两国的单位货币含金量之比称为铸币平价,两国的汇率将在铸币平价加减黄金运费之间波动。

一篮子商品作为参照物，暂不考虑商品篮子的差异，两国货币的单位比价（直接标价法）可以写作：

$$E^{PPP} = \frac{1/P^*}{1/P} = \frac{P}{P^*} \qquad (8-1)$$

如果外国 1 单位货币能购买 2/1000 个篮子商品，则单位外币对本币的兑换比例应为 2，即 1 单位外币相当于 2 单位本币的购买力，此时的汇率水平就是购买力平价汇率，写作 E^{PPP}。

如果市场上的汇率水平不符合购买力平价水平，会怎样呢？假定不存在交易限制，此时会出现商品套利。假设名义汇率为 1.5，而 E^{PPP} 为 2，本币相对于购买力平价被高估了，人们更愿意把本国货币按照汇率兑换成外国货币并购买外国的商品和劳务，此时外汇市场供求将发生变动（外币需求增加），而两国商品的相对价格本身也可能发生变动（外国商品需求增加而价格上涨，本国商品需求减少而价格下跌），最后当外汇市场供求相等时，汇率水平将稳定在购买力平价水平上。

实践中，计算绝对购买力平价需要掌握各国的一篮子商品和服务的绝对价格水平，并处理各国商品、服务篮子的可比性。大型的国际组织如世界银行和经济合作与发展组织（OECD）在进行国际比较时，通常会计算购买力平价数据，以此来反映各国经济，感兴趣的读者可查阅相应的网络资源链接。OECD 数据显示，2022 年 1 美元购买力等价于 4.022 元人民币，而 2000 年 1 美元相当于 2.722 元人民币的购买力，过去 20 年人民币的购买力相对美元有所下降，但即便如此，相比 1 美元兑换 7.1 元人民币的市场汇率来看，人民币市场汇率仍相对低估。

（二）相对购买力平价理论

相对购买力平价理论描述了汇率与两国总体物价水平变动之间的关系，即物价水平变动会引起汇率变动，两国货币的汇率将根据两国物价的变动进行相应调整。

如果用 $\dot{e}_t$ 表示汇率在 t 时刻相对于 t-1 时刻的变动率，即 $\dot{e}_t = \frac{E_t}{E_{t-1}} - 1$，用 π_t 和 π_t^* 代表两国的通货膨胀率$\left(即\ \pi_t = \frac{P_t}{P_{t-1}} - 1,\ \pi_t^* = \frac{P_t^*}{P_{t-1}^*} - 1\right)$，公式（8-1）可以推导出如下的近似式：

$$\dot{e}_t \approx \pi_t - \pi_t^* \qquad (8-2)$$

公式（8-2）即是相对购买力平价，即一国与另一国货币的比价变化，取决于两国的通货膨胀率之差。当一国通货膨胀率高于他国时，该国货币相对其他国家贬值。

相对购买力平价理论只需根据各国定期公布的通货膨胀指标即可快速估计汇率变动率，应用较为广泛。例如，A 国在过去两年间，物价上涨了约 10%，而 B 国在该阶段物价上涨了 6%，则根据相对购买力平价原理，B 国的货币对 A 国应该升值约 4%（10% - 6%）。

（三）一价定律与购买力平价

一些经济学家认为，购买力平价是商品贸易"一价定律"的结果。一价定律（Law of One Price）是指在自由贸易和无交易成本条件下，私人的套利活动将使得以同一货币衡量的不同国家的商品价格一致。

如果用 E 表示汇率（直接标价法）；P_i 和 P_i^* 代表商品 i 的本国和外国货币价格，则一价定律意味着 $P_i = EP_i^*$。如果等式不成立，则国家间的价格差会引发商品套利活动，人们会从价格相对较低的地方购买该商品并到高价区卖出，获得无风险的利润。套利者在不同区域进行商品贸易，会使供需关系发生变化，并最终使价格趋向一致。

若两国的总体物价 P 和 P^* 中单个商品 i 采取相同的权重 ω_i，并且套利均衡对所有商品成立，那么必然有：

$$\sum_{i=1}^{n} \omega_i P_i = E \sum_{i=1}^{n} \omega_i P_t^* \to P = EP^*$$

从外汇市场供求看，当达到跨国套利均衡时，不再会有贸易产生的新增外汇供求，此时汇率将实现均衡，$E = P/P^*$，该汇率水平便是使贸易收支均衡的汇率水平。

当然，一价定律并非购买力平价的充分条件。在商品市场上存在着可贸易品和不可贸易品的差异，而各国由于消费习惯和资源禀赋的不同，总体物价水平中单个商品权重也可能不同。此外，一价定律本身也具有很大的局限性，例如，商品的交易成本、关税、运输成本、配额等均可能使一价定律发生偏差。

专栏 8 - 2　巨无霸价格——一价定律成立吗？

尽管购买力平价理论并不依赖于一价定律的存在，人们凭直觉认为如果汇率符合购买力平价，则某一特定产品在世界各地的价格应该是差不多的。英国经济学家杂志发布了一个著名的"巨无霸汉堡指数"，经济学家把 21 个经济体的巨无霸汉堡价格按现实的即期汇率换算为美元，再和美国本土价格比较，从而计算出"巨无霸汉堡指数"。

巨无霸汉堡指数会根据各国的汉堡价格进行定期调整，2020 年某月的汉堡价格和汇率相关的数据如表 8 - 2 所示。

表 8-2		巨无霸汉堡指数节选		
国家（地区）	当地价格（当地货币）	巨无霸平价	名义汇率	汇率偏离度
美国	5.71	1	—	—
巴西	20.9	3.66	5.34	-31.46%
瑞士	6.5	1.14	0.94	21.10%
加拿大	6.9	1.21	1.36	-11.15%
中国内地	21.7	3.80	7.00	-45.71%
欧元区	4.2	0.74	0.88	-16.41%
中国香港	20.5	3.58	7.75	-53.67%
日本	390	68.39	107.28	-36.33%
新加坡	5.9	1.03	1.39	-25.66%
韩国	2955	517.57	788.09	-34.33%

资料来源：经济学家网站 https://www.economist.com/。

表中第一列给出了各经济体的当地巨无霸价格（用当地货币度量）；第二列测度了由此计算的美元购买力平价，等于巨无霸的当地价格除以美国的汉堡价格，如人民币对美元的巨无霸平价计算方法为：21.7/5.71=3.8；最后一列给出了巨无霸平价汇率与现实汇率偏差的程度（3.8/7-1），如果为负意味着所选的货币对美元名义汇率是低估了。我们可以发现一个有趣的现象，除了瑞士外，很多国家特别是发展中国家对美元汇率均出现了较大幅度的名义低估的现象。

为什么会出现这样的现象？普遍的解释是，购买力平价只适用于计算可贸易商品，而在"巨无霸"中除了原材料等可贸易品外，还有劳工成本以及当地的土地成本等，由于劳动力和土地的不可贸易性，因此并不能够通过套利实现价格均等；而相关的非贸易品成本中，发达国家普遍比发展中国家高。考虑到这种差异，发展中国家如果用本国商品价格除以外国商品价格得到的购买力平价理论值应该较低（即币值较高），意味着发展中国家的名义汇率出现低估；而发达国家出现高估。

二、利率平价理论

利率是货币的跨期价格，如果没有资本管制，受利息差驱动的资本流动将主导外汇的供给和需求，同时也影响货币市场的利率变化，当资本流动达到均衡时，两国的外汇市场和货币市场也达到均衡，由此确定的汇率水平同利率水平之间的关系，被称为利率平价

(Interest Rate Parity)[①]。

(一) 利率平价的基本表达式

利率平价理论关注于货币市场，其基本逻辑是：资本自由流动前提下，理性投资者将通过比较持有本国和外国货币的收益决定投资策略，由此产生对外币或本币的相对供求，决定汇率的变动。

利率平价理论有两个版本，对应于不同的投资策略和市场假设。我们用 E_t 表示 t 期的即期汇率，F 表示远期汇率（均为直接标价法），ρ 代表外币远期升贴水率，i 代表本国利率，i^* 代表外国的货币利率，E^e 代表预期汇率水平，$\dot{E}^e$ 表示预期的汇率变动率。

抵补的利率平价（Covered Interest Rate Parity，简称 CIRP）指出：一国汇率的远期升贴水率 ρ 取决于两国货币的利差，本国利率高于外国利率时，外币远期升水，而外国利率高于本国利率时，外币远期贴水。

用公式表达为：

$$\rho = \frac{F - E}{E} = i - i^* \tag{8-3}$$

非抵补的利率平价（Uncovered Interest Rate Parity，简称 UIRP）指出：一国汇率的预期变动率取决于两国货币的利差，本国利率高于外国利率时，外币预期升值，而外国利率高于本国利率时，外币预期贬值。

用公式表达为：

$$\dot{E}^e = \frac{E^e - E}{E} = i - i^* \tag{8-4}$$

如果抵补和非抵补利率平价同时成立，此时远期汇率等于预期的未来即期汇率，远期升贴水率等于预期汇率变动率，即 $\rho = \dot{E}^e$。这恰好符合有效市场假说，即远期汇率是未来即期汇率的无偏估计值，人们的预期是理性预期，此时：

$$\rho = \dot{E}^e = \frac{E^e - E}{E} = i - i^* \tag{8-5}$$

(二) 货币选择与利率平价

我们从货币市场的投资决策着手，了解利率平价的内在机制。投资者进行跨国货币投资时，通常要考虑该项投资所能带来的预期收益和风险。假设没有资本流动和货币兑换的

[①] 利率平价理论最早出现于 20 世纪 20 年代，凯恩斯是古典利率平价理论的主要代表者，而真正完成古典利率平价理论体系，并为现代利率平价理论开辟了新的道路的是英国经济学家保罗·爱因齐格，此后，又有众多的经济学家如 J. 比尔森，J. 弗兰克尔等对利率平价理论加以发展与补充，使之趋于完善。

限制，各国货币资产在使用上可以完全替代，而且投资者风险中立，则投资者只关心不同货币的收益率。

考虑一定时期（以1年计算）内某国投资者的两种选择：

A：持有本国货币，1年后单位货币可获得本息额为 $1+i$，该方式不涉及货币兑换，不承担汇率风险。

B：持有外国货币，投资者需要先将本币按即期汇率 E_0 兑换为外币，持有1年期满后获得利息收益，假定期满时投资者最后将外币的本息和按未来汇率 E_1 换成本币，则1年后可得：$E_1(1+i^*)/E_0$。如果投资者运用远期外汇合同，锁定未来兑换的汇率为 F，则期满后投资者可以得到确定的单位收益 $F(1+i^*)/E_0$；如果投资者不抵补外汇风险，而保持外币资产头寸到期满时再按照当时的市场汇率（预期汇率为 E_1^e）进行兑换，则投资者预期可得 $E_1^e(1+i^*)/E_0$。两者的差异是，在抵补策略下，投资者预先锁定了未来的收益，而在非抵补策略下投资者的实际收益取决于未来的市场变化。

风险中性的理性投资者将比较 A 和 B 两种投资策略并据此作出投资决策。假设投资无障碍，兑换等交易成本可以忽略不计，则货币市场的完全套利将使 A 和 B 两类策略的投资收益趋同，此时外汇市场上的资金流动达到均衡，由此决定均衡的汇率水平。

当投资者采用汇率风险抵补策略时，相应的利率平价等式为 $F(1+i^*)/E_0 = 1+i$；简化后即可得到：$\rho = \dfrac{F-E}{E} = i - (1+\rho)i^*$。

而不采用风险抵补的策略下，A 和 B 两种收益相等得到的平价等式为：$E_1^e(1+i^*)/E_0 = 1+i$，简化后可得到：$\dot{E}^e = \dfrac{E_1^e - E_0}{E_0} = i - (1+\dot{E}^e)i^*$。

由于 ρi^* 和 $\dot{E}^e i^*$ 都是分数，其乘积是一个"二阶小量"，只要不出现大幅变动其乘积可忽略不计，因此我们就可以得到 $\rho = i - i^*$ 以及 $\dot{E}^e = i - i^*$，这就是抵补的利率平价和非抵补的利率平价。

【例 8-1】美国联邦储备委员会准备将联邦储备基金利率从 3% 提高到 3.5%，如果欧洲中央银行保持现在的利率水平 2% 不变，假设资金完全流动，那么根据利率平价理论，1年期的美元对欧元的远期外汇升（贴）水率是多少？外汇市场会出现什么样的预期？

解：根据 CIRP，美元（外国）对欧元（本国）的远期升（贴）水率为欧元利率减去美元利率 = 2% - 3.5% = -1.5%，即美元对欧元远期贴水 1.5%，外汇市场会预期美元未来贬值。

（三）货币市场和外汇市场的互动

如果两国的利差与汇率的远期升（贴）水或者预期升（贴）水不等，会发生什么？

英国经济学家凯恩斯最早提出了外汇市场和货币市场的互交原理（The Theory of the Reciprocity），即货币市场的套利和套汇行为将影响两国货币市场、即期外汇市场和远期外汇市场，通过几个市场的联动，最终使平价成立。

我们用抵补的套利平价线（Covered Interest Arbitrage Parity，简称CIAP）来说明这一点，如图8-7所示。纵轴表示本国和外国之间的利率差异，横轴表示外币的远期升水，利差与外币远期升水之间的均衡点 $\rho = i - i^*$ 用经过原点的45度线表示，即CIAP线。位于CIAP线上方的点 $\rho < i - i^*$，持有本国货币将有利，资本流入本国；CIAP线下方的点 $\rho > i - i^*$，持有外国货币有利，资金当期将从本国流出。

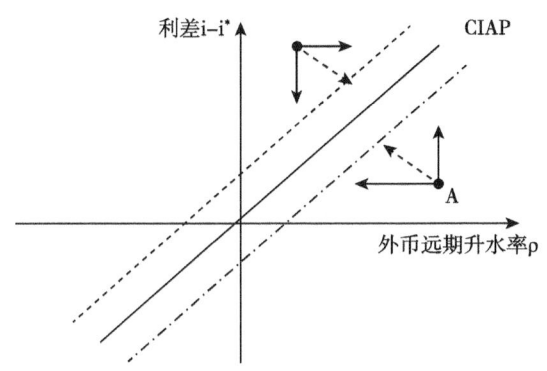

图8-7 抵补的套利平价线及其修正

考虑图中位于CIAP线下方的A点，外币远期升贴水率 ρ 高于利差，投资者将在即期外汇市场上购入外国货币，再在远期外汇市场上按高估的远期价格卖出外币，其结果是即期外汇市场上外币需求增加，即期外币升值；而远期外币供给增加，远期外币币值下跌，两者均推动远期外币升贴水率 ρ 下降。另外，两国利差也可能受到套利的影响，外国由于当期资金流入而降低利率，本国由于资金外流而利率上升。通常，向均衡的调整可以通过外汇市场外币远期升水下降 $\left(\rho = \dfrac{F\downarrow - E\uparrow}{E\uparrow}\right)$ 进行，或者通过货币市场利差上升（$i\uparrow - i^*\downarrow$）进行，或者两者同时变化，最后重新恢复到45度线上。最终，货币市场和外汇市场的联动将保证利率平价的维持。

进一步考虑外汇交易中存在的各种摩擦和成本，如交易的手续费率、对交易的有形和无形管制、收集信息的成本等，用TC代表这些交易成本因素，则利率平价可以修正为：

$\rho = i - i^* \pm TC$

或　$\dot{E}^e = i - i^* \pm TC$

那么，修正后的CIAP条件由原来的线变为一个区域，市场套利均衡的点就处于虚线区域范围内，当利差与汇率差的差距大于交易成本后，人们才会进行套利。在资本不能自由流动或限制货币交易的情况下，汇差和利差之间的等值关系将不复存在。

(四) 利率平价的理论与现实

从资本流动的角度，利率平价理论反映了汇率决定的相关因素和国际汇率波动的特点，外汇市场上大量的交易者基于利率平价进行套利，但是考虑到交易成本和费用，以及人们的风险偏好，利率平价并不一定能够完全解释现实的汇率波动。

1. 前提假设和缺陷

首先，利率平价赖以成立的基础是投资的完全套利均衡，这意味着投资者不仅有足够的资金，而且能够把握每一个套利信息进行无成本操作，然而现实世界中，无论是本币还是外币的供给均是有限的，同时无论是投资还是汇兑均存在一定的交易成本，且外汇管制等措施将造成市场资金流动的障碍。

其次，利率平价理论假设资产完全替代及投资者风险中立是不现实的，投资者在投资时往往很看重投资的风险，持有不同国家货币所承担的风险存在很大不同，不仅仅是利率差的问题，一些国家可能改变货币制度甚至完全禁止货币兑换。

最后，利率平价理论仅从货币角度探讨汇率，完全忽视了商品和服务的贸易对外汇收支和汇率的影响。

2. 利率、物价与汇率

经济学家费雪指出，一国的名义利率等于实际利率加上通货膨胀预期，即 $i = r + \pi^e$，$i^* = r^* + \pi^{*e}$，假定各国的实际利率作为货币的时间价值均相同，则两国的利差可以表示为两国的通货膨胀预期差，即：

$$i - i^* = \pi^e - \pi^{*e} \tag{8-6}$$

则由利率平价和国际费雪效应可得：

$$\rho = E^e = i - i^* = \pi^e - \pi^{*e} \tag{8-7}$$

汇率的预期升贴水率取决于本国和外国的预期通货膨胀差，当预期本国通货膨胀高于外国时，则人们预期本币贬值，外币升水。

假定未来的通货膨胀率是人们预期通胀率的无偏预期（误差项为零均值的随机项），即：

$$\pi = \pi^e + \varepsilon$$

$$\pi^* = \pi^{*e} + \epsilon$$

那么我们可以从相对购买力平价和公式（8-7）推导出公式（8-8）：

$$\dot{e}_t = \pi_t - \pi_t^* = \rho = i - i^* \tag{8-8}$$

由此可见，当费雪效应存在，人们对通货膨胀的预期是理性预期时，购买力平价和利率平价将得到相同的结论：未来高通货膨胀率的国家货币将远期贴水（预期贬值）。

3. 预期汇率变动的风险补偿

使汇差和利差出现偏离的另一个因素是投资者要求的风险补偿（Risk Premium，简称 RP）。在非抵补的交易策略中，投资者需要承担未预料到的汇率变动、对收入汇回本国的潜在限制等不确定性，此时投资者可能索要获得额外的风险补偿，非抵补的利率平价将修正为：$\dot{E}^e = i - i^* + RP$。

例如，本国利率为 6%，外国利率为 5%，不考虑风险升水，那么非抵补的利率平价意味着外币预期升值 1%。然而，如果投资者厌恶风险，投资外国货币需要 2% 的风险补偿，则只有在 $\dot{E}^e + i^* \geq 8\%$ 即外币预期升值率大于 3% 时投资者才愿意即期购买外国货币。由此可见，风险升水对决定投资非常重要。

即使两国利率保持不变，风险升水的相对变动也会引发即期汇率和预期汇率的变动。例如，外国政府可能会干预金融市场或者冻结、没收外国人的资产，实施外汇管制或改变政府法规等，这些无疑都会对风险升水产生影响。国际投资者通常认为，新兴市场国家或发展中国家经济增长不稳定、制度建设不完善，资本市场开放政策存在诸多的不确定性（也可以将其视为交易的制度成本），因而对新兴市场或发展中国家的投资普遍要求更高的风险补偿。这种"新兴市场风险升水"可能表现为后者更高的融资利率（给定汇率）或更高的汇率升值预期（给定利差）。

附录 8-1　人民币汇率制度改革历史

人民币汇率制度从固定汇率逐步演进至现行的以市场供求为基础、参考一篮子货币进行调节、有管理的浮动汇率制度，主要经历了 1994 年汇改、2005 年"7.21 汇改"和 2015 年"8.11 汇改"三次重要的改革，人民币汇率市场化程度逐步增强。以这三次重要的汇率制度改革为时间节点，我们可以将人民币汇率制度的演变历程分为四个阶段。

（一）改革开放至 1993 年年底，双重汇率制度

改革开放后，为了鼓励外贸企业出口创汇、支持我国经济发展，我国于 1981 年开始实行双重汇率制度，即官方汇率与贸易体系内部结算价并存的双重汇率模式，前者适用于非贸易部门，对应人民币兑美元汇率维持在按一篮子货币计算的 1.5 左右，而后者用于贸易部门结算，汇率根据市场实情调整至 2.8 左右。1985 年，我国取消了贸易体系内部结算价的设置，同时实施外汇留成制度，为企业出口提供便利。此外，1988 年 3 月，国家还建立了外汇调剂市场，企业或个人可以在该市场上将自己留存的外汇进行交易，价格由交易

双方商定，由此便形成了一种新的"官方汇率+调剂市场汇率"两轨并行的双重汇率制度。

（二）1994年汇改开启人民币汇率市场化改革

1993年11月，中共中央十四届三中全会在《关于建立社会主义市场经济体制若干问题的决定》中提出"建立以市场为基础的有管理的浮动汇率制度"的改革方向。1994年1月1日，人民币汇率市场化改革迈出里程碑式的一步，开始实行以市场供求为基础的、单一的、有管理的浮动汇率制度。

1994年汇改的主要内容包括：一是官方汇率与外汇调剂市场汇率并轨（并轨前官方汇率为5.8，外汇调剂价格为8.7），实行以市场供求为基础的、单一的、有管理的浮动汇率制；二是取消外汇留成和上缴，实行银行结售汇制度（强制结售汇制度）；三是建立银行间外汇交易市场；四是探索实现经常项目下人民币可兑换。1994年4月1日，中国外汇交易中心在上海成立，由此形成了全国统一的、规范性的外汇市场。1997年直面亚洲金融危机，美元兑人民币在1997年11月—2005年7月稳定在8.28附近，同时政府通过上调出口退税率、提高外贸企业补贴以及增加外贸贷款等措施缓解外贸企业压力。

（三）2005年"7.21汇改"，向真正的浮动汇率制度迈进

随着1998年亚洲金融危机影响逐步减弱以及中国经济金融体制改革不断深化，2005年7月21日中国再次完善人民币汇率形成机制，人民币对美元一次性升值2%，实行以市场供求为基础、参考一篮子货币进行调节、有管理的浮动汇率制度。人民币汇率中间价的形成参考上一交易日的收盘价，并维持汇率0.3%的日浮动区间不变。此后，我国不断深化外汇体制改革，2006年1月人民币外汇市场引入做市商制度和询价交易机制；2007年8月强制结售汇退出历史舞台；2007年5月、2012年4月、2014年3月美元兑人民币日内波幅被先后扩大至0.5%、1%、2%。2008—2010年金融危机期间，人民币汇率采取了类似1997年"钉住美元"的操作。市场决定汇率形成的技术平台基本形成，人民币汇率弹性不断增加。

（四）2015年"8.11汇改"后，人民币汇率逐步实现双向浮动

为增强人民币兑美元汇率中间价的市场化程度和基准性，中国人民银行决定完善人民币兑美元汇率中间价报价。自2015年8月11日起，做市商在每日银行间外汇市场开盘前，参考上日银行间外汇市场收盘汇率，综合考虑外汇供求情况以及国际主要货币汇率变

化向中国外汇交易中心提供中间价报价。

"8.11汇改"后,市场剧烈波动,央行在此后及时调整汇率中间价形成机制以稳定市场。央行于2016年2月正式发布新的人民币汇率中间价的定价公式,即"中间价＝上一交易日收盘价＋一篮子货币汇率变化",要求做市商在对中间价报价时,适度调整人民币兑美元汇率,以维持人民币对一篮子货币汇率的基本稳定。2016年下半年开始,人民币面临的贬值压力再度抬升,2017年5月26日,央行宣布在人民币汇率中间价定价机制中引入"逆周期因子",逆周期因子由反映市场供需情况的汇率变动经过逆周期系数调整后得到,至此形成了现行的"上一交易日收盘价＋一篮子货币汇率变化＋逆周期因子"三因素共同决定的汇率中间价形成机制。此后人民币对美元汇率开启双边变化模式,人民币汇率波动的弹性也在逐步加大。

回顾人民币汇率的改革历程,我国始终坚持汇率制度市场化的改革方向,人民币汇率制度从固定汇率逐步演进至现行的以市场供求为基础、参考一篮子货币进行调节、有管理的浮动汇率制度;汇率在逐步拓宽的波动区间内实现双向浮动。未来,我国还将进一步深化汇率制度的市场化改革。

总　结

1. 国际金融市场是国际资金融通的场所,主要包括国际信贷市场、国际证券市场和国际外汇市场等,其中国际证券市场可细分为国际债券市场、国际股票市场和国际衍生工具市场。

2. 外汇市场(Foreign Exchange Market)是进行外汇买卖的交易场所或网络,是外汇供给者、外汇需求者以及买卖外汇的中介机构所构成的买卖外汇的交易系统。外汇市场上的参与者包括外汇银行、外汇经纪、一般目的交易者、外汇投机者和一些监管组织以及中央银行等政府机构。

3. 外汇指以外币表示的,可用于进行国际结算的支付手段,主要包括以外币表示的银行汇票、支票、银行存款等。

4. 汇率是不同国家货币之间的比价关系,汇率既可以是在市场上自由决定的,也可能是由政府干预和管制形成的,这取决于一国的汇率制度和管制措施。

5. 汇率的标价方法分为直接标价法和间接标价法,直接标价法用本国货币来对外国货币进行标价,而间接标价法则是标注出单位基准货币的外币价格。外汇市场还普遍采用美元标价法,即以美元为基准货币,标出其他货币对美元的价格。

6. 即期汇率是外汇市场即期交易时使用的汇率水平,远期汇率是外汇远期合约规定的未来一定时间的货币比价。

7. 外汇市场上的供求来自于人们国际支付和交易清算、套期保值和投机的行为。在自由浮动汇率制度下，外汇市场的供求将决定汇率价格，对一国货币需求增加将使得该国货币升值，反之则反是。

8. 在固定汇率制度或有管理的汇率制度下，政府可以通过改变供给和需求曲线，限制货币兑换、直接干预交易等方面，将汇率维持在理想的水平上。

9. 购买力平价认为：一国货币的价值是由该货币在一国能买到的商品和劳务的量（即货币购买力）决定的，因此不同货币之间的兑换率取决于货币购买力之比，汇率的变动也取决于货币购买力的相对变动。

10. 利率平价理论认为，在资本自由流动，货币无限供给的假定下，一国汇率的远期升贴水率ρ或预期的升贬值率等于两国货币利差，当一国利率高于外国利率时，外币远期（或预期）升值，而外国利率高于本国利率时，外币远期（或预期）贬值。

11. 我国始终坚持汇率制度市场化的改革方向，人民币汇率制度从固定汇率逐步演进至现行的以市场供求为基础、参考一篮子货币进行调节、有管理的浮动汇率制度；汇率在逐步拓宽的波动区间内实现双向浮动。

关键术语

外汇	外汇储备	国际收支	国际信贷	欧洲货币
全球债券	欧洲债券	汇率	即期汇率	市场汇率
远期汇率	直接标价法	间接标价法	美元标价法	一价定律
购买力平价	绝对购买力平价	相对购买力平价	利率平价	抵补的利率平价

练习题

1. 为什么说在自由市场条件下，外汇供求将保证市场出清，此时形成的汇率水平使国际收支余额为零？

2. 政府有哪些措施能够影响外汇供给和需求？请用外汇市场供求原理说明，当一国名义汇率低于市场均衡汇率水平时，政府能够采用哪些方式来维持该国的名义汇率水平？

3. 假定某日纽约外汇市场上汇率报价为1美元等于1.6580澳大利亚元，法兰克福外汇市场上为1美元等于1.6530澳大利亚元，不考虑交易成本，试说明如何进行套汇。

4. 如果 A 国市场利率为 3%，B 国市场利率为 1%，预期 B 国货币对 A 国贬值 1%，且人们对投资 B 国货币要求 2% 的风险升水，那么此时金融市场处于均衡状态吗？货币资金将如何流动？如何实现非抵补的利率平价？如果 A 国市场利率继续上扬到 4%，其他条件不变，则外汇市场可能发生哪些变化？

5. 以下经济情况的变化，会对汇率产生什么影响？

（1）如果本国物价水平相对于某外国上涨了 5%，根据购买力平价理论，该外币对本币的价值会发生怎样的变动？

（2）如果一国提高进口关税，导致对该国进口的需求减少，长期内该国货币的汇率是升高还是降低？

（3）如果欧洲中央银行决定收缩货币供给来应对通货膨胀，美元价值会发生怎样的变化？

（4）如果美国提升了利率水平，那么短期和中长期内，美元的汇率可能发生怎样的变化？

思考与讨论

1. 查找数据，看看最近一年以来，哪些货币升值了？哪些货币贬值了？

2. 如果一国的股票既在本国市场上发行交易，又在海外（或离岸）市场发行交易，则称为"交叉上市"，交叉上市的股票往往存在一定的价差。例如，我国很多大型公司如工商银行、中国石油、海螺水泥等上市企业同时在境内（称为 A 股）和香港上市（称为 H 股），A 股的股票价格通常高于 H 股价格，被称为 AH 溢价之谜。人们发现，资本自由流动的地区，交叉上市的价差较小，而资本流动受到管制的地区，价差往往较大。请查阅相关资料，了解 AH 股价的差异表现，谈谈为什么会存在这类价差？

3. 查找中国和美国过去 20 年的物价指数变动情况，运用相对购买力平价原理，人民币应该对美元升值还是贬值，变动幅度是多少？你认为人民币的现实市场汇率符合购买力平价原理吗？为什么符合或不符合？

4. 查找互联网资源，了解最新的"巨无霸汉堡指数"，用汉堡价格权衡，人民币是高估了还是低估了？还有哪些国家的货币也显得低估了？你能解释其原因吗？

5. 查阅中国人民银行网站，了解我国目前的人民币汇率制度，什么是参考一篮子货币的有管理的浮动汇率制度？

6. 国际货币基金组织（IMF）每年出版《汇率安排与汇率管制年度报告》（Annual Report on Exchange Arrangements Restriction，简称 AREAR 报告）中将汇率制度分为四大类,分别是硬盯住型的固定汇率制度、软盯住型的固定汇率制度、浮动汇率制度以及其他有管理的安排(见表8-3)。请查找最新的AREAR报告,了解全球重要的经济体如中国、美国、日本、欧盟、英国、加拿大等国的汇率制度安排是怎样的。

表8-3　　　　　　　　　国际货币基金组织的汇率制度安排分类

类型	类别				
硬盯住	无独立法定货币安排	货币局制度			
软盯住	传统盯住安排	水平带盯住	稳定化安排	爬行盯住	类爬行盯住
浮动制度	浮动	自由浮动			
其他	其他有管理安排				

资料来源:Annual Report on Exchange Arrangements and Exchange Restriction (2017)。

参考阅读

1. [美]保罗·R.克鲁格曼,[美]茅瑞斯·奥伯斯法尔德[美]马克·J.梅里兹.国际金融(第十一版)[M].丁凯,陈能军,等译.北京:中国人民大学出版社,2021.

2. 陈雨露.国际金融(第七版)[M].北京:人民大学出版社,2023.

3. 张明.穿越周期:人民币汇率改革与人民币国际化[M].北京:东方出版社,2020.

网络资源

1. 国际清算银行网站:https://www.bis.org/statistics.

主要提供有关国际银行业的统计数据和报告,数据包括国际银行业的资产负债状况、主要国家的汇率数据等;定期报告包括BIS年度经济报告(Annual Economic Report)、季度报告(Quarter Review);3年一度的外汇市场与场外衍生交易调查报告(Triennial Central Bank Survey of Foreign Exchange and Over-the-counter Derivatives Markets)。

2. 经济合作与发展组织OECD有关购买力平价的网站数据:

https://data.oecd.org/conversion/purchasing-power-parities-ppp.htm.

3. 世界银行国际比较项目需要计算各国的经济总量,按照购买力平价进行的计算方法和具体的购买力平价数据,参见其官方网站:https://databank.worldbank.org.

第九章 商业银行

学完本章后，你将能够：

- 了解商业银行的产生背景和发展趋势
- 列举商业银行的核心职能和特征
- 理解商业银行的业务特别是资产负债业务
- 明确商业银行的经营原则
- 列举商业银行面临的主要风险及风险管理方式
- 掌握商业银行的资本充足率要求

本章概览

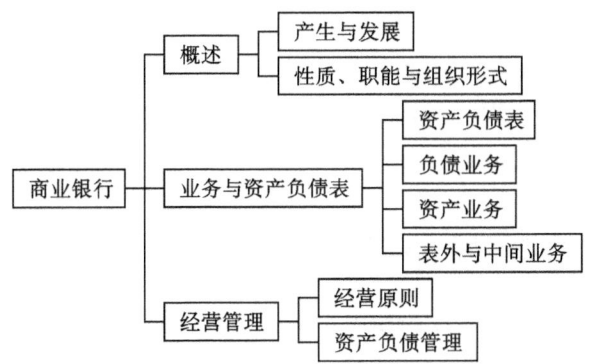

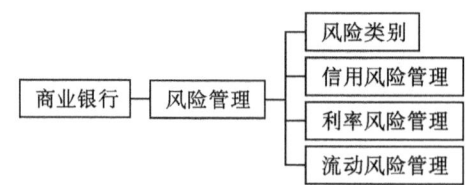

商业银行主要经营货币兑换和存贷款业务,随着社会经济的发展,商业银行的业务经营范围、组织体制及其任务都发生了变化,但其作为金融中介特别是信用中介的本质职能始终未变。商业银行怎样通过自身业务赚取利润?商业银行会遭遇哪些风险,它们如何应对这些风险?本章我们将借助商业银行的资产负债表,透视其主要业务,分析商业银行的主要管理原则,帮助读者了解商业银行在现代金融体系和经济体系中的重要地位。

第一节 商业银行概述

商业银行(Commercial Banks)是我国金融机构中数量和规模占比最大、最有代表性的机构。传统意义的商业银行是专门经营存款、贷款和支付结算、直接参加货币创造的金融机构,而随着金融创新和发展,商业银行已成为全面经营货币、信用产品和服务的"金融百货公司"。

一、商业银行的发展历程

商业银行是以经营存款、贷款、办理转账支付结算为主要业务,以盈利为主要经营目标的金融企业。同其他金融机构相比,商业银行最突出的特征在于能够吸收公众活期存款。保险公司、基金公司、信托公司和证券公司等均不能吸收活期存款和发放贷款,而中央银行、政策性银行、财务公司等虽然能面向特定主体发放贷款,但不能吸收普通公众存款。

(一)商业银行发展简史

有关金融史的研究表明,银行业作为一个古老的行业,其起源可追溯到货币经营商和早期的放款人[①],如图9-1所示。

---

① 读者请参见本章末列出的有关世界金融史的参考著作,如尼尔·弗格森的《货币崛起》等。

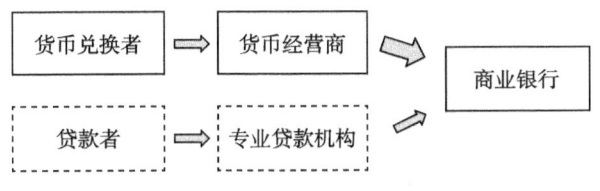

图 9-1 商业银行的演进脉络

14 世纪的欧洲，伴随着贸易和商品流通的发展，货币和钱币兑换、流通、保管等相关的服务日益专业化，货币经营商应运而生。在其日常经营业务中，货币经营商发现可以将客户暂时不提取的货币放贷出去获取更高的利润，为了吸引更多资金用于放贷，货币经营者逐渐降低了货币保管费，甚至向存款者支付利息。在文艺复兴时期，意大利的一些著名城市出现了以"银行"命名的从事存款、贷款和汇兑业务的机构。与此同时，随着专业化分工、生产和商业流通的繁荣和发展，一些专业放贷商也逐渐转变为专门吸收存款、发放贷款的银行。1694 年，英国建立世界上第一家股份制商业银行——英格兰银行，标志着现代商业银行制度的诞生。在 18 世纪末到 19 世纪初，各资本主义国家纷纷建立了形式不同、规模不等的商业银行，商业银行体系及制度就此建立起来。

（二）商业银行的发展趋势

20 世纪 70 年代以来，随着经济全球化和各国金融水平的发展、各国金融管制的放松以及电子计算机、现代通信技术在金融业的广泛应用，商业银行的业务和经营发生了较大的变化，商业银行业务全能化、资本集中化、经营国际化、技术电子化的趋势非常明显。

1. 业务全能化

商业银行的经营范围越来越广泛，突破了存款、贷款、汇款等传统领域。在金融业务监管放松的背景下，一些银行集团或控股公司成为综合提供银行、证券、保险、信托、咨询、信息、租赁等一揽子服务的金融超市或金融百货公司。例如，全球最大的金融服务机构花旗集团旗下涵盖各种金融服务机构，包括花旗银行、旅行家集团、CitiFinancial 及 Primerica 金融服务公司等。

2. 资本集中化

数十年来，各国相继放松了对银行及其他金融机构的严格管控，银行间的竞争越来越激烈，银行并购越来越频繁，银行资本日益集中，银行的规模不断扩大，涌现出大量资产规模数以万亿计的银行巨无霸。例如，被称为"宇宙第一大行"的中国工商银行，2022 年资产总规模为 39.6 万亿元人民币（约 5.6 万亿美元），工商银行、建设银行、农业银行和中国银行四大国有银行的总资产规模超过 137 万亿元人民币，超过了中国 2022 年的国内生产总值。

3. 经营全球化

国际资本的跨国流动，使越来越多的银行吸引海外存款作为重要的资金来源。大型商业银行纷纷在国际金融中心如纽约、伦敦、东京、上海等设立分支机构，加速了银行业经营的全球化。中国的商业银行也积极地布局海外，截至 2022 年年末，我国银行业对外金融资产 15186 亿美元，对外净资产 1665 亿美元。以国际化程度较高的中国银行为例，该银行在 61 个国家和地区设有机构，在中国香港、新加坡、纽约、伦敦、卢森堡等地设立了 20 余个区域业务中心，拥有比较完善的全球服务网络。

4. 金融科技化

自 20 世纪 90 年代起，人类步入信息革命的时代。由于 IT 技术的发展和因特网的普及，银行业也融入信息技术发展的潮流，网上银行逐步成为银行业争夺的焦点和利润的来源，21 世纪以来，金融科技（Fintech）日益成为商业银行的重点发展领域。

二、商业银行的职能与特点

（一）商业银行的职能

商业银行是金融服务的提供者，其各项业务均服务于工商企业、储户或家庭的需求。日常生活中，人们同商业银行在哪些方面打交道？一是存款，获得利息；二是贷款，缴纳利息；三是购买商业银行提供的其他产品和服务，如商业银行自己发行或代销的理财产品等；四是信用卡、汇款、资金保管等其他业务。

在商业银行提供的服务中，最为独特的金融职能是信用中介、支付中介和信用创造功能。

1. 支付中介

支付中介是商业银行最古老的职能。商业银行执行着货币经营的职能，通过存款在账户上的转移、代理客户支付，在存款的基础上为客户兑付现款等，商业银行成为工商企业、团体和个人的货币保管者、出纳者和支付代理人。整个经济体系形成了以银行为中心的支付和债权债务关系网络，中央银行和商业银行的支付结算网络是整个经济体系资金顺利流通运转的底层基础设施架构。

2. 信用中介

信用中介是商业银行最核心、最能反映其经营活动特征的职能。银行通过负债业务，把社会上的闲散资金集中起来，再通过资产业务，把资金投向经济各部门。在这一过程中，商业银行作为货币资金的原始出借者与最终借入者之间的中介人，实现资金的融通并从中获取收入，形成利润。商业银行通过信用中介的职能，实现了经济体系盈余和短缺之间的融通。

直接融资和中介融资的对比如图 9-2 所示。直接融资中，融资者（借款人）发行直接融资工具如股票或债券从出资人处获得资金，而在中介融资过程中，银行等信用中介发行自身的信用工具 1（比如存款合约）从储蓄者处吸收资金，获得资金的使用权；另外，通过信用工具 2（如贷款契约）将资金的使用权转移给资金的需求方——借款人。信用中介的角色，决定了商业银行在融资过程中承担了来自存款者和借款者的双重信用风险，也承担了两个信用工具在期限、金额上不匹配的相关风险。

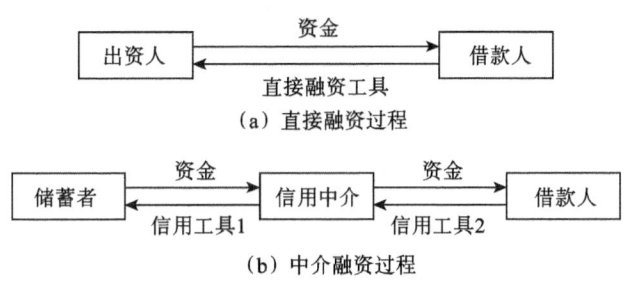

图 9-2 直接融资与中介融资的过程

商业银行区别于其他金融中介的地方在于，商业银行发行的信用工具 1（存款合约）具有特殊性，存款是被普遍接受的支付交易手段，且商业银行发行的活期存款可以随时按合约面值支取。这样，商业银行面临着更为复杂的期限和流动性管理。

3. 信用创造

在信用中介和支付中介职能的基础上，商业银行能够进行信用的多倍创造。商业银行发放贷款，在支票流通和转账结算的基础上，公众无须全额提取现金，大部分的贷款于是以存款货币的方式继续在商业银行体系内流通，整个银行体系和经济体系的信用总量得以成倍扩张。我们将在第十一章探讨商业银行信用扩张的具体机制。

4. 金融服务职能

商业银行还发挥着各类金融服务职能，比如商业银行对客户提供信息咨询、财富管理、风险管理等相关的服务，便利了经济主体的资金融通。总体来说，围绕着"资金、信息、风险"这三个金融核心要素，商业银行的服务功能不断扩展。

商业银行因其支付中介、信用中介和信用创造功能，成为整个经济发展不可或缺的一部分。数个世纪以来，尽管技术变革和竞争不断挑战商业银行的地位和作用，也有人发出"商业银行如同 21 世纪的恐龙，迟早会消亡"之类的悲观论调，但商业银行依然凭借其核心职能活跃在经济舞台上。

（二）商业银行的特殊之处

商业银行具备一般企业的特征，即以盈利为目的、运用自有资本金和外部融资，通过经营活动赚取收入和利润。然而，商业银行的业务又具有特殊性，它是经营货币、创造货币的机构，是经营管理货币相关风险的机构。

第一，商业银行是经营货币、创造货币的机构。商业银行经营货币，提供以货币为载体的各种金融产品和服务，更重要的是，商业银行能通过自身的贷款行为创造出被普遍接受的信用工具——存款货币，而其他企业或金融机构创造的信用工具（比如债券、商业票据等）并不能被视同为"货币"，不能被用作普遍支付和交易媒介。实际上，这也是商业银行和中央银行一起被国际货币基金组织称为"存款性金融机构"[1]的主要原因。

第二，商业银行是专业经营货币相关风险的机构。"货币和信用创造"这一功能，为商业银行带来了另一个特性：高风险。商业银行面向社会公众，通过信用负债获取资金、发放信用（贷款），其自有资本金比例很低，常常面临"期限错配"和"信用错配"等问题，时时刻刻暴露在信用风险、市场风险、流动性风险等多种风险之下。毫不夸张地说，商业银行是经营风险的服务性机构，风险管理关系到商业银行的生死存亡。

商业银行和中央银行一起，创造信用货币，为经济体提供造血功能，而其支付结算等业务则如同毛细血管，连通整个经济体的各个细胞、组织，提供输血功能。可以想象，一旦商业银行系统出现风险，特别是重要的商业银行破产倒闭，将会对整个金融体系和社会造成多么大的负面影响，这也是各国对商业银行均实施较为谨慎的监管的主要原因。

三、商业银行的组织形式

商业银行在特定的社会经济环境、法律制度约束下，形成了不同的组织制度方式以实现其基本职能，其中较为普遍的是总分行制和银行控股公司制。

（一）总分行制

总分行制是当今世界各国较为普遍采用的银行组织形式。法律和监管政策允许银行在总行之外，在本地或外地设立若干分支机构，分支机构服从总行的领导，而总行通常不直接对外经营。这一组织结构的优点是经营范围广、分工细、专业化程度高，同时能形成银行网络，跨区域进行有效的资金融通配置，一定程度上实现风险分散。中国的商业银行广泛采用了总分行制度，目前全球规模最大的中国工商银行在中国境内呈现出总行—省分行—支行多级组织体系，共有2万多家分支机构和经营网点。

---

[1] 根据国际货币基金组织的机构组织分类，存款性公司（Depository Corporation）包括中央银行和其他存款性公司，后者包括主要从事金融中介业务和发行包含在该国广义货币概念中的负债的所有金融性公司和准公司，包括商业银行、储蓄银行、信用合作社和农业银行以及主要从事金融性公司业务的旅行支票公司等。

（二）单一银行制

单一银行制又称单元银行制，商业银行在特定区域内不设立任何分支机构，银行作为独立的实体经营，既不受其他商业银行控制，也不得控制其他商业银行。单一银行制的优点是便于服务区域经济，管理较为灵活，然而该制度限制了竞争，降低了资金和风险分配的效率。历史上，美国出于限制垄断的需要，曾长期实行单一银行制，1927年《麦克法登法案》不允许银行跨州经营和分设机构，甚至在州内也不准设分支机构，直至1994年美国才彻底解除该限制。1935年，美国境内大约有1.4万家商业银行，经历了20世纪80年代银行破产和并购以及数次金融危机之后，2014年减少到了5700多家，但美国的商业银行数量仍远多于其他国家。

（三）银行控股公司制

银行控股公司制又称集团银行制，指由一家控股公司持有一家或多家银行的股份，或者控股公司下有多个子公司（包含银行子公司）的组织形式。控股公司制早期是美国银行业规避银行不得跨州设立分支机构的法律限制而进行的制度创新，目前各国普遍采用的控股公司制则更多是出于金融业务多元化的考虑，例如，银行控股公司可以（通过旗下的其他公司）从事与银行业务相关的其他活动，如投资咨询服务、数据处理服务、租赁、信用卡服务等。

第二节　商业银行的业务与资产负债表

商业银行素有金融百货公司之称，其业务种类繁多，覆盖全面，我们可以透过商业银行的资产负债表来了解其主要的业务类型。

一、商业银行的资产负债表

资产负债表（Balance Sheet）是经济主体的主要会计报表之一，反映总的资金来源和资金运用情况[①]。商业银行的资产负债表包括三大类项目：资产、负债和银行资本，它们

---

① 有关资产负债表等方面的内容，请读者参看基本的财务会计原理相关书籍了解详情。

满足下列关系：

资产 = 负债 + 银行资本 (9-1)

商业银行通过借款（如发行债券）和发行存款凭证等负债业务取得资金，将这些资金用于资产业务即购买金融资产和发放贷款。银行资产业务的收益与其为负债所支付的利息及费用之间的差异，成为银行利润的主要来源。

图9-3提供了简化的商业银行资产负债表项目，左边栏是商业银行的资产项目，按照资产类别排列依次是准备金（含现金）、贷款、证券和其他资产；右边是负债与所有者权益栏目，负债是银行借入的资金，而所有者权益体现为银行的资本金。

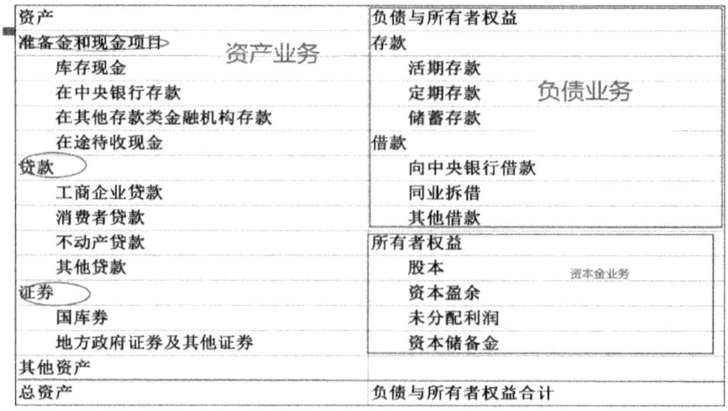

资产	负债与所有者权益
准备金和现金项目 **资产业务**	存款
库存现金	活期存款
在中央银行存款	定期存款 **负债业务**
在其他存款类金融机构存款	储蓄存款
在途待收现金	借款
贷款	向中央银行借款
工商企业贷款	同业拆借
消费者贷款	其他借款
不动产贷款	所有者权益
其他贷款	股本 **资本金业务**
证券	资本盈余
国库券	未分配利润
地方政府证券及其他证券	资本储备金
其他资产	
总资产	负债与所有者权益合计

图9-3 商业银行的资产负债表概览

（一）资产

商业银行的资产是指商业银行的资金运用项目，主要包括现金资产、信贷资产（贷款）和证券投资等，反映出银行资金存在的形态及拥有的债权。

1. 准备金和现金

准备金项目（包括现金）是商业银行流动性最强的资产，构成商业银行流动性管理的第一道防线。这类资产的特点是高流动性，即能快速支付或变现，但盈利性很低。准备金项目包括库存现金、在央行的准备金存款和同业存款等。如表9-1所示。

表9-1 商业银行的准备金和现金类资产

资产	说明	名义收益
库存现金	商业银行自身持有的通货（现钞和硬币）	0
准备金存款	商业银行在中央银行开立的存款账户，即对央行的债权，需满足法定准备金监管要求，超额部分可自由动用	准备金账户利息
同业存款	商业银行对其他银行或金融机构的存款债权	同业存款利率

（1）库存现金，即为应付客户取现和日常业务开支及收付需要而存放在银行金库中的通货（现钞和硬币）。

（2）准备金存款。为便利支付结算和符合监管要求，金融机构需在中央银行开立准备金账户。法定准备金是按照中央银行的要求，商业银行对其自身吸收的存款提取一定的比例（该比例称为法定存款准备金率）缴存中央银行的准备金，通常不能随意动用，而超过法定准备金数量之外的准备金账户余额被称为超额准备，商业银行可以自由动用该金额进行同业之间的资金结算，或向中央银行申请提现[①]。准备金存款账户的利率由中央银行确定，利率往往很低。

（3）存放同业（又称同业存款），是指银行和其他金融机构之间相互存放的资金，目的是用于相互结算、转账、代理服务等。同业存款利率通常可以协商，一些盈利能力较低的银行往往将资金存放于其他银行以获取更高的回报。

现金类资产还包括在途现金，即银行应收而尚未收到的现金项目。例如，使用支票清算时，客户将一张 A 银行开立的 1000 元支票存入 B 银行，B 银行将其计入自身的负债（客户存款），但尚未同 A 银行进行结算从而未实际获得该笔资金，此时该资金计入在途现金。在途现金的产生主要同会计记账和资金的实际结算的时间差有关，支付结算系统越发达便捷，则在途现金越少。

随着货币市场的发展，现金资产已经不是银行保持流动性的唯一形式，出于提升收益率的考虑，商业银行往往较多采用同业拆借、持有国库券等短期债券或票据的办法来平衡流动性和收益性之间的关系。

2. 证券类资产

商业银行持有的证券类资产是重要的盈利来源。很多国家银行监管规定禁止商业银行投资股票类资产，因此银行证券资产主要是债权工具。在货币市场上，商业银行大量投资于短期国库券和高信用等级票据，这些短期证券资产违约风险很低同时容易快速变现，成为商业银行面向客户现金需求的"二级准备"；而在长期资本市场上，商业银行通常投资于国债（中央政府债券）、地方政府债券、政府机构债券、高信用等级的公司债券等。

3. 贷款

贷款是商业银行最主要的业务活动，也是银行利润最主要的来源之一。贷款有很多分类方式，按发放对象可分为面向企业的工商贷款、面向消费者的消费贷款、面向住宅开发

---

① 需要注意的是，不同国家银行法定存款准备金制度存在差异，上述描述适用于中国的情况，而美国的库存现金可用于满足法定准备金要求，读者可查阅美国联邦储备银行网站。

和购买的不动产（住房）贷款等；按贷款期限长短可以分为短期贷款（≤1年）、中期贷款（1—3年）和长期贷款（≥3年）；按贷款合约的条款性质可分为信用贷款、贴现贷款、抵押贷款和担保贷款等。

作为一种债权，银行贷款面临的最大风险是信用风险，即借款人不能按时还本付息从而使银行面临损失，我们将在第四节重点探讨商业银行的信用风险管理。

（二）负债和资本金

商业银行的全部资金来源包括自有资金（资本金）和负债两部分。与普通工商企业不同的是，商业银行的自有资金在全部资金来源中只占很小的比例，负债很大程度决定了商业银行开展资产业务、获得利润的能力。商业银行的负债包括存款和借款两大类。

1. 存款

存款主要包括活期存款、定期存款、储蓄存款等。存款在商业银行的资金来源中的比重一般在70%以上，如果没有存款，商业银行的资产业务就成为无源之水。然而，存款的规模和期限很大程度上取决于客户的需求，因此存款业务是商业银行的被动负债。

活期存款（Demand Deposits）是一种随时可以存取并可通过转账方式进行支付交易的存款。其中，客户可直接开立支票进行支付的活期账户又被称为支票账户（Checkable Account）。在中国，借助于发达的电子支付清算系统，个人可以非常便利地使用活期账户进行消费支付、资金转账、汇款等交易，因而个人支票账户并不普及。活期存款的存取款和转账较为频繁，银行服务成本也较高，因此通常不支付利息或利息很低，在各国的货币统计中，活期存款被纳入M1范畴。

定期存款（Term Deposits）是指具有明确的到期期限，到期才能支取的存款。它与活期存款的最大区别在于期限确定，不能直接用于支付交易和结算。它是商业银行较为稳定的资金来源，通常利息较高。如果储户提前支取则银行有权罚息乃至取消利息。20世纪60年代，美国诞生了大额可转让定期存单（Certificates of Deposits，简称CDs），其门槛一般较高（10万元起），除到期兑付外，CDs在到期日之前可在二级市场进行转让交易，一定程度上弥补了定期存单流动性较差的缺陷。

储蓄存款（Saving），主要是为个人积蓄货币并取得利息收入而开办的银行账户，其资金可以随时存入或支取，但不能直接用于交易支付。储蓄存款和定期存款又被称为非交易型存款。在各国的货币统计中，储蓄存款和定期存款一般被纳入广义货币M2范畴中。

2. 借款

银行可以通过向中央银行、其他商业银行和金融机构以及社会公众等借款来获取资金。银行主要通过货币市场借入短期资金，如向中央银行进行再贴现或要求贷款，向其他银行进行同业拆借、回购或发行短期票据，主要是为了满足流动性的需求；银行的中长期资金需求则借助资本市场，通过发行金融债券、中期票据等方式加以满足，中长期借款是商业银行较为稳定的资金来源。

3. 资本金

银行资本金即银行的净值，等于总资产减去总负债的差额，是归属于股东的价值。银行经营者的所谓"股东权益最大化"目标，即是追求资本金的增长。银行资本的数量是银行资金实力的体现。资本金具有非常重要的作用，是银行开展业务、扩张经营的重要的资金来源，是应付银行经营困难、资产价值减少的"缓冲"，充足的资本金能够帮助银行度过短暂的经营困境，如果银行资本金不足甚至为负值，银行可能会面临破产清算。在各国的银行监管中，资本金要求均是核心内容之一。

从来源看，银行资本包括股东出资（创立时出资以及后续增加发行股票筹集的资金）以及银行经营获得的利润积累。从具体的构成来看，银行资本金包括银行股本、资本盈余、未分配利润等。

二、商业银行的基本业务与收支

商业银行主要开展哪些业务，具体如何挣钱呢？根据是否计入资产负债表，商业银行的基本业务可以分为表内业务和表外业务。

（一）表内业务

表内业务是计入到商业银行资产负债表的业务，包括资产业务和负债业务。资产业务是商业银行运用资金获取收入的主要途径，负债业务是商业银行资金的来源，这两项历来是商业银行业务管理的重点。如图9-4所示。

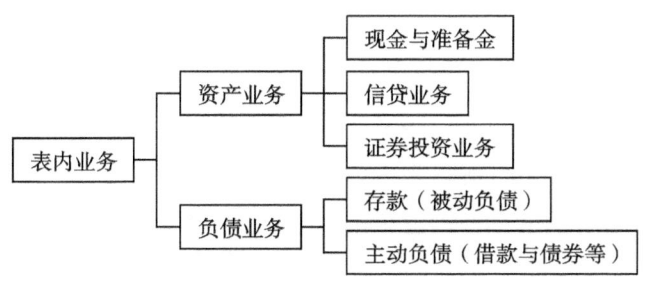

图9-4 商业银行的基本业务

(二) 表外业务和中间业务[①]

广义的表外业务是指商业银行从事的，按通行会计准则不列入资产负债表内、不影响其资产负债总额，但能影响当期损益的经营活动，包括中间业务和狭义的表外业务（或有业务）。表外业务获取的收入被称为非息收入，逐渐成为银行不可缺少的盈利来源。如图9-5所示。

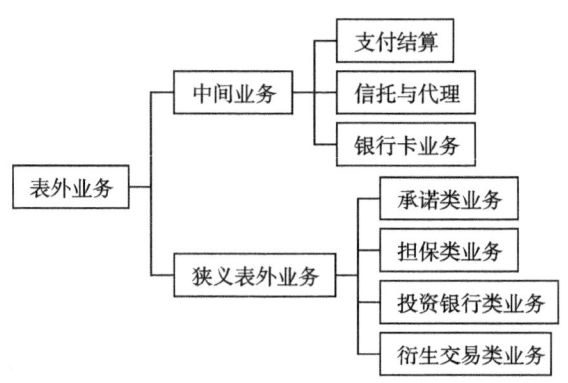

图9-5 商业银行的表外业务

1. 中间业务

中间业务是银行不动用自己的资金，依托业务、技术、机构、信誉和人才等优势，以中间人的身份代理客户承办收付和其他委托事项，提供各种金融服务并据以收取手续费的业务。这类业务的特点是，银行同客户之间不发生借贷关系（债权债务关系），风险相对较小、收益较为稳定，并有助于促进客户关系。中间业务是历史最为悠久的银行业务，也最能凸显银行提供金融服务这一核心职能。商业银行早期的中间业务聚焦于货币经营，包括货币鉴定、保管、兑换、汇兑等，以后逐渐拓展为支付结算类、信托代理类、银行卡类等大类服务品种。

（1）支付结算类业务，指由商业银行为客户办理与货币支付、资金划拨有关的收费业务，如水电煤气费用的代收、支票结算、开立汇票和信用证等。商业银行利用自身的支付网络和技术，为客户提供快捷高效的资金调拨服务，并从中收取一定的手续费。

（2）信托与代理类业务，是银行受客户的委托，代为管理、营运、处理有关钱财的业务，包括对个人和企业的信托业务。对个人的信托业务主要包括代保管财产、代保管有价证券和贵重物品和代办人寿保险。对企业的信托业务主要包括代办投资、筹资事宜，如股

[①] 各国银行监管和银行操作实践对表外业务、中间业务的称谓和划分存在不同分类，本书基本采用国际清算银行巴塞尔协议的分类标准，同时也参考了中国银行业的现行做法。

票或债券的发行、股票或红利的分发、偿还债券的本息，代办合并或接管其他企业、代管员工福利账户、退休养老金的发放，业务咨询、代理国债的发行和还本付息等。商业银行经营信托业务一般也只按一定比例收取手续费或佣金，从营运中获得的收入则归委托人所有。近年来，在居民和企业财富迅速增长的背景下，我国商业银行大力发展理财业务，形式多样的理财业务丰富了投资者的选择，也成为银行利润的增长点。

（3）银行卡业务，是商业银行向社会发行具有消费信用、转账结算、存取现金等全部或部分功能的信用支付工具，并从中收取服务费用的业务。最常见的银行卡业务是信用卡业务。信用卡无须预先存入金额，具有"先消费，后付款"的特点，体现了银行的两项基本功能——支付与信贷的结合。

2. 狭义表外业务（或有业务）

狭义的表外业务，是指尚未列入资产负债表，但同表内资产业务和负债业务关系密切，并在一定条件下会转为表内资产负债业务的经营活动。银行在此类业务中，往往承担了担保、承诺等义务，形成了或有债权/债务，一旦约定事件发生，银行将承担支付款项的法律责任。典型的狭义表外业务包括承诺类业务、担保类业务、投资银行类业务以及衍生工具交易类业务四大类型。

（1）贷款承诺业务是指商业银行在未来某一日期按照事前约定的条件向客户提供约定信用的业务，包括贷款承诺、透支额度等可撤销承诺和备用信用额度、回购协议、票据发行便利等不可撤销承诺两种。

（2）担保业务是指商业银行为客户债务清偿能力提供担保，承担客户违约风险的业务，包括银行承兑汇票、备用信用证、各类保函、企业融资担保等。银行提供担保业务后，一旦委托人不履行合同义务，则银行负有连带赔偿责任。

（3）投资银行类业务，是指银行进行证券的承销、代理、顾问咨询等业务。随着银行监管的放松和金融创新的推进，传统的商业银行同证券公司、投资银行以及其他金融机构之间的业务相互渗透，商业银行因为其资金、技术、人才等各方面的优势，大力开发投资银行业务。目前我国的商业银行不仅可以承销政府债券，还可以承销地方政府债券、企业债券等，商业银行还为企业的并购重组提供咨询和顾问服务。资本市场相关业务将逐步成为商业银行未来业务增长的亮点。

（4）衍生金融工具交易类业务。在金融市场波动日益剧烈的背景下，银行自身和客户都存在较大的管理风险的需求，商业银行作为交易主体之一，同客户进行利率互换交易、货币互换交易、金融期货及期权交易等衍生金融交易。这类交易具有高风险性，稍有不慎可能会导致巨额损失，它也是近年来很多大型金融机构遭受金融困境，甚至破产倒闭的罪魁祸首。

(三) 商业银行的收入与利润

透过简化的商业银行收支图（见图9-6），我们可以一窥商业银行盈利的端倪。

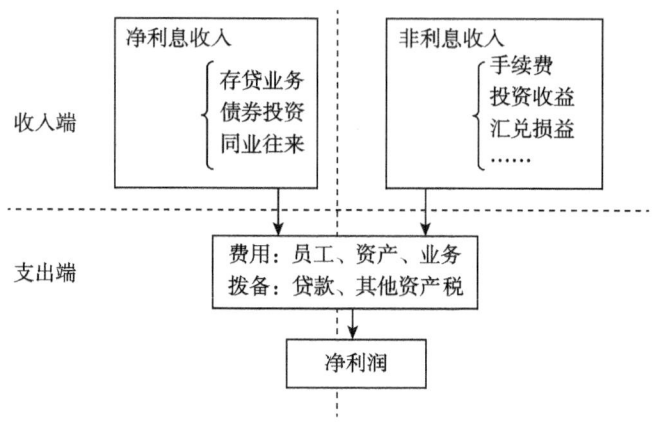

图9-6 商业银行的收支与利润示意图

1. 商业银行的主要收入

商业银行的收入包括利息收入和非利息收入两大类。

利息收入是指商业银行从贷款、政府债券、同业存款和证券交易账户等资产中获得的利息收入以及从租赁业务中获得的租金收入。用利息收入减去商业银行的利息支出，就得到净利息收入。

商业银行获得的除利息收入之外的收入被称为非利息收入，具体包括存款账户服务费、投资收益、信托收入以及其他非利息收入等，银行的表外业务和中间业务收入基本为非利息收入。近年来，我国商业银行大力发展中间业务和表外业务，非利息收入也迅速增长到全部收入的25%左右。

对商业银行而言，反映其盈利能力的代表性指标之一是净息差，其公式是：

净息差 = 净利息收入/平均生息资产规模　　　　　　　　　　　　　　　　(9-2)

其中，净利息收入是利息收入减去利息支出，净息差这个指标反映了商业银行资金运用的效率，也就是银行的生息资产赚取净利息收入的能力。一般而言，净息差越高，反映商业银行运用生息资产的效率越高。我国商业银行的净息差在2%至3%之间，生息资产的盈利能力有待提升。

2. 商业银行的净利润

净利润 = 净利息收入 + 非利息收入 − 成本费用 − 拨备 − 税收　　　　　　(9-3)

商业银行的净利润等于收入减去成本、拨备和税收。商业银行的支出项首先是成本项,包括资金成本(主要是利息支出)、人力成本和运营成本费用等。值得指出的是,商业银行作为经营风险的企业,要未雨绸缪为可能的风险损失作准备,这部分预留的资金称为"拨备",需要从税前利润中扣除。经营比较谨慎的商业银行往往在经济下行或风险加大时增加拨备,减少账面利润。在计提拨备之后,商业银行还要缴纳税金,余下部分即为商业银行的净利润。

人们通常使用资本利润率和资产利润率两项指标来度量商业银行的盈利能力。资本利润率(又称股权收益率)是银行的净利润比上总资本金,度量的是单位资本金产生的净利润,反映了银行为股东增值的能力;资产利润率(又称资产收益率)即商业银行的净利润/总资产规模,反映了商业银行运用资产盈利的能力。人们常认为商业银行是暴利行业,例如,银行的利润总额超过很多行业,但考虑到银行庞大的资产规模,商业银行的盈利能力并不像想象中那么高。国家金融监督管理总局官方数据显示,2023年四季度末,我国商业银行累计实现净利润2.4万亿元,平均资本利润率为8.93%,平均资产利润率为0.7%。

专栏9-1 2023年四季度我国银行业发展情况

1. 银行业总资产平稳增长

2023年四季度末,我国银行业金融机构本外币资产总额417.3万亿元,同比增长9.9%。其中,大型商业银行本外币资产总额176.8万亿元,同比增长13.1%,占比42.4%;股份制商业银行本外币资产总额70.9万亿元,同比增长6.7%,占比17%。

2. 商业银行信贷资产质量保持平稳

2023年四季度末,商业银行(法人口径,下同)不良贷款余额3.2万亿元,较上季末基本持平;商业银行不良贷款率1.59%,较上季末下降0.02个百分点。

2023年四季度末,商业银行正常贷款余额199.3万亿元,其中,正常类贷款余额194.8万亿元,关注类贷款余额4.5万亿元。

3. 商业银行风险抵补能力整体充足

2023年全年,商业银行累计实现净利润2.4万亿元,同比增长3.2%,增幅较上年同期收缩2.2个百分点。平均资本利润率为8.93%,较上季末下降0.52个百分点。平均资产利润率为0.7%,较上季末下降0.04个百分点。

2023年四季度末,商业银行贷款损失准备余额为6.6万亿元,较上季末减少864亿元;拨备覆盖率为205.14%,较上季末下降2.74个百分点;贷款拨备率为3.27%,较上季末下降0.08个百分点。

2023 年四季度末，商业银行（不含外国银行分行）资本充足率为 15.06%，较上季末上升 0.29 个百分点。一级资本充足率为 12.12%，较上季末上升 0.22 个百分点。核心一级资本充足率为 10.54%，较上季末上升 0.18 个百分点。

4. 商业银行流动性水平合理稳健

2023 年四季度末，商业银行流动性覆盖率为 151.6%，较上季末上升 8.06 个百分点；流动性比例为 67.88%，较上季末上升 2.73 个百分点；人民币超额备付金率 2.23%，较上季末上升 0.75 个百分点；存贷款比例（人民币境内口径）为 78.69%，较上季末上升 0.5 个百分点。

资料来源：节选自国家金融监督管理总局 2024 年 2 月 21 日发布的"2023 年四季度银行业保险业主要监管指标数据情况"，https://www.cbirc.gov.cn。

第三节 商业银行的经营管理

商业银行作为经营货币的特殊金融机构，遵循盈利性、安全性和流动性原则进行经营，从资产、负债和资本金三个方面进行全面管理，防范风险。

一、商业银行经营原则

（一）商业银行经营的三性原则

商业银行经营管理有三个基本原则，即盈利性、安全性、流动性，这三者是统一的整体。

盈利性，指商业银行为其所有者获取利润的能力。盈利是银行从事各类活动的动因，利润最大化是银行经营的根本目标。充足的盈利可以扩充银行资本，扩大经营，增强银行信誉，提高银行的竞争实力。如果银行长期无法盈利或盈利不足，投资者将对其丧失信心，银行的信誉将下降，可能引发银行的信用危机，导致客户挤兑，危及银行生存。然而，商业银行如果过于看重短期盈利而置风险于不顾，将可能危害银行的安全性和流动性，并最终损害银行的长期盈利。

安全性，指银行的资产、收入、信誉、融资等所有经营生存发展条件免遭损失的可靠程度。商业银行是经营货币及其风险的金融机构，极其依赖外部借入资金进行经营，安全性关系到银行的存亡。银行倒闭往往不是因为盈利不足，而是因为其安全性遭到破坏，因而对商业银行而言，风险管理事关生存。

流动性，指银行能够及时应付客户提款和满足必要贷款需求的能力。银行的流动性体现在资产和负债两个方面，一方面，银行需要准备足够多的流动性资产，在必要的时候迅速变现；另一方面，银行还应具有及时获取流动性的能力（即融资的流动性），能够确保银行在需要的时候融入资金，同业拆借和向中央银行借款是商业银行流动性融资的主要方式。

盈利性、安全性和流动性三原则既有统一的一面，又有矛盾的一面。通常，安全性与流动性是正相关的：流动性较强的资产，风险较小，安全有保障；安全性、流动性与盈利性往往有矛盾：流动性强，安全性好的资产，盈利性一般较低，而能带来较高预期回报的资产往往流动性差、风险较大。因此，银行在其经营过程常常面临两难选择：高流动性资产较多，可能削弱自身的盈利性；高盈利的信贷资产或长期投资，则可能会影响银行的安全性和流动性。银行的经营管理就是在盈利性、流动性和安全性之间取得平衡的艺术。

（二）商业银行管理的综合评价

国际银行业常用 CAMEL 指标法综合评价银行经营，即考核商业银行的资本充足性、资产质量、管理水平、盈利状况和流动性五项指标，用五级评分制来评价商业银行的经营管理水平（一级最高、五级最低）。

C——资本充足性（Capital Adequacy）：考察商业银行的资本充足率，即总资本与总资产之比。总资本包括基础资本和长期附属债务。基础资本包括股本金、盈余、未分配利润和呆账准备金。

A——资产质量（Asset Quality）：主要考察风险资产的数量；逾期贷款的数量；呆账准备金的充足状况；管理人员的素质；贷款的集中程度以及贷款出现问题的可能性。

M——管理水平（Management）：主要考察银行业务政策、业务计划、管理者经历与经验及水平、职员培训情况等一些非定量因素。

E——盈利状况（Earnings）：主要考察银行在过去一两年里的净收益情况，反映银行的盈利状况。

L——流动性（Liquidity）：主要考察银行存款的变动情况；银行对借入资金的依赖程度；可随时变现的流动资产数量；资产负债的管理、控制能力；借入资金的频率以及迅速筹措资金的能力。

二、资产、负债与资本金管理

商业银行怎样通过自身业务，实现盈利性、安全性和流动性的统一呢？早期商业银行运作重点关注资产管理，20世纪60年代以来商业银行日益增加了主动负债管理，如今，商业银行意识到需要进行资产和负债的综合管理才能实现其经营目标。

（一）资产管理

1. 信贷资产管理

贷款业务是商业银行的主要资产业务，贷款利息收入是商业银行收入的主要来源，因而信贷管理成为商业银行资产管理的重中之重。围绕信贷资产的管理主要涉及信用风险评估和贷款质量的分类管理，追求在信用风险可控的前提下提升商业银行的利润。

（1）资格审查和贷款审批。商业银行放贷前需要对借款人的资格和相关信贷资金用途等进行审查，评估潜在贷款的信用风险大小。商业银行常采用"6C"原则进行审查，具体包括借款人的品德、能力、资本、抵押或担保以及经济环境和经营的可持续性，见专栏9-2。

专栏9-2　商业银行信贷审批的6C原则

品德（Character），主要考查借款人是否具有清偿债务的意愿以及是否能够严格履行合同条件，还款的意愿是否强烈，是否正当经营。确切地说，此处品德对应着信用，无论是自然人还是法人，其信用记录、声望与地位、经营方式等均对于银行发放信贷具有重要的参考价值。

能力（Capacity），指借款人的偿还能力，通常用借款者的预期现金流量来测定。除考虑收入外，还要考虑其他的付款项、债务或优先索赔款有可能消耗掉预期的收入。

资本（Capital），即借款人的自有资本价值，通常用净值来衡量。银行对借款人的资产负债状况进行综合评估，以反映其净值受市场环境的影响，比如房产价值往往会随市价浮动，银行在度量借款人净值时往往会进行保守的估值。

担保或抵押（Collateral），指贷款人可以用作担保贷款抵押品的任何资产。在由保证人出面保证贷款归还的情况下，还要考虑保证人的信用和相关的资产净值状况。

环境（Condition），指借款人面临的经济环境。必须将厂商经营所面临的经济环境、整个贷款使用期间的经济规划，以及使借款者对经济波动特别敏感的任何特征都包括在信用评估分析之内。

连续性（Continuity），指借款人持续经营的前景。现代科技飞速发展，产品更新换代的周期越来越短，产品结构的调整也日趋迅速，市场竞争异常激烈。企业只有适应经济形势以及市场行情的变化，才能继续生存发展下去，银行的贷款才能如愿收回。

（2）贷款质量分级。贷款发放后，商业银行会定期评估贷款本息回收的可能性，对贷款质量进行分类。我国商业银行常用"五级"贷款质量分类法，将贷款分为正常、关注、次级、可疑或损失五类，其中后三类统称为"不良贷款"。在对每一笔贷款的质量进行归类后，银行按照谨慎会计原则，合理估计贷款可能发生的损失，及时计提贷款损失准备，俗称"拨备"。不同类别的贷款有不同的拨备要求，如表9-2所示。商业银行将根据银行监管要求，及时对贷款的损失部分进行核销。

表9-2　　　　　　　　　　银行贷款质量的五级分类及损失拨备率

分类	特征	损失拨备率
正常	借款人能够履行合同，有充分把握按时足额偿还本息	0
关注	尽管借款人目前有能力偿还贷款本息，但是存在一些可能对偿还产生不利影响因素	2%
次级	借款人的还款能力出现了明显的问题，依靠其正常经营收入已无法保证足额偿还本息	25%
可疑	借款人无法足额偿还本息，即使执行抵押或担保，也肯定要造成一部分损失	50%
损失	采取所有的措施和一切必要的法律程序后，本息仍然无法收回，或只能收回极少部分	100%

注：损失拨备率由银行监管部门确定，表中数值是中国现行拨备要求。

银行衡量贷款风险状况的指标主要包括不良贷款率、贷款拨备率和拨备覆盖率。

不良贷款率是不良贷款余额占全部贷款的比，用以揭示商业银行的信贷质量和风险状况。贷款拨备率是贷款损失计提准备与全部贷款余额的比，拨备覆盖率是贷款损失计提准备与不良贷款余额的比，这两个指标是度量银行应对贷款损失能力的指标。

银行监管部门一般会规定商业银行拨备的下限比例，商业银行还会根据自身对信贷风险的评估而自主增加提取损失准备金，积谷防饥，为未来可能爆发的信贷风险提前准备。尽管如此，一旦发生大规模的贷款违约，商业银行事先计提的损失准备金很可能不足以弥补真实损失，商业银行出现亏损将直接侵蚀其自有资本，影响银行的安全性和稳定性。

【例9-1】某银行贷款总额为200亿元，其中正常类贷款187亿元，关注类贷款3亿元，次级贷款3亿元，可疑贷款2亿元，损失类5亿元。根据表9-2的比例，该银行应该计提多少损失拨备？该银行的不良贷款率、贷款拨备率和拨备覆盖率分别是多少？

解：（1）计提拨备 = ∑贷款数量×拨备比例
$$= 3 \times 2\% + 3 \times 25\% + 2 \times 50\% + 5 \times 100\% = 6.81（亿元）$$

（2）该银行的不良贷款总数为次级+可疑+损失贷款数量，即：

$3 + 2 + 5 = 10$（亿元）

不良贷款率 = 不良贷款/总贷款 = $10/200 = 5\%$

贷款拨备率 = 贷款计提拨备/贷款总量 = $6.81/200 = 3.405\%$

拨备覆盖率 = 贷款计提拨备/不良贷款 = $6.81/10 = 68.1\%$

2. 准备金管理

商业银行最具流动性的资产是准备金，它们是商业银行抵御流动性冲击的首要防线。准备金可分为一级准备和二级准备，前者是现金准备，包括商业银行库存现金、在中央银行存款以及同业存款等，名义收益率极低；后者包括短期国债、商业票据、银行承兑票据及同业短期拆借等可以快速低成本变现的其他高流动性资产。

准备金盈利性不如信贷资产和其他资产高，为什么商业银行还要持有准备金呢？

第一，应对客户提取资金或贷款需求，预防流动性风险。持有一定规模的准备金能够帮助商业银行及时应对客户提款、便利支付结算或满足客户的贷款需求。经营较为保守和稳健的银行通过持有大量的准备金，确保自身经营的安全性。

第二，应对监管要求。各国为维持货币信用不会因银行未能及时兑付储户的资金而遭到破坏，通常设置法定存款准备金制度，即银行的准备金数量与存款数量之比应该不低于法律规定的存款准备金率。例如，当法定存款准备金率为10%时，商业银行每吸收100元存款，应该提取10元的法定存款准备金；如果不满足法定准备金要求，商业银行会受到监管处罚。法定准备金制度成为中央银行或货币当局控制影响商业银行体系运作的一种机制，也是货币政策的工具手段。

第三，战略性持有准备金和高流动性资产。商业银行可能为追逐未来更有利的盈利机会而在当前持有现金和流动性资产。或许是出于对经济前景和信贷风险的担忧，或对未来收益率变化等的考虑，银行可能主动持有大量现金或高流动性的二级准备，以随时去把握未来更好的投资和贷款机会。

银行保持大量的流动性也会产生负面影响。如果大量资金沉淀于银行准备金账户或聚集于短期的货币市场交易，那么金融和经济系统中其他部门可获得的资金数量就会减少，中长期信贷和资本市场可能面临资金不足的境地。银行的流动性囤积使得货币流通和信用扩张受阻，形成巨大的"堰塞湖"，下游的企业、家庭和其他市场很可能陷入"缺水"的状态。

（二）负债管理

商业银行负债业务管理的要点是如何以较低的成本获得比较稳定的资金来源。

传统商业银行主要依靠存款、贷款的利差获利，其中低息或零息的存款占比越大，商业银行的利润越高，因而负债管理聚焦于吸收存款。然而，近年来由于金融创新和金融竞争的影响，各类金融机构陆续推出诸如货币市场基金这类具有高流动性且收益高于存款的产品，使商业银行普遍面临资金来源的萎缩。例如，中国的商业银行活期存款占全部存款比已经从高峰期的 60% 降低到 2023 年的 27%，商业银行不得不寻求更加稳定的资金来源，积极寻求主动负债管理。一方面，商业银行更多地借助资本市场，依靠发行长期债券或股权获取长期稳定的资金；另一方面，借助可转让存单或其他货币市场工具，通过货币市场管理日常流动性，向其他商业银行、金融机构和中央银行借入资金进行日常的负债和流动性管理，对金融市场的依赖性大大增强。

（三）资本金管理

商业银行资本金是商业银行从事经营活动必须投入的资金，也是银行实力和规模的象征，商业银行的盈利能力和抗风险能力直接反映在资本金的增减上。

1. 银行资本金的重要性

银行资本金是商业银行开展业务所必须的资金来源，资本金有助于预防银行破产，对债权人特别是存款人提供保护。若商业银行经营不善或遭受负面冲击而导致亏损，较高的资本金规模能降低债权人的风险，避免银行挤兑和破产，维护银行的长期运行，资本金事关商业银行能否生存发展。

银行资本金与股东的收益率密切相关。从企业管理角度，股东用股权收益率（Return On Equity，简称 ROE）衡量银行盈利能力，该指标表示股东每投入 1 元资本能够获得的税后净利润，其公式为：

$$\underbrace{\frac{\text{税后净利润}}{\text{股权资本}}}_{\text{ROE}} = \underbrace{\frac{\text{税后净利润}}{\text{总资产}}}_{\text{ROA}} \times \underbrace{\frac{\text{总资产}}{\text{股权资本}}}_{\text{EM}} \tag{9-4}$$

其中，资产收益率（Return of Assets，简称 ROA）度量了银行资产的盈利状况，权益乘数（Equity Multiplier，简称 EM）是总资产对股权资本的比，反映 1 元股本金对应的资产规模。权益乘数反映了银行财务杠杆的大小，权益乘数越大，说明股东投入的资本在资产中所占的比重越小，企业负债的程度越高，财务杠杆越大。在资产收益率不变的情况下，自有资本金越少（EM 越高），则股东的回报率越高，参见专栏 9-3。

专栏 9-3　银行资本金：安全性与收益性的权衡

银行（高资本金情景 vs 低资本金情景）　　　　　　　　单位：亿元

资产		负债	高资本金	负债	低资本金
准备金	200	存款	2000	存款	2100
贷款	2000	资本金（股权资本）	200	资本金（股权资本）	100

假定商业银行总资产为 2200 亿元，需要在高资本金 A 和低资本金 B 两种资本结构之间权衡，前者的股权乘数为 11 倍，后者股权乘数为 22 倍。假定资产回报率 ROA 为 1%，银行将获得 22 亿元的利润。在 A 情景下，银行的 ROE 为 22/200 = 11%，或 1% × 11 = 11%，而 B 情景下，银行的 ROE 为 22/100 = 22%，或 1% × 22 = 22%，低资本金情景下，权益乘数高，银行股东拥有较高的回报率。

如果银行不幸亏损呢？假设银行的贷款账面损失了 100 亿元，该损失需要从股权资本中扣除。A 情境下，商业银行的股权资本扣除损失后还剩下 100 亿元；而 B 情景下商业银行自有资本金全部亏光。如果银行再增加 20 亿元的亏损，则 B 情境下银行已资不抵债，没有足够资金偿付存款人了。

从上述例子可以看出，权益乘数本身是一把"双刃剑"，在银行盈利较好的时候，可以给银行持有者带来高回报率，而在银行出现亏损时，则会极大威胁银行的安全性。

银行资本金数量关系到银行安全性和收益性，当经济繁荣时，银行往往愿意提高负债规模，提升杠杆，而在经济不确定性加大时，银行管理者将寻求更多的资本金来保护股东和存款人的利益。

2. 银行资本金的监管要求

由于银行是高杠杆行业，为避免银行过度借债导致偿付能力不足、威胁银行和金融体系的稳定性，各国均对银行实施资本金监管，规定银行应满足最低的资本金规模。为统一国际有关银行的资本衡量和监管，1988 年，美国、英国、德国、法国、意大利、日本、荷兰、比利时、加拿大、瑞典、卢森堡、瑞士 12 个发达国家的中央银行和金融监管机构通过了《关于统一国际银行资本衡量和资本标准的协议》（以下简称《巴塞尔协议》），提出了统一的银行资本定义，并确定了根据加权风险资产计算资本充足率的方法和最低资本充足率标准。

$$资本充足率 = \frac{商业银行的资本}{风险加权资产} \tag{9-5}$$

资本充足率（Capital Adequacy Ratio）是指商业银行的资本与风险加权资产规模的比率，此处的资本并非资产负债表上列出的股东权益净值（账面资本），而是指商业银行自身所拥有或能长期支配使用，满足监管当局规定的资金（又称监管资本），包括一级资本与二级资本[①]；分母的风险加权资产也并非资产负债表上的账面总资产，而是根据不同的资产类别按照不同的风险系数（权重）计算出来的加权资产规模[②]。一般而言，资产的风险越高（潜在的损失越高），则风险系数越高，例如，在中国现行的银行监管中，银行持有的现金类资产（现金和准备金存款）、中央政府国债、对中国人民银行的债权、对政策性银行的债权、外国政府AA-以上评级的债权等风险权重均为零，而其他的各类债权则根据信用评级和风险状况分别赋予20%、50%、100%甚至150%的权重。资本充足率要求规定了监管资本相比风险加权总资产的最低比例。一家银行持有的高风险资产越多，对应的监管资本金要求越高。

以监管资本为基础计算的资本充足率，是监管当局限制商业银行过度承担风险、保障金融市场稳定运行的重要工具。中国银行业资本监管要求如表9-3所示。

表9-3　　　　　　　　　中国银行业资本监管要求

类型	类别	范围	资本充足率要求		
一级资本	核心	实收资本或普通股、资本公积、盈余公积、一般风险准备、未分配利润等	7.5%（8.5%）	8.5%（9.5%）	10.5%（11.5%）
	其他	非累积性优先股等			
二级资本（次级资本）		未公开储备、超额贷款损失准备、重估储备、长期次级债务、混合资本工具等			

注：根据中国现行的银行监管政策整理制作，资本充足率要求栏中（）里显示的是对国内系统重要性银行的要求。

根据《巴塞尔协议Ⅲ》的规定，商业银行总资本包括一级资本和二级资本，其中一级资本又分为核心一级资本和其他一级资本。核心一级资本（Tier 1 Capital）是在银行持续经营条件下可无条件用于吸收损失的资本工具，包括实收资本或普通股、资本公积、盈余公积、一般风险准备、未分配利润等；其他一级资本包括非累积性优先股等资本工具及其溢价，以及少数股东资本可计入部分。二级资本（Tier 2 Capital），是在破产清算条件下可

---

① 监管资本与银行资产负债表上列出的股东净值（会计资本）不同，最大的差异体现在某些长期债务融资也纳入到监管所认可的资本金范畴，其原因在于后者虽然是债务融资，但能够提供较为稳定的长期的资金来源。

② 有关中国银行业资本金监管的具体要求，参见国家金融监督管理总局2024年正式实施的《商业银行资本管理办法》。

用于吸收损失的资本工具，其受偿顺序在普通股之前，在一般债权人之后，包括未公开储备、超额贷款损失准备、长期次级债务、混合资本工具等。

在资本金监管约束下，商业银行需要核算监管资本金规模，确保其符合要求的监管资本金数量不低于规定。例如，我国银行资本充足率监管要求包括最低资本要求、储备资本和逆周期资本要求、系统重要性银行附加资本要求等，其中非系统重要性银行核心一级资本充足率、一级资本充足率和资本充足率分别不得低于5%、6%和8%，在此基础上还需计提2.5%的储备资本，国内或全球系统性重要银行相比非系统重要性银行另有1%—1.5%的附加资本金要求。

3. 资本充足率与商业银行的全面管理

资本金监管要求对商业银行的全面经营管理带来挑战。就监管资本金而言，商业银行资本金的来源包括：内源资本金积累（即业务经营的利润）和新增融资。商业银行业务盈亏会导致资本金特别是核心一级资本（盈余公积和未分配利润等）的增长，若经营不善如贷款回收困难，投资亏损等会降低净利润，并侵蚀其自有资本金，从而带来补充资本金的压力。盈利不善的商业银行很难从资本市场上融到资金，从而难以保持经营。

从风险加权资产来看，由于不同类型的业务具有不同的风险权重，业务扩张较快、从事的业务风险较大的商业银行，加权风险资产规模高，监管资本要求会增加，资产高速扩张会带来较大的补充资本金的压力；相反，业务经营保守稳健的商业银行，往往持有大量的准备金资产和高信用等级债券，比较容易满足监管资本金要求。商业银行需要平衡业务扩张带来的潜在利润和监管所要求的资本充足率之间的冲突。

如果商业银行扩展风险业务而自身的盈利性不足，则只能通过新增融资、补充资本金来满足监管要求。在经济整体陷入低谷之际，商业银行净利润增速放缓，内源性资本补充能力较弱，商业银行将被迫通过增资扩股、发行长期债务等资本工具补充资本金。

第四节 商业银行的风险管理

一、商业银行的主要风险

2004年国际银行监管的《巴塞尔协议Ⅱ》从风险的来源角度，着重强调了银行的信用风险、市场风险、操作风险三大类风险，《巴塞尔协议Ⅲ》则进一步强化了商业银行的流动性风险管理要求。

（一）信用风险

信用风险（Credit Risk）是指银行的客户或交易对手无力履约的风险。除了信贷违约外，商业银行在金融市场交易时也可能面临交易对手违约而带来损失。信用风险是商业银行风险管理的重中之重，贯穿在整个商业银行的业务运作与经营管理之中。

信用风险很大程度来源于交易中的信息不对称引发的逆向选择和道德风险。以商业银行的信贷业务为例，商业银行贷款可能会遭受以下风险：一是贷款人诚信问题，即恶意骗取贷款或不遵守约定将贷款挪作他用；二是贷款人能力不足，借款后不能及时归还贷款产生利息和本金的违约。

（二）市场风险

市场风险（Market Risk）是指因市场价格的波动而造成银行损失的风险，常见的市场风险是银行交易账户中与利率相关的金融工具价值损失、汇率风险。

利率风险是指市场利率的波动给银行带来损失的可能性。商业银行的资产负债主要是债权债务型工具：对于传统的存贷业务而言，利率变化直接影响银行的成本和收益；对于证券投资和主动性负债而言，利率变化会影响银行资产负债的市场价值。对于商业银行而言，由于普遍存在期限错配，即负债期限较短而资产期限较长，当利率上升时，银行的短期负债成本往往会随之上升，而银行持有的中长期固定利率资产如长期债券、贷款的市场价值均会下跌，而成本上升也会挤压银行利润，银行面临较为严重的挑战。如果利率短期快速大幅上升，部分浮动利率贷款的借款人可能出现利息支付困难，造成信贷违约等一系列反应，此时利率风险同信用风险相互交织，加剧了银行的损失。

汇率风险是指市场汇率的波动给银行带来损失的可能性。银行业务日趋国际化的时代，商业银行可能出现货币错配的现象，即资产和负债币种的不匹配，或收入与支出币种的不匹配，由此产生净外币风险敞口。例如，中国的商业银行普遍拥有大量的美元资产和人民币负债，当美元对人民币汇率升值时，用人民币度量的账面净值（资产－负债）就会上升；反之美元贬值时，用人民币度量的账面净值就会下降。而很多新兴市场国家的银行体系恰恰相反，在繁荣时期这些银行借入大量的固定利率美元或外币负债，当美元升值时银行便会面临用本币衡量的利息支出增加、负债增加的现象，严重时出现大幅亏损和账面净值下降，资不抵债，从而产生银行危机。

（三）操作风险

操作风险（Operational Risk）是指由于有缺陷或失效的内部程序、人员和系统或外部事件所造成的损失风险。

常见的操作风险事件是内部欺诈。1995 年，巴林银行新加坡分行的衍生品交易员尼克·里森未经授权从事股指期货交易失败，损失额接近 10 亿英镑，导致运营 233 年的巴林银行宣告破产；2008 年，法国第二大银行法国兴业银行交易员杰罗姆·凯维埃尔进行未经授权的衍生品交易，导致该行损失 49 亿欧元，这两个案例充分说明了银行内部系统风险控制的重要性。

另一类常见的操作风险是"乌龙指"事件，即交易员个人失误（例如按错键盘、听错报价等）导致成交价格或数量异常，造成机构重大损失。2001 年 12 月，瑞银华宝（UBS Warburg）银行的一名经纪人原本应该以每股 60 万日元的价格卖出 16 股日本广告业巨头电通（Dentsu）公司的股票，但他却以每股 6 日元的价格卖出了 61 万股，该操作失误给瑞银华宝银行带来了 7100 万英镑的损失。

此外，还有由外部事件引发的损失案例，例如，2001 年美国纽约银行因为"9·11"恐怖袭击导致设施损失约 1.4 亿美元等。近年来，随着金融科技的日益发展，金融信息和交易系统日益成为商业银行操作风险管理的重点领域。

（四）流动性风险

流动性风险（Liquidity Risk）指商业银行无法及时获得充足资金或无法以合理成本及时获得充足资金以应对资产增长或支付到期债务的风险。

商业银行面临的流动性风险包括资产流动性风险和负债流动性风险。资产流动性风险是指资产不能到期足额收回，或不能以合理的价格快速变现给银行带来的损失。例如，银行持有的债券等金融资产出现违约不能及时兑付，导致银行流动性或准备金不足，无法满足银行到期负债的偿还或新的贷款需求。负债流动性风险是指商业银行负债或筹资能力的变化可能迫使商业银行被动地进行资产负债调整，造成流动性风险损失，典型的场景是银行挤兑，由于银行准备金数量有限，存款人的集体挤兑将导致银行不能清偿，甚至导致银行破产。很多情况下，资产和负债的流动性相互影响，从而加剧了银行陷入困境的程度。

信用风险、市场风险和操作风险是根据风险来源进行的分类，而流动性风险更强调结果，即不能及时或以合理成本获得充足资金，是一种综合性风险。商业银行在业务运营中管理不善，遭受信用、市场、操作风险冲击等，均可能导致银行出现流动性不足，威胁商业银行乃至整个银行系统的安全性。

例如，2013年中国银行间市场出现"钱荒"事件，隔夜资金拆借利率大幅飙升，其起因便是一家大型商业银行到期的同业存单未能及时兑付，导致同业市场出现连锁反应，部分银行因为担忧流动性问题而停止对外拆借资金，导致资金紧缺。2008年美国金融危机期间，商业银行等金融机构出现流动性危机，则是金融资产市场流动性紧缺与金融机构流动性紧缺的恶性循环所致，金融机构因为持有的金融资产价值大幅度下跌而要求赎回银行大额存单，商业银行不得不进一步变卖金融资产，导致金融资产价格进一步下跌，加剧了市场流动性紧张程度，商业银行不仅难以及时支付到期债务，还面临着无法以合理成本及时筹资的问题，最终美联储作为最后贷款人向市场和银行提供无限量流动性支持，才得以彻底平复危机。

由于商业银行本质是高杠杆经营的信用中介，其资产与负债的信用错配、期限错配等问题难以依靠单个银行自身经营和风险管理进行解决，因而公共金融安全网不可缺失。

二、商业银行的风险管理

（一）信用风险管理

信用风险的来源主要是信息不对称、对借款人的激励和监督不足产生的逆向选择和道德风险，因而管理信用风险的思路在于缓解信息不对称、通过激励－惩罚机制使借款人同银行的利益相一致，常见的管理措施包括：

1. 信息甄别与信用审查

银行信贷审查是在借款合约签订前针对信息不对称进行的措施，银行通过6C筛选、信用审查、要求借款人提交资产净值和收支状况报告等方式，甄别合格的借款人，以规避高风险借款人。

银行同个人或企业建立长期的信用关系，有利于银行加强对借款者的监控和信用风险管理。银行往往要求借款人在该银行开立存款账户，通过建立长期关系，银行可以观察企业的现金流量变动情况，通过为企业进行结算或货款收付，银行可以了解该企业的上下游往来，从而降低银行搜集该企业信息的成本。

银行还可以通过统一的征信系统查询借款人的信用记录，一旦借款人有失信记录，小到水电煤气拖欠、交通违约罚款、欠税记录、未及时清偿信用卡等，大到企业间数以千万计的债务拖欠，均将影响借款人后续获取银行贷款，"信用信息"成为约束借款人行为的有效手段。

2. 抵押和担保条款

在贷款合约中，银行往往设置抵押或担保要求，一旦借款人违约，则商业银行可以获得抵押品的支配权，或由担保人代为偿还贷款。

在典型的贷款合同中，商业银行要求借款人提供价值高于贷款本金的抵押品。例如，一笔100万元的贷款，商业银行要求借款人提供的抵押物的市场价值约为140万元，一旦借款人不能偿还贷款，商业银行有权获得对抵押物品的处置权。即使抵押物的市场价值下跌40万元，商业银行的贷款也能获得有效保护。在中长期住房抵押贷款合约中，商业银行要求借款人（买房人）将房产抵押给银行，一旦期间不能按合约规定及时归还贷款利息或本金，则银行有权处置房产。

抵押和担保条款能够有效弥补银行在违约事件发生后的损失，保护商业银行的利益，也能够适当约束借款人的行为，缓解相关的道德风险，如果违约的代价非常高，则借款人将尽力克服自身的财务困境，偿还贷款。抵押、担保还能减轻逆向选择问题。通过设置抵押或担保条款，银行能够甄别和筛选出合格的借款人，避免发放高风险贷款。

3. 信用配给

信用配给（Credit Rationing）是指商业银行拒绝向借款申请者提供全部或部分贷款，不能充分满足所有借款需求的情况。

银行实施信用配给的主要原因是信贷市场的信息不对称导致逆向选择和道德风险。尽管银行可以提高利率减少贷款需求，但利率提高后银行面临的可能是更为鲁莽的借款人或根本就不想偿还贷款的人。银行不能单纯依靠利率来减少信贷需求，就无法在既定的利率水平下满足全部的信贷需求，只能满足部分借款人的需求。另外，考虑到借款金额较高的借款人更可能冒险甚至违约，这种道德风险的隐患使银行实施另一类的信贷配给，即限制单个借款人的借款数量，降低信用风险损失。

（二）利率风险管理

从商业银行的主要业务来看，信贷业务、投资业务和负债业务主要是债权债务类工具，对利率非常敏感，利率风险管理是银行管理的重中之重。商业银行需要了解利率风险对商业银行产生的影响，并据此决定相应的手段。

1. 利率敏感性分析

利率敏感性分析就是识别收益或成本受利率波动影响较大的资产或负债，并进一步分析这些利率敏感型资产负债受利率变动的影响效果。

假定A银行的资产负债情况如表9-4所示。

表 9-4　　　　　　　　　　　A 银行的资产负债情况　　　　　　　　　单位：亿元人民币

资产		负债	
利率敏感型资产	1000	利率敏感型负债	2500
浮动利率贷款		可变利率存单	
短期证券		货币市场存款	
固定利率资产	4000	固定利率负债	2000
准备金		储蓄存款	
固定利率贷款		长期债券	
长期国债		股权资本	500

对该银行而言，持有的浮动利率贷款和短期证券共 1000 亿元人民币，属于利率敏感型资产，市场利率上升（下降），则银行收益增加（减少）。负债方有 2500 亿元利率敏感型负债，包括银行大额存单和货币市场账户存款，其成本随着市场利率而波动。此外，银行 4000 亿元的固定利率资产的利息收入不受市场利率变动影响，2000 亿元的固定利率负债的利息成本和 500 亿元的股权资本也不受市场利率变动影响。

假定利率的平均水平从 3% 上升到 5%，上升 2 个百分点，资产的收入将增加 20 亿元（2% ×1000 亿元利率敏感型资产），债务的利息成本支出将增加 50 亿元（2% ×2500 亿元利率敏感型负债）。因此，A 银行的利润将减少 30 亿元；相反，如果利率下降 2 个百分点，则 A 银行的利润将因此增加 30 亿元。

定义利率缺口为利率敏感型资产与利率敏感型负债价值的差，则 A 银行的利率缺口值为 -1500 亿元，利率变化对银行利润的影响等于利率缺口乘以利率变动的百分点，即：-1500 ×2% = -30 亿元。

由此我们可以得到如下结论：银行的利润变化与利率变动方向和银行的资产负债结构有关，若银行的利率敏感型资产规模高于利率敏感型负债，银行存在正的利率缺口，则利率上升将提升银行利润；若银行的利率敏感型资产规模低于利率敏感型负债时，银行存在负的利率缺口，利率上升将降低银行利润。

2. 利率风险的管理策略

识别利率风险的来源和规模后，银行管理者需要采取相应的战略管理或规避利率风险，或主动承担一定风险来获取更多收益（通过利率预测和相应交易获利）。

商业银行可以采取防御型的战略，平衡利率敏感型资产和负债的数量和结构，使净利息收入免受利率波动的影响。在 A 银行的例子中，银行面临 -1500 的利率敏感型缺口，意味着利率敏感型负债规模高于资产规模，在资产端，商业银行可增加浮动利率贷款，减少固定利率贷款，增加利率敏感型资产规模；而在负债端，可以增加固定利率负债替代浮动利率存款，例如，通过发行固定利率债券等方式，降低利率敏感性负债，最终实现利率缺口为零，此时银行的综合成本和收益不受利率变化的影响。

商业银行还可以通过远期利率协议、期权等衍生金融工具管理利率风险，最为常见的是通过远期利率协议锁定资金价格。商业银行与其交易对手签订远期利率协议，约定从将来某一确定的起息日开始，按规定的协议利率、期限和名义本金额，由当事人一方向另一方支付协议利率与参照利率利息差的贴现额，可回顾第七章【例7-1】。通过远期利率协议，商业银行能够避免一定阶段内利率变动带来的影响。如果预期未来利率将出现下降，为避免损失，商业银行更多作为远期协议的卖方锁定利率。

（三）流动性风险管理

充足的流动性是银行机构稳健经营的重要表现，银行流动性不足可能导致其丧失清偿能力，引发信任危机和银行挤兑。《巴塞尔协议Ⅲ》强调了银行流动性风险管理。

流动性风险度量和管理的几个常见指标是贷存比、流动性比例、流动性覆盖率等。如表9-5所示。

表9-5　　　　　　　　　　常见商业银行流动性风险监控指标

指标	说明	我国监管要求
贷存比	商业银行贷款/存款	≤75%
流动性比例	流动性资产余额/流动性负债余额	≥25%
流动性覆盖率	优质流动性资产储备/未来30日净现金流出量	≥100%

注：参见中国银保监会《商业银行流动性风险管理办法》，2018年。

传统的流动性指标是贷存比（或存贷比）和流动性比例。贷存比是商业银行的贷款与存款的比值，其倒数存贷比即是存款与贷款的比例。在传统的商业银行业务中，贷款是主要的资金运用方式，而存款是主要资金来源，75%的贷存比限定意味着对应每100元存款，商业银行的放贷上限为75元，从而敦促商业银行控制放贷冲动，保留适度资金。然而，商业银行业务日趋多元化，贷存比并不能综合反映商业银行的整体流动性状况。

流动性比例是商业银行持有的流动性资产余额与流动性负债余额之比。如果商业银行持有的流动性资产不足以偿还流动性负债，则商业银行易于陷入流动性困境。当该指标接近或低于控制水平时（如客户短期大额集中提款），商业银行往往会通过卖出中长期资产，增加持有短期国债、中央银行存款等高品质流动性资产，减少短期拆借等方式，保持合理的流动性比例。

流动性覆盖率是商业银行优质流动性资产储备与商业银行未来30天净现金流出量的

比值，主要监控银行的短期流动性风险，衡量商业银行是否持有充足的、无变现障碍的优质流动性资产，并通过变现这些资产来满足未来 30 日的流动性需求，我国目前对该指标的监管要求是大于等于 100%。

总　结

1. 商业银行是以经营存款、贷款、办理转账支付结算为主要业务的盈利性金融机构。商业银行未来发展趋势包括业务全能化、经济集中化、经营全球化、技术电子化等。

2. 商业银行是特殊的金融企业。商业银行的职能有信用中介、支付中介、信用创造、金融服务等。

3. 商业银行的组织类型有单元制、总分行制和银行控股公司制。

4. 商业银行的资产负债表包括资产、负债和银行资本三大类项目，负债项目代表了商业银行资金的来源，资产项目代表了商业银行资金的运用。商业银行的业务类型包括资产业务、负债业务、中间业务和表外业务。

5. 商业银行运营管理的三性原则是盈利性、安全性和流动性。

6. 商业银行资产管理主要涉及信贷资产管理、准备金管理和证券资产管理；负债管理主要是对存款管理以及主动负债管理；资本金管理要符合资本充足率监管的要求。

7. 资本充足率是指商业银行的监管资本与风险加权资产规模的比率。

8. 商业银行面临的风险主要有信用风险、操作风险、市场风险和流动性风险。

9. 商业银行应对信用风险的主要措施包括：信息甄别与信用审查，抵押和担保条款以及信贷配给。

10. 商业银行采用利率敏感性分析度量利率风险的影响，可以采用主动或防御型的利率管理策略，使净利息收入免利率波动的影响。

11. 流动性不足可能导致商业银行丧失清偿能力，引发信任危机和银行挤兑。商业银行可以用贷存比、流动性比例、流动性覆盖率等指标度量流动性风险水平。

关键术语

存款性公司	商业银行	资产负债表	资产业务	负债业务
中间业务	表外业务	核心资本	资本充足率	附属资本
利率风险	信用风险	市场风险	操作风险	巴塞尔协议
期限错配	信用中介	股权回报率	资产回报率	

练习题

1. 回忆有关商业银行资产负债表的内容,画出商业银行的资产负债表,并标注商业银行的主要业务类型。

2. 商业银行的"三性"原则是什么?分析这些原则之间的矛盾统一之处。

3. 商业银行资本金的重要性体现在哪几个方面?资本金同股权回报率之间什么关系?

4. 假定 A 银行的资产负债表部分项目如表 9-6 所示,回答下列问题:

表 9-6　　　　　　　　　　　A 银行资产负债表　　　　　　　　　　单位:万元人民币

资产		负债	
准备金	3000	存款	20000
贷款	52000	银行资本	10000

(1) 如果法定准备金率为 10%,计算银行的超额准备金;当法定准备金率降低到 5% 时,商业银行的超额准备金是多少?

(2) 如果银行发生 3000 万元人民币的存款外流,在 10% 的法定准备金率要求下,银行的超额准备金将如何变化?银行应该采取什么行动?

(3) 如果此时一位信用良好的客户到银行申请 2000 万元的贷款,贷款利率为 6%,而存款利率为 3%,商业银行将如何满足其借款需求?

5. 假定 A 银行拥有 3000 万元人民币的固定利率资产、6000 万元利率敏感型资产、5000 万元固定利率负债和 4000 万元利率敏感型负债,计算该银行的利率缺口;当利率上升 2 个百分点时,银行净值会发生什么变化?你可以采取哪些措施降低银行的利率风险?

6. 登陆国家金融监督管理总局官网,查阅最新的银行业监管数据,回答问题:

什么是不良贷款率?什么是拨备覆盖率?查找相关数据,跟踪最近年度的中国银行业上述指标的变化情况并试着分析其原因;选取你感兴趣的任意一家中国的商业银行,查找其指标并同银行业的整体情况进行对比。

思考与讨论

1. 什么是商业银行最核心的职能?查阅资料,结合网络时代的金融服务变化,谈谈你认为商业银行未来的发展趋势将会怎样?银行会是 21 世纪的恐龙,迟早会灭亡吗?

2. 图 9-7 显示了我国商业银行的净息差变动,从 2010 年开始商业银行的净息差一直在下降,有哪些因素导致银行净息差下降?外部经济环境变化、监管加强、金融机构竞争加剧等对于商业银行产生了哪些影响?

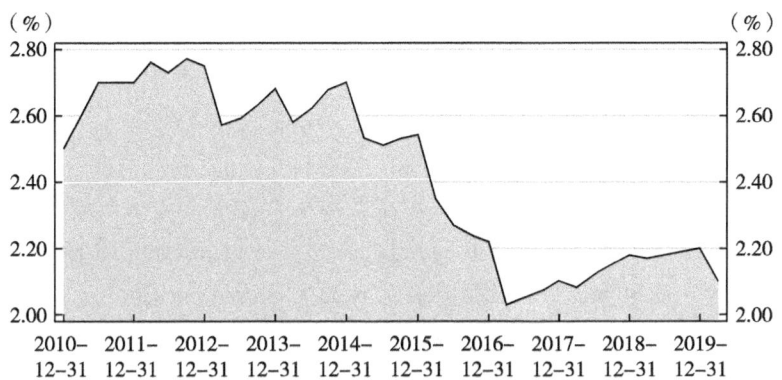

图 9-7 商业银行净息差

3. 美国银行系统的准备金囤积。在 2008 年金融危机后,美国商业银行体系的准备金数量大幅快速增长。2008 年 9 月,商业银行体系的总准备金数量从此前的 450 亿美元跃升至 1113 亿美元,伴随着美联储三次量化宽松政策不断向市场提供流动性,商业银行体系的准备金数量节节攀升,截至 2014 年 9 月达到最高的 2.8 万亿美元。美联储进行"缩表"后,银行准备金总量也逐步下降到 2019 年 9 月的 1.5 万亿美元,但相比 2008 年金融危机前,商业银行体系的准备金数量已经增长了 30 多倍。2020 年,针对新型冠状病毒冲击和美国股市的连续熔断,美联储连续向市场注入新的流动性,商业银行准备金数量再度攀升,目前已经达到历史最高的 3.25 万亿美元(见图 9-8)。

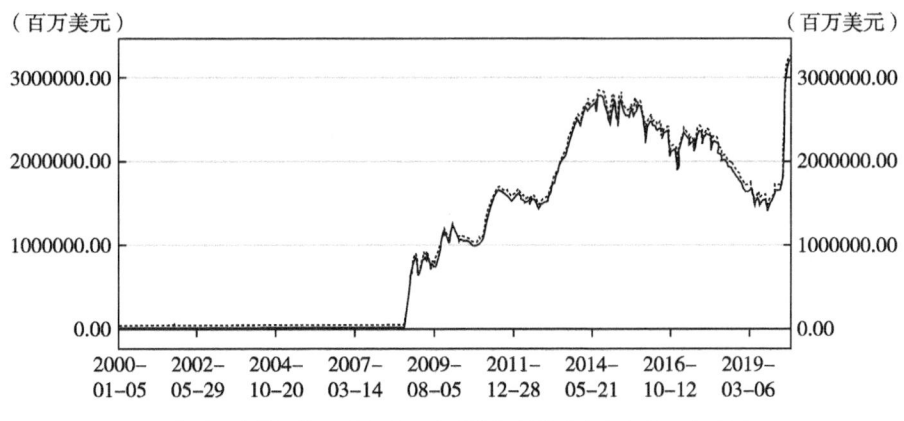

—— 美国:存款机构:准备金:在联储银行的准备金余额:末季调
…… 美国:存款机构:准备金:总计:末季调

图 9-8 美国银行系统的准备金

资料来源:Wind。

针对上述经济现实，请查阅相关资料，运用本章所学的有关准备金和流动性管理的知识，思考有哪些原因使商业银行准备金数量增长如此迅速？

在学习完第十一章货币创造和第十四章货币政策之后，再回顾这一内容，你有了什么新的看法？

参考阅读

1. ［英］尼尔·弗格森. 货币崛起［M］. 北京：中信出版社，2009.

2. ［美］威廉·戈兹曼. 千年金融史：金融如何塑造文明，从5000年到21世纪［M］. 张亚光，等译. 北京：中信出版社，2017.

3. ［美］彼得S. 罗斯，［美］西尔维娅C. 赫金斯. 商业银行管理（原书第9版）［M］. 刘园，译. 北京：机械工业出版社，2013.

4. 黄达，张杰. 金融学（第六版）［M］. 北京：中国人民大学出版社，2024.

网络资源

1. 国家金融监督管理总局 https：//www.cbirc.gov.cn 读者可获取有关中国银行业和保险业监管的组织机构、制度、法律法规、统计数据等信息。

2. 中国银行业协会 https：//www.china-cba.net/，有关于中国银行系统的相关数据和机构名录等信息；有志于未来从事银行业相关工作的读者，可进一步了解银行业专业人员职业资格考试（QCBP）。

3. 国际清算银行 https：//www.bis.org/，读者可了解国际银行监管与合作的最新进展，并获取国际银行业的统计数据和资料。

4. 国际银行监管的巴塞尔委员会及巴塞尔协议 https：//www.bis.org/bcbs/，读者可跟踪了解国际银行监管动态和巴塞尔协议的进展。

第十章 中央银行

学习目标

学完本章后，你将能够：

- 了解中央银行产生的背景及其必然性
- 明确中央银行的主要职能
- 列举中央银行同商业银行的区别
- 描绘中央银行的资产负债表及主要业务

本章概览

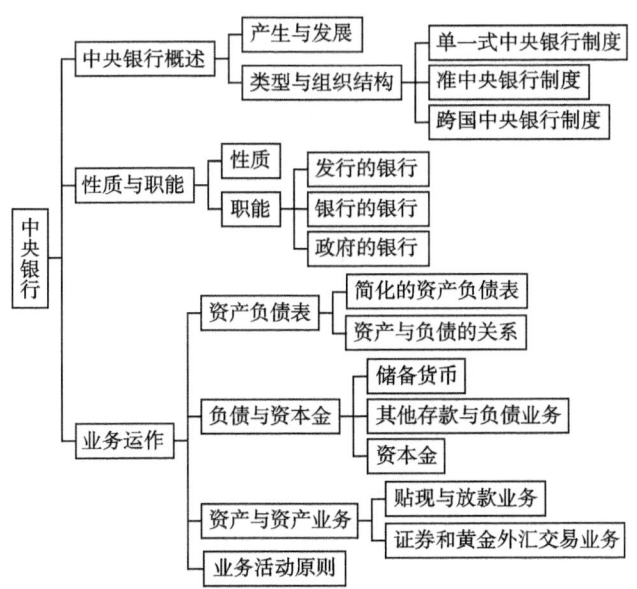

中央银行是专门制定和实施货币政策，统一管理金融活动并代表国家协调对外金融关系的金融管理机构。在世界各国，中央银行都是金融市场最重要的参与者之一，它是一国货币供应的源头，其行为对信贷、货币供应、利率等具有举足轻重的影响，其一举一动关乎整个经济和金融体系的发展和稳定性。中央银行是干什么的？它的主要业务是什么？为什么中央银行能够影响一国经济？

本章我们将从中央银行的职能入手，从资产负债表来探寻其业务活动及其对经济的影响，以便于读者理解后面章节有关货币创造、货币政策操作的内容。

第一节　中央银行概述

中央银行是专门制定和实施货币政策，统一管理金融活动并代表国家协调对外金融关系的金融管理机构。

一、中央银行的产生

中央银行是在商业银行与货币信用发展的基础上，经过长期发展而逐步形成的。

（一）中央银行产生的背景

17世纪后半期到19世纪末，随着工业革命的推动，银行业在欧洲空前发展壮大，经济体系中的货币与信用关系出现了一系列新的矛盾和挑战。

1. 普通商业银行信用与货币发行流通的矛盾

早期各商业银行均有发行银行券的权利，但银行信用良莠不齐，常出现银行券无法兑换或难以跨地区流通的问题，客观上需要一个信誉高的机构集中发行货币，保证货币流通稳定。

2. 票据交换和清算问题

随着社会分工和商品流通的扩大，工商业和银行的债权债务关系日益复杂，银行间迫切需要结算各种票据，一些地方自发形成了票据结算所，但全国性的票据结算问题亟待解决。人们希望能够建立一个统一而有权威、公正的清算中心。

3. 银行的风险与稳定性问题

商业银行是经营信用风险的逐利机构，大规模的信贷扩张和银行券发行使商业银行面临支付能力不足和流动性问题，银行挤兑和破产时有发生。谁来监督管理这些银行和金融机构的行为，保证金融业的安全？工商企业缺乏资金时可以找银行融资，而一旦银行出现问题，谁来充当"最后贷款人"角色？

4. 政府融资问题

伴随政府开支特别是战争与国防开支的大幅度增加，政府融资成为一个棘手问题。为便于政府融资，建立一个与政府有着密切关系，能够直接或间接为政府融资的银行机构，也成为中央银行起源的客观要求。

（二）中央银行的建立和发展

中央银行这一特殊金融机构（制度）的建立，是金融功能的现实需求催生金融供给的结果。银行系统的银行券兑付、票据交换和结算的需求呼唤统一的货币发行和基础设施建设，拯救银行危机需要强有力的最后贷款人，而政府也迫切需要融资机构和金融管理机构。当国家通过法律或特殊规定对特定机构赋予货币发行、为政府融资、进行金融票据清算、实施金融监管等特权后，中央银行便应运而生了。

中央银行的产生路径有两类：一是政府逐步赋予信誉好、实力强的商业银行各种特权，并最终发展为中央银行，典型的代表如瑞典和英国的中央银行。瑞典中央银行的前身是成立于1656年的利克斯私人银行，1668年，瑞典政府出面将该银行改组为国家的银行，收归国会所有，1897年瑞典通过法案将货币发行权集中于瑞典银行，使其成为纯粹的中央银行。英国的中央银行英格兰银行成立于1694年，在此后的30多年间，它先后成为货币独家发行银行（1844年《英格兰银行条例》）、英国银行业的票据交换中心（1854年）。19世纪末期，在多次金融危机期间，它承担了"最后贷款人"责任，承担了金融管理职能。英格兰银行的发展与运行模式被其他欧洲国家纷纷仿效，1946年，英国政府将英格兰银行的私人资本全部收归国有。

二是政府出面直接组建中央银行，典型代表是美国联邦储备委员会。美国自建国以来先后两次尝试建立中央银行，但美国民众长期反对中央集权，尤其对金融业统一管理持怀疑态度，使得美利坚第一银行和第二银行都因为执照到期而解散。在缺乏最后贷款人和统一监管的情况下，19世纪和20世纪初期美国频繁发生全国性的金融恐慌和危机，直至1913年美国国会出台《联邦储备法》，创立了拥有12家地区联邦储备银行的联邦储备银行体系，形成了典型的二元（联邦）中央银行体制。各地区的联邦储备银行都是准公共机构（部分私有，部分政府所有），负责本地区的支票清算、管理向本区商业银行的贴现贷款事项，其中5家银行行长拥有联邦公开委员会的表决权。联邦储备体系的最高层是由7名成员组成的联邦储备委员会，其委员会成员由总统任命，该委员会行使确定公开市场业务、调整银行体系贴现率及法定存款准备金率等职责,即通常意义上的中央银行职能。公开市场委员会则负责有关公开市场业务(如买卖政府债券等)决策(见专栏10-1)。

专栏10-1 美联储简介

美联储全称为美国联邦储备系统(The Federal Reserve System),是美国的中央银行体系。美联储于1913年根据国会《联邦储备法》成立,其设立之初的主要目的是增强美国银行系统的稳定性。经过百余年的发展,美联储的主要职能与构成体系发生了重大变化。

美联储组织机构包括:联邦储备委员会(Board of Governors)、联邦储备银行(Reserve Banks)和联邦公开市场委员会(FOMC)。联邦储备委员会是联邦储备系统的管理机构,由7名成员构成,其人选由美国总统提名,并由美国参议院确认其职位,主要职能为指导联邦储备系统的运作,履行《联邦储备法》赋予美联储的责任。

12个地区的联邦储备银行是联邦储备系统的运作分支,分管自己的联邦储备辖区。货币政策的决策机构是公开市场委员会,由12名委员组成,除美联储主席、副主席和理事以及纽约储备银行行长具有永久席位(投票权)资格外,其余4名委员在11个地方储备银行行长中按一定规则轮换产生。公开市场委员会负责制定联邦货币政策,纽约联邦储备银行负责执行公开市场操作交易。

其机构关系如图10-1所示。

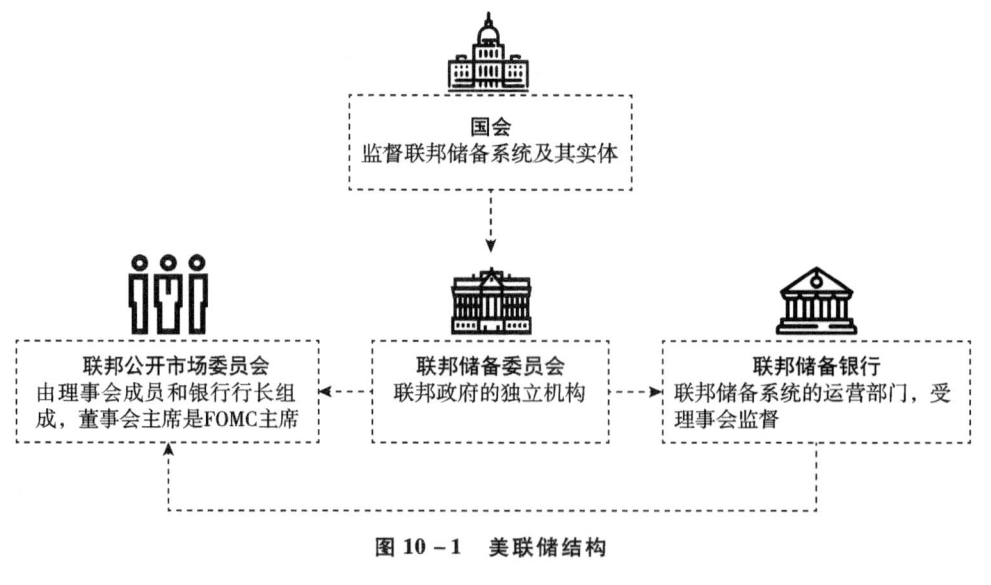

图10-1 美联储结构

美联储执行五项最关键的职能，以保障公共利益，促进美国经济的健康发展与美国金融系统的稳定。

1. 制定货币政策。美联储制定美国的货币政策来实现两大经济目标：最大化就业和维持物价稳定。货币政策包括多种工具，可以最直接地影响当前短期利率与利率预期，从而影响整体金融系统，包括长期利率、股票价格、美元汇率和许多其他资产价格。通过这些渠道，货币政策影响家庭和企业的决策，从而影响美国的整体支出、投资、生产、就业和通货膨胀。

2. 维持金融稳定。美联储监测国内外的金融系统风险并深度参与其中，以帮助确保金融系统支持美国经济的健康发展。

3. 监督和规范金融机构和金融活动。美联储促进个体金融机构的安全性和稳健性，并监测其对整个金融系统的影响。

4. 构建安全高效的支付结算系统。美联储通过为银行业和美国政府提供便利美元交易和支付的服务，促进支付和结算系统的安全性和效率。

5. 促进消费者保护和社区发展。美联储通过以消费者为中心的监督和检查、对新出现的消费者问题和趋势的研究和分析、社区经济发展活动以及消费者法律法规的管理，来促进消费者保护和社区发展。

资料来源：根据美联储官方网站信息整理制作。

第一次世界大战至第二次世界大战结束期间，中央银行制度在西方发达资本主义国家得到普遍确立。1920年，布鲁塞尔的国际金融会议建议各国建立和强化中央银行的作用，20世纪30年代大危机后，各国将准备金制度作为中央银行管理金融的重要手段。第二次世界大战结束后，全球范围内世界上除极少数的殖民地、附属国外，几乎所有国家都设立了自己的中央银行，中央银行制度已普遍成为世界各国的一项基本经济制度，中央银行的独立性逐步提升，其对经济的调控和监督影响日益完善。

二、中央银行制度的类型与组织结构

中央银行作为一种制度和机构安排，需要符合各经济体的经济和社会演进的需求，世界范围内，中央银行有不同的类型和组织结构。

（一）单一式中央银行制度

单一式中央银行制度是指国家建立单独的中央银行机构，全面行使中央银行职能。该制度突出了中央银行作为国民经济调节机构的地位和作用，中央银行作为仲裁者和管理者对整个金融体系进行管理。这种类型又分为一元式中央银行制度和二元式中央银行制度。

1. 一元式中央银行制度

一个国家或经济体只建立一家统一的中央银行，机构设置一般采取总分行制，自上而下地行使职能。该制度保证了中央银行集中权力，较多的分支机构使货币政策自上而下的传导较为迅速。目前世界上绝大多数国家都采取此种体制，如英国、日本、意大利、法国、瑞士等。我国在1983年以后也实行一元式中央银行组织形式，见专栏10-2。

专栏10-2　中国人民银行发展历程

中国人民银行（The People's Bank Of China，简称PBOC），是中华人民共和国的中央银行。

1948年12月1日，我国在合并华北银行、北海银行、西北农民银行的基础上，正式组建了中国人民银行并发行统一的人民币。1949年2月，总行从河北省石家庄市迁至北京。在计划年代，我国实施大一统的集中监管模式，直至1983年9月，它既是行使货币发行和金融管理职能的国家机关，又是从事信贷、结算、现金出纳和外汇业务的金融企业。

改革开放以后，日益发展的经济和商业银行、保险、信托等金融机构的增加，迫切需要加强金融业的统一管理和综合协调，实行监管与市场业务分离。1983年9月，国务院决定中国人民银行专门行使中国国家中央银行职能，不再对企业和个人直接办理存贷业务。1995年3月18日，第八届全国人民代表大会第三次会议通过了《中华人民共和国中国人民银行法》，至此，中国人民银行作为中央银行的法律地位得以确定。

1998年，按照中央金融工作会议的部署，改革人民银行管理体制，撤销省级分行，在9个中心城市设立大区分行，在北京和重庆两个直辖市设立营业管理部。大区行制度旨在强化中央银行独立性，降低监管成本、减少监管空白，适应区域经济发展要求。

2003年，根据国务院机构改革方案，将中国人民银行对银行、金融资产管理公司、信托投资公司及其他存款类金融机构的监管职能分离出来，并和中央金融工委的相关职能进行整合，成立了中国银行业监督管理委员会，由此形成了"一行三会"（即中国人民银行、证监会、保监会、银监会）各司其职的金融管理格局。

2005年，成立中国人民银行上海总部，承担部分中央银行业务的具体操作职责，目标是成为公开市场操作的平台、金融市场运行监测的平台、对外交往的重要窗口和部分金融服务与研究和开发业务的中心。

2023年3月，中共中央、国务院印发了《党和国家机构改革方案》。在中国银行保险监督管理委员会基础上组建国家金融监督管理总局，将中国人民银行对金融控股公司等金融集团的日常监管职责、有关金融消费者保护职责，中国证券监督管理委员会的投资者保护职责划入国家金融监督管理总局。同时，统筹推进中国人民银行分支机构改革，撤销中国人民银行大区分行，在31个省（自治区、直辖市）设立省级分行，在深圳、大连、宁波、青岛、厦门设立计划单列市分行，大区分行制度成为历史，省分行制度再度回归。

此次机构改革后，中国人民银行将健全货币政策和宏观审慎政策双支柱调控框架，聚焦金融服务实体经济，做好防范化解金融风险的各项工作。目前，中国人民银行内设机构20个，肩负职能包括货币发行、货币政策、宏观审慎监管、支付结算体系建设、征信、金融稳定、反洗钱、调查统计、国际合作等。在上海总部外，还有31个省级分行、5个计划单列市分行、317个市级分行。

资料来源：根据中国人民银行官方网站信息整理制作。

2. 二元式中央银行制度

一国或经济体建立中央和地方两级相对独立的中央银行机构，中央机构为最高权力和管理机构，地方机构在权利和管理上以及本地区货币政策的制定与执行上有其较大的独立性。地方机构与中央机构并非总分行关系。这种体制结构的特征一般与国家联邦制政治体制相联系，如美国、德国等都实行此种体制。

（二）准中央银行制度

准中央银行制度是指一国或经济体不设完整意义上的中央银行，而设立类似中央银行的金融管理机构执行部分中央银行的职能，并授权若干其他机构如商业银行执行部分中央银行职能。新加坡是准中央银行制度的典型代表，新加坡不设中央银行，而由货币局发行货币，金融管理局负责银行管理、收缴存款准备金等业务。中国的香港特别行政区由香港金融管理局负责银行管理事务，而由汇丰、渣打和中国银行三家商业银行行使货币发行（发行港币现钞）的职能。

（三）跨国中央银行制度

跨国中央银行制度是指由若干国家联合组建一家中央银行，该中央银行在其成员国范围内行使全部或部分中央银行职能,跨国中央银行在各成员国设立中央银行的代理机构,执行统一的货币政策及外汇制度,发行统一货币,并对各国金融制度和金融市场实行监督。欧洲中央银行就是典型的代表,它是唯一有资格在欧盟内部发行欧元的机构,它不接受欧盟领导机构的指令,不受各国政府的监督。1999年1月1日欧元正式启动后,11个欧元国政府失去制定本国独立货币政策的权力,而须实行欧洲中央银行制定的货币政策,见专栏10-2。

专栏10-3 欧洲中央银行简介

欧洲中央银行(European Central Bank,简称ECB)是欧元区国家的中央银行,也是欧盟的官方机构,成立于1998年6月1日,总部位于德国法兰克福。欧洲中央银行的主要政策目标是维护货币的稳定,并在不影响价格稳定的前提下,促进欧元区的经济增长、社会保障以及就业率等。欧洲央行的主要职责是确保合理的通货膨胀率、货币的储备和发行、制定货币政策、维护金融基础设施、实施金融监管、维持金融系统稳定等。

欧洲央行的组织机构主要包括执行董事会、欧洲央行委员会和扩大委员会。执行董事会由行长、副行长和4名董事组成,负责欧洲央行的日常工作。欧洲央行委员会由执行董事会和欧元区国家的央行行长共同组成,是负责确定货币政策和保持欧元区内货币稳定的决定性机构。决策采取简单多数表决制,每个委员只有一票,不过在赞成和反对票数相等时,欧洲央行行长可投出决定的一票。欧洲央行拥有货币政策决策权,但具体执行仍由各欧元国央行负责。欧洲央行扩大委员会由央行行长、副行长及欧盟所有国家的央行行长组成,任务是保持欧盟中欧元国家与非欧元国家的接触。

截至2023年年底,欧洲央行的成员国有20个,包括:比利时、德国、西班牙、法国、爱尔兰、意大利、卢森堡、荷兰、奥地利、葡萄牙、芬兰、希腊、斯洛文尼亚、塞浦路斯、马耳他、斯洛伐克、爱沙尼亚、拉脱维亚、立陶宛、克罗地亚。

欧洲央行在欧洲经济和货币联盟中发挥着关键作用,对欧元区的金融稳定和经济发展有着重要影响。例如,2008年金融危机时向欧洲银行贷款以维持金融稳定;2020年为应对新冠疫情推出支持计划并回购债券等。

资料来源:根据欧洲中央银行官方网站整理制作。

第二节　中央银行的性质与职能

一、中央银行的特殊性

中央银行是一国制定和实施货币政策、监督管理金融业和规范金融秩序、防范金融风险和维护金融稳定、调控金融和经济运行的宏观管理部门。在国际货币基金组织的金融统计中，将中央银行归入到"存款性货币公司"或银行类金融机构，通常称为货币当局。

货币当局一方面是特殊的银行类金融机构，另一方面又作为特殊的政府机构履行公共职责。

中央银行是特殊的银行类金融机构，主要表现在：一方面，中央银行主要业务活动具有与普通商业银行相似的"存、贷、汇"业务的特征，经营货币与信用；另一方面，中央银行具有其他金融机构所不具备的特殊权利，如垄断货币发行、管理货币流通、集中存款准备金、维护支付清算系统的正常运行、代理国库、管理国家黄金外汇储备等，其业务往来的对象不是一般的工商客户和居民个人，而是商业银行等金融机构，即所谓"银行的银行"。

此外，中央银行还是特殊的政府机构，具体表现在中央银行管理货币发行和流通，为政府代理国库，监督调控经济和金融，即"政府的银行""监管的银行"，其履行职责更依靠经济手段而非一般政府机构的行政手段。但同政府其他机构不同，中央银行可能由私人持有股份（如美联储、日本银行等），并具有较强的决策独立性。

二、中央银行的职能

中央银行的基本职能，可总结为发行的银行、银行的银行和政府的银行三大类。在现代经济体系中，中央银行具有极为重要的地位和作用，可谓经济调控的"大脑"。

（一）发行的银行

中央银行是发行的银行，是指国家赋予中央银行垄断货币发行的特权，是国家唯一的货币发行机构。中央银行垄断货币发行权，相当于控制了一国货币供应和流通的总阀门，这是中央银行发挥其他作用的基础。中央银行通过控制货币发行，运用各项政策影响私人经济主体的行为，调控货币供应量，进而影响整个宏观经济运行。

> **专栏 10 – 4　人民币的发行和流通程序**
>
> 众所周知，纸钞是印出来的，那么它们如何进入到流通领域呢？是通过直升机撒出来的吗？这涉及纸币的发行程序。
>
> 根据《中华人民共和国中国人民银行法》，我国的法定货币是人民币，由中国人民银行统一印制、发行。从操作上看，人民币票券印制后，进入中国人民银行设置的人民币发行基金保管库（以下简称"发行库"），发行库在中国人民银行总行设总库，下设分库、支库；在不设中国人民银行机构的县，发行库委托商业银行代理。
>
> 各商业银行对外营业的基层行处设立业务库。业务库保存的人民币是作为商业银行办理日常现金收付业务的备用金，并由上级银行和同级中国人民银行为业务库核定库存限额。当商业银行基层行的现金不足以支付时，可到当地中国人民银行在其存款账户余额内提取现金。此时，人民币票券从发行库（地区分库）转移到商业银行基层行处的业务库，银行再对外支付出去，相应部分的人民币便进入到了流通领域。当商业银行基层行收入的现金超过其业务库库存限额时，超过的部分应交送给当地中国人民银行，该部分人民币进入发行库（退出流通领域）。
>
> 从上述过程可以看出，如果流通中的人民币数量增加，很可能是公众对现金的需求增加——公众从商业银行提现，商业银行进而向中央银行提现。
>
> 那么，中央银行能否直接使用印制的货币购买商品、服务或资产，从而直接将货币注入到流通领域呢？会不会产生通货膨胀呢？有关这个问题，请读者学习后面的章节自行寻找答案。

（二）银行的银行

中央银行面向商业银行和金融机构办理业务，是"银行的银行"。这一职能体现了中央银行作为特殊金融机构的性质，也是中央银行管理银行、调控宏观经济运行的最基本前提。

1. 集中保管商业银行及其他存款机构的准备金

为保证金融机构的清偿能力和便利监管，各国普遍规定银行类金融机构必须向中央银行缴存一部分存款准备金，中央银行负责集中统一保管。中央银行可以确定应该缴纳法定准备金的存款类型以及对应的准备金比例。

2. 组织全国银行间清算业务

借助存款准备金账户，中央银行可以便利地进行银行间资金的集中清算，即以簿记、转账方式结算各方债权债务关系，不仅使金融机构之间的清算变得安全、便捷和可靠，节约了成本和时间，同时也使中央银行及时而全面地把握金融机构体系的业务经营状况，为中央银行加强金融分析和管理、制定货币政策和监管政策提供了有利条件。

3. 充当最后贷款人

商业银行是工商企业的主要资金来源，而中央银行则是商业银行背后的"最后贷款人"，商业银行可通过票据再贴现、证券再抵押方式向中央银行申请贷款。在商业银行出现资金短缺，发生支付危机时，中央银行充当"最后贷款人"将帮助商业银行及其他金融机构克服流动性困难，有效抑制和防止挤兑风波和支付危机，避免金融恐慌和金融危机的发生。

（三）政府的银行

中央银行是"政府的银行"或"国家的银行"，肩负着国家管理的部分职能。

1. 代理国库

政府把货币收入存入中央银行，中央银行负责代理国库，执行国家财政收支方面的业务，中央银行成为政府的总出纳。中央银行还代办政府融资特别是国债发行、还本付息等事项，在法律许可的条件下，中央银行还可以通过短期贷款或购买政府债券等方式向政府提供资金融通。

2. 制定和实施货币政策

各国一般通过法律赋予中央银行制定和实施货币政策的职责。中央银行不以盈利为目的，其货币政策必须与国家经济社会发展的根本利益与长远利益保持一致，并通过调控货币政策工具达到稳定币值和物价、促进经济增长等目的。我们将在第十五章详细分析中央银行如何实施货币政策职能。

3. 金融稳定与监管

政府一般赋予中央银行保持币值稳定和保障金融业稳健运行的责任，监管内容通常包括制定和执行有关金融制度、法规和业务活动准则等，监督、规范金融基础设施运作，监控市场运行等。2008年全球金融危机后，各国普遍强化了中央银行的金融稳定与金融监管职能，并将越来越多的金融监管权限归集于中央银行，参见第十六章。

4. 代表国家政府参加国际金融事务

中央银行代表一国参与国际金融组织、签订国际金融协定、参与国际金融事务谈判与磋商以及办理政府之间的金融事务往来与清算等相关事宜,以此推动国际金融交往与合作。

第三节　中央银行的资产负债表与业务运作

中央银行作为特殊的银行类金融机构,通过各项基本业务活动履行职责。我们可以透过中央银行的资产负债表,概览中央银行的运作。

一、中央银行的资产负债表

(一) 简化的中央银行资产负债表

中央银行资产负债表反映了中央银行的资产和负债情况,如表 10-1 所示。

表 10-1　　　　　　　　　　简化的中央银行资产负债表

资产	负债和资本金
国外资产	储备货币
对政府的债权	发行债券
对其他存款机构的债权	国外负债
对其他金融机构的债权	政府存款
对非金融企业的债权	资本金
其他资产	其他项目

表 10-1 依据中央银行的业务划分项目,左边资产项下记录了中央银行拥有的各种债权,即对外国部门、对政府部门以及对国内各类金融机构和非金融企业的债权等,其他资产项则包括中央银行拥有的各种有形资产,比如总行和分行的办公大楼、设施设备等。右边负债和资本金项目显示了中央银行资金的来源,包括社会公众及银行持有的储备货币、央行债券、对政府部门和对外国部门的负债以及资本金等。

资产负债表直接反映了中央银行的主要职能。例如,储备货币(包含货币发行)体现了"发行的银行"的职能,而"政府的银行"在资产方表现为其持有的政府和公共部门债权(对政府贷款或持有政府发行的债券),在负债方则表现为政府部门在中央银行的存款，此外还有作为政府的银行拥有的对外资产和负债；作为"银行的银行"，中央银行持有银行和各类金融机构的债权（比如对商业银行发放贷款），相应的负债则是商业银行的准备金存款。通过准备金账户，中央银行能够组织商业银行进行支付清算。

表10-2显示了中国人民银行的资产负债表，2023年总资产规模为45.7万亿元人民币，其中占比最大的项目是国外资产，为51.1%，其次是对其他存款机构（即银行类机构）的债权，为40.6%，对政府的债权占3.3%；在负债项目中，占比最大的依次是储备货币（85.1%）和政府存款（10.1%），在储备货币一项中，流通中人民币（货币发行）约11.9万亿元，占比26%，而中国人民银行的自有资本金仅220亿元，占比0.05%。

表10-2　　　　　　　　中国人民银行的资产负债表（截至2023年12月）

资产	金额（亿元）	占比（%）	负债	金额（亿元）	占比（%）
国外资产	233549	51.1	储备货币	389037	85.1
外汇	220454	48.2	货币发行	118661	26.0
黄金	4053	0.9	金融性公司存款	245687	53.8
其他国外资产	9042	2.0	非金融机构存款	23066	5.4
对政府的债权	15241	3.3	不计入储备货币的金融性公司存款	6038	1.3
对其他存款性公司债权	185561	40.6	发行债券	1250	0.3
对其他金融性公司债权	1311	0.3	国外负债	3062	0.7
对非金融企业债权	0	0.0	政府存款	46292	10.1
其他资产	21283	4.7	自有资金	220	0.0
			其他负债	11045	2.4
资产合计	456944	100	负债合计	456944	100

资料来源：中国人民银行网站。

细心的读者可能发现，中国人民银行的自有资本金占比非常低，如此少的自有资本金会不会影响人们对中央银行的信任度？事实上，在信用本位货币制度下，中央银行无须拥有大量的自有资本金，其根本原因在于中央银行自身是法定货币的发行者，与商业银行担心存款挤兑不同，本国法币的持有者无法挤兑中央银行，因为它理论上可以创造无穷多的货币用于支付，我们将在第十一章探讨中央银行和商业银行在信用发行和创造方面的区别。

（二）资产与负债的关系

根据会计记账原理，中央银行的资产与负债的基本关系可以表示为恒等式：

资产 = 负债 + 自有资本金

中央银行的资产总额等于负债总额加上自有资本金总额。自有资本金不变的条件下，资产和负债将同步扩张或收缩。

近年来，全球较为重要的经济体如中国、美国、欧洲和日本中央银行的储备货币发行都大幅度攀升，人们形象地说各国央行开动了印钞机，对整个经济体系注入了大量的货币。实际上，这些货币对中央银行而言是负债，与之相对，中央银行的资产也经历了大幅度的膨胀，这个等式告诉我们一个线索：中央银行大幅增加购买资产时，其货币负债也同步增加。人们常提及的"扩表和缩表"，便是对中央银行增减资产（和负债）的简化说法。

二、中央银行的负债与资本金

中央银行的资金来自政府、金融机构、其他经济部门以及外国部门，中央银行形成了对上述部门的负债，其中最主要的负债项目是储备货币，对应的中央银行业务是货币发行和准备金存款业务。

（一）储备货币

中央银行的储备货币（Reserve Moeny），又称基础货币（或高能货币），包括流通中的通货和银行准备金存款两大类。

1. 货币发行

流通中的现金，都是通过货币发行业务流出中央银行的，货币发行形成了中央银行对社会公众和其他经济主体的负债。一定时点上的货币发行数量，是流通在中央银行之外的现金总数，既包括公众手中持有的现金（通货），也包括商业银行持有的现金（库存现金）。2023年年底，中国人民银行的货币发行约11.9万亿元，而流通中的货币数量（M0）约为11.3万亿元，之间的差额便是商业银行持有的库存现金。

货币发行是中央银行的一项重要负债，2023年货币发行占央行总负债比重约26%，但从货币构成来看，2023年中国货币总量M1和广义M2分别为68.1万亿元和292.3万亿元人民币，央行发行的货币（流通中现金M0）仅占M1的17.5%和M2的3.9%。

2. 准备金存款

央行最主要负债项目是商业银行等金融机构的准备金存款，在表中称为金融性公司存款。主要指中央银行之外的其他商业银行类机构（以下简称"商业银行"）。这些机构在中央银行的存款，最初处于满足法定准备金的要求，称为"准备金存款"。准备金存款数量的多少，既受到法定准备金率的约束，也受到商业银行自身运营决策和业务运作情况的影响。2023年这部分存款总量为24.6万亿元，占中央银行全部负债的50%以上。

除此之外，近年来我国将一些"非金融机构"即类似于支付宝这类的支付机构的客户备付金存款也纳入到准备金存款管理和统计范围之内，2023年这部分客户备付金规模约为2.5万亿元，占总负债比例约5.4%。客户备付金是指非银行支付机构为办理客户委托的支付业务而实际收到的预收待付货币资金。举例来说，为了支付方便，人们在支付宝或微信钱包里有一定的余额，随时可以动用进行支付；或者在网站购物时已经支付了货款，但尚未确认收货因而卖家并未获得该款项，这部分沉淀在支付机构的资金实质是支付机构替客户存管的钱，支付机构不能动用这笔资金。

（二）其他存款与负债业务

除商业银行准备金存款外，中央银行的负债方还有其他金融机构、政府部门和外国部门（主要是外国央行和政府机构）的存款。其中，政府部门存款又称财政存款，是央行代理国库功能的体现。当税收资金或国债发行资金上缴国库时，中央银行资产负债表上的财政存款项目金额就会增加，而当财政支出时，该项目的金额便会减少，2023年中国人民银行的政府存款金额约为4.6万亿元，是仅次于储备货币的第二大负债项目。

除了上述存款项目外，中央银行还通过发行负债凭证（中央银行债券或票据）等方式吸收国内外资金。其中，中央银行票据通常为1年期以下的债务凭证，主要用作流动性管理。如果中央银行认为社会流动性过于充足，需要减少流通中的货币供应，通常便会增加债券或票据的发行规模或频率，回笼资金，相反则会通过回收债券或票据来向社会增加货币供给。

一国中央银行还可从外国商业银行、中央银行或国际金融机构获得贷款或在国际上发行债券融资，这些构成了中央银行的对外负债。中央银行通常会为了管理本国的国际收支（如弥补支付缺口），维持本币汇率稳定或应对金融危机等目的，管理其对外的负债与资产。

时事链接

中国人民银行在香港成功发行250亿元人民币央行票据

2022年8月22日，中国人民银行在香港成功发行了两期人民币央行票据，其中3个月期央行票据100亿元，1年期央行票据150亿元，中标利率分别为1.90%和2.30%。此次发行受到境外投资者广泛欢迎，包括美、欧、亚洲等多个国家和地区的银行、央行、基金、保险公司等机构投资者以及国际金融组织踊跃参与认购，投标总

> 量接近750亿元，约为发行量的3倍，表明人民币资产对境外投资者有较强吸引力，也反映了全球投资者对中国经济的信心。
>
> 目前，中国人民银行常态化在香港发行人民币央行票据，不仅丰富了香港市场人民币投资产品系列和流动性管理工具，而且带动了境内金融机构、企业等其他主体在离岸市场发行人民币债券。近年来，在离岸市场发行的人民币国债、金融债券和企业债券不断增加，发行方式和发行地点日益多样化，表明香港人民币央行票据对于促进离岸人民币市场发展发挥了积极作用。
>
> 资料来源：http://www.pbc.gov.cn/goutongjiaoliu/。

（三）中央银行的资本金

中央银行的资本金形成途径主要有：政府出资、国有机构出资、私人银行或部门出资等。目前，绝大多数国家的中央银行是国家出资成立（如中国人民银行）或将私人资本全部国有化（如英格兰银行）；某些国家如日本、墨西哥，中央银行是政府和民间混合持股，但国家资本占比超过50%以上，且法律一般限制了非国家股份持有者的权利（如不能参与经营决策），所以中央银行的政策决策基本不受影响。在美国、意大利和瑞士等国家，中央银行股权主要由私人持有。例如，美国12个地区的联邦储备银行的股本全部由参加联邦储备体系的会员银行所拥有。欧洲中央银行的资本金则是由各成员国按商定比例（人口和国内生产总值）认缴的，认缴比例也就构成了各成员国对跨国中央银行的所有权。

由于中央银行由国家赋权，以国家信用作保证，因此中央银行的实力高低与其资本金多少没有关系。

三、中央银行的资产与资产业务

中央银行的资产项目反映了其对各种金融机构、政府和对外部门的债权状况及资金的运用，具体的业务类型可归纳为贴现和放款业务，证券、黄金和外汇交易业务等。

（一）贴现与放款业务

中央银行对商业银行、金融机构和政府部门主要采用贴现和贷款方式提供资金，即再贷款和再贴现业务。

再贴现是商业银行将其对工商企业已经贴现的未到期票据到中央银行进行再次贴现（Rediscount），其原理同贴现一致；再贷款是指商业银行用其持有的商业贷款、证券向中央银行质押或抵押，从后者借入资金的方式。

（二）证券、黄金和外汇交易业务

中央银行的证券业务是指其进行证券买卖的业务，据此中央银行形成了对证券发行者的债权，如买入国债形成对政府的债权，买入其他国家国债或金融资产形成了外国资产（外汇储备）等。此外，中央银行出于国际支付或维持汇率稳定等目的，还持有并买卖黄金和外汇资产，上述业务都可纳入到广义的公开市场业务中（Open Market Operation）。

中央银行从事此类交易的目标，是调控经济体系中的货币供应量，影响利率，实现货币政策目标，而不是出于盈利目的。对于中央银行而言，维持整个金融系统的安全性、稳定性和流动性，维护金融系统能够正常发挥融通职能，是其参与金融市场交易最为重要的动机，这也是中央银行同商业银行运作的本质差异。

四、中央银行业务活动的原则

中央银行的职能决定了其业务的基本原则，即非营利性、流动性和公开透明性。

一是非营利性。中央银行以制定和实施货币政策、维护金融稳定为目标，各项业务不以盈利为目标。在同等或可能的情况下，中央银行的业务活动应尽量避免或减少亏损，以降低金融管理的成本。现实中，虽然中央银行不以盈利为目的，但的确可能因为其业务运作和货币政策实施产生盈利的结果。例如，2021 年美联储净利润高达 1078 亿美元，向美国财政部上缴利润约 1074 亿美元，其收入来源主要是净利息收入，这部分金额约 1224 亿美元[①]。

二是流动性。中央银行负责金融管理和调控社会货币供应量，通过资产和负债的灵活调整，管理和调控基础货币，从源头保证经济体系具有充足的流动性。

三是公开和透明性。保持业务的公开和透明，是为了强化货币政策的信息传递效应，及时向社会提供必要的金融信息与政策意图，使社会各界调整其预期。中央银行信息披露制度有助于提升中央银行政策的透明性，从而增强公众对中央银行政策的监督和问责。

总　结

1. 中央银行是专门制定和实施货币政策，统一管理金融活动并代表国家协调对外金

[①] 数据来自美联储财务报告。

融关系的金融管理机构。全球绝大部分的国家已确立了中央银行制度。

2. 按照组织形式，中央银行包括单一制、准中央银行制和跨国中央银行制度。

3. 中央银行是发行的银行、银行的银行和政府的银行。作为发行的银行，中央银行垄断货币发行权；作为银行的银行，中央银行承担集中存款准备金、最后贷款人和组织全国性清算等职责；作为政府的银行，中央银行有权制定、实施货币政策，对金融业实施监管，并代理国库，代表本国参与国际金融活动和组织。

4. 中央银行的资产负债表反映了中央银行的资金来源与运用，中央银行的资产包括所持有的黄金、外汇和政府、机构债券等资产，以及对商业银行的贷款类债权等，中央银行最重要的负债是储备货币，包括流通中的现金和商业银行的准备金存款。

5. 中央银行的信用来自政府和国家信用，资本金并不能反映中央银行的实力高低。

6. 中央银行在金融市场上交易黄金、外汇和债券等金融资产的行为，被称为"公开市场操作"。中央银行通过改变自身的资产负债操作，影响金融体系中的储备货币数量。

7. 中央银行业务遵循非营利性、流动性和公开透明性三大原则。

关键术语

发行的银行	银行的银行	政府的银行
单一式中央银行制度	一元式中央银行制度	二元式中央银行制度
准中央银行制度	跨国中央银行制度	公开市场操作
储备货币	再贴现	再贷款

练习题

1. 中央银行相比商业银行有哪些相似与不同之处？请用思维导图的方式进行归纳总结。

2. 为什么说中央银行是银行的银行？举例说明中央银行哪些业务体现了这一特点？

3. 根据会计恒等式，说明中央银行资产负债表上各项目的变动怎样影响储备货币项目？

4. 中央银行的业务的基本原则同商业银行的三性原则有哪些相似与不同之处？

思考与讨论

1. 查找中国人民银行网站，结合《中华人民共和国中国人民银行法》的法律条款规定，看看中国人民银行有哪些具体的职能，哪些体现了发行的银行、银行的银行以及政府的银行职能？

2. 查找世界上代表性国家如美联储、欧洲央行、日本、英国央行、巴西央行、印度央行的资产负债表，他们的自有资本金占总资产的比重高吗？为什么中央银行无须持有大量的自有资本金？换言之，为什么自有资本金对于中央银行相比商业银行而言并不那么重要？

3. 查找最近5年的中国人民银行资产负债表，了解我国中央银行的资产负债的结构特征，在资产项目中，占比最高的是哪几个项目？在负债项目中，占比最高的是哪几个项目？近年来有什么变化趋势？

4. 党的二十大报告提出"建设现代中央银行制度"，为做好中央银行工作指明了方向。请阅读以下文献，谈谈你对建设现代中央银行制度的看法。

（1）易纲：建设现代中央银行制度，人民日报，2020-12-24。

（2）潘功胜：加快现代中央银行制度建设 构建中国特色现代金融体系，人民日报2023-12-04。

参考阅读

1. [美] 约翰·H·伍德. 欧美中央银行史 [M]. 上海：上海财经大学出版社，2011.
2. 盛松成，翟春. 中央银行与货币供给（第二版）[M]. 北京：中国金融出版社，2016.
3. 戴国强. 货币银行学 [M]. 北京：高等教育出版社，2010.
4. 胡庆康. 现代货币银行学教程 [M]. 上海：复旦大学出版社，2014.

网络资源

各经济体的中央银行网站上通常会列出该中央银行的新闻动态、货币政策框架（目标、工具和手段）、重要的经济数据和经济分析文章，以及中央银行自身的财务运作状况等，主要的网站列表如下：

◆ 中国人民银行：http：//www.pbc.gov.cn
◆ 美国联邦储备委员会：https：//www.federalreserve.gov
◆ 英格兰银行：https：//www.bankofengland.co.uk
◆ 日本银行：https：//www.boj.or.jp
◆ 欧洲中央银行：https：//www.ecb.europa.eu/

第十一章 银行体系与货币供给

学习目标

学习完本章之后，你将能够：
- 列举货币供给过程的主要参与者
- 理解什么是基础货币以及其构成
- 了解中央银行资产和负债对基础货币的影响
- 掌握商业银行"贷款创造存款"的过程
- 明确什么是货币乘数，并列举影响货币乘数的主要因素
- 能够运用货币乘数分析和描述货币扩张过程

本章概览

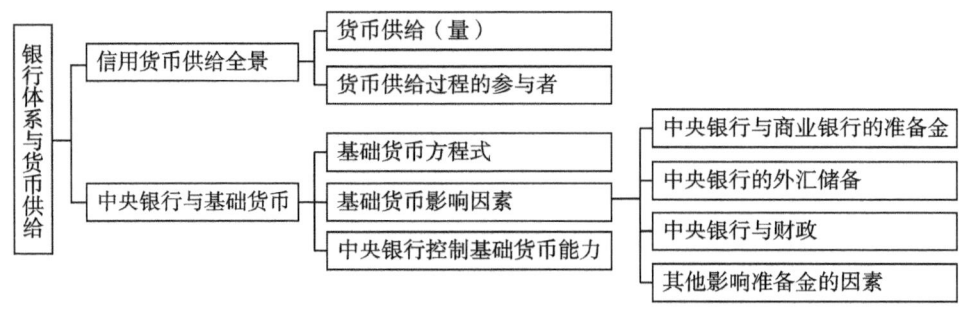

第十一章 银行体系与货币供给

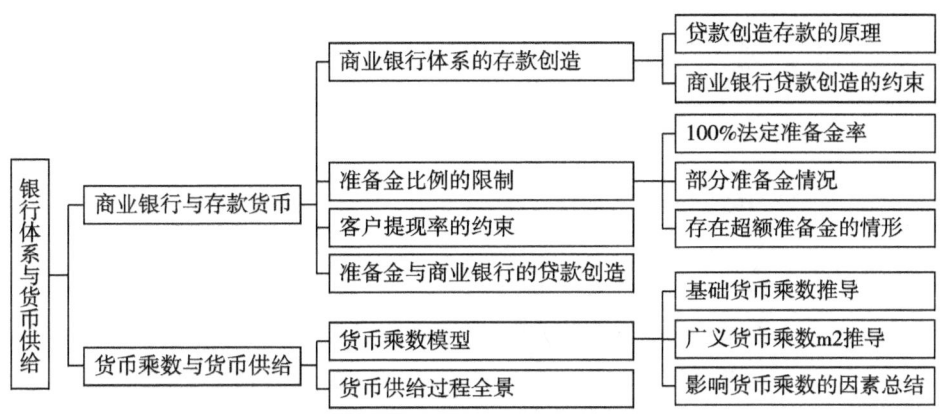

在了解了商业银行和中央银行的基本业务之后，我们可以深入剖析货币创造这一过程了。经济体系中的货币，除中央银行发行的纸钞之外，其余的存款货币从哪来？到底是谁控制着货币供给？哪些因素会引起货币供给的变动？本章将详细介绍银行体系在货币供给中的作用，从中央银行与基础货币、商业银行与存款创造、货币乘数等方面勾画货币供给过程的全景。

第一节 信用货币供给全景

在经济中不可缺少的货币从哪里来？这是金融领域的一个重要问题。在金属货币时代，答案似乎不言而喻。流通中的货币主要是铸币，其供给受制于贵金属的储备和开采、铸造技术和数量，也受到铸币机构（主要是政府，也可能是私人机构）的开支状况及其诚信度的影响，中外均有过铸币过度发行，导致货币购买力大幅下降的历史。

然而，如今已经是信用货币时代。货币摆脱了贵金属的约束，完全依靠政府信用来发行、流通，人们愿意持有货币的原因，是相信其能作为普遍接受的交易媒介、价值尺度和财富贮藏手段，而其背后，则是对发行主体（政府）能够偿还货币面值的信任。纸钞是由政府（中央银行）印制并发行流通的，是否意味着中央银行是整个经济体系中决定货币供给的唯一力量？

一、什么是货币供给

(一) 货币供给的含义

货币供给有两重含义,一是指经济主体创造货币并实现其支付流通的过程;二是货币供给量的简称,指经济体系中(确切地说是银行体系外)货币数量的总和。前者强调货币供给的过程,后者用数量反映货币供给的结果。

本章我们探讨货币供给从何而来,重点关注货币发行、流通、扩张的机制和过程,理解供给量背后的决定机制。

(二) 货币供给的层次与结构

在第二章"货币"章节,我们了解到货币是银行体系的负债,是高流动性的资产。

按照流动性从强到弱的顺序,货币可分为货币和准货币两个层次。狭义"货币"包括银行体系以外的通货 M0 与私人部门的活期存款,相当于各国通常采用的 M1;"准货币"为定期存款、储蓄存款与外币存款。"货币"与"准货币"之和构成了广义货币 M2。

过去数十年间,世界主要经济体的货币总量大幅度增长。图 11-1 显示了广义货币 M2 的变动情况。在 1980 年至 2023 年期间,美国的货币供应量从 1.60 万亿美元增长到 20.86 万亿美元,日本的货币供应量从 1.02 万亿美元增长到 11.18 万亿美元,而中国的货币供应量从 0.11 万亿美元增长到 41.17 万亿美元,增长了 373 倍。是什么决定了货币量的增长呢?

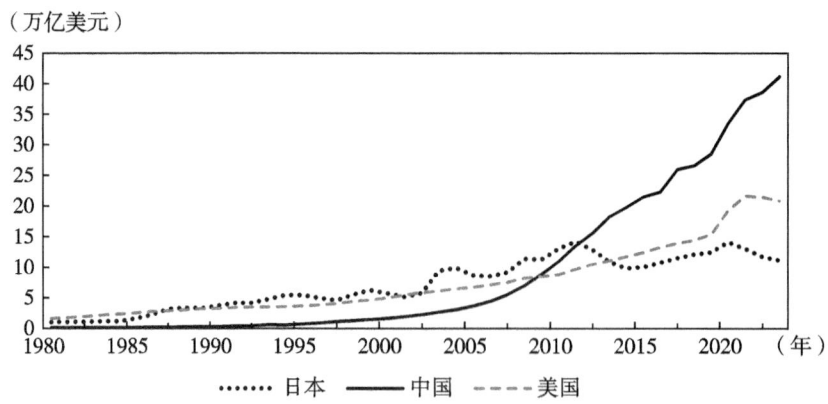

图 11-1 1980 年以来中国、美国和日本的广义货币供给量

如果进一步探讨不同层次的货币差异，构成 M0 的通货是由中央银行（或政府）发行的，背后是国家或政府信用，可称为中央银行货币；而 M1 中的活期存款和 M2 中的各项社会公众存款，均是商业银行的负债，背后是银行信用，我们将其称为商业银行货币。两者虽然看似可自由兑换，但在发行人、信用程度、流动性程度上仍存在微妙差异，在经济体系风险上升时，人们纷纷将存款兑换为通货，背后便反映了中央银行货币和商业银行货币的差别。

二、货币供给的参与者

当代货币的本质是银行信用，流通中的现金是中央银行信用，而活期和定期存款则是商业银行信用。信用货币体系下，货币的供给是由中央银行—商业银行两级银行体系实现的。

（一）中央银行与储备货币

货币供给过程中，中央银行扮演着至关重要的角色，是整个货币供给的源泉。流通中的现金由中央银行发行，中央银行直接决定通货的发行数量，并通过多种渠道将其投入流通。然而，当我们观察中央银行的资产负债表时，只能看到基础货币——"储备货币"一项，包括通货和银行的准备金存款，却看不到纳入货币统计量中的公众存款。作为银行的银行，中央银行并不面向公众提供存款服务，那么从中央银行的基础货币，再到商业银行的公众存款，经历了怎样的过程呢？

（二）商业银行和存款货币

广义货币总量中，80% 以上是商业银行发行的存款货币，这一事实意味着我们应该从商业银行那里追寻货币供给的机制。

商业银行凭借什么发行公众存款？直觉告诉我们，人们手持现金存入商业银行时，等额存款就产生了，而人们提现时，存款就等额减少了。既然如此，为什么整个经济体系中的现金数量同商业银行的存款并不是一一对应的？在中国，存款货币是现金货币数量的 4 倍，而在美国，存款货币更是现金数额的 10 倍左右，商业银行为什么能够创造出更多的货币？

（三）社会公众与货币总量

无论货币从哪里来，最终我们所度量的货币，都是银行之外的社会公众（政府、企业或家庭）持有的货币。货币对非银行部门而言是一种资产，但对银行而言却是负债。在金融学的基本原理中,我们了解到,资产和负债存在着对应关系,那么作为社会公众资产的货币和作为银行系统负债的货币,两者存在什么关联?

观察社会公众与银行体系的关系,人们或者持有现金,或将部分现金存入银行(形成银行存款),利用银行渠道进行资金结算,向银行借款从事经济活动,等等。在信用货币体系下,无论是企业还是家庭,非银行经济部门不能发行货币,只能利用货币进行支付和结算,这种角色的设定对于货币量会产生什么影响呢?家庭和企业之间的经济往来和交易,会不会影响货币的总量增减呢?这些非银行经济部门在货币供给过程中又发挥了什么作用呢?

本章我们将沿着中央银行—商业银行—社会公众这一路线,深入剖析整个经济体系中的货币是如何创造并扩张的。如图 11-2 所示。

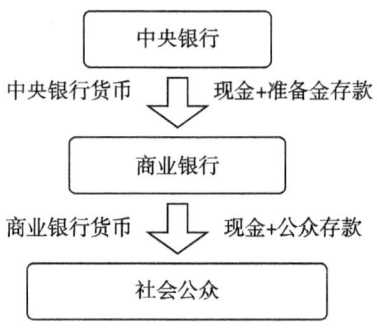

图 11-2 两级银行体系与货币创造

第二节 中央银行与基础货币

基础货币,即储备货币,是中央银行的货币性负债。从构成上看,基础货币包括流通中的现金和商业银行的准备金。在部分准备金制度下,基础货币能够通过银行体系创造出多倍的存款货币,因此又被称为高能货币,它是整个货币供给之源。

一、基础货币方程式

从中央银行的资产负债表我们了解到,中央银行的资产总额等于负债总额加上自有资本总额。如果我们将中央银行的资产负债表按照其主要业务和往来对象重新组合,可重组为如表 11-1 所示的简化的中央银行资产负债表。

表 11-1　　　　　　　　　　简化的中央银行资产负债表（按业务）

业务对象	资产	负债和资本
社会公众	—	C 流通中货币
银行类机构	A1 对银行再贴现和再贷款	R 商业银行准备金
政府部门	A2 政府贷款和债券	L2 财政存款
外国部门	A3 国外资产	L3 国外负债
其他	A4 其他资产	L4 其他负债和资本金

用 MB 表示中央银行的储备货币，用 C 代表流通中的现金，用 R 代表商业银行的准备金总额，其他资产或负债分别用 A_i 和 L_i 表示，根据资产负债表平衡原理，我们可以得到基础货币方程式：

$$MB = C + R = (A_1 + A_2 + A_3 + A_4) - (L_2 + L_3 + L_4) \qquad (11-1)$$

其他条件不变，中央银行增加资产的运作会增加基础货币，而减少基础货币之外的负债的运作也会增加基础货币的数量，因而中央银行在公开市场上进行操作，或者代理国库的财政收支，或与外国部门交往，均可能改变一国的基础货币，从源头上影响一国的货币供应。

二、基础货币的影响因素

基础货币方程式表明，中央银行资产负债表上其他业务的变化，均可能影响储备货币的变动。我们主要考察中央银行同商业银行、财政部门和国外部门的资金往来对基础货币的影响。

（一）中央银行与商业银行的业务交往

作为银行的银行，中央银行一个重要的职能是为银行提供支付清算，进行流动性支持。在信用货币体系下，中央银行与商业银行的资金往来以及商业银行间的债权债务关系和资金清算，主要是通过商业银行准备金账户进行的。理解准备金账户变动，是理解货币创造过程的关键。

我们使用 T 型账户来考察银行体系业务运作的影响。该账户利用高度简化的资产负债表进行记录，假设其他项目不变，仅集中考察某一项业务或运作所涉及的会计科目（项目），用"＋"号记录金额的增加（简称为增记），用"－"号记录金额的减少（简称为减记)。

1. 准备金增加

假定中央银行给商业银行 A 提供 1000 万元的贷款(比如通过再贷款或再贴现方式),那么这笔交易会同时在中央银行和 A 银行的 T 形账户中进行记录,如表 11-2(a)和(b)所示。

表 11-2(a)　　　　　　　　　中央银行的 T 形账户记录　　　　　　　　　　　单位:元

资产		负债	
对银行贷款	+1000 万	商业银行准备金	+1000 万

表 11-2(b)　　　　　　　　　商业银行 A 的 T 形账户记录　　　　　　　　　单位:元

资产		负债	
在央行的准备金	+1000 万	从中央银行借款	+1000 万

中央银行给商业银行新增了一笔 1000 万元的再贷款,此时 A 银行增加了 1000 万元的准备金。这一经济活动同时记录在了中央银行和商业银行 A 的账户上。中央银行的资产方增加了 1000 万元(对应于商业银行 A 的负债增加了 1000 万元),与此同时,中央银行的负债方增加了 1000 万元(对应于商业银行 A 的资产增加了 1000 万元准备金)。这一过程的关键,是中央银行并不需要提供真实的通货(比如纸钞)给商业银行,仅仅做了一个会计记录。在这一笔交易中,中央银行对银行 A 的资产(债权)恰等于其对银行的负债,整个交易并未增加中央银行对商业银行 A 的净债权债务,A 银行对中央银行的净债权债务也没有发生变化。

然而,如果将商业银行和中央银行按照资产方和负债分别加总,便会发现,尽管两者之间的债权债务净值没有发生变化,但整个银行体系(中央银行+商业银行)的总资产和总负债均增加了 2000 万元。

中央银行同商业银行的其他交易,也会产生类似的影响。例如,中央银行在银行间市场上购买了 1000 万元国债,则相关的 T 形账户记录如表 11-3(a)和(b)所示。

表 11-3(a)　　　　　　　　中央银行购买国债的 T 形账户记录　　　　　　　　单位:元

资产		负债	
持有的政府债券	+1000 万	商业银行准备金	+1000 万

表 11-3（b）　　　　　　　商业银行 A 的 T 形账户记录　　　　　　　　　　单位：元

资产		负债	
在央行的准备金	+1000 万	无变化	
持有的政府债券	-1000 万		

同样将资产方和负债方分别加总，整个银行体系的总资产只增加了 1000 万元，而总负债也增加了 1000 万元，但无论是中央银行还是商业银行 A，其债权债务的净值没有改变，整个银行体系的净值（=总资产-总负债）也并没有增加。

2. 准备金提现：现金流向商业银行

若商业银行 A 要求将这 1000 万元提现，则货币不再是央行的记账数字形态，而是以现金方式出现，现金从中央银行流到商业银行手中。

中央银行的账户上，会记录负债方增加 1000 万元的现金发行，减少 1000 万元的银行准备金，但提现没有改变中央银行的总资产。对商业银行 A 而言，提现只是持有的对中央银行的债权形态发生了变化，库存现金增加了 1000 万元，准备金账户等额减少，但负债方账户没有发生改变，如表 11-4（a）和（b）所示。

表 11-4（a）　　　　　　　中央银行的 T 形账户（银行提现）　　　　　　　单位：元

资产	负债	
无变化	商业银行准备金	-1000 万
	现金发行	+1000 万

表 11-4（b）　　　　　　　商业银行 A 的 T 形账户（提现交易）　　　　　　单位：元

资产		负债
在央行的准备金	-1000 万	无变化
库存现金	+1000 万	

将表 11-3 和表 11-4 结合起来，中央银行向商业银行贷款且商业银行提现后，中央银行和商业银行的资产负债表最终将分别如表 11-5（a）和（b）所示。

表 11-5（a）　　　　　　　中央银行的 T 形账户　　　　　　　　　　　　　单位：元

资产		负债	
对银行 A 贷款	+1000 万	现金发行	+1000 万

表 11-5（b） 商业银行 A 的 T 形账户 单位：元

资产		负债	
库存现金	+1000 万	从中央银行借款	+1000 万

此时，1000 万元现金从中央银行流入商业银行手中，商业银行把对中央银行的账面债权（准备金存款）转化为了纸质的债权凭证，但无论是纸钞还是准备金存款，两者都是中央银行货币（基础货币）。

3. 法定准备金监管与基础货币

中央银行还可以通过法定存款准备金政策直接影响商业银行的准备金数量的下限。通过对商业银行等存款货币机构的相关规定，如吸收的存款（负债）按照规定比例上缴准备金，中央银行可以影响商业银行准备金账户的结构，进而影响商业银行的信用扩张或收缩。我们将在下一节详细阐述相关机制。

4. 商业银行间的清算转账不影响基础货币

作为银行的银行，中央银行负责银行（以及金融机构）间的资金清算。通过簿记系统，这一过程无须货币（纸钞）在银行间的运送，仅需要准备金账户进行记录。

假设商业银行 B 向商业银行 A 借入 1000 万元短期资金，这笔交易涉及 A 和 B 两个商业银行，两者的债权债务关系发生了变化，同时中央银行也会进行相应的会计记录：在商业银行 A 准备金账户上减记 1000 万元，而在商业银行 B 准备金账户上增加 1000 万元，如此便实现了债权债务的记录而无须真实货币的转移（见图 11-3）。

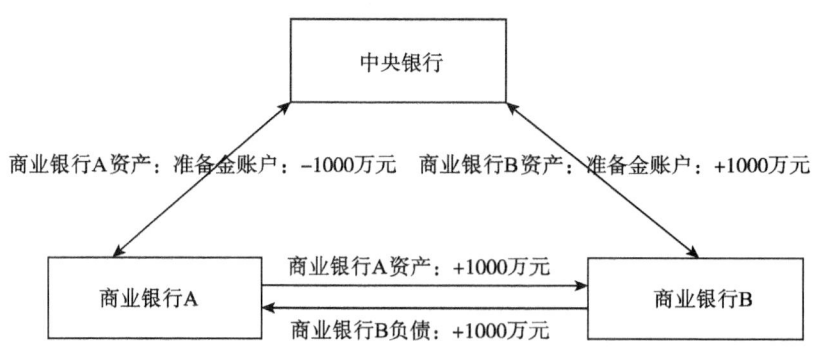

图 11-3 银行间资金往来与准备金存款账户变动

商业银行 A 和商业银行 B 的交易，并没有影响中央银行的负债和资产总额，只是改变了中央银行负债的结构。对中央银行而言，负债方对商业银行 A 减少 1000 万元，对商业银行 B 增加 1000 万元；对商业银行 A 而言，资产方增加了 1000 万元的（同业）债权，同时减少了对央行的 1000 万元债权（准备金）；商业银行 B 则在负债方增加了 1000 万元的（同业）负债，资产方增加了 1000 万元对央行的债权（准备金）。读者可尝试用 T 账户记录,审视中央银行、商业银行 A 和商业银行 B 的资产负债表变动情况。

(二) 外汇储备与基础货币

中央银行的国外资产变动也会影响基础货币数量。中央银行的国外资产是指其持有的外汇储备、黄金和国际货币基金组织的特别提款权。由于黄金储备和特别提款权数量较为稳定,因此对基础货币的影响较小,以下我们考察外汇储备的影响。

中央银行持有的外汇储备主要来自中央银行在外汇市场的交易。假定一家企业出口获得了 1000 万美元的外汇收入,并同商业银行 A 进行了结汇(即按照商业银行 A 的汇率换成人民币存款);商业银行 A 随后将外汇资产按央行所提供的汇率水平(7 元人民币/1 美元)卖出给央行,则该交易的 T 形账户记录如表 11-6(a)和(b)所示。中央银行账户上,资产方外汇储备增加 7000 万元人民币,负债方增记商业银行 A 准备金 7000 万元人民币。与此同时,商业银行 A 的 T 形账户则记录:资产方增加 7000 万元准备金,同时减记了价值 7000 万元人民币的外汇资产。

表 11-6 (a)　　　　　　　　中央银行的 T 形账户　　　　　　　　　　　单位:元

资产		负债	
外汇储备	+7000 万	商业银行 A 准备金	+7000 万

表 11-6 (b)　　　　　　　　商业银行 A 的 T 形账户　　　　　　　　　单位:元

资产		负债	
在央行的准备金	+7000 万	无变化	
外汇资产	-7000 万		

中央银行持续在外汇市场上购买外汇,商业银行的准备金数量便会不断扩张。中央银行因为增加外汇资产而增加的人民币准备金被称为"外汇占款"。在过去的 20 多年里,伴随着出口和外国来华直接投资的增长,中国的外汇储备持续扩张,外汇占款成为我国基础货币扩张的主要来源之一。

(三) 财政存款与基础货币

作为国家的银行,中央银行的职责是代理国库、管理财政存款、对政府进行资金支持等,也会通过公开市场购买并持有政府债券。

1. 政府税收与财政存款变动

政府征税所得的资金,通常先存入其在商业银行的账户,并定期(如季末)从商业银行账户转入其在中央银行的账户。假定政府将1000万元的税收收入先存在商业银行A，然后再转入其中央银行账户，此时中央银行只需在会计账目上完成一笔记账：减记商业银行A的准备金1000万元，同时增记政府存款1000万元，中央银行的资产并没有因此而增减，这两项都发生在中央银行的负债方，但相应的基础货币却由此减少了。如表11-7（a）所示。

表11-7（a）　　　　　　　中央银行的T形账户　　　　　　　　　　　单位：元

资产	负债	
无改变	商业银行A的准备金	-1000万
	政府存款	+1000万

该笔资金存入中央银行，商业银行A失去了1000万元的财政存款，准备金也减少了1000万元，因而商业银行A的T形账户发生的变动如表11-7（b）所示。

表11-7（b）　　　　　　　商业银行A的T形账户　　　　　　　　　　单位：元

资产		负债	
在央行的准备金	-1000万	政府存款	-1000万

由此可见，中央银行政府存款增加的同时，商业银行的准备金等额减少，即基础货币等额减少。

2. 对政府贷款和直接购买政府债券

当中央银行直接对政府进行贷款或者直接购买政府发行的国债时，并不改变基础货币数量，此时中央银行的资产方增加了一笔对政府的债权，而在负债方等额增加了政府财政存款（见表11-8）。

表11-8　　　　　　中央银行的T形账户（央行对政府贷款）　　　　　　单位：元

资产		负债	
对政府债权	+1亿	财政存款	+1亿

如果政府向中央银行归还了债务（如偿还贷款或债券到期偿还），则记账方式恰好相反，此时中央银行减记财政存款，同时资产方减记对政府债权。中央银行与财政之间的直接债权债务交易，对基础货币均不产生影响。

3. 政府财政开支与基础货币

政府融资的目的是支出，政府购买商品或服务会带来基础货币的扩张。

假定政府向企业B购买了价值1亿元的公共卫生服务或武器，政府向B企业通过银行转账 1 亿元，中央银行的财政存款减少 1 亿元，而企业 B 在开户银行 A 的存款账户会增加 1 亿元，商业银行 A 在中央银行的准备金账户也因此增加 1 亿元，如表 11-9（a）所示。商业银行 A 的账户上，负债项目即 B 企业的存款增加 1 亿元，资产项目准备金增加 1 亿元，如表 11-9（b）所示。

表 11-9（a）　　　　　　　中央银行的 T 形账户　　　　　　　单位：元

资产	负债	
无改变	财政存款	-1 亿
	商业银行准备金	+1 亿

表 11-9（b）　　　　　　　商业银行 A 的 T 形账户　　　　　　　单位：元

资产		负债	
在央行的准备金	+1 亿	B 企业存款	+1 亿

上述分析同样适用于政府向中央银行透支。透支是指开支超过其拥有的存款总额，此时透支的部分以债务方式记录在中央银行账面上。例如，政府对企业的卫生和国防支付共 3 亿元，而其税收收入形成的中央银行存款仅 1 亿元，超出的 2 亿元即为透支部分（对应于 2 亿元的财政赤字）。透支本质上是政府向中央银行借款用于支付，其结果是，中央银行增加了对政府债权 2 亿元，商业银行准备金增加 3 亿元（与政府开支规模相等），相比无透支状态如表 11-9（a）所示，透支的 2 亿元也转化为了基础货币（见表 11-10）。

表 11-10　　　　　　　中央银行的 T 形账户（财政透支）　　　　　　　单位：元

资产		负债	
对政府债权	+2 亿	财政存款	-1 亿
		商业银行准备金	+3 亿

概括起来，中央银行与财政部门的关系可以总结为：

第一，财政收入上缴中央银行会带来基础货币的等量减少，政府财政开支则会带来基础货币的等量扩张，即中央银行的资产总额不变时，财政存款与商业银行准备金此消彼长。

第二，中央银行对财政部门的直接贷款或直接购买债券，表面上不影响基础货币。然而，一旦政府财政支出，财政存款便会转化为基础货币；而政府向央行透支会直接增加央行的基础货币数量。

第三，中央银行通过公开市场买卖已经发行的政府债券会带来基础货币的直接变动。

当在公开市场购买政府债券时，商业银行的准备金相应增加，而当卖出政府债券时，商业银行准备金减少。

因此，中央银行同财政部门之间存在密切的关系，财政状况极大地影响一国的基础货币变化。如果一个经济体缺乏财政纪律和约束，收入不足以应对开支，政府不断从中央银行借款或透支，会带来银行系统准备金数量的大幅增长；如果政府财政部门将中央银行视为满足自身开支需求的印钞机，通过增发货币（现金）来支付开支，将产生恶性通货膨胀，对政府信用和货币信用造成根本损害。有鉴于此，很多国家都立法强调中央银行的独立性，禁止财政从央行透支或向中央银行直接借款，也禁止中央银行认购或包销政府债券，其目的便是斩断财政伸向基础货币的手，避免动摇货币信用的根本。

（四）其他影响准备金的因素

央行还可以自己创造负债，即发行中央银行的融资工具——债券（或票据）来调控基础货币。假设中央银行在银行间债券市场上发行了 10 亿元的中央银行债券，由一家或几家商业银行购买，则中央银行和商业银行（作为一个整体）的 T 形账户如表 11-11 所示。中央银行发行债券，基础货币（银行系统准备金）等额减少，相反，如果中央银行偿还债券，则基础货币相应增加。

表 11-11（a）　　　　　　　　中央银行的 T 形账户　　　　　　　　单位：元

资产	负债
无改变	商业银行准备金存款　　-10 亿 中央银行债券　　　　　+10 亿

表 11-11（b）　　　　　　　　商业银行的 T 形账户　　　　　　　　单位：元

资产		负债
中央银行债券	+10 亿	无改变
在央行的准备金	-10 亿	

三、总结

基础货币本质上是中央银行对社会公众和商业银行的"货币性"负债，它们是由中央银行创造的信用，是形成商业银行货币的基础，包括现金和银行准备金存款。中央银行与基础货币的关系如图 11-4 所示。

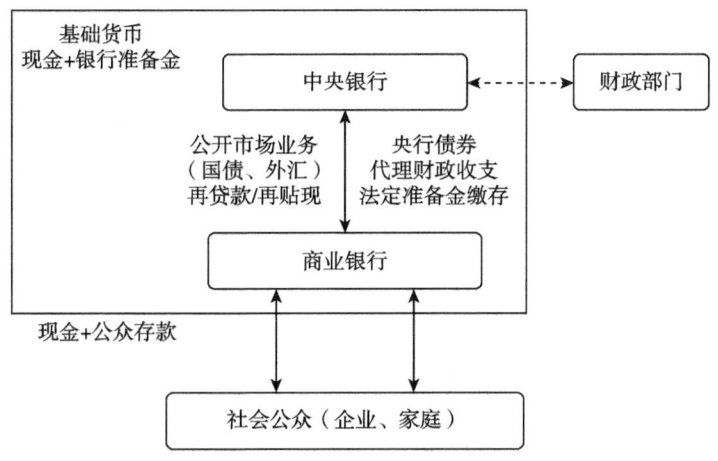

图 11-4 中央银行与基础货币

影响基础货币的经济活动主要是中央银行与商业银行之间的业务往来,包括中央银行的公开市场操作(买入政府债券或外币资产),对商业银行等金融机构的贷款等,此外,中央银行还可通过调节法定存款准备金的规定影响商业银行的准备金决策,进而影响基础货币变动。

作为国家的银行,中央银行调控基础货币的能力也受财政的影响。很多国家禁止财政部门向中央银行透支,也禁止中央银行直接购买国债,因而财政的影响主要是通过央行代理国库功能实现的,商业银行代收的税收上缴国库时,会减少中央银行的基础货币,而财政开支则会增加基础货币。此外,国债发行和流通的规模和市场特征也对中央银行公开市场业务的操作空间产生影响。

根据公式(11-1),其他条件不变,中央银行资产负债表的项目发生变化时,基础货币的相应变化如表 11-12 所示,"+"号表示对基础货币变化的影响是正向的,"-"表示影响方向相反。

表 11-12　　　　　　　　　　　影响基础货币的因素总结

中央银行资产负债表项目	基础货币变化方向
证券(资产)	+
再贷款和再贴现(资产)	+
外汇和黄金储备(资产)	+
其他资产(资产)	+
财政部门存款(负债)	−
外国和其他存款(负债)	−
其他负债项目(负债)	−

第三节　商业银行与存款货币

一、商业银行体系的存款创造

当中央银行货币——基础货币增加时，货币供给的整个机制便启动了。然而，公众持有的货币中，仅有一部分是中央银行货币（通货），大部分是商业银行存款货币，它们是如何创造出来的呢？

（一）贷款创造存款的原理

商业银行的信贷业务具有信用创造的功能，商业银行可以凭借其资产运作（如贷款）来创造负债（如存款），如果这种负债被银行系统普遍接受作为支付和交易手段，则存款便具备了货币的基本特征；如果社会公众能够随时按照面值将商业银行存款转化为中央银行货币（通货），那么在公众眼中，商业银行的存款货币便成为中央银行提供的通货的等价物或替代物。

1. 贷款创造存款

由于现代社会非现金结算的广泛使用，银行借助支付结算体系获得了信用创造的能力。商业银行与客户签订贷款协议，在发放贷款的同时，也创造了自身的负债。商业银行放贷时，通常会要求借款人在该银行开立存款账户（一般是活期存款），贷款合同生效意味着借款人的账户会增加等额存款，此时存款货币便创造出来了（见表11-13）。假定商业银行 A 对客户甲发放贷款 1 万元，银行将记录对甲贷款增加 1 万元，甲的存款增加 1 万元。

表 11-13　　　　　　　　　商业银行 A 的 T 账户（放贷）　　　　　　　　　单位：元

资产		负债	
对甲贷款	+1万	甲的存款	+1万

在这个时点考察整个经济体系的货币总量，人们会惊奇地发现，其他条件不变，整个银行体系的存款（活期存款）增加了 1 万元，人们能够对活期账户进行提现和转账支付，

存款货币本身便是货币，于是商业银行无中生有，用贷款创造出了货币。

2. 客户提现或转账不影响基础货币和货币总量

读者可能会困惑，存款货币只是账面数字，如果借款人使用这笔钱会产生什么结果呢？

假定借款人全额提现，商业银行A将会减少库存现金1万元，而客户甲的存款减少1万元；假定商业银行A的库存现金不足，它将向中央银行准备金账户要求提现，最终中央银行将新发行现钞1万元，而商业银行A的准备金下降1万元。无论哪种情况，并不会改变中央银行货币（基础货币）数量。如果借款人用1万元现金进行消费或支付，其他社会公众也全部使用现金，那么这笔现金将一直在经济体系中流转。既定时点上，社会公众持有的通货数量相比放贷前增加了1万元。

如果借款人甲用全额转账支付的方式消费或清偿债务1万元，则其存款将减少1万元，收款方乙的银行存款将增加1万元；乙的开户银行B和甲的开户银行A通过准备金账户进行清算，其结果是开户银行A准备金减少1万元，而开户银行B的准备金账户增加1万元。如果乙继续对丙进行转账支付、丙又向丁转账，以此类推，只要是全额转账支付，那么既定时点上，各商业银行的准备金加总数量和央行的基础货币不会发生变化；相比放贷前，社会公众的银行存款的总数量仍是增加了1万元（某银行存款金额增加对应的是该银行准备金账户金额的增加）。进一步扩展，如果客户只是部分提取现金，剩下部分用转账支付，仍不会影响整个经济体系新增的货币总量。

这1万元银行存款，是商业银行初始业务带来的货币增量，客户的支付、提现与否，并不会改变新增1万元货币的事实。商业银行A在资产增加的同时，增加了新的存款负债，这就是银行创造货币的奥秘所在。

（二）其他业务与存款创造

除了贷款业务，商业银行还可以通过其他经济往来创造出新的存款。假定商业银行从甲公司购买了价值1万元的金融软件或电脑设备，此时商业银行的T账户如表11-14所示。

表11-14　　　　　　　商业银行A的T账户（购买资产）　　　　　　　单位：元

资产		负债	
资产软件设备	+1万	甲公司的存款	+1万

如果商业银行A购买了价值1万元的债券、商业票据等金融资产，则T账户同样会记录资产增加1万元，客户存款增加1万元。在这些例子中，社会公众用持有的非货币资产

（实物或金融资产）交换了存款货币，改变了资产的类型，而商业银行以存款负债为代价，获取了新增的资产。整个经济体系中的存款货币由此增加了1万元。

（三）商业银行存款扩张的约束

如果商业银行的存款货币可以轻易地创造出来，那么它能无限扩张货币吗？

答案是不能。商业银行的存款扩张至少面临两个重要约束：一是监管约束，即法定准备金要求，商业银行应对其存款保留充足的准备金，不满足法定准备金要求将遭受监管惩罚；二是应对客户提款的流动性约束，如果商业银行放贷过多（负债增加过快），当客户大量提取存款或转账支付时，现金或准备金不足，会出现银行挤兑，导致银行破产。当然，法定准备金要求很大程度上也是为了保护商业银行的流动性，因此这两个约束并不矛盾。

商业银行的准备金对银行负债扩张规模起到了决定性的影响。由于客户可以随时对活期存款要求按面值兑换现金，或者将在商业银行A的存款转移到商业银行B，因此该商业银行是否具有充足的中央银行货币（准备金）便成为制约商业银行放贷数量的关键。

二、准备金与存款的多倍创造

在第九章我们了解到，商业银行的准备金由法定准备金和超额准备金构成。很多国家的银行监管规定，商业银行必须对其存款（负债）按一定比例提取法定存款准备金，其提取比例即为法定存款准备金率，以 rr 表示。超额准备金是商业银行为应对客户取款或转账等资金需求，自愿持有的超过法定存款准备金数量的准备金。超额准备金与存款之比，称为超额准备金率，以 er 表示，它很大程度取决于商业银行对流动性的判断。法定准备金率和超额准备金率之和为总准备金率。

在接下来的例子中，我们先考察单个银行的存款货币创造过程，再扩展到整个银行体系。商业银行A面临的法定准备金率为rr，意愿持有超额准备金比例为er，商业银行将根据准备金约束来确定自己的贷款行为，即：

$$总准备金/总存款 = rr + er \qquad (11-2)$$

（一）法定准备金与多倍存款创造

1. 100%法定准备金率

假定社会公众将自己手中的1万元现金存入商业银行A，商业银行A新增了1万元活期存款负债，同时新增1万元库存现金，其资产负债表如表11-15所示。由于100%的法定准备金率要求,新增的 1 万元库存现金必须全部作为法定准备金,不能动用①。商业银行若通过资产业务(如贷款或购买资产)创造新的存款,将不满足法定准备金要求,因而商业银行不能实现货币扩张。

表 11-15　　　　　商业银行 A 的资产负债表(100%准备金)　　　　　　　单位:元

资产		负债	
准备金(法定)	+1 万	客户存款(甲)	+1 万

若商业银行 A 通过向中央银行出售其他资产(如国债)1 万元获取新增准备金,如表 11-6(第①行)所示,由于未涉及客户存款变化,则 1 万元均为超额准备金。商业银行 A 活期存款增加的上限是 1 万元,假定商业银行 A 向客户甲放贷 1 万元如表 11-6(第②行)所示,客户存款增加 1 万元,此时准备金的性质变为法定准备金。最终,整个经济体系新增了 1 万元基础货币,商业银行 A 新增了 1 万元存款货币,两者恰好是 1∶1 的关系。

表 11-16　　　　　商业银行 A 的资产负债表(出售国债)　　　　　　　　单位:元

资产		负债	
①准备金	+1 万	无改变	
证券资产(国债)	-1 万		
②对客户贷款(甲)	+1 万	客户存款(甲)	+1 万

我们可以得到结论:在 100%准备金制度下,商业银行的存款与其拥有的中央银行货币完全对应,存款货币可视作商业银行保管"中央银行货币"的凭证,此时整个社会的货币总量完全取决于中央银行货币(基础货币)数量。

2. 部分法定准备金

假设法定存款准备金率 $rr = 10\%$,商业银行不保留任何超额准备金,总准备金率即为 10%。

甲存入商业银行 A 1 万元现金,商业银行 A 可自由动用的准备金(超额准备金)为 9000 元。商业银行 A 如果不担心客户提取现金,对其他客户的最大贷款规模将是 9000/10%,即 9 万元,假定商业银行 A 全部放贷给客户乙,此时客户乙新增存款 9 万元,最终客户甲和乙新增存款总量 10 万元,恰好是商业银行新增准备金的 10 倍(见表 11-17)。

---

① 在中国监管规定中,要求银行在央行的准备金账户满足法定要求,则银行需要将新增存款按比例存入中央银行的准备金账户,央行相当于现金回笼但增加了准备金存款,基础货币数量并未变化。在美国等国家,商业银行库存现金可作为满足法定准备金率的准备金形态。无论哪种情况,均不影响下文分析。

表 11 – 17　　　　　商业银行 A 的资产负债表（10%法定准备金）　　　　　单位：元

活动	资产		负债	
①客户存款	准备金	+1万	客户存款（甲）	+1万
②客户贷款	贷款（乙）	+9万	客户存款（乙）	+9万

如果商业银行较为保守，担心客户极端情况下对贷款进行现金取款，则情况会略有不同，多倍货币创造过程将由整个银行体系来实现（见表 11 – 18）。假定商业银行 A 给客户乙放贷 9000 元；客户乙对于增加的 9000 元存款，无论是提现还是转账交易，最后该资金落入客户丙在商业银行 B 的账户上，商业银行 B 增加 9000 元存款的同时，也增加了 9000 元准备金，商业银行 B 在扣除 900 元法定准备金后，对客户丙放贷 8100 元，以此类推。

表 11 – 18（a）　　　　　商业银行 A 的资产负债表　　　　　单位：元

活动	资产		负债	
①甲存入	准备金	+10000	客户存款（甲）	+10000
②给乙贷款	贷款（乙）	+9000	客户存款（乙）	+9000
③乙提现/转账	准备金	−9000	客户存款（乙）	−9000
小计	准备金	+1000	客户存款（甲）	+10000
	贷款（乙）	+9000		

表 11 – 18（b）　　　　　商业银行 B 的资产负债表　　　　　单位：元

活动	资产		负债	
①乙存入	准备金	+9000	客户存款（乙）	+9000
②给丙贷款	贷款（丙）	+8100	客户存款（丙）	+8100
③丙提现/转账	准备金	−8100	客户存款（丙）	−8100
小计	准备金	+900	客户存款（乙）	+9000
	贷款（丙）	+8100		

可见，这笔初始进入银行体系的 1 万元央行货币，经过多个银行和客户反复的放贷、提取（转存）等循环后，最终各银行加总如表 11 – 19 所示。银行体系总的存款数量为 10 万元，银行总放贷数量为 9 万元，总准备金数量恰好等于商业银行体系新流入的中央银行货币。

表 11 – 19　　　　　银行存款货币创造（rr = 10%，er = 0）　　　　　单位：元

银行	存款	法定准备金	贷款
A 银行	10000	1000	9000
B 银行	9000	900	8100

续表

银行	存款	法定准备金	贷款
C 银行	8100	810	7290
D 银行	7290	729	6561
……	……	……	……
银行合计	100000	10000	90000

由此可见，在法定准备金率不为100%且超额准备金率为0时，单个银行或多个银行均能通过贷款创造存款货币。银行系统每增加1个单位的中央银行货币（准备金），将据此产生1/rr倍的银行存款。我们将法定存款准备金率的倒数$\frac{1}{rr}$称为商业银行（体系）的简单存款创造倍数，它是银行体系创造存款的上限。法定准备金率越高，意味着商业银行无法自由动用的准备金数量越多，存款创造的倍数越小。

（二）考虑超额准备金的情形

商业银行还可能自愿持有一定的超额准备金，以应对客户提款需要或等待更好的贷款时机。超额准备金率与法定准备金率对银行信贷扩张的影响机制是相同的。

假设法定准备金率 rr = 10%，超额准备金率 er = 10%，则商业银行的总准备金率为20%，商业银行（系统）总的放贷规模将有所下降，停留在单个银行的准备金数量增加，单个银行的放贷和存款创造数量相应减少，最终银行体系的总贷款和总存款数量也减少了，如表11-20（a）所示。

表 11 – 20（a） 多个银行存款货币创造（rr = 10%，er = 10%） 单位：元

银行	存款	法定准备金	超额准备金	贷款
A 银行	10000	1000	1000	8000
B 银行	8000	800	800	6400
C 银行	6400	640	640	5120
D 银行	5120	512	512	4096
……	……	……	……	……
银行合计	50000	5000	5000	40000

由于每个银行都提取更多的准备金，整个体系的放贷规模都收缩了，总贷款金额为8000/（10% + 10%）= 40000元，新增的存款总额（加上甲的初始存款）为50000元。

我们也可以用一个超级银行的资产负债表来简化上述计算过程，银行（银行体系）为了满足20%的总准备金要求，能够承受多少存款？答案是新增的10000元准备金，按照

20%的总准备金比例，可对应50000元存款，扣除10000元初始的存款，则放贷的最高金额为40000元。如表11-20（b）所示。

表11-20（b）　　　　　　　　　超级银行的资产负债表　　　　　　　　　　　单位：元

活动	资产		负债	
①甲存款	准备金	+10000	客户存款（甲）	+10000
②其他客户贷款	贷款	+40000	存款（其他）	+40000

考虑超额准备金率的影响，商业银行体系的存款创造倍数为：$\frac{1}{rr+er}$。

在部分准备金体制下，由于商业银行创造的存款总数远远高于中央银行货币（准备金）数量，一旦商业银行面对大规模的客户提款需求，必然会陷入准备金不足的窘境。商业银行以贷款等资产扩张多倍存款货币的行为，使银行体系天生具有脆弱性。在后文的分析中，为简便起见，我们将把银行体系视作一个整体（超级银行），不再分析资金在银行间的流动以及反复贷款、转存等情景。

三、客户提现和现金漏损率

商业银行活期存款的提现率，是指客户现金提取额与银行存款总额的比率。社会公众对存款进行部分或全部提现，将导致一部分现金退出银行体系的货币创造过程，因此该比例又被称为现金漏损率。准备金是停留在银行体系内暂时退出货币创造的中央银行货币，而社会公众持有的现金则是银行体系外暂时退出货币创造的中央银行货币，现金漏损率也将降低银行的多倍货币创造能力。

仍然假设法定准备金率 $rr=10\%$，超额准备金率 $er=10\%$，且客户提现率为5%。商业银行A最初获得客户甲的初始存款10000元，扣除准备金2000元和客户的提现500元后，对客户乙放贷7500元；客户乙转账到商业银行B，商业银行B存款增加7500元，其中客户乙提取了现金再扣除准备金和客户乙的提现后，商业银行B放贷5625元（7500×75%）……在经历了贷款—转存—提取现金—放贷的反复之后，最终银行体系的存款总数、贷款总数相比无现金漏损情况均下降（见表11-21），商业银行的存款货币创造能力进一步削弱了。

表11-21　　　　　　　　　考虑现金漏损的货币创造　　　　　　　　　　　单位：元

银行	存款	总准备金20%	客户提现（5%）	贷款
商业银行A	10000	2000	500	7500

续表

银行	存款	总准备金20%	客户提现（5%）	贷款
商业银行 B	7500	1500	375	5625
商业银行 C	5625	1125	281.3	4218.8
商业银行 D	4218.8	843.8	210.9	3164.1
……	……	……	……	……
银行体系合计	40000	8000	2000	30000

四、银行存款货币的收缩

在现实中，中央银行货币既可能流入银行体系，也可能流出银行体系，当银行体系的基础货币（现金或准备金）减少时，商业银行的存款货币创造便会反方向收缩。

为简化起见，我们用超级银行替代整个银行体系，模拟存款收缩的情景。假设 $rr=10\%$，$er=10\%$，客户提取了 1 万元现金存款并窖藏起来，该笔货币不再进入流通领域，也不再进入银行体系。

超级银行对客户负债减少了 1 万元，但准备金同时也减少了 1 万元，考虑到银行为存款只保留了 20% 的准备金，这意味着该银行需要补充 8000 元的准备金缺口。商业银行要么继续被动收缩存款 4 万元，保证 20% 的总准备金率；要么通过卖出资产、增加存款或其他负债的方式补充准备金，在后一种情况下，补充的准备金最终只能来自中央银行的基础货币。

一旦商业银行无法补充准备金，则只能采取方式收缩存款 4 万元（如要求客户偿还 4 万元贷款）。最终，客户甲从商业银行提取了 1 万元的现金，商业银行共减少了 5 万元的客户存款，恰好是提现金额的 $1/(rr+er)$ 倍。商业银行体系既能够多倍创造存款，也能实现多倍的存款消亡。

五、小结

对商业银行体系而言，无论是法定准备金的监管规定，还是客户提现或现金漏损，背后都反映了一个严格的约束，即商业银行体系整体资产负债扩张能力受制于其拥有的中央银行货币（准备金），商业银行不能随心所欲地进行放贷。

在部分法定准备金和客户部分现金提现的现实场景中，无论是客户的现金存入，或商业银行同中央银行交易而增加了准备金，只要中央银行货币进入到商业银行体系内，均能引发成倍存款的创造。相反，当中央银行货币流出商业银行时，无论是来自客户的提现，还是来自中央银行减少了商业银行体系的准备金，商业银行体系均会发生存款成倍收缩。

因此，整个银行体系存款创造的关键，源头是新增的准备金（中央银行负债），创造机制依赖于商业银行的资产扩张行为（主要是贷款）。中央银行可以控制整个金融体系的水龙头，而社会公众手中持有的主要是商业银行货币，商业银行是货币创造的放大器。整个银行体系，是经济和金融系统货币供给的主导者。

第四节 货币乘数与货币供给

一、货币乘数模型

（一）基本货币乘数

在明白了商业银行的存款货币产生与准备金和基础货币的关系后，我们可以用一个数学公式概括基础货币 MB 与货币供应量 MS 之间的关系，即：

$$MS = m \times MB \qquad (11-3)$$

货币乘数 m 表示基础货币的变动会引起货币供应量变动的倍数。从前文的分析可以看出，这一倍数取决于公众的现金/存款比、超额准备金率 er 和法定准备金率 rr。

我们考察 M1 层次的货币，即现金和活期存款。假定通货 C、法定准备金 RR 和超额准备金 ER 数量均与活期存款数量 D 成比例变动，即现金存款比 $c = \dfrac{C}{D}$；$rr = \dfrac{RR}{D}$；$er = \dfrac{ER}{D}$，则由基础货币和 M1 货币总量的构成可得：

$$M1 = C + D = (1 + c) \times D$$

$$MB = C + R = (c + rr + er) \times D$$

整理后可得：

$$M1 = \frac{c + 1}{c + rr + er} \times MB \qquad (11-4)$$

M1 层次的货币乘数为：

$$m1 = \frac{c+1}{c+rr+er} \qquad (11-5)$$

【例 11-1】某经济体的法定存款准备金率为 10%，流通中的现金总量为 4000 亿元，存款总量为 8000 亿元，商业银行持有的超额准备金为 8 亿元，其货币乘数是多少？

解法（1）：由货币乘数的定义：m = MS/MB

M1 = 现金 + 活期存款 = 4000 + 8000 = 12000（亿元）

MB = 现金 + 准备金 = 4000 + 8000 × 10% + 8 = 4808（亿元）

$$m1 = \frac{12000}{8808} \approx 2.496$$

解法（2）：由货币乘数的公式计算：$m1 = \frac{c+1}{c+rr+er}$

∵ 通货比率 $c = \frac{4000}{8000} = 0.5$，

超额准备金比率 $er = \frac{8}{8000} = 0.001$

法定准备金率 rr = 0.1

∴ $m1 = \frac{1+0.5}{0.1+0.001+0.5} \approx 2.496$，意味着基础货币每增加 1 亿元，货币供应量 M1 会增加 2.496 亿元。

基础货币和货币供给之间的关系可以用梯形图 11-5 表示。梯形的上底为基础货币，等于流通中现金加商业银行的准备金；梯形的下底是货币供应量，等于流通中现金（通货）加商业银行的存款货币，准备金率反映了准备金 R 同存款 D 之间的关系，等于超额准备金和法定准备金率之和。

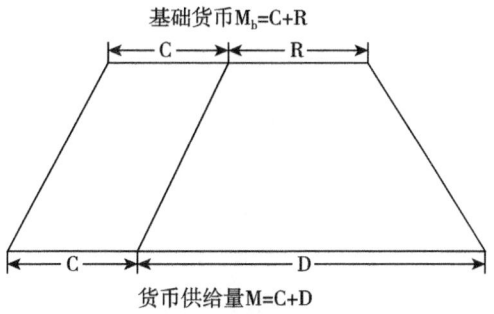

图 11-5 基础货币与货币供给量

（二）广义货币乘数 m2

进一步考虑银行体系中的定期存款。假定通货 C 和定期存款 T 均与活期存款 D 成比例变动；我们用 t 表示定期存款与活期存款的比值 $\left(t=\dfrac{T}{D}\right)$，用 r_d 和 r_t 分别表示活期和定期的法定存款准备金率，则商业银行体系的法定存款准备金数量 RR 改写为：

$$RR = r_d \times D + r_t \times T$$

基础货币的数量相应也发生了变化，

$$MB = C + R = (c + r_d + r_t \times t + er) \times D$$

$$M1 = C + D = (c + 1) \times D$$

$$M2 = C + D + T = (c + 1 + t) \times D$$

整理后可得：

$$M1 = \frac{1+c}{c + r_d + r_t \times t + e} \times MB$$

$$M2 = \frac{1+c+t}{c + r_d + r_t \times t + e} \times MB$$

对应货币乘数：

$$m1 = \frac{1+c}{c + r_d + r_t \times t + er}$$

$$m2 = \frac{1+c+t}{c + r_d + r_t \times t + er} \tag{11-6}$$

【例 11-2】某经济体活期存款的法定存款准备金率为 10%，定期存款法定存款准备金率为 3%，流通中现金总量为 2000 亿元，活期存款总量为 6000 亿元，定期存款总量为 16000 亿元，商业银行不持有超额准备金，则货币乘数 m1 和 m2 分别是多少？

解：∵ 通货比率 $c = \dfrac{2000}{6000} = 0.333$

定期与活期存款比率 $t = \dfrac{16000}{6000} = 2.667$

∴ 由公式（11-6），$m1 = \dfrac{1 + 0.333}{0.1 + 0.03 \times 2.667 + 0.333} = 2.60$

$$m2 = \frac{1 + 0.333 + 2.667}{0.1 + 0.03 \times 2.667 + 0.333} = 7.79$$

货币乘数 m1 为 2.60，表示基础货币增加 1 亿元会导致 M1 增加 2.60 亿元；货币乘数 m2 为 7.79，表示基础货币增加 1 亿元会导致 M2 增加 7.79 亿元。读者也可根据货币乘数的定义，分别计算基础货币和 M1、M2 的数量并计算 m1 和 m2 乘数。

（三）影响货币乘数的因素总结

影响货币乘数的因素包括：由中央银行控制的法定存款准备金率，主要由商业银行控制的超额准备金率,以及公众的货币持有结构状况——现金存款比例和活期/定期存款比例。

1. 法定存款准备金率

其他条件不变,法定存款准备金率越高,货币乘数越小,商业银行创造存款能力越低。中央银行通过提高或降低法定存款准备金比率,能够影响货币乘数,改变货币供应量。法定存款准备金率因而成为中央银行调控货币供给量大小的一个重要工具。

2. 超额准备金率

商业银行为应付客户取款以及管理流动性的需要,在满足法定存款准备金要求之外额外持有准备金。超额准备金比例越高,商业银行存款扩张能力越弱,货币乘数越小。

银行放贷利率或投资购买其他资产的收益率通常远高于银行保留超额准备金的名义收益率,因此,超额准备金数量的多少主要体现了商业银行有关流动性(安全性)与收益性的权衡。较高的超额准备金率可能意味着银行担忧潜在的流动性风险,或缺少安全的、适当回报的投资机会。影响商业银行超额准备金的因素如表 11-22 所示。

表 11-22　　　　　　　　　影响商业银行超额准备金的因素

类别	因素	相关性	说明
直接收益	超额准备金的利率	+	与收益正相关
流动性状况	存款流量的波动性	+	应对意料外提款
	预期存款外流的速度	+	避免流动性困难
流动性成本 或获取难度	短期拆借利率 短期融资成本	+	准备金不足的惩罚
其他资产的风险	贷款风险 金融资产的风险	+	抗风险的机会收益
其他资产的收益率	贷款利率 金融资产收益率	—	替代性资产的收益

一国的整体经济状况将从三个方面影响商业银行的超额准备金:一是银行资产(主要是信贷资产)的收益和风险。通常经济繁荣时期,银行面临的信用风险下降,银行信贷需求旺盛,信贷资产收益率高而预期风险低,商业银行将减少超额准备;相反,在经济萧条时期,银行信贷需求萎缩,预期信用风险上升,银行将收缩信贷增加超额准备。二是银行负债方(存款)的稳定性。通常金融稳定和经济繁荣时期,存款提取较为稳定,易于预测,银行将减少超额准备金,相反经济萧条或金融不稳定时期,银行存款提取的波动性增

加,商业银行将增加超额准备金以备客户提款需求。三是银行的流动性,包括资产和融资的流动性。商业银行越易于获取流动性,如持有高流动性资产或能够随时从市场上借入资金,则持有超额准备的必要性越低。在金融市场繁荣时期,银行的流动性较好,超额准备金数量减少;相反,面临负面流动性冲击或预期流动性紧张时,商业银行将持有更多超额准备金,以备不时之需。

中央银行主要从两个方面影响商业银行的超额准备金:一是改变超额准备金存款的利率,提高该政策利率会增加超额准备金的相对收益,相反,降低利率会降低超额准备金的吸引力;二是影响商业银行从中央银行借贷的难易程度和成本,比如在经济萧条时期,通过向商业银行提供融资便利、票据再贴现等方式,使商业银行能够随时低成本获取流动性,降低商业银行持有超额准备金的需求。

3. 现金存款比和定期/活期存款比

公众用何种方式持有货币也会影响货币乘数。影响公众这一决策的因素包括公众的收入或财富水平、三类货币的收益率和机会成本、金融市场发达程度、黑市交易、银行安全性等,如表 11 - 23 所示。

表 11 - 23　　　　　　　　　影响公众现金/存款比的因素

影响因素	相关性	说明
公众的收入水平或财富	—	收入或财富越高,则非生息资产现金持有的比重越少
活期存款的名义收益率	—	现金机会成本上升,持有比例下降
存款服务(支付、结算等的便捷性)	—	持有现金的吸引力下降
金融市场发达程度	—	活期存款投资等应用场景更多
黑市或地下交易	+	持有现金更便利匿名交易
预期银行恐慌	+	持有更多现金避免损失

影响人们持有货币的基本原因是:现金、活期存款和定期存款的使用便利度(流动性)、风险存在差异。现金是最具有流动性的资产,其背后是中央银行信用,当萧条或银行体系风险大幅上升时,人们倾向于更多地持有现金,现金比例 c 上升,货币乘数下降;在繁荣时期,活期存款相对现金能够提供超额的名义收益、且大额支付更为便捷,并适用于很多特定场景(如金融投资),此时现金持有比例 c 降低,货币乘数上升,货币创造倍数相应增加。

二、货币供给过程全景

至此,我们可以描述货币供给的全景,如图 11 - 6 所示。中央银行、商业银行和社会公众都对货币供给有直接的影响。

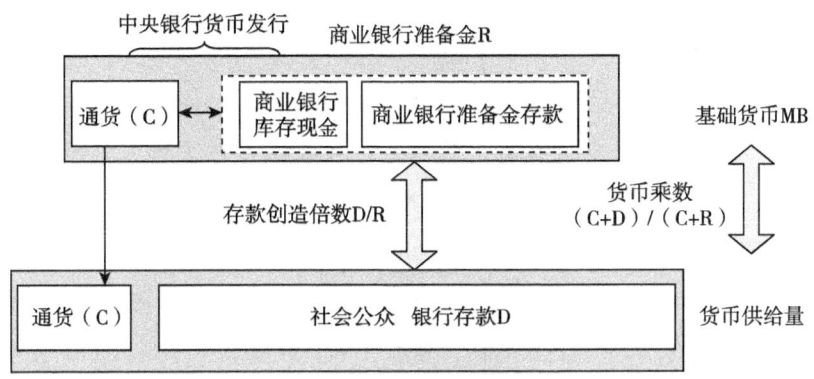

图 11－6　货币供给全景图

最上层是整个经济体系货币供给的源头。中央银行直接控制央行货币（基础货币）的数量，通过公开市场业务、法定准备金比例要求、准备金存款利率、向银行的再贷款、再贴现等政策工具影响基础货币的数量，同时也通过准备金比例要求影响商业银行的存款创造乘数。

货币供给的中层是庞大的商业银行体系。它们利用央行货币，创造出商业银行货币——银行存款，形成货币的多倍扩张。商业银行能够通过向央行贷款、同央行交易等方式，对基础货币的数量施加影响；商业银行可以通过资产方的运作，比如发放信贷、向社会公众购买产品、服务和资产等方式创造商业银行货币，并通过改变超额准备金等方式调控存款货币扩张行为。

在货币流通层面，广大社会公众如企业、家庭和个人，通过对银行的贷款需求、对资产的配置（现金持有比例 c、活期定期比）以及利用银行对彼此之间的交易进行清算等方式，影响在整个经济体系内的现金和存款货币数量多少。

总　结

1. 货币供给是指经济主体创造货币供给量并把它投入流通的过程，即中央银行和商业银行向流通中投入、扩张或收缩货币量的行为和过程。货币供给过程的主要参与者有中央银行、商业银行以及机构和家庭个人。

2. 中央银行的储备货币，又称基础货币、高能货币，由流通中的现金和商业银行准备金构成。中央银行可以通过其资产业务或负债业务，影响基础货币的规模，从而控制货币供应量。

3. 中央银行同商业银行之间的业务往来会影响基础货币的总量，当中央银行从商业银行手中购买债券、外汇等金融资产,或对商业银行进行放贷时,商业银行的准备金相应增加,基础货币增加。这是中央银行公开市场操作影响货币供给的基础。

4. 政府的财政支出最终会带来基础货币的扩张,因此财政纪律对于维持货币供给的稳定性也具有重要影响。

5. 商业银行在货币供给中扮演重要的角色。商业银行体系通过资产业务创造存款性负债,在部分准备金制度和部分提现的经济系统中,商业银行以准备金为基础,能够成倍创造商业银行存款货币。

6. 简单存款创造倍数是指不存在超额准备金和无现金漏损的情况下,商业银行体系能创造的存款货币数量同商业银行准备金之间的倍数关系,数值上等于法定准备金率的倒数。

7. 货币乘数表示基础货币的变动会引起货币供应量变动的倍数。影响货币乘数大小的因素主要有法定存款准备金率、超额存款准备金率、公众通货持有比率以及定期存款对活期存款比等。

关键术语

货币供给	基础货币	货币乘数	法定存款准备金率
现金漏损率	超额准备金率	现金存款比	定期活期存款比
库存现金	T 账户	M1 乘数	M2 乘数

练习题

1. 根据中央银行资产负债表,简述影响基础货币的因素及其作用方向。
2. 简述商业银行的多倍存款创造过程。
3. 什么是货币乘数?货币乘数的大小受哪些因素的影响?
4. 你认为货币供给是内生的还是外生的?为什么?
5. "货币乘数肯定大于1",这个观点正确、错误还是不确定?为什么?

下列 6—14 题都假定:存款的法定准备金率为 10%,银行不持有超额准备金,请用 T 账户进行记录和分析。

6. 如果中央银行将持有的 500 万元国债卖给商业银行 A,那么中央银行的准备金和基础货币会怎样变化?

8. 如果中央银行将 500 万元国债卖给银行机构投资者,该投资者用现金支付,那么中央银行的准备金和基础货币会怎样变化?

9. 如果中央银行向 5 家银行发放总额为 1 亿元的贷款，而这些银行的储户同时提取出 5000 万元存款并以现金形式持有，那么中央银行的准备金和基础货币会怎样变化？

10. 如果中央银行向商业银行 A 发放 100 万元贷款，银行体系的存款会发生什么变化？

11. 如果中央银行向商业银行 A 出售 200 万元债券，银行体系的存款所发生的变化。

12. 如果中央银行从商业银行 A 手中买入 100 万元债券，但 10% 的存款被作为超额准备金持有，那么存款总计增加多少？

13. 如果中央银行卖给商业银行 500 万元的债券以减少准备金，那么银行体系处于均衡状态时它的 T 型账户是什么样的？存款的规模会发生什么样的变化？

14. 假定流通中的现金是 6000 亿元，存款为 9000 亿元，超额准备金为 150 亿元，

（1）计算货币供给、现金比率、超额准备金比率和货币乘数？

（2）假定由于经济出现严重的衰退，中央银行开始大规模的公开市场购买，从银行手中买入了 1.4 亿元债券。假定（1）计算的所有比率不变，预测货币供给出现的变化？

（3）假定中央银行采取了（2）中的公开市场购买，商业银行出于对金融危机的担忧，决定将所有的资金都作为超额准备金持有，而不贷放出去。如果现金水平和存款水平不变，超额准备金、超额准备金比率、货币供给、货币乘数会出现怎样的变化？

15. 一国公共现金持有量为 2000 亿元，商业银行库存现金为 1000 亿元，商业银行活期存款 10000 亿，其法定准备金率为 5%，定期存款 20000 亿，其法定准备金为 2%，商业银行在中央银行的准备金存款为 1000 亿元，求：

（1）法定准备金数量、超额准备金数量和超额准备金比例？

（2）基础货币总量？

（3）M1 和 M2 货币乘数各是多少？

思考与讨论

1. 中央银行是怎样影响基础货币的？中央银行可以完全控制基础货币吗？试着画出货币供应的流程图。

2. 解释主要经济体的央行资产负债表扩张。图 11-7 显示了美联储、欧洲央行、日本央行 2000 年以来的总资产状况，结合本章的内容，查找相关资料，请分析，美国、日本和欧洲央行总资产扩张是通过什么渠道实现的？其"扩表"在资产方主要是哪些项目？在负债方是哪些项目？你认为这会对上述三个经济体的货币供给总量带来什么影响？

3. 过去 20 年间，中国的外汇储备和基础货币变动情况如图 11-8 所示。结合第二节的内容，请谈谈你是如何理解"外汇占款是我国基础货币扩张的主要渠道"这个观点的？

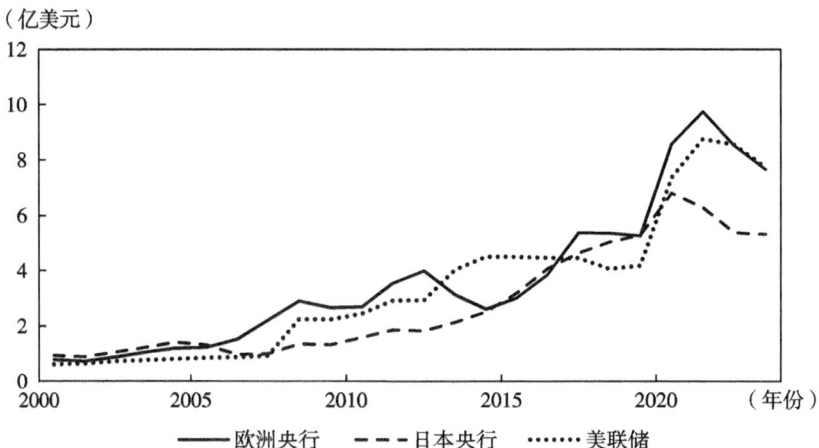

图 11-7 世界主要国家央行总资产扩张（2000—2023 年）

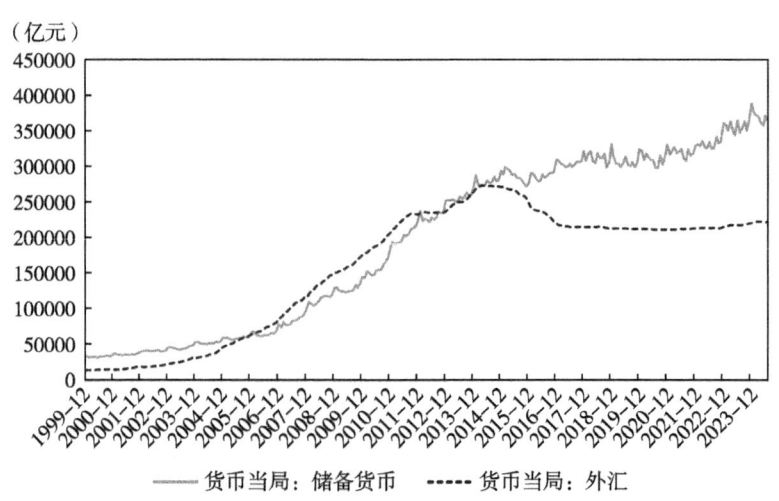

图 11-8 中国外汇储备与基础货币

参考阅读

1. [美] 弗雷德里克·S. 米什金. 货币金融学（第十三版）[M]. 北京：中国人民大学出版社，2024.

2. 戴国强. 货币银行学 [M]. 北京：高等教育出版社，2010.

3. 孙国峰. 信用货币制度下的货币创造和银行运行 [J]. 经济研究，2001（2）.

第十二章 货币需求

学习目标

学完本章后，你将能够：
- 阐述什么是货币需求
- 列举人们持有货币的动机
- 根据货币数量论，评估货币增长率与通货膨胀的联系
- 根据流动性偏好理论，总结货币需求的三种动机
- 根据资产组合理论，明确货币需求的影响因素
- 解释利率和物价对货币需求的影响

本章概览

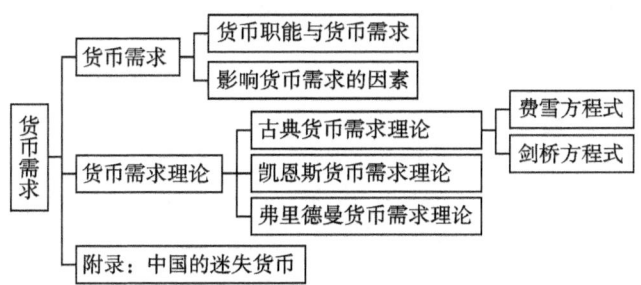

从主观上来讲，人们对货币的需要可能是无限的，谁不希望自己持有的货币越多越好呢？然而，从客观上来说，人们的货币需求却又是受到诸多约束的，经济学里的货币需求是指人们在面临约束条件下意愿持有的货币数量。那么，到底什么是货币需求？哪些因素

影响了货币的需求？货币需求同宏观经济有着怎样的关联？本章我们将阐述经典的货币需求理论，讨论货币持有者持有货币的动机，货币需求的决定因素以及货币需求同其他资产需求之间的关系。

第一节　货币需求概述

一、什么是货币需求

经济学和金融学里所说的货币需求，是指经济主体能够而且愿意持有的货币数量。这意味着货币需求探讨的不是人们无条件的"主观想要"，而是强调在既定约束下，有能力获取货币的经济主体愿意持有多少货币来达到自身的需要。

同货币供给一样，我们探讨货币需求时强调"存量"，即截至某一时点人们需要多少货币量。此外，由于金融体系中存在不同层次的货币，如现金、M1和广义货币等，各自在流动性上略微有差异，因此货币需求的总量还可以进一步细分为对现金需求和对活期存款或广义货币的需求等。

二、货币需求：动机与货币职能

人们为什么需要货币？货币需求的动机分析是理解货币需求的出发点。人们对货币的需求，本质上是对货币职能的需要。

（一）交换媒介与货币需求

货币的首要职能是充当交换媒介。人们凭借货币可以进行价值交换，可以购买商品、服务和各种金融资产，可以进行支付和交易，进行跨期消费。因此，人们对货币的需求很大程度上取决于经济主体交易的需要，包括现实的交易和着眼于未来的交易（即预防动机）。充当交易媒介的货币，主要是通货和活期存款。

对微观经济主体而言，当前和未来的交易规模同收入、财富和交易产品的价格密切相关。这一点，经济学家费雪在1911年出版的《货币的购买力》一书中便有所发现，他提出了货币交易的费雪方程,即经济体系中的货币数量,取决于总的商品交易量,而后者与总产出和物价密切相关,此后诸多经济学家均从产出和物价的角度探讨了货币需求。

(二) 价值贮藏与货币需求

货币的另一个重要职能,是充当财富贮藏的工具和载体。货币的所有者凭借货币,能获取跨期配置资源的收益,或购买其他资产获取投资的收益。尤为重要的是,货币是最具有流动性的资产,意味着人们持有货币作为价值储藏工具,具有最低的变现成本,能够抵御资产价格波动的损失。

从价值贮藏的角度,货币只是众多资产中的一种,因而对货币需求的分析放在了资产选择和配置的框架下进行。经济学家凯恩斯、托宾、弗里德曼等强调了价值贮藏功能对货币需求的影响,而这部分的货币需求受货币和其他资产相对收益率、流动性和风险的影响。

概括起来,人们认为影响货币需求的主要因素如表12-1所示。我们将在下一节分别介绍不同视角的货币需求理论,这些理论试图回答是什么决定了货币需求这一问题。

表 12-1　　　　　　　　　　影响货币需求的主要因素

变量	货币需求的反应	说明
收入	+	交易的需求随收入而增加
财富	+	更多财富,增加货币需求
支付技术	—	技术进步,交易所需的货币减少
债券利率	—	货币的机会成本越高,货币需求越小
其他资产的风险	+	货币相对风险越低,货币需求越高
其他资产的流动性	—	货币的相对流动性减弱,货币需求减少
通货膨胀	—	货币的购买力风险上升,货币需求减少

第二节　货币需求理论

在货币理论中,历史较为悠久的是古典学派的货币数量论,他们认为货币的数量同经济体系中商品、服务的总量以及价格密切相关,此后凯恩斯主义强调了利率对货币需求的影响,弗里德曼则在更广泛的资产选择框架下探讨了货币需求。

一、古典学派的货币需求理论

(一) 费雪方程式：货币与交易

美国经济学家费雪于1911年出版了《货币的购买力》一书，提出了流通中的现金数量同商品交易之间的关系，即"交易方程式"（又称费雪方程式）。

假定某一时期内各种商品的平均价格分别为 P_1，P_2，…，P_n，他们的交易数量分别为 q_1，q_2，…，q_n，可用下式表示该时期内全社会的商品交易总额，即货币支出总量：

$$p_1q_1 + p_2q_2 + \cdots + p_nq_n = \sum_{i=1}^{n} p_iq_i = PT$$

式中，P 代表所有交易商品的平均价格，即一般物价水平，T 代表全部商品的交易总量。若以 M 代表同一时期流通中货币的平均量，V 代表货币的平均流通速度（同一货币在单位时间内媒介交易的次数，即货币的周转速度），我们就可以得到如下形式的交易方程式：

$$MV = PT \tag{12-1}$$

该式表明，货币量与货币流通速度之积总是等于经济体系中的名义交易额。比如说，如果流通中的货币 M 为4000亿元，单位货币的流通速度为5，而物价水平 P 为2元，则实际交易量 T 为10000亿元。

费雪认为，交易方程式中的 V 和交易量 T 在短期内是相对独立的，不受 M 变动的影响：(1) 货币流通速度 V 是由制度因素所决定的，取决于人们的支付习惯、信用的发达程度、运输效率及其他社会因素，在短期内可视作不变。长期内，由于支付机制的变化，流通速度会逐渐发生变化，但不受 M 变动的影响。(2) 商品交易量 T 取决于资本、劳动力及自然资源的供给状况和生产力水平等非货币因素，古典经济学家认为供给总是能创造自身的需求，因而实际交易量就是产出量，而由于物价和工资具有充分弹性，因此 T 总是处于充分就业的稳定数量上。

若 V 和 T 都较为稳定，则商品数量和价格之间存在稳定的关系，货币量的增加会引起商品价格同比例的变动。

将交易式变形，便可得到货币需求方程式：

$$M = \frac{1}{V}PT \tag{12-2}$$

一定时期名义货币需求数量取决于该时期全社会一定价格水平下的总交易量（总产出

量）和同期的货币流通速度。当整个经济体系的名义产出增长时，所需要媒介商品交易的货币数量也因此上升。

由于费雪关注的重点是交易中使用的货币，因此其货币需求理论又被称为现金交易说。费雪方程式可以说明货币供给是通货膨胀的主要原因。

我们将费雪方程式两边同时取自然对数，用 Y 代替 T 可以得到：

$\ln M + \ln V = \ln P + \ln Y$

再对上式两边求微分，可得：

$$m' + v' = p' + y' \tag{12-3}$$

其中，m′为货币需求增长率，v′代表货币流通速度的增长率，p′代表物价上涨率，y′为总产出增长率。由于货币市场均衡时供给总是等于需求，于是 m′可视作现实货币供给增长率。

如果货币流通速度不变（即 v′=0），那么货币供给的增长率将等于物价上涨率和经济增长率之和，换言之，通货膨胀率等于货币供给的增长率减去总产出的增长率。如果产出总是在充分就业状态或变化较小，那么出现通货膨胀一定是货币供应过多造成的。通过对大量数据进行分析，人们发现：长期来看，通货膨胀同货币供给存在显著的正相关关系，货币供给相对产出快速增长的国家，通货膨胀率也较高。然而，中国在经济增长过程中，出现了货币供给增速远远超过物价和产出增速之和的现象，相关分析，参见本章附录："中国的迷失货币"。

（二）剑桥方程式：货币与收入

20 世纪 20 年代，剑桥大学的经济学家马歇尔和庇谷从微观视角创立了分析货币需求的现金余额说。他们认为，人们的财富和收入有三种使用方式：投资获得利润、消费获得享受以及持有货币便利交易和预防意外，人们手中的现金余额便对应着对货币的需求。假设货币需求与人们的财富或名义收入保持一定的比率，用 k 来表示，则名义货币需求可以写作：

$$M = kPY \tag{12-4}$$

人们的货币需求与其名义收入（财富）按 k 比例增长。他们指出，人们的货币持有额会受到很多因素影响。

第一，名义收入（财富）的限制，用 PY 表示。人们的货币需求与交易水平正相关，收入越高则交易需求越高；此外，人们拥有的财富越多，对货币存量的需求也会越高。假定财富和收入成正比，因此可用收入 Y 简化代表收入和财富的影响。

第二，资产配置的影响，用 k 表示。马歇尔指出，持有货币不能产生收入，所以每个人都将考虑持有货币的机会成本——非货币资产的预期回报率。如果其他资产相对持有货币的回报率上升，那么作为财富贮藏的货币需求就会减少，k 就会因此而下降。

概括起来，剑桥派经济学家从个人资产选择的角度，分析了决定货币需求的因素。根据当时流行的古典学派充分就业的假设，Y 在短期内是不变的，若不考虑 k 的变化，则 P 与 M 正相关。

表面上看，剑桥方程式似乎同费雪方程式殊途同归，即货币的数量同名义产出（收入）正相关。然而，两者的推理过程却存在较大的差别：（1）费雪方程从宏观视角探讨货币作为交换媒介的职能，而剑桥方程式分析的出发点是微观主体持有货币的动机，除了交易职能之外更关注价值储藏职能；（2）剑桥方程式从资产需求的角度分析货币需求，从而使得持有货币的机会成本和非货币资产的收益率（利率）可能影响 k 值进而影响货币需求，此后的经济学家们在分析货币需求时几乎都沿用了这种分析框架。而费雪方程式忽略了货币的价值储藏功能，并强调货币流通速度 v 稳定时，货币需求受名义交易量（名义产出）的影响。

二、凯恩斯的流动性偏好理论

沿着剑桥学派的分析思路，凯恩斯继续从微观主体持有货币的动机入手探寻货币需求的影响因素。凯恩斯认为，货币是最具有流动性的资产，人们对货币的需求就是对流动性的需求，其动机包括交易、预防和投机动机。凯恩斯认为人们持有的货币应该用其能够购买的东西来衡量，因此人们希望持有的是一定数量的实际货币余额，表示为 M/P。

（一）持有货币的动机

凯恩斯将人们持有货币的动机分为交易动机、预防动机和投机动机这三类。

1. 交易动机

人们为了应付日常交易需要而持有一定数量货币，其多少主要取决于收入，即收入越多，出于交易动机的货币需求就越大。

2. 预防动机

人们出于谨慎的目的，为应付预期外支出而产生一定的货币需求。人们无法准确预测自己在未来一段时间可能出现的支出或购物机会，因而需要持有一定数量的货币，预防意外支出或把握价格下跌产生的购买机会。虽然有很多因素（如心理因素）会影响预防需求，但其大小主要还是取决于收入水平。

无论是交易动机还是预防动机，都强调货币交换媒介和支付功能，产生的货币需求都同收入存在稳定的关系，因而可以合并表示为：

$$M_1/P = L_1(Y) \tag{12-5}$$

其中，M_1 代表为满足交易动机和预防动机而持有的货币量，Y 代表收入水平，L_1 代表 M_1 和 Y 之间的函数关系。

3. 投机动机与投机性货币需求

投机性货币需求是指人们为了进行投机活动而希望持有的货币数量。凯恩斯关注货币的价值储藏功能，指出人们可以通过持有债券或货币来保有自己的财富，前者的收益是名义利息收入和债券价格涨跌带来的资本利得，而货币虽然名义收益为零，但具有充分的流动性，人们持有货币可以等待债券价格变化时进行投机。

我们知道，债券的价格和市场利率负相关，当利率上升时，债券价格下跌，利率下降时，债券价格上涨。凯恩斯假设，投机者心目中有一个均衡利率水平并预期利率会回归均衡水平：若市场利率高于这一均衡水平，未来利率会下降，反之则反是。于是，当市场利率较高时，投机者预期未来利率会下降（债券价格将上升），于是用货币购买债券等待后者升值；反之，当市场利率低于均衡利率，投机者预期未来利率将上升（债券价格将下跌），人们此时将卖出债券转而持有货币，等待新的投机时机。

概括起来，投机性货币需求取决于当前利率水平与投机者心目中均衡利率水平的比较，即未来利率变化的预期。当前利率水平越低，预期利率将上升的投机者就越多，他们将持有货币等待债券价格下跌，货币的投机性需求就越高；反之，当前利率水平越高，预期未来利率下降的投机者就越多，投机性货币需求就越低。因此，投机性货币需求可视作当前利率水平的减函数。

以 M_2 代表投机性货币需求，i 代表市场利率，L_2 代表 M_2 与 r 之间的函数关系，我们可以得到：

$$M_2/P = L_2(i) \tag{12-6}$$

凯恩斯认为，均衡的利率水平不仅因人而异，而且利率变动预期也会发生变化，因而投机性货币需求本身是不稳定的。

极端情况下，当利率降至某一很低的水平时，经济中所有的人都预期未来利率将迅速上升，投机性货币需求将无限增加，货币的利率需求弹性将变得无限大，无论新增多少货币供给，都会被人们以货币形式储存起来，经济体系便陷入了"流动性陷阱"中。

（二）流动性货币需求

人们总的货币需求是交易性需求、预防性需求和投机性需求的加总，可写作：

$$M/P = L_1(Y) + L_2(i) = L(Y,i) \tag{12-7}$$

实际货币需求主要取决于收入（产出）和利率，货币需求与收入正相关，与现实利率负相关。

由凯恩斯的流动性货币需求理论，我们可以得到一个重要推论：货币的流通速度不是常量，会随着利率的变化而变化，即：

$$V = \frac{PY}{M} = \frac{Y}{L(Y,i)} \tag{12-8}$$

由于货币需求同利率负相关，当利率上升时，货币需求下降，货币的流通速度上升，由于利率波动影响货币需求，因此利率的短期波动也会使货币的流通速度呈现出波动性。

在凯恩斯以后，经济学家们继续探寻利率对货币需求的影响。例如，鲍尔默和惠伦分别指出交易性货币需求和预防性货币需求均受到利率变化的影响，而托宾则进一步发展了投机性货币需求理论，感兴趣的读者可进一步参阅本章末的参考文献。

三、弗里德曼的货币需求理论

1956年，米尔顿·弗里德曼在《货币数量论：一种新的阐释》的论文中，从微观持有货币的动机入手，使用资产需求理论分析货币需求。

（一）货币需求的决定因素

弗里德曼指出，人们根据财富（收入）、持有资产的效用和机会成本来进行资产选择，人们希望持有的实际货币余额可以表述为：

$$\frac{M^d}{P} = f(Y_p, W, r_b, r_e, r_m, \pi^e) \tag{12-9}$$

其中，$\frac{M^d}{P}$ 为对实际货币余额的需求；Y_p 为弗里德曼计量收入和财富的指标，称为永久性收入（Permanent income，即长期收入的平均数）；W 为非人力财富对人力财富的比；r_m 为持有货币的预期回报率；r_b 为债券的预期回报率；r_e 为股票的预期回报率；π^e 为预期通货膨胀率。

1. 收入和财富

弗里德曼认为影响货币需求的最重要因素是收入或总财富。他指出，货币需求不是取决于当期收入，而是取决于永久性收入 Y_p（即能实现个人平滑消费的长期平均收入），后者不会在短期内跟随经济起落发生大幅度变化，因而是相对稳定的。

从财富的结构来看，人们拥有人力财富和非人力财富两大类财富。人力财富是指个人获得收入的能力，同受教育程度等密切相关，但人力财富的不确定性较高，如失业状态或者低报酬状态时很难获取稳定的收入;非人力财富则是各种物质性财富即房屋、土地、生产资料等,它们带来的收入较为稳定,能更便利地转换为货币,从而降低了人们持有货币以预防短期收入下降的必要性。因此弗里德曼指出,非人力财富占比 W 与货币需求成反比。

2. 各项资产的收益率

除货币以外,人们还能以其他很多种形式持有财富,如债券、股票和商品。人们会比较持有这些资产的收益率同货币的收益率,进行资产的配置。货币需求同持有货币的收益正相关,同其他资产的收益率反相关。

持有货币的预期回报率 r_m,包括两方面:(1)持有货币的便利性和银行提供的服务;(2)货币的利息收入,主要是定期和储蓄存款的利息收入,我们可以看出,弗里德曼探讨的货币层次是广义的货币,不再是狭义的无息货币。

持有货币的机会成本包括股票和债券的预期回报率,即 r_b 和 r_e,当它们相对货币的预期回报率提高时,则货币的需求会降低;而 π^e 是预期的通货膨胀率,代表持有商品带来的收益,如果预期通货膨胀率为 20%,意味着持有商品的预期回报率是 20%,人们会降低货币需求。

(二) 货币需求是稳定可测的

尽管在弗里德曼的货币需求函数中,存在众多影响货币需求的因素,但总体来说,弗里德曼认为货币需求是稳定可测的。

1. 货币需求取决于永久收入而非当期收入

永久性收入 Y_p 是人们实现平滑消费的长期平均收入,它是预期长期收入的平均值,不会在短期内跟随经济起落大幅变化。经济繁荣时期,当期收入可能出现短暂的迅速增长,而经济衰退期,当期收入可能出现短暂的迅速下滑,但长期来看其平均值变动不大,因此永久性收入不会像当期收入(短期收入)那样大幅起落,人们的货币需求也不会有太大的波动。

由于货币需求取决于永久性收入,因而弗里德曼也认为货币流通速度短期内是变动的。我们可以将货币流通速度用弗里德曼的货币需求函数改写为:

$$V = \frac{PY}{M} = \frac{Y}{f(Y_p, \cdots)} \tag{12-10}$$

在分母中的货币需求是由较为稳定的 Y_p 决定的,而分子项短期收入 Y 是变动的,因此货币流通速度的波动主要来源于短期收入的波动。

2. 货币需求对利率变化不敏感

弗里德曼指出，货币的预期回报率（存款利率）可能会发生变化，但各项资产的相对收益，特别是债券相对于货币的收益率不会有明显的变化。在有关利率体系的分析中，我们指出各种收益率存在一定的联动关系，背后是金融市场的套利机制，如果某一项资产的收益率明显高于其他资产收益率，则该资产的需求会增加，从而推高其当前价格，降低其收益率。这样一来，$r_b - r_m$ 相对稳定，利率对货币需求的影响也就很小了。

总体来说，弗里德曼认为货币需求从长期看是稳定，因而可以通过货币需求函数准确地预测货币需求。他使用美国 1892—1960 年的数据论证了永久收入对货币需求起决定性作用，而货币需求对利率不敏感。由于收入和物价水平等变量都是货币供给和货币需求相互作用的结果，稳定的货币需求意味着货币对经济的影响主要来自于货币供给方面。货币供给增加会带来通货膨胀，这一结论同前面分析的古典货币需求理论一致，因而弗里德曼将其理论称为"货币数量论的重新表述"，并据此提出了按照固定增长率提供货币供给的数量规则。

四、货币需求理论与货币政策

对货币需求的理论研究，为货币政策提供了方向和支持。

凯恩斯学派强调利率对货币需求的影响，论证了货币需求由于受到人们的主观预期变化而难以预测，中央银行调控的货币供给量难以同货币需求保持一致，因此，中央银行的货币政策不应该盯住货币供应量，而应该关注利率。

货币主义学派强调收入对货币需求的影响，无论是古典学派还是弗里德曼的货币主义观点，均认为货币需求是稳定的，因而中央银行可以采用稳定的货币政策操作，保持货币供给和货币需求的一致性。中央银行可以盯住货币供给量，将其作为货币政策的中介目标。

值得一提的是，20 世纪 70 年代以后，金融创新的飞速发展改变了货币的外延，经济学家估计的货币需求函数表现出了极大的不稳定，货币流通速度变化也很剧烈，对货币政策提出了很大的挑战。感兴趣的读者可以进一步阅读货币经济学手册的相关讨论。

附录 12-1　中国迷失的货币

自改革开放以来，我国广义货币的供给（M2）呈现出明显的上升趋势。1978 年我国的 M2 为 1159.1 亿元，到了 2023 年则为 292.3 万亿元，尽管经济总量也在增长，但货币供给增长速度远超名义 GDP 的增长速度,有人惊呼中国的货币超发了。货币供给快速增长的结果,是广义货币与 GDP 的比值逐年攀升,1978 年 M2/GDP 为 31.5%,2023 年增至 232%,46 年增加了 6.4 倍,如图 12-1 所示。然而,和传统的货币主义强调长期的货币供应增长引致大规模通货膨胀不同,我国的物价水平却在大多数年份保持低位。人们不仅要问,我国的货币总量增速为什么同名义产出的增速不一致?发行了那么多的货币,都去哪儿了?该现象被一些学者称为"迷失的货币"。

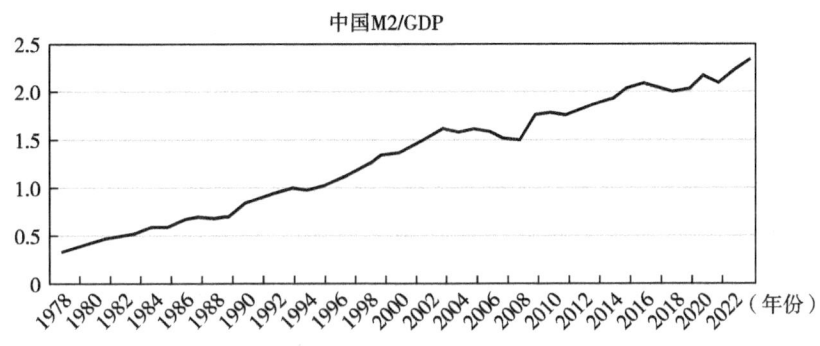

图 12-1 中国的迷失货币

无论是货币迷失或者所谓的货币超发,其逻辑依据都是基于货币的商品交易需求,即费雪方程式 MV = PT。

根据前文的推导,$m' + v' = p' + y'$

由于交易方程是一个恒等式,货币供给的增长率只有在流通速度不变 $v' = 0$ 的前提下,才等于物价上涨率和经济增长率之和。如果 $m' > p' + y'$,意味着货币流通速度下降了,即 $v' < 0$。因此,货币消失之谜或所谓超发的反面,是整个经济体系中货币的流通速度下降。

货币供应去哪了?为什么在微观支付技术和电子支付手段发展的同时,整体的货币流通速度没有加快反而放慢了?学者们试图从中国经济社会、金融发展和交易技术等现实发展里寻找答案。

1. 经济货币化程度的提高

经济货币化是指经济体系中,以货币为媒介的交易量占比上升。易纲在 1996 年提出了货币化论,认为 M2/GDP 比值的提高是由于我国在市场化程度不断提高和对外开放不断扩大的过程中,商品和服务对于交易媒介的需求增加导致的。例如,计划经济下很多资源通过实物和票证进行支付和交易,比如工资、福利报酬、医疗保健、住房、劳务等,随着这些交易市场化程度的提高,人们对货币的需求大大提升。假定原来 1 万亿元的总产出,仅有 40% 的收入或交易是货币化的,对应于 0.4 万亿元的交易额,如果产出增长到 2 万亿元且 90% 的交易货币化，则相对总产出的增速（1 倍），交易所需的货币数量为 1.8 万亿元，为原来交易额的 4.5 倍。即使由于微观支付技术的效率提高，货币的流动速度也加快了，原本 1 元钱一年周转 4 次，现在一年周转 6 次，但最终所需的货币从原来的 0.1 万亿元（0.4 万亿元/4）增加到 0.3 万亿元（1.8 万亿元/6），货币数量增长了 3 倍，远远高于产出的增速。

2. GDP 低估了产出交易量

费雪方程式是关于产出交易数量同货币数量之间的关系，然而大量使用货币的交易可能没有计入 GDP 中，比如未纳入统计体系的商品和服务的交易支付（如私下雇佣的家政服务），地下交易（犯罪、黑市交易）的支付等。遗漏的交易越多，用 GDP 替代名义交易量计算的货币流通速度越低。

另外，GDP 不能统计在国外使用人民币交易的数量。伴随着人民币国际化的日益推进，大量人民币流出国外充当交易媒介，外国对中国的货币需求提升刺激了货币供给，此时用较高的货币量对应本国 GDP 计算流通速度，必然会发现 V 降低了。

3. 金融深化和资本市场发展

金融深化和资本市场的发展，也吸收了大量货币作为资产交易的媒介和价值储藏手段。存量资产（如二手房、股票、债券等金融资产）的交易总量并不纳入到产出统计中，例如，目前资本市场中的证券结算保证金月平均规模约为 1.5 万亿—2 万亿元；房地产的成交规模数以万亿元计，这些金融市场交易增加了货币需求，使货币总量扩张。

综上，考虑到货币的交易媒介和价值储藏功能，以及存在没有统计在 GDP 内的交易现实，我们可以将货币总需求细化为：$M^d = M_y + M_{y'} + M_a$，即流通中的货币既包括用作产出（统计在 GDP 里的产出 y、地下经济和外国交易 y'）交易的货币，还包括媒介金融资产交易（包括投机动机）的货币 M_a，因此经济中的货币数量远远超过表面上由产出所代表的货币需求 M_y 部分。由于分母增大了，当我们用本国的名义产出替代交易量，作为分子计算货币流通速度时，V 自然就降低了。

总 结

1. 货币需求，是指经济主体能够而且愿意持有的货币数量。人们的货币需求同货币职能密切相关。

2. 费雪方程式是以交易为基础的货币需求理论，表示为：$MV = PT$，即对货币余额的需求同名义收入成比例，由于货币流通速度短期内不易改变，因此货币供给量的增加会带来物价总水平的等比上升。

3. 剑桥方程式可以表示为 M=kPY，它基于资产选择视角探讨货币的存量需求，其中马歇尔 k 是人们在其财富中意愿持有货币的比例，利率可能会影响 k。

4. 凯恩斯提出了持有货币的三种动机，即交易动机、预防动机和投机动机。流动性偏好理论认为，实际货币需求的交易部分和预防部分与收入成比例，而投机需求对利率很敏感，最终实际货币余额需求与产出正相关，与利率负相关，即 $\frac{M}{P}=L(Y,i)$。

5. 弗里德曼采用资产需求理论分析货币需求，认为货币需求是永久性收入和货币相对股票、债券、商品等其他资产的收益率的函数，由于永久性收入相对稳定，而利率对货币需求的影响较小，因而货币需求函数是稳定的，货币供给是导致通货膨胀的主要原因。

6. 货币需求理论指导着货币政策。凯恩斯主义认为货币需求是不稳定的，因而货币政策应该重在调节利率，货币主义认为货币需求是稳定的，货币政策应该稳定货币供应数量。

关键术语

货币需求　　货币数量论　　费雪方程式　　剑桥方程式　　货币流通速度
流动性偏好　实际货币余额　预防性货币需求　投机性货币需求　流动性陷阱
永久性收入　非人力财富　　迷失的货币

练习题

1. 交易方程式和剑桥方程式有什么区别？剑桥方程式和凯恩斯的货币需求理论有什么联系？

2. 在经济周期波动中，货币的流通速度通常是如何变化的？名义 GDP 的增长是否必然带来货币流通速度的加快？

3. 根据凯恩斯对投机性货币需求的分析，如果人们突然认为利率的正常水平已下降，在当前名义利率不变的条件下，货币需求将会发生什么变化？如果人们认为当前的利率水平已经降至合理的利率水平之下，货币需求会发生什么变化？

4. 凯恩斯和弗里德曼的货币需求理论都认为当货币的相对预期回报率下降时，对其的需求也将减少，你认为货币需求受利率变化影响吗？为什么？

5. 根据弗里德曼货币需求理论，以下这些因素如何影响货币需求？

（1）经济出现了周期性扩张。

（2）债券交易成本下降。

(3) 股票市场大幅下跌，出现恐慌情绪。

(4) 货币支付体系效率大幅提升，银行服务手续费用下调。

6. 根据交易方程式计算：

(1) 货币流通速度为常量2，货币供给从8000亿元减少至5000亿元时，名义GDP发生的变化。

(2) 当货币供给按10%的速度增长，且货币流通速度下降20%时，名义GDP将发生什么变化？

(3) 如果货币流通速度和总产出都保持不变，当货币供给从2万亿增加到5万亿元时，物价水平会出现什么变化？

思考与讨论

1. 根据弗里德曼的货币需求理论，试分析：刚毕业工作的青年人和工作稳定、拥有一定财富的中年人的微观货币需求有哪些差异？

2. 近年来，越来越多的居民持有货币市场基金。当需要进行支付时，人们手中的货币市场基金可以立即转换为现金，通过在线支付划拨到收款人账户上。查阅中国人民银行的货币统计，货币市场基金是否改变了M1和M2层次的货币需求？为什么？

3. 查找相关资料，结合专栏讨论，描述改革开放以来我国货币量的总量和结构性变化，有哪些因素影响了人们的货币需求？

4. 中国经济对外贸易和金融关联加大，会增加还是减少人民币的货币需求？人民币国际化会对人民币的货币需求产生什么影响？

参考阅读

1. [美]本杰明·弗里德曼，[英]弗兰克·H.哈恩. 货币经济学手册 [M]. 陈雨露，曾刚，等译. 北京：经济科学出版社，2002.

2. [美]弗雷德里克·米什金. 货币金融学（第十三版）[M]. 北京：中国人民大学出版社，2024.

3. [英]阿尔弗雷德·马歇尔. 货币、信用与商业 [M]. 北京：商务印书馆，2015.

4. [英]约翰·梅纳德·凯恩斯. 货币论 [M]. 北京：商务印书馆，1986.

5. [美]米尔顿·弗里德曼. 货币数量论研究 [M]. 瞿强，等译. 北京：中国社会科学出版社，2001.

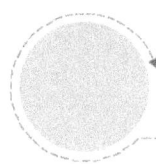

第十三章 货币、利率与宏观经济均衡

学习完本章之后，你将能够：

- 阐述凯恩斯的利率决定理论
- 区分古典利率决定理论和凯恩斯的流动性偏好理论
- 了解可贷资金理论的分析框架
- 掌握 IS – LM 模型的构造
- 运用 IS – LM 模型分析宏观经济均衡
- 运用 IS – LM 模型分析货币和实际冲击的影响

本章概览

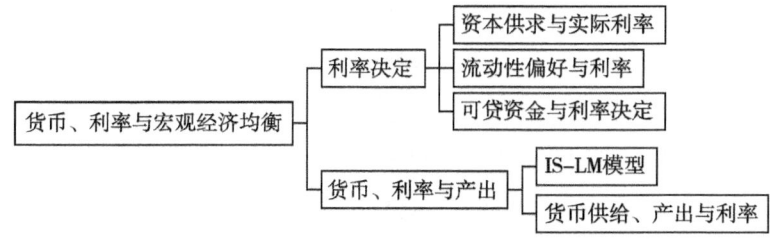

本章我们将在货币供求框架下探讨货币数量、利率水平与宏观经济的均衡。这一部分是我们理解整个金融体系运作、利率决定和物价变化的宏观基础，也是理解宏观经济政策

特别是货币金融政策的出发点,因而这部分内容同时也是宏观经济学的核心内容。

我们将首先在货币市场均衡的条件下探讨货币和利率决定,随后运用 IS-LM 模型探讨当产出和货币两市场同时达到均衡状态下的利率与货币的关系,下一章将在总供给—总需求框架下进一步审视货币与通货膨胀的长期关联。

第一节 利率决定

对于金融体系而言,利率是核心变量,是金融市场定价的基础。经济学家对利率由什么决定这一问题,基于对利率本质的理解,具有不同的视角:古典经济学家认为利率是借贷资本的价格,由资本的供给和需求决定;而凯恩斯以来的经济学家将利率视作货币资金的价格,从货币供求的角度探讨利率决定。

一、资本供求与实际利率

早期的经济学家认为,利息是资本利润的一部分,利率取决于实物资本的供求关系。实物资本的来源是人们的储蓄,实物资本的需求源于人们进行投资的需求,则一段时期内的储蓄—投资流量决定了实际利率水平。

(一) 储蓄、投资与利率

资本的供给来源于储蓄,储蓄取决于"时间偏好""节欲""等待"等因素。利息率越高,意味着对人们的报酬或补偿越高,储蓄就会增加,因此储蓄是利率的增函数。

资本的需求反映了投资需求,后者取决于资本的边际生产率(收益)和利率(成本)的比较,只有当前者大于后者时,企业才投资。边际生产率一定时,利率越高,投资者的成本就越高,投资越少;反之,利率越低,投资就越多,因此投资是利率的减函数。

图 13-1 显示了储蓄与投资相等时的利率决定。横轴表示储蓄和投资的数量,纵轴表示利率,S 代表资本供给曲线,储蓄是利率的增函数,所以 S 曲线向右上方倾斜;I 代表资本需求曲线,投资是利率的减函数,所以 I 曲线向右下方倾斜,两者在 E 点达到均衡,对应的利率就是均衡利率水平。

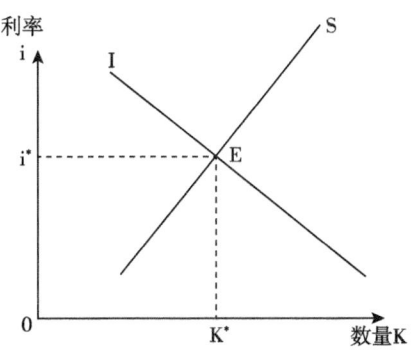

图 13-1　储蓄—投资与利率决定

（二）影响利率变动的主要因素

1. 资本边际生产率

资本边际生产率（Marginal Productivity）是指增加一个单位的资本投入所引起的产出的增加额。技术进步通常会提升资本的边际生产率，此时单位投资会带来更多的产出，在相同的利率水平下，投资需求因此会增加，即 I 曲线向右移动，其他条件不变，则边际生产率的提高会带动利率的上升。

2. 边际储蓄/消费倾向

边际储蓄倾向（Marginal Propensity to Save）是指居民收入每变动一单位时的居民储蓄的变动额，与之相对的是边际消费倾向（Marginal Propensity to Consume），即居民收入每变动一单位时的居民消费的变动额。既定收入水平下，边际储蓄倾向提高会增加储蓄的供给，相应增加资本供给，从而使利率下降；相反，当边际消费倾向增加时，储蓄下降，会减少资本供给并导致均衡利率上升。

专栏 13-1　马克思的利率理论

利息是如何产生的？利率水平又是如何决定的？与新古典经济学分析思路有所不同，马克思在《资本论》中，将利息视为借贷资本在货币资本收回时所附加的增值额，最终源泉则是生产领域工人创造的剩余价值的一部分。因此，利息是剩余价值的转化形式。

马克思理论将资本家分为货币资本家和职能资本家，二者在生产中起到的作用完全不同：货币资本家负责把资本贷放出去，是资本的单纯所有者；职能资本家则将资本用在生产或经营上，是资本的使用者。当职能资本家不是用自有资本，而是通过借贷资本来获取利润时，就需要将其利润的一部分作为利息支付给借贷资本的所有者。

正如马克思所说："货币资本家在把借贷资本的支配权出让给产业资本家的时间内，就把货币作为资本的这种使用价值——生产平均利润的能力——让渡给产业资本家。"① 因此，利息是平均利润的一部分，只是分割了一部分的剩余价值，不是平均利润的全部，而是平均利润的扣除。

货币资本贷放一定时期所获利息与货币资本额之比即为利息率，又称利率，通常用百分数表示，它反映着一定数量的借贷资本在一定时间内所带来的利息量的多少。鉴于利息来自于平均利润，一般情况下，利率处于零到平均利润率之间。利率下限不能为零。如果利率为零的话，借贷资本的贷放不能给它的占有者带来任何收入，所以他们也就不会把资本贷放出去。利率也不能高于平均利润率，否则的话，职能资本家就无法获得利润，也就不会再向货币资本家借贷货币资本来经营。这就是马克思所说："资本的真正的特有产物是剩余价值，进一步说，是利润。但对用借入的资本从事经营的资本家来说，那就不是利润，而是利润减去利息，是支付利息以后留给自己的那部分利润。"②

货币资本的供求是决定利率水平的基本因素。需要注意的是，这里的供求不是一般的货币供求，而是货币资本的供求，即把货币作为资本贷放的供给，与把货币作为资本借入的需求。如果有大量的货币资本要求通过借贷获取利息，就会给利率以下降的压力。另外，如果有大量的职能资本要求使用货币资本，则会使利率有上升的压力，利率就是由这种供求双方力量的强度对比决定的。"这两种有权要求享有利润的人将怎样分割这种利润，本身是和一个股份公司的共同利润在不同股东之间按百分比分配一样，纯粹是经验的、属于偶然性王国的事情。"③

除此之外，利率还受其他社会因素影响，比如习惯、法律对利率的限制等。

二、流动性偏好与利率决定

（一）货币市场均衡

凯恩斯的流动性偏好理论认为，金融市场由债券和货币市场构成，人们持有货币这种

---

① 《马克思恩格斯文集》第七卷，人民出版社2009年版，第393页。
② 《马克思恩格斯文集》第七卷，人民出版社2009年版，第418页。
③ 《马克思恩格斯文集》第七卷，人民出版社2009年版，第408页。

不生息资产的原因在于货币能够提供流动性。在货币市场上，当实际货币余额（M^d/P）的供给等于需求时，货币市场实现均衡，此时均衡的利率就决定了[①]，用公式表达为：

$$\frac{M^s}{P} = \frac{M^d}{P} = L(Y, i) \tag{13-1}$$

实际货币余额（M^d/P）需求同收入 Y 正相关，而与利率 i（此处指债券的收益率）负相关。i 越高，持有货币的机会成本也就越高，对货币的需求就会相应的减少。

我们用图 13-2 表示货币和债券市场的同时调整。图 13-2（a）显示了货币供求均衡。假设货币供给量 M^s 是由中央银行外生决定的，过 $\overline{M}/P$ 垂直于横轴。货币需求随着利率的上升而下降，即货币需求线 M^d 向右下方倾斜。在 E 点，货币供给和需求相等，此时对应的 i^* 即为均衡的利率水平。图 13-2（b）是对应的债券市场，假定债券供给短期固定，B^s 垂直于 x 轴，而债券的需求 B^d 则取决于人们手中持有的货币数量，当债券供求相等时，债券均衡价格为 P^*，此时对应于均衡的利率 i^*。

在货币市场上，如果利率为 i'，低于均衡利率 i^*，此时货币的需求大于货币供给；相应的在债券市场上，与较低的利率相对应的债券价格高于均衡价格，$P' > P^*$，债券供给大于需求导致债券价格下跌，最终两个市场达到均衡，利率和债券价格恢复到 i^* 和 P^*。

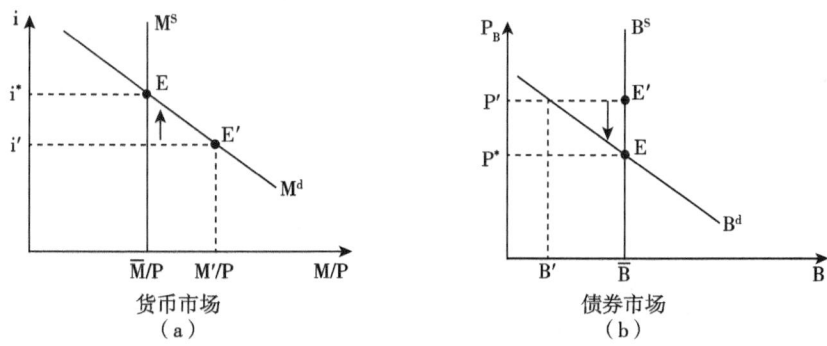

图 13-2 货币与债券市场供求与利率

（二）影响利率的因素分析

流动性偏好理论认为，影响利率的因素包括中央银行的货币供给数量、总产出（收入）、物价或预期的通货膨胀等。

1. 货币供给

货币供给与利率负相关。当货币供给增加时，人们发现手中持有的实际货币余额超过

[①] 流动性偏好分析同第五章债券市场的利率水平决定的分析是一致的。凯恩斯的分析中，金融市场仅由货币市场和债券市场构成，人们不是持有货币就是持有债券，因而令债券市场均衡的利率水平，也是使货币市场出清时的利率水平。

了自己意愿持有的货币余额，$\frac{M^s}{P} > \frac{M^d}{P} = L(Y, i)$，于是会抛出手中的货币购买债券；债券市场需求增加，这一过程将持续到人们手中持有的货币余额恰好满意为止，此时超额货币全部转化为债券需求，最终债券价格上涨，利率下降。货币供给变化改变了人们手中的流动性，从而影响利率，这一效应被称为货币供应的流动性效应。图13-3揭示了流动性效应，图13-3（a）中货币市场上 M^s 向右移动到 $M^{s'}$，均衡利率水平下降到 i'；图13-3（b）中在给定债券供给不变的条件下，新增的货币转化为债券需求，债券需求曲线右移到 $B^{d'}$，债券市场均衡价格上升到 P'，对应于更低的 i'。

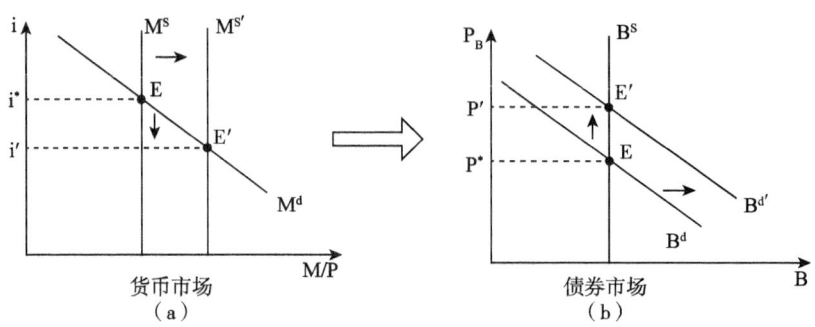

图13-3 货币供给的流动性效应

然而，流动性效应可能遭遇流动性陷阱而失效。当利率降至某一很低的水平时，所有人都预期未来利率将迅速上升，从而使投机性货币需求无限增加。此时，货币需求曲线的弹性变得无穷大，无论增加多少货币供给，人们的流动性需求都可以完全吸收这些货币，货币供给对改变利率无能为力，这就是所谓的"流动性陷阱"，见图13-4。当货币供应从 M^1 增加到 M^3 时，利率虽然在流动性效应下下降，但下降幅度已经逐步减小。当利率降低到 i'，此时即使加大货币供给量，也对利率没有影响，利率似乎遭遇了下限，在该水平上，人们的货币需求无限大，货币供给遭遇了吞噬流动性的"黑洞"。

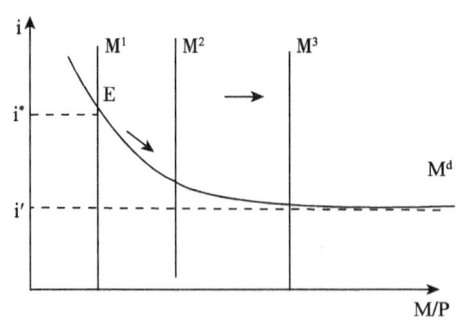

图13-4 流动性陷阱

近年来人们发现，伴随着各国央行史无前例的大规模货币扩张和国债购买，经济体系中的无风险利率如国债的利率降得非常低，日本、德国等国家的长期国债甚至突破了名义利率不能低于零的下限，一些国家的短期政策利率也降至零以下，传统的凯恩斯理论关于人们预期未来利率上升从而会在一定低利率水平上无限持有货币的结论，似乎遇到了挑战（参见专栏 13-2 全球负利率时代）。

专栏 13-2　全球负利率时代

自 2008 年全球金融危机以来，为抑制金融危机对宏观经济的负面影响，许多发达国家采取量化宽松的非常规货币政策，日本、瑞典等部分发达国家名义利率下降至零甚至负利率。

欧洲各国是全球负利率的先行者。2009 年 7 月，瑞典央行将商业银行隔夜存款利率降至 -0.25%，成为全球首家对银行存款实施负利率的央行；2015 年 2 月，该国又宣布将其政策利率——7 天回购利率由 0 下调至 -0.1%；2016 年 2 月，瑞典进一步将回购利率从 -0.35% 下调至 -0.5%，该利率一致延续到 2019 年 12 月，瑞典宣布将回购利率上调至 0，结束负利率政策。丹麦银行从 2012 年开始，除中间短暂时间恢复正利率外，大部分时间处于负利率状态。2024 年 12 月，瑞士为了应对瑞士法郎升值的压力，也实行了负利率政策。当时，俄罗斯发生的货币危机令瑞士法郎作为避险资产的需求猛增，大量资本流入瑞士，瑞士法郎升值压力骤升，给瑞士的经济带来压力。瑞士央行宣布引入负利率政策，对超出最低准备金一定水平的银行存款征收惩罚性利率。2014 年 6 月 11 日，欧洲中央银行首次将隔夜存款利率下调为 -0.1%，打破了名义利率下限，标志着欧元区正式加入负利率阵营。

日本则是亚太地区负利率国家的典型代表。日本先是推出零利率政策，在 2016 年 1 月，日本央行对银行部分准备金利率下调至 -0.1%，正式步入负利率时代。

在 2019—2022 年上半年的降息潮中，已有超过 30 个国家和地区的央行进一步降息，欧洲央行利率达到 -0.5%，日本央行利率 -0.1%，美国的短期名义利率虽然为正，但国债市场上的一些利率水平已经出现跌至零附近的现象。伴随着经济复苏和通货膨胀担忧逐步增加，2022 年下半年，瑞典、瑞士、丹麦等国相继加息，结束了负利率政策。

为什么发达国家经济体普遍陷入零或负利率？经济学家们指出：发达经济体普遍面临人口老龄化、实体投资需求不足、收入分配差距扩大等挑战，生产率增速和潜在经济增速不断下滑，与长期经济增速相匹配的自然利率也逐步走低，并可能在未来的相当长一段时期内保持低位。与此同时，各国政策当局普遍着眼于总需求角度刺激经济，货币宽松政策推升了货币供给和金融市场资产价格上涨，在实体经济低迷的背景下,人们更加追捧国债等高信用等级资产,使得相应的国债收益率不断下降,各国央行降低短期名义利率,很大程度上是跟随市场利率下跌的趋势,当名义利率低于零点时就形成了负利率。

负利率政策有哪些负面影响?负利率政策一方面压缩了商业银行的利润空间,降低了银行业的净息差和整体盈利能力,另一方面可能加剧了资产泡沫和政府债务风险。负利率政策迫使银行向市场提供更多的廉价资金,在实体经济增长乏力、资产回报率不断下降的情况下,这些资金难以流入实体经济,更多是流向股票和房地产市场,推升房地产和股票价格。一旦未来利率持续上升,将对上述资产市场产生巨大影响,并威胁政府债务的可持续性。

2. 价格和通胀预期

价格上涨和正的通货膨胀预期将提高利率。人们关心的是实际货币余额,如果不改变名义货币供给量,则价格上涨相当于减少了人们持有的实际货币余额(货币供给曲线左移),在收入不变的前提下,为了恢复意愿持有的实际货币余额,人们将卖出债券以增加货币,此时利率上升,直到新的均衡水平。

更进一步的,人们对未来价格上涨的预期也会引致利率上升。预期价格上涨同样会减少人们预期的实际货币余额,如果收入不发生变化,人们将卖出债券以增加实际货币余额,也会带来利率的上升。

3. 收入

收入与利率正相关。收入水平的变化,增加了人们的交易性货币需求,同时收入增加带来的财富增长也会提升人们持有货币的意愿。因此,收入增加会增加货币需求,表现为图 13-5 中的 M^d 线右移,如果货币供给不及时扩张,则人们会卖出手中的债券以满足货币需求,相应的债券价格下跌,利率上升到 i'。相反,当收入下降时,人们的货币需求也跟随下降,均衡的利率水平也下降。

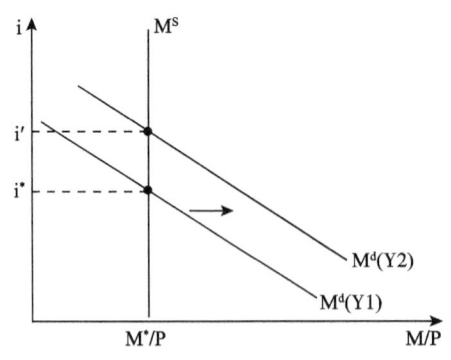

图 13-5 收入变化与利率

当然，无论是收入还是货币供给或价格的变化，从中长期看，都会影响其他变量，从而使得利率的变动更加复杂。例如，当货币供给增加时，短期会带来利率的下降，而中期会影响产出增加，长期看则会带来物价的变动，最终利率的表现将取决于以上各个变量调整速度的快慢和调整规模的大小。

三、可贷资金与利率决定

古典学派在分析利率的决定时，聚焦于产品市场的储蓄—投资关系，流动性偏好理论聚焦于货币市场分析，可贷资金理论则是综合了实际因素和货币因素探讨利率的决定。

可贷资金理论认为，利率是借贷资金的价格，取决于一段时间内资金的供给和需求，这些资金供求既包括了实际因素，也包括了货币因素。均衡利率既不是由单独的货币供求决定，也不由储蓄—投资决定，而是由经济体系中可贷资金的供求决定的。

（一）可贷资金的供给和需求

可贷资金的供给 F^s，是指一段时期内经济体系中新增的资金供给，包括当期储蓄 S 和新增的货币供给 ΔM^s，即：

$$F^s = S + \Delta M^s \tag{13-2}$$

当期产出未被消费或投资的部分即为当期储蓄 S。固定资本折旧或出售资本所得也计入到当期的储蓄中。当利率上升时，人们会增加储蓄，因此储蓄额与利率正相关。

货币供给增量 ΔM^s 包括银行体系新增的信贷货币，外国资本流入和居民窖藏现金的启用，其中窖藏现金是以往银行发行但退出流通（从而也不参加多倍货币创造）的那部分资金。窖藏资金的重新启用，意味着可供借贷的资金数量增加。当利率上升时，银行体系会增加信贷，而人们会将窖藏货币存入银行或放贷，因此 ΔM^s 同利率正相关。

可贷资金的需求由当期投资 I 和新增的货币需求 ΔM^d 构成，即：

$$F^d = I + \Delta M^d \tag{13-3}$$

当期投资 I 既包括新建厂房、设备等资本品的需求，也包括对旧有设备进行更新重置等的需求，这些投资需求均会增加对资金的需求。由于投资的边际收益递减，因而当利率上升时，投资需求下降，I 同利率负相关。

新增的货币需求 ΔM^d 是指人们希望保有的货币余额发生的变化，利率越高则新增货币需求越低。

（二）可贷资金的供求均衡

均衡利率由可贷资金的总需求与总供给之间的交点所决定，如图 13-6 所示。

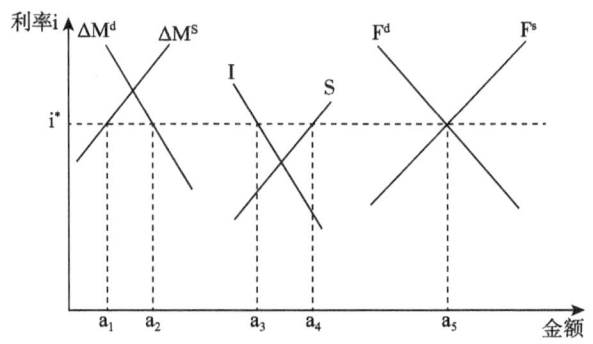

图13-6 可贷资金供求与利率决定

图中共有3组供求线。最左端显示的是新增的货币供给和货币需求线，中间一组是储蓄—投资线，S代表储蓄，I为新增投资与折旧补偿，最右边则是可贷资金供求线，F_d为可贷资金需求，是将新增货币需求ΔM^d和投资需求I沿着水平线加总得到的。F^s为可贷资金的总供给，是将新增货币供给ΔM^s和储蓄S沿着水平线加总得到的。

可贷资金需求F^d与可贷资金供给F^s交叉的点为均衡点，此时均衡利率水平为i^*。然而，如果单独考察货币供求或者储蓄—投资，我们将发现，i^*水平上，对应的新增货币需求ΔM^d为a_2，新增的货币供给ΔM^s为a_1，$a_1 < a_2$，存在货币供给缺口；从储蓄—投资来看，储蓄额S为a_4，投资额I为a_3，$a_3 < a_4$，储蓄大于投资，存在过度储蓄。因而，在i^*水平上，过度储蓄弥补了货币供给缺口，可贷资金供求最终平衡，即$a_1 + a_3 = a_2 + a_4 = a_5$。

总体来说，可贷资金理论在资金流量的分析框架下，同时考虑了储蓄—投资和货币供求，为分析多市场的整体均衡提供了一个新的视野。可贷资金理论认为：均衡利率水平是由可贷资金的供给与需求决定的，但此时的产出市场或货币市场都不一定是均衡的。

第二节 货币、利率与产出

货币市场均衡时的利率水平，一定是适宜的利率水平吗？例如，经济体中货币供给较少，虽然通过高利率降低人们的流动性需求能够维持货币供求平衡，但高利率可能会引致产品市场消费和投资不足，加剧失业；相反，当货币供给较多时，利率下降可能会使货币供求均衡，但由此产生的物价上涨却有可能是人们不愿意看到的。经济学家试图探索使经济达到理想状态的利率、产出和物价水平的关系，代表性的模型是同时关注商品市场和货币市场的 IS – LM 模型以及 AS – AD 模型。

本节我们简要介绍 IS – LM 模型，重点探讨货币与总产出的关系，为后文的货币政策分析提供理论基础。

一、IS – LM 模型

IS – LM 是同时分析商品市场均衡和货币市场均衡的宏观经济模型。

（一）货币市场均衡：LM 曲线

前文分析表明，货币市场均衡时，收入同利率正相关，由此可以得到总产出水平同利率的均衡对应关系——LM 线。

$$\frac{M^s}{P} = \frac{M^d}{P} = L(Y, i) \tag{13-4}$$

图 13 – 7 显示了收入与利率的关系。图 13 – 7（a）重温了图 13 – 5，在给定的货币供给数量 M^s 条件下，当收入增加时，货币市场均衡的利率会上升，由此我们可以得到图 13 – 7（b）的 LM 曲线，即给定货币供给数量条件下，使货币市场达到均衡时的收入 Y 与利率 i 的组合。LM 曲线向右上倾斜，即货币供求均衡状态下的产出与利率正相关。

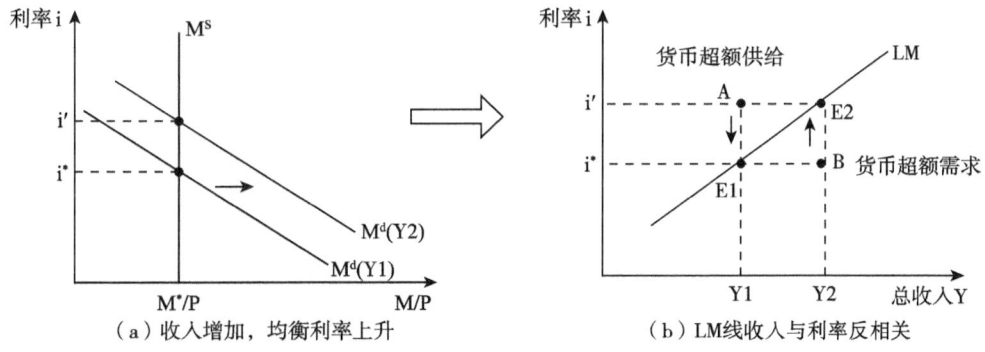

图 13 – 7　产出、利率与 LM 线的推导

在 LM 线的左上方区域，在任意的收入水平下，现实利率水平均高于均衡利率，以 A 点为例，对应于 Y1 的收入，利率水平为 i'，高于均衡利率水平 i*，此时货币需求不足，存在货币超额供给。人们为了消除超出的货币余额，会购买债券，推高债券价格，使利率水平降低直到消除全部的超额货币供给，最终调整到 LM 曲线上的均衡点 E1。同理，LM 曲线右边的区域，例如 B 点，在给定的收入水平下，利率均低于 LM 线上的均衡利率水平，即存在超额货币需求，人们会出售手中持有的债券，导致债券价格降低，利率水平不

断提高，最终调整到 LM 曲线上的均衡点 E2。债券和货币市场的这种调整是非常迅速的，因而经济总是自动达到货币市场均衡。

货币供给量（M）增加或价格水平（P）下降，都会使实际货币余额上升，即 M^s 线右移，在相同产出（收入）水平下，只有更低的利率才能使货币市场重新恢复均衡，如图 13-8（a）所示。由此可以推出，给定任意的收入 Y，使货币市场均衡的利率均比货币供应增加前下降了，表现为图 13-8（b）中的 LM 曲线向右下方整体平移；相反，当货币供给量减少或物价上升时，LM 线会向左移动，在任意收入水平下，货币市场均衡的利率均会上升。

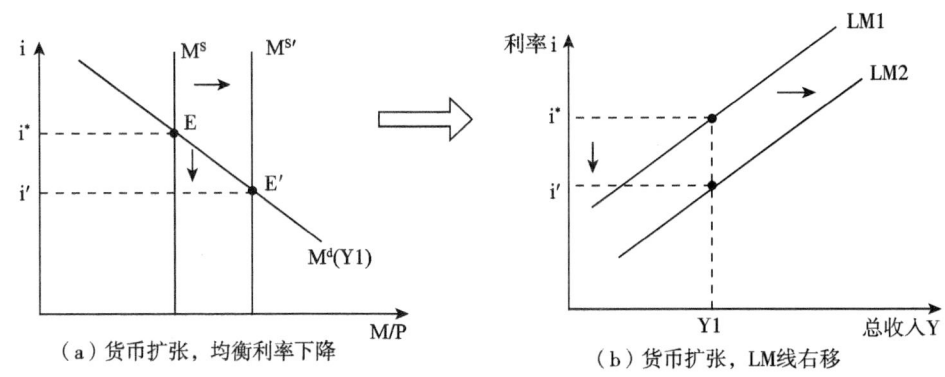

图 13-8 货币供给导致 LM 右移

（二）产品市场均衡：IS 曲线

在产出市场上，总需求 Y^D 可以写作四个部门需求之和，即家庭消费 C、企业投资 I、对外国部门的净出口 NX 和政府需求 G，用公式表示为：

$$Y^d = C + I + NX + G \tag{13-5}$$

当利率变化时，总需求会怎样变化呢？我们分别探讨利率对消费、投资和净出口的影响。

1. 利率与企业计划投资和居民消费负相关

如果企业投资实物资本（如生产所需原材料与机器等）的预期收益高于利息成本，就会加大投资，反之则反是。利率越高，企业投资所要求的回报率越高，符合条件的投资项目越少，因而利率与计划投资负相关。

利率水平上升，意味着消费的机会成本上升（储蓄的收益增加），一方面，人们一般会节省当前的消费支出，增加储蓄；另一方面，如果消费者通过金融借贷进行消费，利率越高则实际消费成本越高，也将遏制消费意愿。因此利率与居民消费需求负相关。

2. 利率与净出口负相关

在开放条件下，利率通过影响汇率间接影响来自外国部门的需求。一国利率水平上升可引发该国货币短期升值，本国商品价格竞争力因此受损，从而使进口增加、出口下降，减少净出口[①]。

假定政府需求不受利率影响，综合以上论述，我们可以将产品市场总需求表示为利率的函数：

$$Y^d = C(i) + I(i) + G + NX(i) = a - bi \tag{13-6}$$

当产品总需求等于总产出 Y 时，产品市场到达均衡，此时较低的利率对应着较高的总产出，我们可以得到 IS 线的表达式：

$$Y^d = Y = a - bi \tag{13-7}$$

在图 13-9 中，IS 曲线代表使产品市场均衡的产出和利率的组合，它是一条向下倾斜的曲线。根据公式（13-7），IS 曲线斜率为负，原因在于高的利率水平会减少计划投资支出、消费和净出口规模，则总产出水平也必须随之降低，才能等于总需求，实现产品市场的均衡。

不在 IS 曲线上的点，意味着产品供求失衡。IS 曲线的右边区域代表经济中存在着产品的超额供给，而 IS 曲线的左边区域代表经济中存在产品的过度需求。以点 A 为例，与 IS 线上均衡点 E1 相比，虽然产出水平相同为 Y1，但 A 点的利率水平低于均衡，过低的利率意味着较高的需求；而点 B 和 IS 线上的均衡点 E2 相比，虽然产出水平相同为 Y2，但 B 点的利率高于均衡水平，意味着较低的需求（较高的商品供给）。因此，IS 线的右边区域代表着商品供给过剩的状态，而左边区域代表着需求过度的状态。

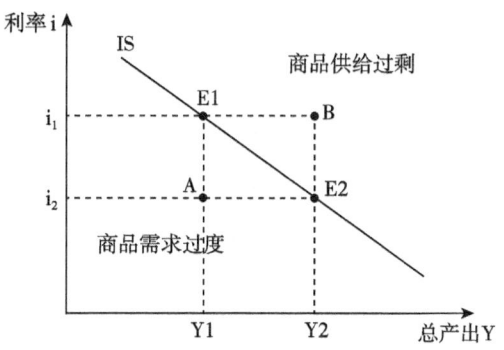

图 13-9 产出市场均衡的 IS 线

---

① 当然，利率升高—汇率升值—净出口减少需要满足一系列严格的条件，比如资本可以自由流动，利息平价成立；汇率升值能否降低净出口取决于马歇尔勒纳条件是否成立等。

(三) 两市场均衡：IS-LM 模型

IS-LM 模型可以考察产出和货币两个市场同时均衡时，经济体系的总产出和利率水平。如图 13-10 所示，产品市场和货币市场同时处于均衡的点，即 IS 曲线和 LM 曲线的交点（E 点），此时总产出等于总需求，货币供给量等于货币需求量。

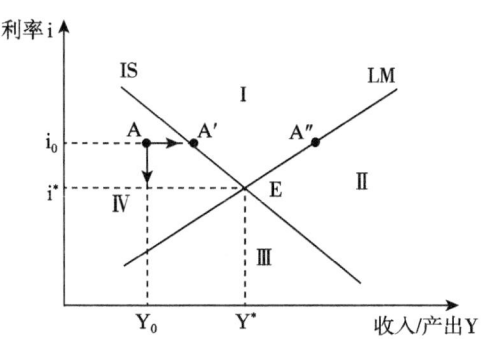

图 13-10　IS-LM 均衡

根据利率和产出的组合，整个经济可以划分为不同状态：均衡点 E，在 IS 线上的点、LM 线上的点以及图中用罗马字母 Ⅰ、Ⅱ、Ⅲ 和 Ⅳ 代表的区域，详见表 13-1 的总结。在非均衡点上，市场力量的调整均会使经济自发地趋向于一般均衡点 E。

表 13-1　　　　　　　　　　IS-LM 模型中的产出与利率组合

	LM 线（货币均衡）	LM 左侧	LM 右侧
IS 线（产品均衡）	E（双重均衡点）	货币需求不足	货币需求过度
IS 右侧	产品供给过度	区域 Ⅰ	区域 Ⅱ
IS 左侧	产品供给不足	区域 Ⅳ	区域 Ⅲ

如果经济处于 IS 曲线上，如 A′ 点，此时产品市场均衡但货币市场需求不足（利率高于均衡水平），人们用手中的超额货币购买债券导致利率下降，利率下降会进一步促进投资、消费的增加，即产出进一步扩张，整个经济活动将沿 IS 曲线向下移动，直至均衡点 E。

如果经济处于 LM 曲线上，如 A″ 点，此时货币市场均衡但产品市场出现过剩，企业将降低产量，相应的收入下降，利率降低增加产品需求，整个经济活动将沿 LM 曲线向下移动，直至均衡点 E。

A 点位于 IS 线和 LM 线的左侧，相比 IS 线上的 A′，产出低于均衡水平，即产品市场存在供给不足；相比 LM 线上的 A″ 点，收入低于均衡水平，意味着货币市场存在需求不足。货币市场上,流动性效应带来利率的下降,推动 A 点向下移动;而产品市场上企业增加供给将使产出增加,推动 A 点向右移动,在合力的作用下,经济最终趋于均衡点 E。处于其他区域的点,也可以通过类似的机制向均衡调整。

二、经济冲击、产出和利率

用 IS-LM 模型可以分析短期物价水平不变时,来自货币供求的冲击和来自实际部门的冲击对总产出和利率水平的影响。

(一) 货币供给变动与均衡

如果短期内不考虑物价变化,那么货币供应会改变均衡的利率水平和产出水平,这是中央银行干预经济的主要依据。

图 13-8 已经揭示了中央银行增加货币供应量时,LM 线会向右移动。运用图 13-11 的 IS-LM 分析可以发现,IS 不变,LM1 右移到 LM2 时,均衡的利率将从 i_1 降低到 i_2,总产出从 Y_1 增加到 Y_2。相反,如果货币供给减少将带来产出下降和利率上升。

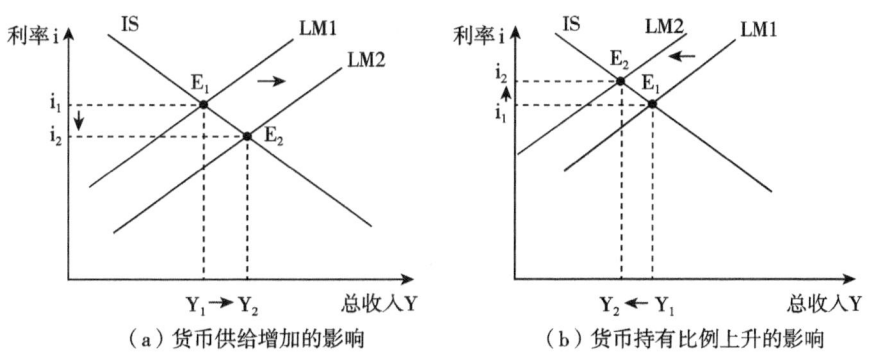

(a) 货币供给增加的影响　　(b) 货币持有比例上升的影响

图 13-11　货币冲击的影响

除了货币供给量的变动外,人们在财富配置中意愿持有货币的比重发生变化也会影响 LM。如果人们在给定的利率和收入条件下,均提高了货币持有比重,则给定的货币供给条件下将会出现货币余额不足,相当于实际货币供给减少,即 LM 线的左移。均衡的利率将从 i_1 上升到 i_2,均衡总产出从 Y_1 减少到 Y_2。

我们称那些使最终产出增加的冲击为正向冲击,而使最终产出减少的冲击为负向冲击,则可以得到如下结论:

正向的货币冲击使 LM 线右移,令均衡产出上升,利率下降;负向的货币冲击使 LM 线左移,令均衡产出下降,利率上升。

(二) 实际经济冲击与均衡

实际经济冲击主要影响商品市场的均衡，引致 IS 曲线移动，进而影响整体均衡。代表性的实际经济冲击因素包括消费偏好，技术进步、投资信心以及政府的财政政策等。

1. 消费偏好

消费偏好变化影响消费函数 C(i)，导致 IS 曲线发生位移。假定其他条件不变，消费者增加了收入的边际消费倾向。对应着任意的利率水平，增加的消费需求应该有更高的产出相匹配，即 IS 曲线从 IS1 右移到 IS2。在图 13 - 12 中，IS - LM 的交点从 E_1 移动到 E_2，均衡的利率从 i_1 上升到 i_2，总产出从 Y_1 增加到 Y_2。增加需求带来了产出的增长，但对应着更高的利率。

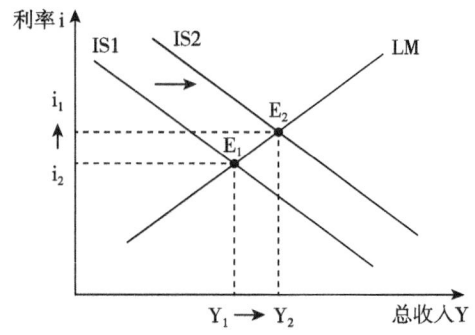

图 13 - 12　实际冲击的影响

2. 技术进步和投资信心

技术进步和投资信心的变化会影响投资函数 I(i)，从而对 IS 曲线产生影响。其他条件不变，技术进步与投资信心的增加会使人们在给定的利率水平上，意愿投资的数量上升，只有更高的产出才能供求平衡。这意味着 IS 曲线向右移动，两市场均衡的产出和利率都较之前有所上升。

3. 政府财政政策

在 IS - LM 模型中，政府支出的变动与税收变动对经济的影响大体相同，不同的是政府支出直接改变总需求中的 G 而税收则主要通过影响消费 C 作用于总需求。在图 13 - 12 中，增加开支和政府减税均会使 IS 曲线右移，两市场均衡的产出和利率都较之前有所上升。

相反，如果人们的消费倾向下降，投资意愿萎缩或政府增税或财政开支减少，均会使 IS 线左移，减少最终均衡产出，降低利率。

据此，我们可以得到如下结论：

来自实际部门的正向冲击将令均衡产出上升，同时会带来利率提高；而负向的实际冲击会令均衡产出下降，同时带来利率的下降。

总　结

1. 利率决定理论包括古典的利率决定理论、凯恩斯的货币供求决定论以及可贷资金理论。

2. 古典的利率决定理论认为均衡的利率水平由储蓄和投资决定，储蓄越多则利率越低，投资越多则利率越高。

3. 凯恩斯的流动性需求理论认为均衡的利率由货币供求决定，货币供给越高则均衡利率越低，收入越高则货币需求越高，从而均衡的利率越高。

4. 流动性陷阱是指当利率降低到一定的水平，人们预期未来利率不会进一步降低，因而投机性货币需求无限大，此时增加的货币供给不会进一步推低利率水平。在这一状态下，货币政策难以通过降低利率来影响需求和产出。

5. IS－LM 曲线由 IS 曲线和 LM 曲线组成，两线的交点决定了总产出和利率。IS 曲线表示产品市场均衡状态下利率和总产出的组合，向右下倾斜；LM 曲线则是货币市场均衡情况利率与产出的组合，LM 曲线一般向右上倾斜。

6. 货币供给增加意味着 LM 线向右移动，而财政开支增加、消费偏好增加、生产效率提高等正向的需求冲击，会使 IS 线右移。财政政策和货币政策分别通过影响 IS 和 LM 线来影响经济的均衡。

关键术语

可贷资金	货币供给	货币需求	真实利率
流动性偏好	实际货币余额	流动性陷阱	可贷资金
IS 曲线	LM 曲线	实际冲击	货币冲击

练习题

1. 什么是古典利率决定理论，储蓄和投资是如何影响均衡利率的？

2. 什么是流动性偏好？根据凯恩斯的流动性偏好理论，货币供给、产出和物价变动怎样影响货币市场的均衡利率？

3. 什么是可贷资金？可贷资金的供给和需求由哪些部分组成？

4. IS 线的含义是什么？为什么 IS 线向右下方倾斜？

5. LM 线的含义是什么？为什么 LM 线向右上方倾斜？

6. IS-LM 模型下,货币供给的增加会怎样影响均衡产出和利率?相比货币市场的单一均衡,IS-LM 模型中的产出和利率均衡有什么差别?

7. 扩张性的财政政策怎样影响 IS 线?它对均衡产出和利率有什么影响?

8. 在图 13-13 的 IS-LM 模型中,假定经济最初均衡点位于 E:在 t1 时刻,经济遭受冲击,LM 或 IS 曲线位置发生了移动,使得暂时均衡点从 E 点变到 B 点,试分析:(1)哪些冲击可能导致经济在点 B 实现暂时均衡?(2)如果政府认为均衡的产出点应该位于 F,则需要采取什么样的财政或(和)货币政策,才能使 F 点成为新的均衡点?

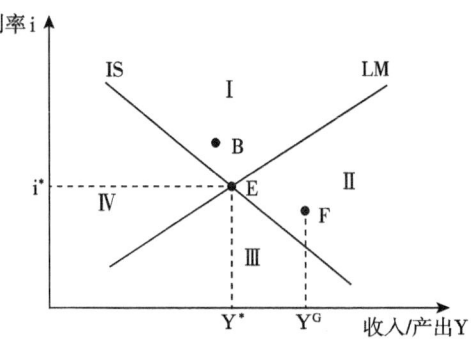

图 13-13　IS-LM 模型

思考与讨论

1. 查找改革开放以来,中国的实际利率的数据,你能发现什么特点?结合本章理论,试着解释影响中国利率变动的原因。

2. 查找 2008 年以来的美国、欧盟、英国和日本的 10 年期国债利率和官方利率水平的变化,你有什么发现?针对金融市场上出现"负利率"现象,结合本章的利率决定理论和前面章节的内容,你认为可能有哪些原因?

参考阅读

1. [美]本杰明·弗里德曼.[英]弗兰克·H.哈恩.货币经济学手册[M].陈雨露,曾刚,等译.北京:经济科学出版社,2002.

2. [美]弗雷德里克·S.米什金.货币金融学(第十三版)[M].北京:中国人民大学出版社,2024.

3. 彭兴韵.金融学原理(第七版)[M].上海:格致出版社,2023.

4. 白重恩,张琼.中国的资本回报率及其影响因素分析[J].世界经济,2014(10).

第十四章　物价、产出与总供求

学习目标

学习完本章之后，你将能够：
- 对比常用的物价度量指标的差异
- 分析通货膨胀对经济和金融市场的影响
- 掌握 AS – AD 模型对物价和产出的分析
- 区分宏观经济冲击的不同类型及其影响
- 针对不同类型的通货膨胀提出解决政策

本章概览

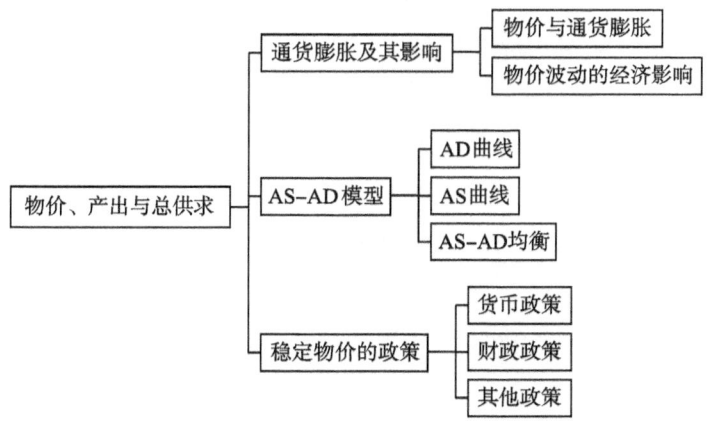

长期来看，物价会对经济的各种冲击作出反应。无论是微观主体还是宏观决策者，

无论是商品市场、劳动力市场还是金融市场，物价变化均会对经济主体的决策、行为和福利产生重要影响。物价与产出是中央银行货币政策决策的首要考虑因素。经济学家运用总供给—总需求曲线（简称 AS – AD 曲线）分析中长期影响产出和物价变动的因素。

第一节　通货膨胀及其影响

一、物价与通货膨胀

（一）物价变化的度量

各国普遍采用一篮子商品和服务的价格来反映整体物价水平，并以基期价格为参照将其标准化为物价指数，代表性的是 GDP 平减指数、消费者物价指数（CPI）和核心消费者物价指数等。

GDP 平减指数（GDP Deflator）是指以现价计算的当期 GDP 与以某个基期价格计算的实际 GDP（即不变价 GDP）的比率，该度量涉及一国全部商品和服务，不仅包括消费品，还包括生产资料和资本、出口商品和劳务等，因此是对一般价格水平的最广义度量，常用于国际比较研究。然而，GDP 及平减指数一般按季度核算，资料收集和整理工作较为复杂，难以及时反映价格变动，因此政策层面常使用居民消费价格指数来观察物价变动趋势。

消费者价格指数（Consumer Price Index，简称 CPI）是综合反映一定时期内居民消费支出中商品及服务价格水平变动情况的指标，该指标直接与公众的日常生活相联系，相对 GDP 平减指数易于统计且比较及时反映居民消费的价格上涨程度，因此被普遍作为宏观经济政策的核心指标。

核心 CPI 即核心消费价格指数，通常是指扣除了食品和能源价格的 CPI 指数。食品和能源价格很大程度上受供给因素的影响，而宏观政策特别是货币政策主要面对需求调节，对供给调节效果有限，因此为了准确判断价格上涨的长期趋势，常将这两类产品的影响扣除。

生产者价格指数（Producer Price Index，简称 PPI）是衡量企业产品价格变动趋势和变动程度的指数，包括原材料、中间品和产成品价格指数，反映生产者的成本价格和产品价格。人们最密切关注的是其中的工业生产者出厂价格指数，它反映了工业生产企业在成本变化条件下的价格转移能力。

实践中，观察 PPI 和 CPI 的联动关系，有助于判断导致物价变动的原因。供给端的冲击如原材料、能源价格等生产成本的上涨，会提高生产者购进价格，随后逐步转移到生产者出厂价格，进而传导到消费者物价上涨，即 PPI 在时间上领先于 CPI 上涨；相反，由于货币供应增加等需求因素导致居民消费能力的提高，将首先带来最终产品和服务的价格上涨，厂商接收到相应的价格信号后会提高出厂价格，并增加供给，拉动生产成本上涨，此时 CPI 的上涨在时间上早于 PPI，或涨速比 PPI 的涨速更快。

（二）通货膨胀和通货紧缩

通货膨胀（Inflation）指一般物价水平的持续上涨，通货紧缩（Deflation）指一般物价水平的持续下跌。通货膨胀或紧缩不是偶然性、季节性或临时性的价格变化，也不仅仅是个别商品和服务的价格波动，而是一篮子商品价格的持续变化，尽管某些商品或服务价格短期可能发生大幅波动，但如果这些现象没有带来物价的普遍上涨（下跌），便不能认为发生了通货膨胀（或紧缩）。从时间来看，所谓"持续"通常是两个季度或以上，一般以年为单位。

经济学家将物价指数的年度变化幅度称为通货膨胀率。例如，2020 年 6 月 CPI 同比增长 3%，意味着当年 6 月消费者物价水平相对上年同期的物价水平上升了 3%，或以 CPI 度量的年度通货膨胀率为 3%。

各国经济存在差异，其通货膨胀表现也各不相同。在欧美等发达国家，物价常年稳定在 4% 之下，物价上涨较为温和，而在经济增长较快的发展中大国，物价的平均涨幅整体较发达国家高，且物价波动较为剧烈，部分国家如俄罗斯、阿根廷等在遭受严重的政治经济危机影响时，甚至发生过年物价涨幅超过 1000% 的恶性通货膨胀。

图 14-1 显示了 1996—2022 年中国、日本、美国和德国的年 CPI 变动率。中国的物价变化率波动性较大，且在 1998 年亚洲金融危机后 CPI 涨幅为负，持续两年发生通货紧缩；日本的 CPI 涨幅常年保持在 2% 以下，在 1999—2005 年和 2008—2012 年期间陷入通货紧缩；美国的 CPI 涨幅常年在 2%—4% 之间波动，德国的通货膨胀率常年在 0—2% 区间。图中显示，2008 年各国通货膨胀普遍达到阶段性高点，而金融危机后的 2009 年，美国、中国和日本均出现短暂的物价负增长。在 2021 年与 2022 年，美国和德国均出现了较大幅度的物价上升。

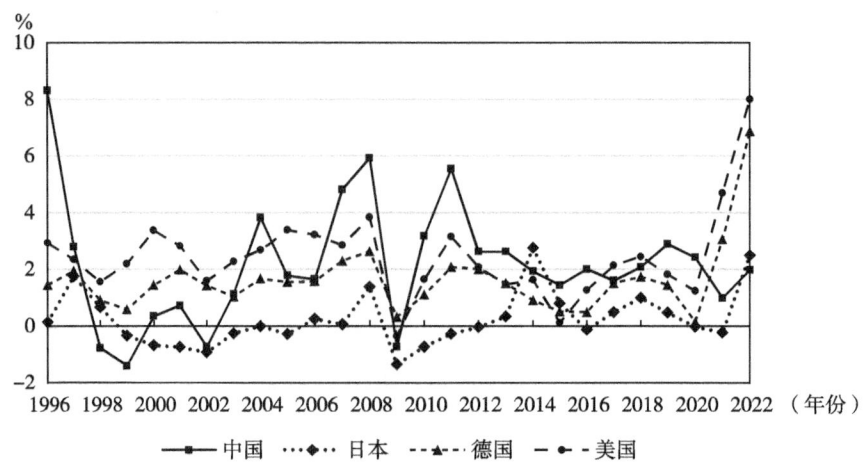

图 14-1 中国、日本、德国和美国的通货膨胀状况

资料来源：世界银行数据库。

表 14-1 显示了主要的发展中大国（巴西、俄罗斯、印度、中国、南非，各国首字母组合起来为 BRICS，简称金砖五国）以 GDP 平减指数变化反映的通货膨胀情况，中国、印度的通货膨胀较为温和，巴西和南非的平均通货膨胀率相对较高。值得注意的是，俄罗斯的物价波动幅度更大，除 2009 年受金融危机影响之外，连续多年通货膨胀率一直在 10% 以上。表中没有显示的是，俄罗斯在苏联解体后出现连续 4 年物价涨幅超过 100% 的恶性通货膨胀，1992 年通货膨胀率高达 1490%，即物价当年上涨了 10 多倍。对抗通货膨胀是俄罗斯等国宏观经济政策的主旋律之一。

表 14-1　　　　　　　　2000—2022 年金砖五国的通货膨胀率　　　　　　　　单位：%

年份	中国	印度	南非	俄罗斯	巴西
2000	2.1	3.6	9.2	37.7	5.6
2005	3.9	5.6	5.6	19.3	7.4
2008	7.8	9.2	7.9	18.0	8.8
2009	-0.2	7.0	8.7	2.0	7.3
2010	6.9	10.5	6.1	14.2	8.4
2015	0.0	2.3	5.5	7.2	7.6
2020	0.5	4.7	5.7	0.9	6.5
2021	4.6	8.5	6.2	19.0	11.4
2022	2.2	8.3	5.1	15.8	8.3

资料来源：世界银行数据库。

二、物价波动的经济影响

物价水平的波动，无论是通货膨胀还是通货紧缩，均会通过强制储蓄效应、收入再分配效应，以及资产结构调整效应（财富再分配效应）等影响整体经济和金融市场。物价的波动也会影响政策当局的决策以及公众对未来政策的预期，从而影响投资者的投资偏好。恶性通货膨胀或严重的通货紧缩可能带来金融市场的持续失衡与危机。

（一）实际经济效应

物价变化会产生资源重新配置效应。由于价格信号是厂商生产决策的一个主要影响因素，当价格出现普遍上涨或下跌时，厂商会相应调整供给；由于一般物价水平是全社会商品或服务价格的加权平均值，不同类别商品和服务的价格变化程度不同，资源将向价格上涨的部门倾斜，而从价格下跌的部门流出。

物价变动还会带来收入分配效应，即经济部门或群体之间由于价格变化造成的收入再分配。例如，广大工薪阶层和领取退休金的民众，其薪金或收入的调整速度往往落后于物价上涨速度，通货膨胀会降低这些群体的实际收入，减少其实际消费。通货膨胀也会降低固定利率债务的实际收益率，因为利息收入的实际购买力由于物价上涨而下跌了，债权人因此受损。

此外，物价变动还会产生菜单成本，即由于物价水平的波动而改变价格引起的相应成本，例如印刷成本、标签成本，等等。

（二）资产结构调整与财富分配效应

财富分配效应同金融市场密切相关。投资者的财富包括实物资产和金融资产两部分，此外还可能对外负债。在通货膨胀环境下，实物资产（如住房或贵金属）的货币价值大体随通货膨胀率的变动而同方向升降，而金融资产的货币价值则根据未来收益的确定性有所差别。对于持有固定收益产品（不变租金或固定利率债券）的投资者而言，通货膨胀降低了债权的实际收益，从而导致相应资产价格因为需求减少而下降；持有现金将直接遭受货币贬值的损失……投资者往往通过调整资产结构来避免通货膨胀带来的财富损失，如降低货币类资产的比重，这将影响货币需求和金融资产的价格，带来金融市场的调整。

（三）政策与预期影响

通货膨胀（紧缩）也会通过影响政策当局的政策，进而对市场产生影响。目前主要国家的中央银行均以维护币值稳定和反通胀为货币政策目标。物价出现持续上涨时，中央银行可能会减少货币供应量或提升利率，公众会预期中央银行采取行动；而当物价陷入持续下跌时，公众将预期政策当局放松货币供给，降低利率，而利率将影响股票、债券和各类资产的定价与估值，从而影响人们的资产组合配置和投资行为。

（四）恶性通货膨胀与金融市场危机

恶性通货膨胀，是指短期内（如一个月内）一般物价水平快速上涨20%以上，在世界经济历史上曾发生出现过物价一年上涨1000%，甚至更高的恶性通货膨胀。恶性通货膨胀往往伴随着经济危机和金融危机，业务伙伴间的较长期合作关系难以建立，债券的实际价值下降，正常信用关系遭到破坏，人们普遍对持有货币缺乏信心，甚至拒绝使用和接受货币。实物交易盛行，正常的经济联系和流通秩序被彻底破坏，金融市场也会出现严重的危机，对外则出现货币的大幅贬值。第一次世界大战后，德国发生了恶性通货膨胀和货币崩溃，20 世纪 40 年代末，中国也发生了恶性通货膨胀；在拉美的委内瑞拉和阿根廷等国，也都发生过恶性通胀和本国金融市场崩溃、对外债务违约的情况。

第二节　总需求与总供给模型

经济学家使用总供给和总需求曲线分析物价变化和总产出的动态关系，见图 14-2。总需求曲线 AD 刻画了其他变量不变时，总需求水平与物价水平之间的关系，AD 曲线通常向右下方倾斜；总供给曲线 AS 则描述了不同的物价水平同总供给量（产出量）的关系，短期内总供给曲线向右上方倾斜。总供给曲线和总需求曲线的交点，即为均衡点。图中，经济在 E 点达到均衡，对应的均衡物价水平为 P^*，总产出水平为 Y^*。

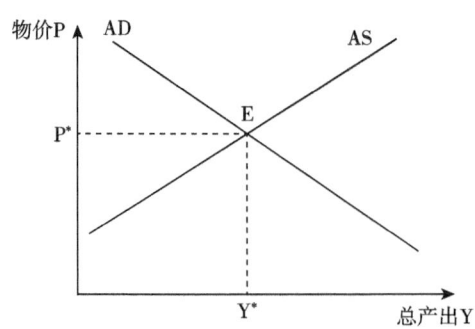

图 14-2　AS-AD 分析

一、总需求曲线

总需求曲线（Aggregate Demand Curve，简称 AD 线）描绘了给定名义货币量时，总需求同物价水平之间的关系。

（一）物价与总需求的关系

在既定的货币供应量水平下，物价变动会影响实际货币余额（M/P），进而影响总需求的各个构成部分和需求总量：当物价降低时，实际货币余额增加了，为了恢复意愿持有的实际货币余额，投资者会购买债券，意味着利率水平 i 下降（请读者回忆货币市场均衡条件），企业潜在的融资成本将下降，企业的实物投资 I 将增加。

物价下跌和利率下跌，既增加了消费者消费的意愿（实际货币余额提高和价格下降提升了消费的吸引力），也意味着消费者的消费成本（机会成本和借贷成本）下降，将促进消费 C 的增加。

从国际贸易视角，其他条件不变时，实际货币供应量的上升和利率水平的下降，使外币资产相对本币资产的吸引力增加，进而导致本币汇率 E 贬值，本国相对外国商品的价格竞争力上升，净出口 NX 将增加。

因此，给定货币供应量，物价下跌将增加总需求，意味着总需求曲线斜率为负，其作用机制如图 14-3 所示。

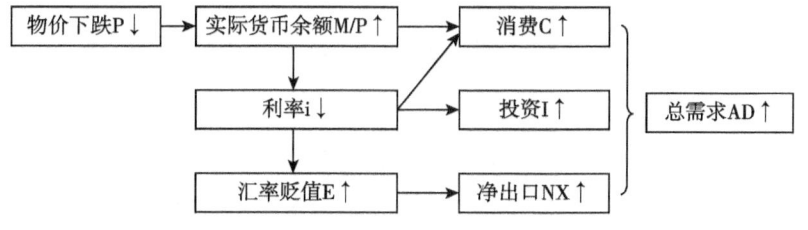

图 14-3 物价与总需求负相关

（二）需求冲击与总需求变动

导致总需求曲线发生平移的因素，通常被称为需求冲击（Demand Shocks），常见的需求冲击因素包括货币供给量、政府支出、净出口倾向、消费者消费倾向、企业对经济前景的信心等。

当经济遭受正向的总需求冲击时，在给定的价格水平下，总需求数量均有所增加，表现为 AD 曲线向右平移。图 14-4 显示当遭受正的需求冲击时，对应着物价 P 的总需求从

Y 增长到 Y′；而在较高的物价水平 P′上，所对应的总需求也比冲击前高。相反，当经济遭受负向的总需求冲击时，AD 曲线将向左平移。

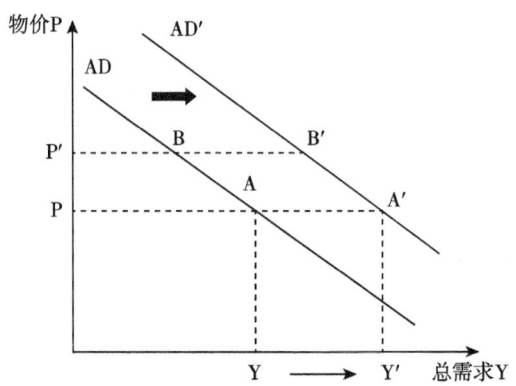

图 14-4 正向的需求冲击与总需求曲线的移动

1. 货币供应量的变化

给定任意物价水平，货币供给增加均将导致实际货币供给增加，利率下降，引发投资、消费和净出口的扩张，总需求规模随之增加，即 AD 线右移，反之则反是。货币供应能够影响总需求，这是货币政策干预宏观经济的依据，货币政策自身也有可能成为宏观波动的根源。

2. 政府的财政政策变动

政府开支的增加，在既定的物价水平下，会直接增加总需求数量，推动总需求曲线右移；政府税收的减少则增加了消费者税后可支配收入，有助于增加消费支出，将推动 AD 线右移，反之则反是。政府开支和税收变动能够直接影响总需求，这是财政政策作为总需求管理政策的依据，而财政政策运用不当也将成为经济波动的政策根源。

3. 消费者与企业的信心与情绪

如果消费者和企业乐观情绪上涨，则消费者的消费支出和企业的计划投资支出会随之增加，推动 AD 线右移；反之在悲观情绪笼罩下，消费者意愿消费开支和企业投资均将下降，AD 线左移。凯恩斯认为群体的乐观情绪和悲观情绪的交替是影响总需求曲线的重要因素，也是经济周期性波动的重要原因。

此外，净出口变化、通货膨胀预期变化等均会引起总需求曲线的移动，感兴趣的读者可以试着分析其对总需求曲线的影响。

二、总供给曲线

总供给曲线 AS（Aggregate Supply Curve，简称 AS 线）描述了不同物价水平同总供给量（产出量）之间的关系①。

（一）短期总供给曲线

图 14-2 所示的总供给曲线斜率为正，经济学家常用它描绘工资和价格存在黏性时的物价与产出关联，即短期总供给曲线。

短期总供给曲线为什么斜率为正呢？其作用机理在于物价变化影响企业利润，并进而影响企业产出，物价上升会增加企业预期利润，从而提升供给。

厂商的目标是利润最大化，单位产出创造的利润等于单位产出价格减去生产成本。短期内，工资、原材料等要素价格受合同约束而不会迅速调整，即生产成本较为稳定，则一般物价水平升高将提高企业的预期利润，刺激产量提升，提高总供给数量。

AS 的斜率取决于要素市场资源充分利用的程度以及工资要素价格调整的速度。如果经济存在较多的闲置资源，则企业在物价上涨时增加产品供应引发的工资和要素价格上涨的幅度较为温和，企业愿意产出的数量较多，即 AS 曲线较为平缓；如果要素市场供给紧张，则企业增加产品供应可能引发较高的工资和要素价格上涨幅度，此时物价上涨带来的供给增加幅度将比较小，即 AS 曲线将更为陡峭；极端情况下，当要素市场处于充分就业状态时，物价上涨不能令厂商进一步提高产量，此时 AS 线将成为过充分就业产出点 Yf 垂直于 x 轴的直线，相关分析详见附录 14-1。

（二）供给冲击与 AS 移动

引起 AS 线移动的因素，被称为供给冲击，主要是生产成本冲击，如原材料成本变动、劳动力市场供求状况，此外也受政府税收、公众预期通货膨胀等因素影响。总体来说，使生产成本下降的冲击会使 AS 线右移，产出增加，是正向的供给冲击，而使生产成本上升的冲击会使 AS 左移，产出下降，是负向的供给冲击。

1. 劳动力市场供求

如果冲击导致劳动力市场供过于求或劳动者议价能力较低，无业劳动者会接受低薪工作，在职劳动者为避免失业也会降低工资要求，此时企业生产成本下降。给定任意的物价水平，企业的单位产出利润均比受冲击前提升，企业供给将增加。图 14-5 中，对应于物价水平 P，厂商供给从 Y 提升到了 Y′，而在较高的物价水平 P′上，所对应的总供给也比受冲击前高（从 B 点移动到了 B′）。

如果劳动力市场遭到负面冲击，如疾病导致劳动力减少或劳动者具有较强的工资议价

---

① 宏观经济学中区分了长期供给曲线和短期供给曲线，详见章后附录。

能力，企业将提高工资水平以留住员工，在给定物价水平下，工资成本上升将挤压企业的单位产出利润，厂商的意愿产量下降，AS 线则向左移动。

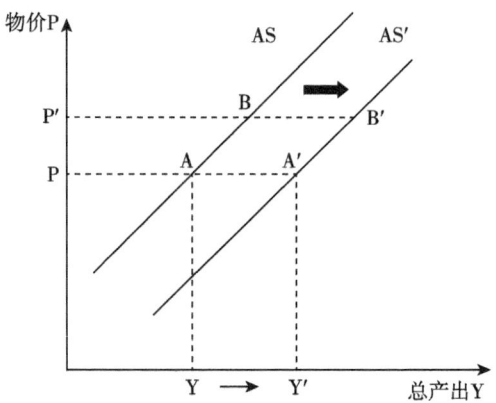

图 14-5　正向的供给冲击与总供给曲线移动

2. 与工资无关的供给冲击

技术进步或原材料供给成本的变化，也会推动总供给曲线位移。正向的供给冲击，如开采技术进步带来的能源产量提升，或气候适宜带来农产品丰收等，将降低相关原材料和产品价格，降低生产成本；生产技术进步将降低企业单位产出的成本，从而提升企业利润，使总供给曲线向右位移。相反，负向的供给冲击，如某些原材料（如原油、铁矿石）等开采成本增加或禁运事件，会提高原材料价格，增加生产成本，导致 AS 线左移。

3. 通货膨胀预期

经济学家认为，劳动者更为关注实际工资，即名义工资能够购买到的产品和服务的数量。物价上涨将降低劳动者的实际工资，损害工薪阶层的福利，因而劳动者会根据未来物价上涨的预期要求更高的名义工资，其结果将推动 AS 线左移。

例如，公众预期未来一年物价水平会上升 5%，则劳动者可能要求其工资涨幅不低于 5%。劳动力市场越接近充分就业状态，则劳动者的议价能力越高，预期物价上涨将导致更高的工资要求。其结果是，任何价格水平所对应的单位产出的利润均将下降，企业将减少供给，即总 AS 线左移。

4. 政府政策

政府的一些政策会影响企业供给。例如，政府降低企业税率会增加企业的税后利润，刺激企业增加供给，使 AS 线右移；而政府增加对利润的征税，将降低企业的税后利润，减少企业供给，使 AS 线左移。

三、均衡物价与产出

总需求和总供给相等决定均衡的总产出水平和物价水平。在图 14-6 中，总需求曲线 AD 与（短期）总供给曲线 AS 相交于 E 点，均衡的总产出水平为 Y^*，均衡的物价水平为 P^*。

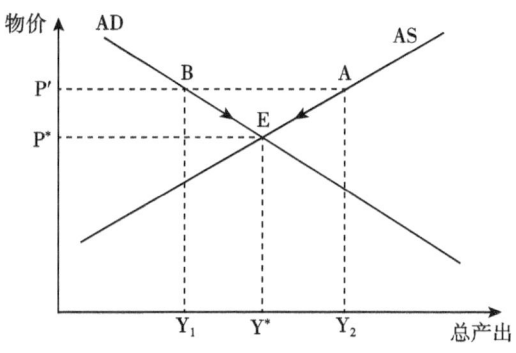

图 14-6 AS-AD 均衡

在 E 点之外的其他点，经济均会自发调整至均衡。图 14-6 中，如果经济初始时位于 A 点，总供给水平为 Y_2，物价水平为 P'，对应的总需求水平为 Y_1，经济供过于求，厂商只有降价才能卖出产品或服务，表现为产出沿着 AS 线向下移动，价格下跌同时增加了消费需求，最终调整至 AS 和 AD 的交点 E 点为止，此时均衡物价水平为 P^*，需求总量从 Y_1 增加到 Y^*，供给总量从 Y_2 减少到 Y^*。如果经济处于 B 点，则自发调节机制会使 B 沿着 AD 线向右下方移动，价格下降，厂商供给减少，直至点 E，读者可自行分析其内在的经济机制。

（一）需求冲击与物价变动

需求冲击通过引起需求曲线位移来影响均衡的物价水平和产出。假定经济原本处于均衡状态，此时出现正向的需求冲击，如货币供应量增加、消费偏好改变、公众对经济前景更加乐观等，总需求曲线从 AD 向右移动至 AD′，而供给曲线没有发生变化。在初始价格 P^* 上，总需求数量超过了总供给，带动物价上涨、厂商提高产量，直到新的总需求与总供给相等为止，新的均衡产出为 Y'，均衡的物价水平为 P'，产出和物价均提升了。

值得注意的是，需求冲击对物价和产出的影响程度，很大程度取决于供给曲线的斜率。对比图 14-7 中的（a）和（b），左图的 AS 斜率较右图的 AS 线的斜率小，意味着厂商供给对物价变化的反应程度更敏感，此时同等程度的需求冲击可能使（a）图中的产出增加幅度高于（b）图，而物价上涨幅度小于后者。

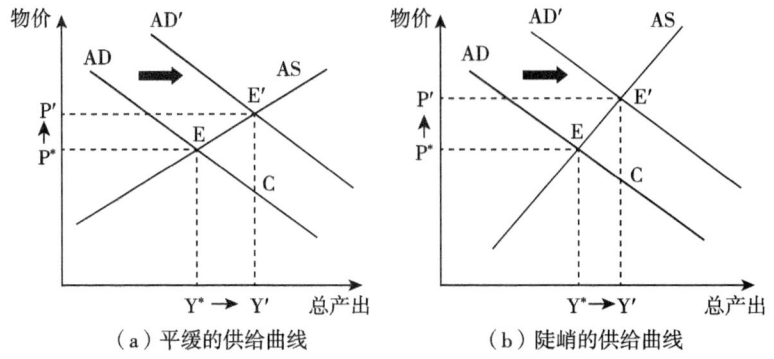

图 14-7　正向的需求冲击与均衡变动

由需求冲击产生的物价持续上涨被称为"需求拉动型通货膨胀"。通常货币和信贷供给增加，或自主性投资、消费、政府开支扩张过快，都会导致总需求快速增长，拉动价格总水平上升。AS 线的斜率越大，则需求冲击对物价的影响越大，对产出的影响越小，当总供给接近充分就业状态时（AS 垂直于 x 轴），需求冲击将完全转化为物价上涨。

（二）供给冲击[①]与物价、产出变动

供给冲击最主要的来源是国际市场能源或初级产品价格和数量的变化（原材料价格冲击），以及劳动力市场冲击带来的工资变化。供给冲击会使 AS 线发生移动，从而影响均衡物价和产出。

图 14-8 中，假定经济遭受负向的供给冲击，AS 左移到 AS′，而总需求 AD 位置不变，则均衡点将从 E 移动到 E′，此时均衡物价从 P^* 上升至 P'，均衡产出从 Y^* 下降至 Y'。

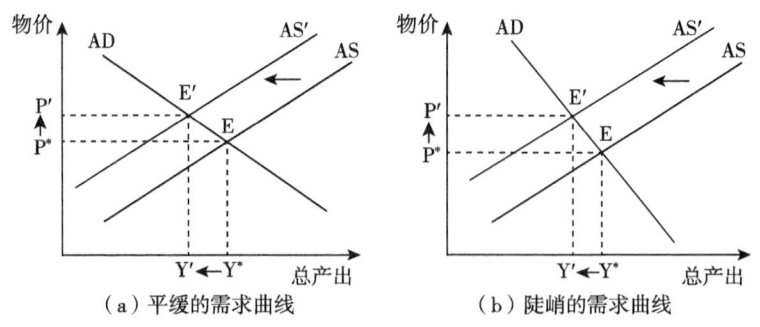

图 14-8　负向的供给冲击与均衡变动

---

① 供给冲击有短期和长期之分，长期的供给冲击是指能够改变充分就业产出水平的冲击，如技术变革、资源和劳动力等要素供应的改变，资本积累增长等，文中分析的主要是短期的供给冲击。

AD 线的斜率将影响产出或物价调整的幅度，对比图 a 和图 b，同等幅度的产出冲击，(a) 图的 AD 线较 (b) 图更加平缓，意味着需求对物价的单位变动反应更加敏感，只需要价格的小幅调整就可调节总需求，因此，较平缓的总需求曲线意味着供给冲击对产出的影响较大，对物价的影响较小。

由生产成本如能源、关键原材料上涨或劳动市场冲击带来的负向冲击，常会导致一般价格水平持续上涨，此类通胀被称为"成本推动型通货膨胀"。例如，20 世纪 80 年代初期石油危机期间，中东国家限制石油供给量引发了石油价格的上涨，企业为应对生产成本增加，相应提高产品和服务的价格，从而导致了全球性通货膨胀的发生；2022 年爆发的俄乌冲突，则引发了全球石油和农产品价格的大幅上涨，并进一步推高了全球的通货膨胀水平；此外，农产品歉收导致的价格上涨也是负向的供给冲击。对于能源或原材料严重依赖进口的国家而言，由此类冲击带来的物价上涨属于"输入型通货膨胀"，即进口价格上涨带动整体物价水平的持续上涨。

（三）供给和需求混合冲击

当经济体遭受供给和需求冲击时，物价水平会发生什么变化呢？答案取决于总需求曲线和总供给曲线的移动方向和相对移动幅度。

图 14-9 (a) 显示了经济遭受正向的总供给和总需求冲击时的场景，总供给从 AS 移动到 AS_1，在较小的需求冲击条件下，需求曲线从 AD 移动到 AD_1，较大的需求冲击场景下，需求曲线从 AD 移动到 AD_2。

在遭受较小的需求冲击时，AD 线向右平移的幅度小于 AS 线移动的幅度，新的均衡点 E_1 对应着较低的物价 P_1 和较高的产出 Y_1；相反，如果遭受较大的需求冲击，AD 线向右平移的幅度大于 AS 线移动的幅度，则新的均衡点位于 E_2，物价水平 P_2 高于初始均衡，产出水平 Y_2 也高于初始的均衡。

我们可以得到结论：当经济遭受正向的供给冲击和需求冲击时，产出将扩张，而物价的变化取决于供给冲击和需求冲击的相对大小，如果需求冲击较大则物价上涨，如果供给冲击较大则物价会下跌。

图 14-9 (b) 显示了经济遭受不同方向的总需求和总供给冲击的一种情景，即负向的总供给冲击和正向的总需求冲击。总供给曲线从 AS 左移到 AS_1，需求曲线则从 AD 右移到 AD_1。在初始的价格水平 P^*，供给冲击使厂商减少了总供给，物价产生上涨压力，此时如果正向的总需求冲击幅度较小，不能达到图中 AD 移动的虚线位置，则产出将低于初始均衡 Y^*，只有当总需求冲击规模较大，AD 右移幅度超过虚线部分，例如达到 AD_1 时，才会使均衡产出 Y_1 超过初始的产出水平 Y^*，但此时物价将产生大幅上涨。

我们可以得到结论：如果经济遭受的供给冲击和需求冲击方向相反，则对物价和产出的影响取决于冲击幅度的大小和方向，正向的需求冲击叠加负向供给冲击，将使得物价上涨，如果需求冲击规模高于（低于）供给冲击，则总产出将上升（下降）。

图 14-9（b）还可以用来分析混合型通货膨胀，即既有供给冲击又有需求冲击的情形。假设货币当局突然大幅增加货币供应量或者政府进行大规模的军备开支，AD 迅速右移，物价和产出上升，此时上涨的物价引发人们的通货膨胀预期，劳动者根据物价上涨预期提高工资要求，企业相应减少供给，AS 向左移动，推动物价进一步上涨，产生通货膨胀。当然，在这种工资—物价螺旋上升的通货膨胀动态中，一个非常关键的假设是经济接近于充分就业状态，此时要素供应和生产供应都达到一定的极限，因而货币供给增加迅速带来物价上涨，而劳动者要求提高工资的议价能力也较强。

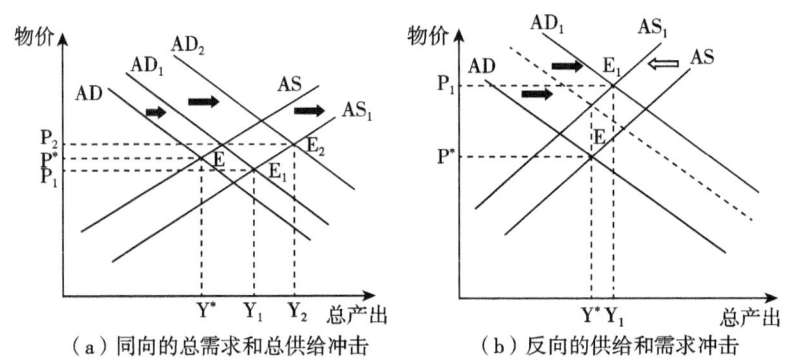

图 14-9 同时遭受总供给和总需求冲击

第三节 物价稳定政策

对各国决策者而言，稳定物价就是要抑制通货膨胀、避免通货紧缩，维持币值的稳定。在宏观经济工具箱中，可以采取的政策工具包括货币政策、财政政策、收入与价格管制等手段。

一、货币政策

物价的变化与货币供应量密切相关，通货膨胀表现为货币供应量多于商品的供应量，而通货紧缩也表现为货币的不足,因此增加或减少货币供应量有助于稳定物价水平。

货币政策是中央银行为实现一定的目标,动用各种政策工具,调节货币、信贷数量或利率水平,以实现币值稳定和经济增长的政策。在货币市场上,货币政策主要影响货币供应数量和货币的价格(利率),从而影响产品市场的需求变化。回忆图13-8,当中央银行增加货币供应时,流动性效应会导致均衡利率下降,对应于LM线右移;在图14-4中,货币供给的增加引致总需求AD线右移,均衡的物价和产出上升。相反,中央银行减少货币供应量或提高利率,会减少总需求,使物价和产出下降。

各国中央银行普遍根据通胀和产出的动态走势,实施总需求的"逆风调节",即在通货膨胀期间,采取紧缩性的货币政策,削减货币供应的绝对数量或增长幅度;而在通货紧缩时期,则采取扩张性的货币政策,加大货币供应,以达到合意的产出和物价水平。例如,在20世纪90年代泡沫经济破灭之后,日本经济长期增长停滞,陷入通货紧缩,日本央行先后实施了零利率和量化宽松政策;2008年全球金融危机爆发之后,美国等发达国家政府普遍实施了大规模的量化宽松货币政策,增加货币投放和信贷支持。在中国,中国人民银行在2005年至2008年上半年,以及2010年至2011年的两轮通货膨胀压力上升之时,均采取了提高利率和法定存款准备金率、降低基础货币投放的紧缩性货币政策,而在2016年以来经济增长放缓阶段,适度放松了货币政策。我们将在下一章详细分析货币政策的具体工具、作用机制及其对宏观经济的影响。

二、财政政策

财政政策既可以影响总需求,又能够影响总供给,财政政策主要包括政府购买(政府直接开支)和税收两类工具。

政府直接开支主要影响总需求,其中,增加财政开支会使总需求曲线向右移动,使产出增加,物价水平上升;相反,减少政府支出可以使总需求曲线向左移动,使产出和物价水平下降。政府财政支出主要包括国防军备支出、国家基本建设和公共事业投资支出、政府部门经费支出、教育医疗社会福利保障支出等。2008年在面对全球金融危机冲击时,为了保证经济增长,防止通货紧缩,我国中央政府实施了总额达4万亿元人民币的公共支出计划,主要用于基础设施建设,不仅拉动了投资需求,而且大幅度改善了交通运输等基础设施,成功避免了严重的经济衰退。用于公共事业和基础设施的政府支出,还能带来溢出效应,提升社会的整体效率,从而带动供给能力的增加。

税收政策作为重要的财政政策工具,既能影响总需求,同时也将对总供给产生影响。一般来说,在通货膨胀时期,政府可提高税率抑制总需求,在通货紧缩时期,则可以降低税率，提高居民可支配收入和企业税后利润，刺激投资和消费，拉动总需求。税收政策也会改变总供给曲线，在通货膨胀时期对企业实施较高的税率，固然能够遏制企业的投资需求，但企业税后利润的减少可能打击企业的生产积极性，使总供给曲线向左移动，结果导致更低的产出水平和更高的物价。因此，税率的调整本身需要综合考虑其对供给和需求的影响。

对金融市场而言，财政政策主要影响国债的发行和国债收益率，从而引起金融市场定价基准的变动。当实施扩张性财政政策时，为了弥补赤字，各国往往通过加大发行政府债券来筹措资金，从而导致金融市场上债券供给增加，推高整个市场的无风险利率，使私人融资者付出更高的融资成本，可能会因此降低私人投资，这便是财政政策的"挤出效应"，即扩张性财政政策提高整体利率水平，挤出部分私人投资。

三、收入与价格管制

收入与价格管制是直接影响工资收入和产品价格的政策，政府往往采取强制性的手段，限制提高工资、限制生产者的产品价格和利润，控制物价的上涨。

（一）收入和工资管制

收入和工资政策一方面影响居民的消费，另一方面也会影响企业的生产成本。在通货紧缩时期，政府可以采取提升收入的方式来刺激居民的消费支出，而在通货膨胀时期，政府往往会制定年度的工资增长指导线，协助工会和企业就收入和工资问题达成协议等；在严重的通货膨胀时期，一些国家会采取冻结工资的方式，强制性地设定工资水平或增长率，缓解总供给下降的压力。

（二）利润管制

利润管制是指政府以强制手段对可能获得暴利的企业利润实行限制措施，包括征收高额利润税，管制利润率等，常用于公用事业产品和能源、原材料等领域，其主要目的是遏制成本推动的通货膨胀。

（三）价格管制

价格管制是政府直接针对商品和服务的价格或上涨幅度进行的限制措施，常发生于较为严重的通货膨胀时期。例如，在石油危机期间，很多国家对石油价格上涨作出了限制。然而，价格上涨如果来源于供给不足，实施价格管制并不能遏制通货膨胀的根源，反而可能产生"供应短缺",即按政府规定的价格,有较大的供给缺口,因而价格管制不宜作为长期稳定物价的政策。典型的例子是,在计划经济时代,各种商品的价格都由政府制定,短缺成为一种普遍现象,物价虽然看似平稳,但人们的消费极度匮乏。如果没有解决经济中的供给不足现象,一旦放松价格管制,隐形的通货膨胀都会表现为公开的通货膨胀,物价水平会持续大幅度上升。苏联解体后,俄罗斯等国发生严重的通货膨胀,其中的一个原因便在于长期价格管制和供给短缺。

附录 14-1 总供给曲线的不同形态

由于资源利用的水平不同,总供给曲线可能呈现出三种形态,如图 14-10 所示。

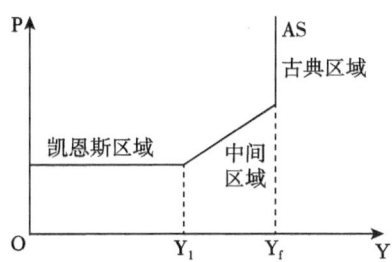

图 14-10 总供给曲线的三种形态

古典区域——充分就业的产出水平与物价无关。长期来看,物价和工资具有充分弹性,能够充分调整使市场出清,而经济体的总产出规模将取决于资本、充分就业[①]的劳动力和技术水平——这一产出水平 Y_f 被称为潜在产出,或充分就业产出水平。过 Y_f 垂直于 X 轴的总供给线也可视为长期总供给曲线。

中间区域——产出与物价正相关,(短期)总供给曲线向右上倾斜。厂商的利润取决于产品价格与生产成本的差,在短期工资和要素价格调整黏性的情况下,物价上升会增加厂商利润,激励厂商提高供给,因而物价与产出正相关。如果工资和价格弹性越大,则产出调整的速度越快,总供给曲线将越陡峭。经济学家认为,经济长期将面临充分就业产出的约束,因而产出与物价正相关的关系仅存在于短期,这种正斜率的总供给曲线可视为短期总供给曲线。

凯恩斯区域——水平的总供给曲线。当存在大量闲置资源时,厂商在当前价格下总是

---

① 由于经济体中存在摩擦性和结构性的失业,因此充分就业并不等于无失业,而是对于自然失业率条件下的就业,此时的产出水平被称为总产出的自然率水平或潜在产出,即长期内在任意物价水平下,经济体能够稳定下来的产出水平。

意愿提供更多的产出，而大量闲置资源的存在不会产生要素价格上涨的压力，厂商也不会提高产出价格。然而，这种情景往往出现在经济极度萧条时，此时政府采用总需求管理政策，将能够刺激产出增加，增加就业和资源利用。

总　结

1. 各国普遍采用一篮子商品价格来反映整体物价水平，并以基期价格为参照将其标准化为物价指数，代表性的是GDP平减指数、消费者物价指数（CPI）和核心消费者物价指数等。

2. 物价变动会产生资源配置效应、收入再分配效应和财富再分配效应。其中资源配置效应是指价格信号变化使资源流向不同部门和产品，收入再分配效应是指经济部门或群体之间由于价格变化造成的收入再分配，财富再分配则强调物价变动导致金融资产价值变化产生的资产配置。

3. 通过IS－LM模型可以推出总需求曲线，它反映了给定的货币供应量下，物价与需求水平的关系，总需求曲线向右下方倾斜。使总需求曲线位移的因素，通常被称为需求冲击，主要包括：货币供给量、政府支出、净出口变化、消费者消费倾向、企业对经济前景的信心等因素。

4. 总供给曲线AS描述了不同物价水平同总供给量（产出量）之间的关系，使总供给曲线发生位移的因素通常被称为供给冲击，主要包括原材料成本变动、劳动力市场供求和预期通货膨胀等因素。

5. 需求冲击通过引起总需求曲线位移来影响均衡的物价水平和产出，正向的需求冲击将带来均衡产出上升和物价上涨，由此形成的通货膨胀被称为"需求拉动型通货膨胀"。总供给曲线的斜率越大，需求冲击对物价的影响越大，对产出的影响越小。

6. 供给冲击通过引起总供给曲线位移来影响均衡的物价水平和产出，负向的供给冲击将带来均衡产出下降和物价上涨，由此形成的通货膨胀被称为"供给推动型通货膨胀"。总需求曲线越平缓，供给冲击对物价的影响越小，对产出的影响越大。

7. 当经济体同时遭受供给和需求冲击时，产出和物价的变化取决于总需求曲线和总供给曲线的移动方向和相对移动幅度。

8. 稳定物价的政策包括财政政策、货币政策和价格与收入管制政策等。

关键术语

消费者物价指数　　生产者价格指数　　GDP 平减指数　　总供给曲线
总需求曲线　　　　通货膨胀　　　　通货紧缩　　　　需求冲击
需求拉动型通胀　　供给冲击　　　　供给推动型通胀　混合型通货膨胀
价格管制　　　　　收入和利润管制　挤出效应

练习题

1. 什么是物价总水平？衡量物价总水平的指标有哪几种，各有什么优缺点？
2. 什么是通货膨胀，什么是通货紧缩，这两者有什么区别？
3. 物价总水平的变动有哪些经济影响？
4. 引起物价总水平变动的经济冲击有哪些？
5. 政府可以采取哪些措施来稳定物价总水平？
6. 试结合正文图 14-2 的 AS-AD 分析，如果经济处于供不应求状态，则产出和物价将如何自发调整到均衡？
7. 列举本章所涉及的各类冲击，并阐述其对产出、利率或物价的影响。
8. 试分析以下事件的发生属于什么类型的冲击，会对总需求、总供给、物价总水平和产出产生什么影响？
   （1）经济发生突发的范围较广的传染病；
   （2）恐怖分子突然袭击主要的石油和能源设施，导致能源价格上涨；
   （3）货币当局持续大规模地增加货币供应量；
   （4）政府出现大规模财政赤字，财政部宣布未来大幅度削减政府开支；
   （5）政府出现大规模财政赤字，财政部宣布将增发 2000 亿元国债；
   （6）互联网和大数据技术提升了经济的整体物流运输和交易效率；
   （7）多个粮食主产国发生严重的自然灾害，粮食大规模减产。

思考与讨论

1. 查找中国、美国、欧盟、英国和日本的 CPI 数据和 M2 数据，谈谈你对"一切通货膨胀都是货币现象"的理解，为什么近年来大规模的货币供给没有带来全球通货膨胀的提高?对此你有什么解释?

2. 查找中国1990年至今的物价和相关的宏观经济数据,以及相应的研究文献,结合本章的理论框架,你认为影响中国物价变动的主要因素是什么?

3. 恶性通货膨胀常发生在战争、政治动乱或政权更迭时期,例如,第一次世界大战和第二次世界大战期间的德国、苏联解体后的俄罗斯等国,还有一些恶性通货膨胀发生在政府大规模支出和货币大量发行的国家,如津巴布韦、委内瑞拉等。查找相关案例,从供给、需求两个维度,思考是什么原因导致了恶性通货膨胀的发生?有哪些政策可以遏制恶性通货膨胀?

4. 著名的货币主义经济学家米尔顿·弗里德曼认为"所有的通货膨胀都是货币现象"(Inflation is always and everywhere a monetary phenomenon),你赞同这一观点吗?为什么?

参考阅读

1. [美]Z·格里高利·曼昆. 宏观经济学(第十一版)[M]. 北京:中国人民大学出版社,2024.

2. 彭兴韵. 金融学原理(第七版)[M]. 上海:格致出版社,2023.

3. Milton Friedman, Inflation Causes and Consequences, Asian Publishing House, 1963.

4. 刘元春. 中国通货膨胀新机制研究[M]. 北京:中国人民大学出版社,2012.

5. 张成思. 中国通货膨胀动态形成机制的多重逻辑[M]. 北京:中国人民大学出版社,2016.

第十五章 货币政策：目标、工具与效果

学完本章后，你将能够：
- 理解货币政策框架的构成
- 区分货币政策的最终目标和中介目标
- 掌握货币政策的三大传统工具
- 对比和分析不同类型的货币政策传导机制
- 明确货币政策时滞及其类型
- 综合分析影响货币政策效果的机制和因素

本章概览

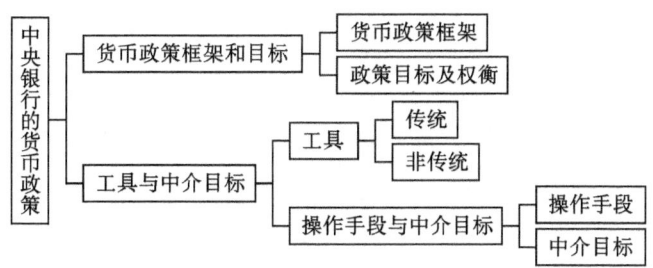

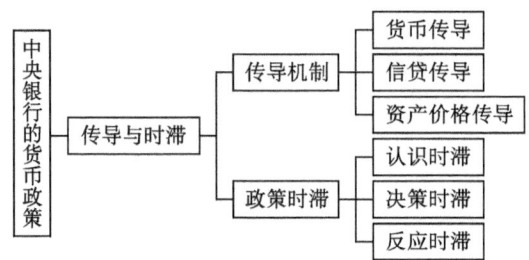

货币政策在宏观经济调控中居于十分重要的地位。主要国家央行加息或减息的新闻通常占据财经媒体的头版,而近年来史无前例的量化宽松政策更是引发了人们关于货币政策能否有效应对经济困境的争议。

关于货币政策,人们需要了解的是,中央银行货币政策的目标是什么?中央银行可以使用哪些具体的手段和工具来实现这些政策目标?为什么中央银行的货币政策不一定总是奏效,是什么影响了货币政策的效果?本章我们将为读者提供中央银行货币政策框架概览,从政策目标、政策工具和政策传导机制三个方面来回答这个问题。

 货币政策框架与目标

货币政策框架(Monetary Policy Framework)是有关货币政策目标、手段和传导机制的总和,也可以理解为货币当局运用政策工具、借助传导机制以最终实现调控目标的一整套制度安排[①]。货币政策框架因国家而异,并在不同历史时期具有不同特点。在整个货币政策框架中,货币政策目标具有决定性的意义,它决定了整个货币政策的走向和立场。

一、货币政策框架

货币政策框架由货币政策最终目标、中介目标、操作手段和政策工具构成。

人们通常所说的货币政策目标(Monetary Policy Goals),是指中央银行实施货币政策最终所要达到的目的,即最终目标,通常包括经济增长、物价稳定或币值稳定等,它对货币政策起着导向性作用。现实中,中央银行可能采取多目标制,即同时追求两个或以上最

---

① 张晓慧. 中国货币政策框架的前世今生[M].//陈元,黄益平. 中国金融四十人看四十年. 北京:中信出版集团, 2018.

终目标，也可能采取单一目标制，如追求稳定物价或者固定汇率。

货币政策工具（Policy Tools），是指中央银行能够直接动用以影响货币信贷等金融变量的工具手段，第十章和十一章已涉及了一些常见的货币政策工具，如法定准备金率、再贴现、再贷款以及公开市场操作等。此外，中央银行政策工具箱中还有一些选择性工具如口头沟通、窗口指导、信贷限制等，随着经济金融形势不断创新发展，中央银行的政策工具也在不断创新，与时俱进。

在前一章的理论分析中，货币供给扩张或收缩影响均衡的物价和产出，这种调整似乎是立竿见影的。然而实践中，由于金融市场信息不对称和摩擦，人们的信息获取、决策和实施存在时滞，中央银行、商业银行、金融市场、消费者和投资者等主体的决策较为复杂，货币政策工具与最终目标之间存在较长的传导链条，增大了预测和判断货币政策实际效果的难度。例如，为了增加就业和推动经济增长，央行连续在公开市场买入债券增加1万亿元的基础货币投放，理论上将增加商业银行准备金1万亿元，然而商业银行可能会偿还央行贷款2000亿元，并增加2000亿元的库存现金，仅将6000亿元完全用于放贷，而社会公众的投资、消费需求也可能低于预期，最终商业银行货币创造的幅度、金融市场利率的变动幅度和总需求的变化将取决于整个经济体系运行中的各个因素。

因此，在货币政策执行过程中，中央银行出于监控和顺利实现货币政策目标的需要，需要密切注意传导链条上的一些节点，如准备金数量、基础货币、银行信贷、广义货币总量的变动幅度等，并据此调节货币政策工具的实施力度和方向。在传导链条中，越靠近政策工具端的节点，可控性越强，与政策工具操作之间的时滞越短，如准备金数量、基础货币这些中央银行能够直接影响的变量即为央行的操作手段（Operational Instrument）；越接近最终目标端的节点，与最终目标的相关性越强，被称为中介目标（Intermediate Targets），由此形成了政策工具—操作手段—中介目标—最终目标的货币政策传导流程。

表15-1显示了中央银行的货币政策框架。整个货币政策过程，便是货币当局通过货币政策工具操作来直接影响操作手段，进而影响中介目标，最后实现最终目标的过程。

表15-1　　　　　　　　　　　　　　货币政策框架

政策工具	操作手段	中介目标	最终目标
法定存款准备金	短期市场拆借利率	货币供应量	经济增长
再贷款再贴现	银行准备金	信贷总量	物价稳定
公开市场操作	基础货币	短期利率	充分就业
窗口指导、指引与沟通		中长期利率	国际收支均衡
…	…	汇率	金融稳定等
…	…		金融稳定

货币政策框架主要有两种类型：数量型和价格型。数量型政策框架侧重于控制货币、信贷等数量指标，而价格型框架主要关注利率、汇率等价格指标。不同的货币政策框架下，货币政策的工具和传导机制亦有差异。

二、最终目标及其权衡

作为宏观经济政策的重要组成部分，货币政策的最终目标无疑与宏观经济政策目标保持一致。各国中央银行货币政策的最终目标虽然可能会随社会经济环境变化而有所改变，但概括而言，均包括了币值稳定和产出/就业目标；在2008年金融危机之后，各国央行实践中又将金融稳定纳入到货币政策目标中。

（一）最终目标的内容

1. 币值稳定（物价稳定）

在信用货币体系下，币值稳定意味着货币的购买力稳定以及汇率稳定[①]。鉴于目前主要发达国家和发展中大国大多采用浮动汇率制度，币值稳定的含义主要是对应着一般物价水平的稳定。

实践中，各国央行有关物价稳定的目标，往往用设置通货膨胀率的数值来量化，例如，近年来欧洲央行、英国央行、美联储和日本央行的长期通货膨胀目标值为2%，我国自2015年以来，连续5年的通货膨胀目标值为3%，并允许±1%的波动，即通货膨胀率在2%—4%范围内波动。当通货膨胀高于合意值（区间）时，央行往往会采取紧缩性的货币政策，而当通货膨胀率低于合意值（区间），甚至低于零，陷入通货紧缩时，则会采取积极的扩张货币政策。

2. 经济增长

经济增长是指一个国家在一定时期内经济总量的增加，实现稳定的经济增长是各国政府追求的目标。有关经济增长理论表明，长期来看，一国的资本、土地自然资源、劳动力资源、劳动生产率和组织制度等是影响经济增长的主要原因，而货币政策能够通过改变货币信贷数量和利率，刺激投资和消费，短期内改变总需求，长期内对资本供给产生影响，为经济运行创造良好的货币金融环境，从而影响经济增长。

保持经济增长，并不意味着货币政策要使经济增长率越高越好，而是要使经济增长率

[①] 在金本位时代，各国的货币供应并不受中央银行控制，因而没有真正意义上的货币政策；如今，一些实施严格的固定汇率制度的国家，实际上将币值稳定（即对目标货币的汇率稳定）设定为其货币政策锚，这些国家也没有独立的货币政策。

与技术、环境、资源等决定的潜在增长率相匹配。如果经济增长率高于潜在增长率，会引发通货膨胀，而当经济增长率远低于潜在增长率时，则可能出现过高的失业率。因此，理想状态的货币政策应该使经济增长率与潜在的经济增长率相当，即"中性的货币政策"。

3. 充分就业

充分就业是指符合法律规定（如法定工作年龄）、具备工作能力的人并自愿参加工作的人，都能在较为合理的条件下及时找到适当的就业岗位。失业问题不仅是经济问题，还是社会问题，威胁社会安全和稳定，对政府执政产生巨大压力。因而，将失业率降低到社会可以接受的水平成为宏观政策的追求的重要目标，在经济增长平稳的一些发达国家，将促进就业作为货币政策的首要目标。

值得注意的是，充分就业并不是完全没有失业，因为经济中总会存在摩擦性失业和结构性失业。摩擦性失业（Frictional Unemployment）是指劳动者因为寻找适于自己的工作而在一段时间内产生的暂时性失业，例如，劳动者对现有工作不满而辞职寻找下一份工作，他在该期间即处于摩擦性失业状态。结构性失业（Structural Unemployment）是指劳动的供给和需求的结构性不匹配导致的失业，例如，中国劳动力市场上同时出现大学生"就业难"和一些行业、地区"用工荒"的现象。此外还有一部分自愿失业者，无论就业条件如何优越，都不愿意就业。失业现象无法彻底消除，宏观政策追求自然失业率（Natural Unemployment），即使劳动力市场供给和需求相等时的失业率。在美欧等发达国家的政策实践中，失业率小于4%，即可视为充分就业状态。

4. 国际收支平衡

国际收支平衡是指国际收支主要差额，特别是自主性项目收支差额基本持平，它属于宏观经济外部平衡目标。对开放经济而言，开放度越高，则国际收支失衡对其国内的影响越大。例如，原材料进口国的逆差可能导致本国汇率贬值、通货膨胀等，从而威胁币值稳定；而对于固定汇率制度的国家而言，国际收支平衡将有助于实现其"汇率稳定"这一目标。

5. 金融稳定

在信用货币体系下，金融稳定是经济和社会稳定的前提。中央银行是整个社会最终的流动性提供者（最后贷款人），对于保持金融稳定，避免出现金货币危机、银行危机或债务危机等负有最终责任。2008年全球金融危机之后，各国普遍反思应该在货币政策框架中增加金融稳定性目标，将货币政策的宏观审慎监管与微观金融监管相结合。

（二）货币政策目标的冲突

货币政策诸目标之间存在较为复杂的关系，通常物价、就业和产出增长之间存在正相关,因而稳定物价与刺激增长或就业的目标之间存在潜在冲突;货币当局还面临国内均衡与对外均衡的冲突,以及金融稳定与经济增长的冲突。在不同目标之间权衡取舍,使货币政策更像是一门关于权衡的艺术。

1. 物价稳定与经济增长和充分就业

经济增长往往意味着就业的同步增长,但当经济增长速度超越自然增长率(由自然就业率决定)后,增长(就业)和物价稳定的矛盾将出现激化。图15-1显示了在不同的总供给条件下的 AS-AD 均衡。同第十四章不同,此处的总供给曲线具有产出上限,即由充分就业条件决定的总供给数量 Yf,在此水平上,需求增加只能带来物价上涨(古典区域);如果经济存在大量失业(产出低于 Yu),总供给曲线呈现水平,该阶段物价存在黏性,需求增减不会改变均衡物价,这段水平的供给曲线被称为凯恩斯区域;在中间的正斜率曲线意味着产出和物价的正相关,即前文所讲的短期供给曲线。

当总需求线 AD 向右移动时,在凯恩斯区域不会带来均衡物价上涨,货币当局只需专门刺激总需求而无须担忧通货膨胀;而在古典区域,货币当局无论如何推动 AD 线右移,只能带来物价上涨而无助于产出增加;因而所谓的产出和物价的权衡主要出现在中间区域,此时,刺激总需求可能会带来物价上涨和产出的增加,货币当局需要在维持物价稳定和产出增长之间作出选择。

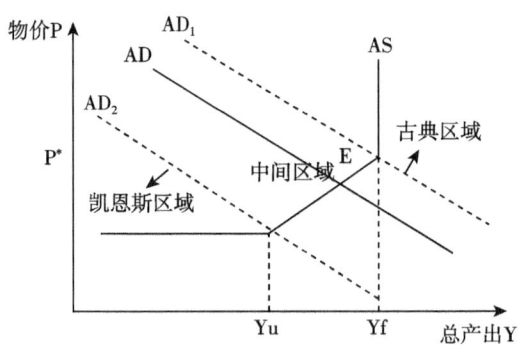

图15-1 AS-AD 框架下的物价与产出

经济学家用产出缺口(Output Gap),即实际经济增长率与充分就业的潜在增长率之间的差来描绘总供给的状况。经济学家发现产出缺口有助于预测通货膨胀:当产出缺口为正时,易发生通货膨胀;相反产出缺口为负时,物价增长将放缓甚至下跌。因此,观察产出缺口的值有助于货币当局判断通货膨胀的走向。

在通货膨胀和失业之间,经济学家菲利普斯通过实证研究也发现了类似的替代关系,表述为菲利普斯曲线(Phillips Curve):高失业水平往往伴随着较低的工资增长率和通货膨胀率,即失业率越高,物价越低,反之物价越高,则失业率越低。中央银行用紧缩货币政策治理通货膨胀，可能推高失业率，而用宽松货币政策降低失业率则可能会推高通货膨胀。美联储常根据这一关系，在失业率下降时加息以避免推高通货膨胀。20世纪80年代，美联储主席沃尔克为了控制两位数的通货膨胀，大幅提高联邦基金利率，便面临美国的失业率短期急速上升的巨大压力。然而，近年来人们发现菲利普斯曲线似乎对现实丧失了解释力度，即使美国的失业率下降，通货膨胀也几乎没有上升，一直低于美联储2%的目标水平，由此引发了理论界和政策界的反思。

2. 内部和外部均衡的冲突

对一国而言，国际收支平衡可能与内部经济增长或物价稳定形成冲突。如果刺激总需求来追求经济高增长，则可能带来进口需求增加产生贸易收支逆差；如果为了应对贸易逆差而紧缩国内需求，则可能会降低国内经济增长速度。正是因为这种两难，很多政府在面对持续性的贸易失衡时，不愿采取紧缩的政策牺牲经济增长，而是通过举借外债的方式融通资金，反而进一步加剧了国内经济的脆弱性。

国内外均衡的冲突也体现在资本账户资金流动和汇率稳定方面。如果经济不景气时恰好面临国际资本的持续流出，则政府提升利率虽有助于缓解资金外流和货币贬值，但却可能进一步打击国内的投资和消费，加剧经济的衰退；如果采用降息等刺激总需求的政策，则可能加剧本币贬值和资金外流的不平衡状态。2016年中国内部面临经济长期增长放缓，企业债务负担严重的状况，宽松的货币政策将有助于缓解内部压力，然而中国同时还面临资本流出和人民币贬值压力，宽松货币政策将加剧汇率贬值和资本流出，这也加大了宏观调控的难度。

3. 金融稳定与其他目标的冲突

近年来，金融稳定在宏观经济中的重要性日益凸显。金融市场、信贷与货币供给具有顺周期性，其波动幅度比产品和要素市场更加剧烈。中央银行的货币政策本身可能会加剧金融市场的波动，如使用宽松货币政策刺激经济增长时，可能带来金融市场的过度繁荣，加剧金融不稳定；而为了抑制物价过快上涨采取紧缩性货币政策，缩减货币和信贷，往往会减少金融市场的资金供给，导致资产价格下跌，提高企业融资成本，加剧信贷违约程度，增加市场的脆弱性。近年来各国央行纷纷强调宏观审慎监管，以应对这种冲突。

（三）货币政策目标的选择

有鉴于货币政策目标之间存在客观冲突，央行的货币政策目标选择也在多目标和单一目标之间摇摆。

1. 多目标制

实施多目标的典型代表是美联储和中国央行。根据《美国联邦储备法》，美国的货币政策目标是控制通货膨胀，促进充分就业，即货币政策最终目标为充分就业和物价稳定。当然，目标的具体表述随着时间变化而不同形式，例如，"抑制通货膨胀和通货紧缩，创造有利的条件，保持可持续的高就业、价格稳定、经济增长和消费水平的不断提高"等，但总体上美联储的货币政策框架是围绕着通货膨胀和就业水平制定的。当前，美联储有关长期通货膨胀目标的设定值为2%，而对就业则关注实际就业与最大化就业水平的偏离，并据此调整利率水平。

根据《中国人民银行法》，我国货币政策的目标是"保持货币币值的稳定，并以此促进经济增长"。而在中国的货币政策实践中，自1984年中国人民银行承担中央银行职能起，中国政府赋予中国人民银行的年度目标就是维护价格稳定、促进经济增长、促进就业和保持国际收支大体平衡。更进一步地，结合我国转轨经济特征和金融市场发展的现状，金融改革开放和维护金融稳定也是我国较为重要的货币政策目标，因此，我国实施的是多目标的货币政策框架。

对于中央银行而言，多目标制赋予货币当局一定的灵活性，然而因为经济系统的复杂性和政策目标之间的矛盾，中央银行同时实现多个目标几乎不太可能，货币当局面临政策目标权衡取舍时往往需要"相机抉择"，即根据特定时期和特定环境决定目标的优先取舍，并据此决定货币政策的立场（即宽松或紧缩），选择货币政策工具和手段。

2. 单一目标制

20世纪80年代之前，各国货币政策往往被赋予多重目标，但目前很多国家央行货币政策转向以稳定物价为主要目标甚至唯一目标，通过调控政策利率将通货膨胀率稳定在目标水平上，新西兰、加拿大、英国等10多个国家相继采用了"通货膨胀目标制"。经济学家与政策决策者普遍认为，单一目标调控框架的优点是更为简洁、容易沟通、易于公众监督和评价政策效果，从而将增强货币政策的规则性，抑制中央银行刺激经济的内在倾向。

然而，单一目标制需要中央银行具有较强的独立性，同时具有相应的机制（如政策公开问责等）对货币政策进行评价和问责，该制度的缺点也较为明显，即可能会因为稳定物价而付出经济增长放缓和失业的代价。现实中物价、产出和就业之间存在错综复杂的关系，例如，近20年以来，发达国家普遍出现物价同经济增长相关性下降的现象，中央银行如果过于关注物价目标，可能会在本应该放松货币政策的时候继续维持货币紧缩，产生较为严峻的失业问题，威胁经济的稳定。

第二节 货币政策工具与中介目标

为达到货币政策目标,就需要有相应的货币政策工具。在中央银行的工具箱中,除较为著名的三大法宝——准备金政策、再贴现政策和公开市场操作这类一般性货币政策工具外,还有诸如信用管制、窗口指导、短中长期借贷便利等形形色色的政策工具,中央银行也不断根据金融形势的变化,补充新的政策工具和手段,例如,2008 年后美国等发达国家推出大规模购买非政府债券的举措(量化宽松政策)以及以公告方式引导公众预期的"前瞻指引政策",等等。

一、货币政策工具

读者可以回忆第十章中央银行的资产负债表,中央银行的大部分货币政策操作工具都或多或少在资产负债表上留下痕迹。

(一)传统的央行"三大法宝"

1. 法定存款准备金制度和准备金率调节

中央银行可以制定有关商业银行等存款性金融机构缴纳法定存款准备金的相关政策,包括哪些机构和哪类存款应该交准备金(缴纳对象和缴纳范围)、按多大比例交纳准备金(法定存款准备金率)、对准备金的付息(准备金利率),等等。

在准备金制度中,最为重要的是法定存款准备金率 rr,即央行强制要求商业银行等存款货币机构对其吸收的公众存款需要上交的准备金比例。在准备金总数一定的条件下,提高法定准备金率会减少商业银行的超额准备(冻结商业银行的部分资金),降低货币乘数,使商业银行的存款创造能力下降,使货币供给紧缩;反之,降低存款准备金率则有助于扩张货币供给。

法定存款准备金工具的优点在于它对所有存款货币银行的影响是一致的,对货币供给量具有极强的影响力,速度快,同时具有较强的揭示政策方向的"宣告效应",然而,调节准备金率这一工具对银行体系的整体影响较大,缺乏弹性,不适合进行政策微调和试错;此外,提高法定准备金率可能使超额准备率较低的银行陷入流动性困境,产生较强的负作用。

在实践中，中国人民银行实施了差别化准备金率政策，即对不同类型的商业银行（国有银行、全国股份制银行和城市商业银行、农村商业银行等）实施不同的准备金率，有效地缓解了准备金率调控"一刀切"的做法。

2. 再贴现政策

再贴现是中央银行对金融机构持有的未到期已贴现商业汇票予以贴现的行为。再贴现率是中央银行对商业银行提供的票据进行贴现时收取的利率，即商业银行贴现贷款的资金成本。

再贴现政策可以发挥三个作用：（1）影响准备金数量和商业银行的资金利率水平，从而调节银行体系的货币供应量和利率；（2）当整个银行体系可能遭受流动性不足时，再贴现政策可以发挥中央银行"最后贷款人"的作用，给予问题机构以流动性支持，帮助商业银行渡过难关，免于因商业银行倒闭而引起的整个金融领域的支付危机与金融恐慌；（3）应用于中央银行的选择性政策，如通过规定哪些金融机构有资格申请再贴现、哪一类票据可以再贴现等，中央银行可以控制央行货币的资金流向，扶植或限制一些产业的发展。例如，近年来为了支持小微企业和脱贫攻坚，中国人民银行就通过再贴现政策优先支持银行小微企业票据、民营企业票据和涉农票据等[①]。

再贴现利率可视为商业银行从中央银行融资的成本，提高再贴现利率可能降低商业银行对企业的票据贴现贷款数量或提高对企业的票据贴现利率，从而达到缩减货币信贷供应的目的；相反，降低再贴现利率，则会具有扩张货币信贷供应的效果；除此之外，有关再贴现政策的调整，也具有"告示效应"，即中央银行可借此向市场发出有关货币政策调节方向的信号。

同法定准备金政策相比，中央银行再贴现工具的影响较为间接，是否进行再贴现的最终决定权在商业银行，中央银行在再贴现过程中处于被动地位。尤其是在中央银行决定实施较为宽松的货币政策而降低再贴现利率时，若商业银行自身不愿进行再贴现，则此时难以实现货币政策意图。

3. 公开市场操作

公开市场操作（Open Market Operation）又称公开市场业务，是指中央银行为了将货币数量和利率控制在适当的范围内而在金融市场上公开买卖有价证券的政策行为。当中央银行在公开市场上买入有价证券时，基础货币相应增加，相反当中央银行卖出有价证券

---

① 中国的货币政策实践中还有一项重要的工具，即中国人民银行对商业银行的贷款，称为再贷款，同再贴现一样，属于对商业银行的融资，有助于控制信贷规模和货币供应量，并且具有针对特定行业和市场进行调控的功能。

时，基础货币减少。

传统的公开市场操作交易标的主要是政府短期债券，原因在于其流动性强，潜在的风险如信用风险、利率风险和通货膨胀风险低，市场容量巨大，金融界也往往将短期政府债券利率视为短期资金无风险收益率的代表。近年来，随着发达国家短期名义利率接近零下限，中央银行利率调控重点逐步转向中长期利率和利率期限结构，中长期国债也逐步成为公开市场操作的主要标的。在特定情况下，为了提高金融市场的流动性，影响利率的风险结构，中央银行甚至直接购买其他资产，例如，2008年金融危机后美联储就曾大量购买商业票据、抵押贷款支持证券等为市场注入流动性；日本央行在实施量化宽松政策时，一度在股票市场上通过购买指数基金进行交易，这种购买是"非常规货币政策"的主要方式。值得一提的是，中央银行购买私人证券会产生特定的财富分配效应（即持有该类证券的投资者将受益于货币政策带来的价格变动），扭曲证券价格，有失公平，因此公开市场业务中购买私人证券的举措往往引发巨大的争议，不属于常规的货币政策操作。

根据中央银行操作的主动与否，公开市场操作可划分为主动性操作和防御性操作。主动性操作是指货币当局为实施货币政策，主动改变银行体系准备金、基础货币的行为，其特征是中央银行在公开市场上连续、同向操作，买入/卖出有价证券。防御性公开市场操作是指中央银行为了抵消影响基础货币变动的其他因素变化而进行的对冲操作。例如，政府财政存款增加会减少基础货币，中央银行为使基础货币恢复到合意水平，通过公开市场购买证券投放流动性，维持银行体系准备金或基础货币数量的稳定。再如，我国的国际收支长期呈现资本账户和经常账户双顺差局面，由此引发的外汇储备增加带动基础货币扩张，中国人民银行通过发售中央银行票据、卖出其他有价证券的方式回收银行市场的流动性，以便减缓基础货币的扩张。

公开市场操作属于较为灵活的货币政策工具：（1）同时影响资金数量和价格。通过公开市场操作，中央银行能够较为精确地调控银行体系准备金和基础货币供给量。（2）精确性。中央银行可根据准备金或利率的变动情况进行连续性、小幅微调，而不会像调整准备金率那样给市场带来较大的一次性剧烈冲击，适合作为中央银行日常调节工具。（3）主动性强。公开市场操作主动权完全在中央银行，中央银行可以调节操作时机、操作市场、交易规模。（4）迅速实施。公开市场的操作可迅速实施，市场的影响和反馈也更为及时。

公开市场操作的局限性是：（1）公开市场操作较为细微，技术性较强，政策意图的告示作用较弱；（2）公开市场操作需要以较为发达的有价证券市场为前提，否则难以发挥其政策优势。

(二) 选择性货币政策工具

选择性货币政策工具是中央银行针对个别部门、企业或特殊用途的信贷而采用的政策工具,这些政策工具可以影响商业银行体系的资金运用方向和相应的资金利率。一般而言,选择性货币政策工具主要有优惠利率、针对证券或房地产市场的信用控制等,近年来我国在政策实践中又增加了面向小微企业、绿色产业贷款的定向流动性支持。

1. 优惠利率

优惠利率是指中央银行对某些部门、行业和产品实施优惠性的利率以鼓励其发展。中央银行可以对相关行业、企业和产品规定较低的贷款利率,由商业银行执行,或对这些行业和企业的票据规定较低的再贴现率,引导商业银行的资金投向和投量。

2. 信用控制

信用控制是指中央银行对特定用途的信贷资金从数量、获取途径或利率方面进行控制,包括证券市场信用控制、消费者信用控制和房地产信用控制等。

证券市场信用控制包括有关证券交易的各种贷款和信用交易的保证金比率[①]的限制,目的在于限制信用交易的总量,抑制过度投机。

消费信用控制是指中央银行对消费者购买不动产以外的耐用消费品实施的融资限制措施,包括分期付款和消费信用贷款的条件、期限和利率等,其目的在于影响消费者对耐用消费品有支付能力的需求。当经济过热,通货膨胀率较高时,就可以紧缩消费信贷;反之当经济低迷时,则放松消费信贷的限制。

不动产信用控制指中央银行对商业银行等金融机构向客户提供不动产抵押贷款的管理措施,通常包括规定贷款限额、期限、首付比例和利率等。当住房需求旺盛导致房价快速上涨时,中央银行往往要求商业银行提高住房贷款的首付比例,提高对购房者购买第二套房产的贷款利率等,以此降低购房需求,抑制房价泡沫。

3. 定向资金支持

近年来,为了实现特定的经济结构调整目标,中国人民银行通过在特定领域或行业提供定向资金支持、优惠利率等方式,引导金融机构加大对这些领域的信贷投放,从而促进经济结构优化和转型升级。例如,旨在促进房地产市场平稳健康发展的租赁住房贷款支持计划、支持普惠信贷和绿色金融的工具等,详见专栏15-1。

---

① 值得注意的是,在中国证券交易保证金比例由证监会决定,因此我国中央银行的证券信用控制手段,主要是禁止商业银行对证券投资的贷款。

专栏 15-1　中国的结构性货币政策工具

结构性货币政策工具是指中央银行为了实现特定的经济结构调整目标，通过在特定领域或行业提供定向资金支持、优惠利率等方式，引导金融机构加大对这些领域的信贷投放，从而促进经济结构优化和转型升级的货币政策手段。

中国的结构性货币政策工具种类丰富，包括长期性工具和阶段性工具。长期性工具主要有支农再贷款、支小再贷款和再贴现；阶段性工具则根据不同时期的经济发展需求设立，如普惠小微贷款支持工具、碳减排支持工具、支持煤炭清洁高效利用专项再贷款、科技创新再贷款、普惠养老专项再贷款、交通物流专项再贷款、设备更新改造专项再贷款、普惠小微贷款减息支持工具、收费公路贷款支持工具、民企债券融资支持工具等。

2023 年，为促进房地产市场健康平稳发展，中国人民银行新设立房企纾困专项再贷款、租赁住房贷款支持计划两项阶段性的结构性货币政策工具。其中，房企纾困专项再贷款额度为 800 亿元，支持 5 家全国性资产管理公司并购受困房地产企业存量房地产项目；租赁住房贷款支持计划额度为 1000 亿元，支持对象为工商银行、农业银行、中国银行、建设银行、交通银行、邮储银行、开发银行等金融机构，向重庆、济南、郑州等 8 个试点城市发放贷款利率不超过 3% 的租赁住房购房贷款。2023 年，中国人民银行共实施长期性、阶段性的结构性货币政策工具 17 项，截至 2023 年三季度末，结构性货币政策工具余额超过 7 万亿元。

我国结构性货币政策工具的特点：（1）定向性，针对特定的经济领域、行业或群体，如小微企业、绿色产业、科技创新等，精准施策，引导资金流向实体经济的重点领域和薄弱环节；（2）灵活性，可以根据经济形势和政策目标的变化进行灵活调整和创设，以适应不同阶段的经济发展需求；（3）引导性，通过设定特定的条件和激励机制，引导金融机构主动调整信贷结构，降低特定领域的融资成本，提高金融资源配置效率。

整体来看，结构性货币政策工具不仅有助于优化经济结构、推动资金流向国家重点支持的领域，而且支持了经济中的薄弱环节，有助于舒缓融资困难、降低融资成本，实现对实体经济的"精准滴灌"。

（三）其他货币政策工具

1. 利率限制

利率限制是指中央银行规定存贷款利率的上下限。在发展中国家，限制利率的目的往往在于集中社会资金,投向政府鼓励的行业或领域,是一种"金融抑制"的手段;一些国家实施利率限制的目的,则是防止金融机构过度竞争而引发金融风险。

2. 信用配给

信用配给是指中央银行根据市场资金供求及客观经济需要,对各个商业银行的信用规模或贷款规模加以分配,限制其信贷上限的政策。很多发展中国家长期使用信用配给政策,而发达国家如日本在 20 世纪 90 年代,为控制信用和物价,也采用过放款限制。

3. 窗口指导和公开宣告

窗口指导是指中央银行利用自身的影响力,向金融机构解释说明相关政策意图,提出指导性意见,通过劝告或建议实现货币政策目标。窗口指导的作用效果,取决于中央银行的声望及其与商业银行之间的博弈关系,性质较为温和,并不具有强制力,通常是辅助性的货币政策工具。

近年来,中央银行越来越多地利用影响力,对货币政策的走势进行公开宣告,以引导公众预期,实现货币政策目标。某种意义上,中央银行的"言说"已经同"行动"一样,成为货币政策的工具手段。

二、货币政策操作手段与中介目标

(一)操作手段与中介目标

操作手段(Operational Instruments)是中央银行通过货币政策工具操作能够直接影响的政策变量,如准备金、基础货币等。操作手段一般是中央银行系统内的可控变量,对政策工具的运用反应极其灵敏。常见的货币政策操作手段指标包括:短期利率、基础货币和准备金数量。

中介目标(Intermediate Targets),是中央银行针对介于货币政策操作手段和货币政策最终目标变量之间的指标设置的目标。中介指标往往是金融市场上一些重要的指标,与最终目标具有很强的相关性,但货币政策工具不能直接影响中介指标,因此其可控性比操作变量弱。常见的货币政策中介目标包括信贷总量、各层次货币和市场利率等。

(二)操作手段与中介目标的选择标准

中央银行选择操作手段和中介目标指标时,需要遵循可测性、可控性和相关性三个标准。

可测性,是指中央银行能对操作手段和中介指标进行精确的统计和度量,并能及时获得相应信息。在政策传导链条上，如果不能准确迅速地度量和监控相关变量，中央银行将很难确定政策是否达到预期效果。不同类型的指标在可测性方面存在差异，例如，利率类指标如货币市场拆借利率、各期限债券利率等易于度量且可迅速获取，但民间拆借利率数据可测性较差；商业银行的准备金、信贷和各层次货币总量等数量数据虽然可获得，但存在一定周期和时滞。因此从可测性看，市场利率优于准备金等数量型指标。

可控性，是指中央银行可以较有把握地将选定的指标控制在确定或预期的范围内。若中央银行不能控制政策手段或中介目标，即使中央银行知道其偏离轨道也无济于事。需要指出的是，可控性本身同中央银行货币政策工具相关，如果采用直接信用管制、利率管制等方式，则信贷总量和存贷款利率等指标的可控性最强；而在实施市场化调节和干预工具的条件下，可控性强调的是中央银行对这些手段变量和中介指标具有较强的影响力度。例如，通过开展公开市场业务，中央银行能较为准确地直接调控商业银行的准备金和基础货币的数量，但银行信贷乃至货币总量的变动很大程度会受银行、企业和居民的影响，因而从可控性看，商业银行准备金优于信贷总量，信贷总量优于货币总量。

相关性，指作为操作手段和中介指标的变量与货币政策的最终目标有着紧密的关联性，对最终目标具有可预计的影响。例如，只要中央银行愿意，就可以快速准确地监测和度量三文鱼的市场价格（可测性），并能完全控制其价格（可控性），但三文鱼价格这个指标对整个经济的产出和就业有什么影响呢？中央银行能用这个指标来实现其就业或产出目标吗？毫无疑问，与最终目标的相关性，是选择货币政策手段和中介目标的先决条件。从与产出和物价的相关性看，货币总量优于基础货币，后者优于准备金数量。

从中央银行的政策决策来看，选择操作变量和中介目标，是在相关性、可控性和可测性三者之间的权衡。

（三）常见的操作手段变量

常见的货币政策操作手段变量包括短期利率、基础货币、准备金等。

1. 基础货币

基础货币是中央银行的货币性负债，由流通中现金和商业银行准备金构成。从中央银行的资产负债表（参见第十章第二节）来看，中央银行可以准确地测度基础货币数量；从可控性看，虽然央行不能控制诸如财政存款等因素，但通过公开市场业务、法定准备金制度等，能够较为精确地控制基础货币的总量。

从相关性看，货币供给方程 $MS = m \times MB$ 表明，央行控制基础货币有助于从源头控制货币总量，在货币乘数稳定时期，基础货币同货币总量具有很强的相关性，是较为理想的货币政策手段变量。20 世纪 80 年代以来，货币乘数的不稳定使基础货币—货币总量之间的稳定关系被破坏，而货币总量与经济总量之间的相关性也减弱，基础货币作为货币政策操作变量的有效性也因此下降。

2. 准备金或超额准备金

商业银行的准备金也是常见的货币政策操作变量之一。从中央银行的资产负债表管理视角来看，商业银行准备金是央行的负债项，能够准确地统计和测度；通过法定准备金制度，中央银行能够对法定准备金数量进行调整；通过公开市场业务、再贴现和再贷款等货币政策工具，能影响商业银行的超额准备金数量，但是商业银行持有多少超额准备是由商业银行根据自身利益最大化和市场环境决定的，这削弱了其可控性。从相关性来看，准备金数量同基础货币、信用总量和货币总量密切相关，并进而影响投资、消费，因此，中央银行可以通过影响准备金数量来达到影响经济活动的目的。

3. 短期利率

中央银行通过调节政策利率（如再贴现率、再贷款利率、准备金存款利率、央行票据利率等）或公开市场操作，对市场短期利率水平具有很强的控制能力。市场利率水平包括同业拆借利率（如美国联邦基金利率）、回购利率或短期国债收益率等，这些指标信息较为透明，满足可测性、可控性。

然而，对投资、消费和国民收入等产生重要影响的是中长期利率，如果以短期利率作为货币政策操作手段，其前提是短期利率同中长期利率和国民收入存在较为确定的关系。如果利率没有完全实现市场化，则利率无法反映真实的资金供求，其作为操作手段也就失去了意义，与最终目标变量的相关性就更加无从谈起了。此外，当短期利率水平与中长期利率之间的关系不稳定，甚至是完全无关，那么利用短期利率影响中长期利率的政策意图将很难实现，短期利率作为操作手段将失效。2008年金融危机之后，美国、日本、欧元区等短期市场利率接近零，美联储、日本央行和欧洲央行等将货币政策操作的重点转向中长期利率和准备金数量等。

（四）货币政策中介变量

1. 数量型中介变量

数量型中介变量主要是货币供应量和信贷总量[①]。货币当局往往公布与经济增长相适应的货币供应或信贷数量的目标增长率，并通过政策工具调节、监控其增长水平。其背后的逻辑是，如果货币或信贷数量或增长率超过货币当局的期望值，商品市场上可能出现需

---

① 在直接融资占比较高的国家，银行信贷规模与经济增长的相关性较弱，而放松金融管制和市场化条件下，中央银行对商业银行的信贷总量逐步丧失了控制，因而信贷总量已经不再是货币政策中介目标。自1998年起，中国就取消了信贷规模控制，信贷总量不再作为货币政策的操作手段和中介目标。

求大于供给的情况,将产生通货膨胀压力,此时中央银行将采取缩减货币或信贷供应的政策,反之亦然。

实践中,各国曾普遍选用货币总量为中介目标,例如,美联储1979年将货币供应量M1增速作为中介目标,1987年采用广义货币M2的增速为货币中介目标。从相关性看,货币总量与经济发展状况特别是通货膨胀联系密切,社会供求失衡会通过货币供应量的多少反映出来,中央银行易于根据货币总量判断货币政策的总体宽松或紧张程度。然而,随着金融创新的迅速发展,货币的外延不断扩张,可测性下降;不同层次的货币数量同经济运行最终目标的相关性也有所减弱;尤为重要的是,货币供给内生性很大程度降低了货币总量的可控性,因此各国在20世纪90年代以来普遍放弃了货币总量目标,转向利率中介。

我国在1994—2017年也采用货币供应量作为中介目标,每年公布相应的货币供应量的目标增长率,例如,2017年设定广义货币总量增速为12%左右,然而随着金融市场不断发展,货币供给的内生性日益增加,可控性逐步下降,2007年中国人民银行放弃了M1的调控目标,只公布M2中介目标增长率,并在2018年放弃了明确的M2增速目标,在保持流动性和货币供应稳定的基调下,操作中逐步转向以利率为中介目标的货币政策调控。

2. 价格型中介变量

利率是资金的成本。在较为完善的金融市场中,各期限和各类别利率具有强大的信号功能和资源配置功能,广泛影响消费、投资、产出、信贷、金融资产价格和资本流动。

以利率作为中介目标,就是通过政策工具来调节监控市场利率水平,使其达到中央银行的期望值。实践中,中央银行往往会根据经济金融环境和金融市场状况,设定理想的市场基准利率水平,若市场利率偏离这一水平,中央银行就会运用各种政策工具,使市场利率向中央银行预期的合理利率靠拢。当市场利率高于利率目标水平时,中央银行将实施扩张性的货币政策降低市场利率,反之同理。

专栏15-2 理解货币当局的目标利率设定——泰勒规则

泰勒规则(Taylor Rule)作为最常见的货币政策规则之一,是斯坦福大学的约翰·泰勒教授于1993年根据美国货币政策的实际经验提出的一种名义短期利率调整规则,其公式表述为 $i_t = r^* + \alpha(\pi_t - \pi^*) + \beta(Y_t - Y^*)$。中央银行以均衡的实际利率为基础,根据通货膨胀缺口(即通货膨胀 π 与其理想水平 π^* 的差)和产出缺口(产出 Y 相对于潜在产出 Y^* 的差),调整名义利率水平 i。当通货膨胀或产出高于合意水平时,货币当局应该提高利率,相反则降低利率。

泰勒假定均衡的实际利率为2%，合意的通货膨胀率为2%，α和β分别为1.5和0.5，若通货膨胀率为3%（通货膨胀缺口为1%），不考虑产出变化，名义利率应该向上调整1.5个百分点即 $\Delta i_t = 1.5 \times (3\% - 2\%)$，名义利率的调整幅度高于通货膨胀的变动幅度，这就是泰勒定理（Taylor Principle）。如果名义利率调整低于通货膨胀变动幅度会发生什么？如果通货膨胀缺口为1%，而名义利率仅上升0.5%，此时经济的实际利率水平将下降0.5%，意味着更为宽松的利率环境和更高的总需求，将加剧通货膨胀，因此名义利率上升幅度应该高于通货膨胀变化程度，才能通过实际利率上升发挥紧缩效应。

泰勒规则有助于读者理解货币政策的框架：中央银行根据既定的货币政策最终目标，确定适宜的中介目标利率水平，该规则较好地描述了美联储在1980—2008年的货币政策操作，美联储联邦公开市场委员会也根据该规则预测目标利率水平。但实践中，这种高度简化的政策规则忽略了货币政策的复杂性，无论是目标权衡（α和β的设置），还是适宜的通货膨胀率、均衡实际利率、产出缺口判定等，均需要大量信息和主观判断，货币政策更像是关于权衡的艺术而非严格的科学。

选取利率为中介目标，优点是可测性、可控性和相关性较强，能有效地作用于货币、金融和资产价格变量，调节市场总供求。然而，利率作为中介指标的一个前提是，利率本身应能敏锐地反映货币和金融市场的供求关系，如果经济中存在较多的利率管制或限制，则利率中介的价格信号作用可能扭曲或失灵，其与最终目标的相关性就无从谈起。

3. 利率或货币中介目标的对比

货币当局不能同时选择利率或货币供应量作为中介目标。根据货币市场均衡等式：$\frac{M^s}{P} = \frac{M^d}{P} = L(Y, i)$，如果货币当局想维持货币总量目标，如固定 M^s，则面对货币需求或产出冲击时，货币市场只能通过利率变化实现均衡；相反，如果货币当局确定利率目标，如固定 i，则货币供给的数量应该跟随产出和货币需求变动而变化。那么，货币当局应该选择哪一个变量作为中介目标呢？

理论上，中介变量的选择将取决于货币政策目标和经济冲击的性质：假定货币当局试图稳定实际产出，如果经济主要面临的是货币冲击，则应以利率为中介目标，通过货币供应量的增减抵消货币冲击的影响；相反，如果经济面临的主要是实际冲击，则应该以货币供应量为中介目标，通过利率的变动调节实际需求达成合意的产出。

图15-2用IS-LM模型阐述了这两者的区别。假定经济最初处于均衡状态，图15-2

(a) 显示经济遭遇实际冲击的情况,例如,生产率提升产生的正向冲击,此时商品市场均衡线从 IS_1 右移到 IS_2。若央行以稳定的货币供应量为中介目标,则 LM 线不发生变化,此时均衡产出将增长到 Y',而利率会上升到 i';若央行以初始均衡的利率水平 i^* 为中介目标,为避免利率上升,将会扩张货币供应,使 LM 线从 LM_1 右移到 LM_2,此时均衡点是 IS_2 和 LM_2 的交点 E_2,产出进一步增加到 Y_2。我们可以发现,如果经济只遭受实际冲击(IS 冲击),则以利率为中介目标将使国民收入偏离初始均衡水平的幅度高于以货币总量为中介目标的情景。

图 15-2(b)显示经济遭遇货币冲击的情景,如人们的投机性货币需求减少。假定货币供应量没有变化(央行以稳定货币量为中介目标),人们手中的实际货币余额增加,流动性效应使利率下降,即 LM 线从 LM_1 右移到 LM_2,而商品市场维持 IS_1 不变,新的均衡点位于 E',利率下降且产出增加到 Y_1。若中央银行以利率为中介目标,将会缩减货币供应量以稳定利率,即 LM_2 左移恢复到 LM_1,最终均衡产出和利率均没有发生变化。两相比较,以利率为中介目标,国民收入偏离初始均衡水平的幅度要低于以货币总量为中介目标的情景,即利率为中介目标更易于稳定产出。

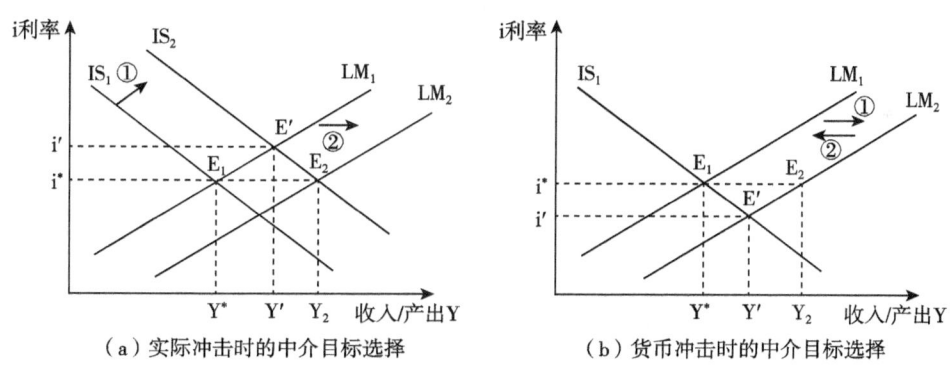

图 15-2 货币中介目标的选择

由此得到结论:如果货币当局以稳定产出为最终目标,则当经济面临实际冲击时,以货币量为中介目标更为理想,而当经济面临货币冲击时,以利率为中介目标更为理想。

当然,现实经济可能远比模型要复杂,实际冲击和货币冲击可能叠加,例如生产技术改进使人们增加投资(IS 移动)的同时,风险偏好和投机性货币需求可能改变(LM 移动);此外,货币当局的最终目标可能是追求更高的产出而不是产出稳定,因此,货币政策中介目标的选择反映了经济基本特征、货币当局的政策理念、政策工具的可控性、可测性和相关性约束。

第三节　货币政策传导和政策时滞

货币政策传导是指中央银行确定货币政策目标之后，从选用货币政策工具进行政策操作开始，到实现政策预期目标之间，所经过的操作变量、中介变量到最终目标的逐次传递过程。如果传导途径不畅通，货币在整个经济体系的流通便可能受到阻碍，利率、汇率等价格信号也难以正常发挥资源配置作用，中央银行将很难实现影响最终产出或物价的目标。

一、货币政策传导机制

在市场经济条件下，货币政策主要通过影响资产价格（利率、汇率和股票价格等）和货币/信贷数量，经历中央银行—金融机构/市场—非金融部门三个环节，影响最终的总支出、总产出、物价和就业，见表15-2。无论何种渠道，从总支出构成的角度，货币政策最终均需要影响非金融部门的消费、投资和出口三个方面，才能影响总需求①。

表15-2　　　　　　　　　　货币政策主要传导机制

渠道名称	中介指标	作用原理	主要影响部分
利率传导渠道	实际利率	实际成本和收益	消费、投资
	短期利率	货币与资产配置	消费、投资
	中长期利率	投资和消费的成本和收益	耐用消费、投资
汇率传导渠道	汇率	价格效应	净出口
股票价格渠道	股票价格	托宾q效应、财富效应；流动性效应	投资、消费
信贷渠道	银行借贷	资产负债表效应	投资、消费
货币渠道	货币数量（余额）	资产配置效应	投资、消费

---

① 货币政策也可以配合财政政策，为财政赤字进行融资，或通过购买国债方式降低财政融资成本，刺激政府的消费和投资，其分析略。

(一) 金融价格传导机制

金融资产价格渠道，聚焦于金融市场，重点探讨货币政策通过影响利率、股票价格和汇率等价格变化，进而影响消费、投资或出口。

1. 利率传导渠道

利率传导渠道是指货币政策通过影响利率进而影响总需求。

在传统的凯恩斯理论中，强调实际利率对投资的影响。在短期价格黏性的情况下，货币当局的货币政策行为（比如公开市场买入债券或降低准备金率）将改变货币供应量，影响利率水平，进而对投资和消费产生影响，导致总需求和总收入水平的变动。

扩张性货币政策的利率传导渠道可简要表示为：

$M\uparrow \to r\downarrow \to I$ 和 $C\uparrow \to Y\uparrow$

值得注意的是，影响消费和投资决策的往往是长期实际利率而非名义短期利率。由于实际利率等于名义利率减去预期的通货膨胀率，因而即使面临短期名义利率为零的情况，货币当局仍可以通过扩张性的货币政策，提高物价水平和预期通货膨胀率，从而降低实际利率，即货币政策工具 $\to M\uparrow \to P\uparrow \to \pi e\uparrow \to r\downarrow \to I\uparrow$ 和 $C\uparrow \to Y\uparrow$。此外，通过大量购买中长期国债，货币政策还能影响利率的期限结构和风险溢价，推高中长期的通货膨胀预期，降低中长期实际利率水平，这即是近年来美联储和欧洲央行在面临零利率水平时大规模实施量化宽松的主要思路。

2. 汇率传导渠道

随着经济全球化的发展和浮动汇率的出现，汇率对净出口的影响已成为备受关注的货币政策传导机制。国内宽松的货币政策会增加外汇市场上本币供给量，导致本币贬值；而货币市场上，货币供应量增加会降低利率，也会降低本币吸引力并带动本币当期贬值，此时用外币衡量的本国商品相对于外国商品价格更为便宜，国外对本国商品的需求增加，净出口 NX 增加，继而总产出增加。

扩张性货币政策的汇率传导渠道可简要表示为：

$M\uparrow \to i\downarrow \to$ 汇率 $e\downarrow \to$ 净出口 $\uparrow \to Y\uparrow$

3. 股票价格传导渠道

货币政策通过影响股票市场价格，产生托宾 q 效应和财富效应。

托宾 q 是企业市场价值与企业重置成本之比值，前者可视为企业在资本市场上收购企业付出的成本，而后者可视为企业新建投资的成本。q>1 意味着企业的市场价值高于重置成本，想要进入该行业的企业更倾向于新建投资；相反 q<1 意味着收购成本更低，企业将在资本市场上购买企业的所有权。在并购情形下，不会产生新的资本投资需求，因此

股市低迷会直接降低企业资本投资支出意愿。托宾 q 与资本投资支出有正相关关系。

当货币当局采用扩张性货币政策时，货币供给量增加，部分货币流入资产市场，同时市场利率下降也会增加股票的吸引力（通过降低贴现率而提升股票内在估值），股票价格 Ps 上升，托宾 q 增加，进而刺激企业投资需求。此时，扩张性货币政策通过股票市场的传递机制可表述为：

M↑→Ps↑→q↑→I↑→Y↑

货币政策还会引发财富效应，即通过货币供给的增减影响股票等资产价格，使持有者的财富净值发生变化，进而影响其消费支出。股市大涨时，人们持有的股票的账面财富增长，乐观情绪上升，消费增加特别是奢侈消费和耐用消费增加，这一渠道可表述为：

M↑→Ps↑→金融资产↑→财富(净值)↑→消费↑→Y↑

值得一提的是，除股票外，经济主体持有的债券、房地产、黄金等其他资产价格的上涨，均会带来资产负债表上的账面净值增加，产生财富效应，刺激消费。

（二）货币传导机制：实际货币余额效应

货币传导机制强调货币数量变化对总需求的直接影响，其作用机制是"实际货币余额效应"。货币主义学派认为，人们持有的货币数量变化或价格水平变化将影响实际货币余额，从而影响人们的消费决策。当实际货币余额 $\left(\dfrac{Ms}{P}\right)$ 超过人们意愿持有的余额 $\left(\dfrac{M}{P}\right)^*$ 时，人们就会增加消费，推动总需求扩张。此时，扩张性货币政策通过实际货币余额产生的传递机制可表述为：

$$M\uparrow \to \dfrac{Ms}{P} > \left(\dfrac{M}{P}\right)^* \to C\uparrow \to Y\uparrow$$

在这一传导机制下，货币政策无须通过影响利率便能影响总需求，这是货币主义同凯恩斯主义的核心区别。

（三）信贷传导机制

信贷传导机制又称"信用"渠道，包括银行贷款渠道（狭义的信用渠道）和强调借款者信贷可得性的资产负债表渠道，这一类机制尤为强调金融中介特别是银行的作用。信贷传导的一般原理是，货币政策影响银行准备金头寸，导致利率变动，促使银行调整资产负债特别是信贷行为（扩张或压缩贷款）。如果经济主体缺乏其他融资途径，融资对银行的信贷依赖越强，则信贷渠道对于影响最终的消费和投资越重要。

1. 银行贷款渠道

扩张性的货币政策将增加银行类金融机构的准备金和存款，降低银行的资金成本，刺激银行增加放贷，从而拉动企业投资和公众消费。

扩张性的货币政策通过银行贷款渠道的传导过程可以表示为：

M↑→银行准备金↑和资金成本↓→贷款↑→I和C↑→Y↑

2. 资产负债表渠道

资产负债表渠道强调货币政策会改变企业或家庭的资产负债表状况（净值），从而改变金融中介放贷意愿，影响信贷和投资消费需求。

金融中介为了避免信息不对称产生的道德风险和逆向选择，更倾向于向净值较高的客户发放抵押贷款，以避免贷款人违约带来的损失。宽松的货币政策将带来资产价格上升，提升借款人的净值，改善借款人的资产负债表。金融中介放贷时面临的逆向选择和道德风险下降，银行发放的贷款增加，企业投资或消费者的消费将增加，引起总需求上升。

扩张性货币政策通过资产负债表渠道的传导过程表述如下：

M↑→Ps↑→资产净值↑→逆向选择和道德风险↓→贷款↑→I和C↑→Y↑

3. 现金流/流动性渠道

现金流/流动性渠道同样关注经济主体的财务状况，但与资产负债表渠道不同的是，这一渠道强调货币政策通过影响企业/家庭的现金收支和流动性，并影响信贷的可获得性。宽松的货币政策将带来利率下降，降低借款人的融资成本和偿债负担；此外，资产价格上升会增加持有人的财务流动性，使其易于出售资产，降低了借款人陷入财务困境的可能性，金融中介放贷的逆向选择和道德风险下降，银行贷款增加，促进投资或消费增加，引起总需求上升。

扩张性货币政策通过现金流渠道的传导过程表述如下：

M↑→Ps↑→金融资产价值↑→现金流改善↑→财务困境可能性↓→贷款↑→I和C↑→Y↑

无论是资产负债表渠道或现金流渠道，其根源在于经济体融资受制于信贷市场的信息不对称。相比大企业，中小企业更容易遭受信贷渠道紧缩的影响，因为大企业还有股票和债券融资等替代性融资渠道。在货币当局实施紧缩性货币政策时，银行减少信贷，企业外部融资的可得性下降，经济放缓，进而减少企业现金流和盈利，借款者与出资人之间的信息不对称问题进一步加剧，借款人越依赖于外源融资则融资的风险溢价越高。这将进一步缩减投资，对支出产生紧缩性影响。相反，扩张性的货币政策将降低外源性融资的难度和成本，对需求和支出产生放大作用。信贷市场的摩擦会扩散、放大初始货币政策对总支出的影响效果，这一作用被称为"金融加速器"。

二、货币政策时滞

货币政策时滞（Time Lag of Policy）是指从经济形势变化到中央银行的货币政策发挥主要或全部效果所经历的时间间隔。货币政策时滞包括认识时滞、决策时滞和反应时滞，如图15-3所示。

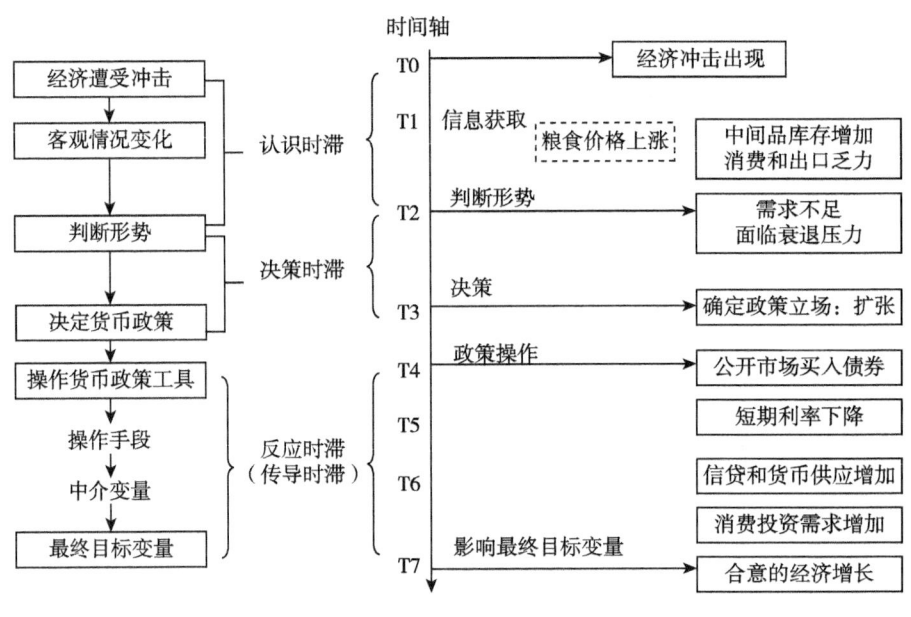

图15-3 货币政策时滞

（一）货币政策时滞的类型

认识时滞是指中央银行获取经济形势变化的信息、进行形势判断并认识到需要货币政策加以应对的时间间隔。决策时滞是指中央银行就货币政策的方向、操作工具选择、操作力度等形成决策产生的时间间隔，其长短取决于政策决策的流程和决策者的意见一致性高低，当决策者面临的客观经济现实较为复杂，对经济前景的判断分歧较大时，可能会出现较长的决策时滞。认识时滞和决策时滞均是产生于中央银行系统内部的时滞。

反应时滞或传导时滞是从中央银行操作货币政策工具到对最终目标发挥全部效果的时间间隔，它与前文所述的传导机制密切相关。传导机制越是畅通，则传导时滞越短，货币政策的效果越及时；相反如果传导机制不畅通或者存在梗阻，则传导时滞越长，最终的货币政策效果越模糊。反应时滞是中央银行系统外的时滞。

对货币当局而言，货币政策时滞大大增加了货币政策决策和执行的复杂性。考虑图

15-3 中的例子，经济在 T0 时期遭受一系列冲击，货币当局在 T1 时期获取到有关经济数据，发现粮食价格快速上升，但中间品库存增加，消费和出口数据皆不景气。中央银行综合各项数据，T2 时刻作出判断：粮食价格上升是由于天气原因（供给冲击）造成，经济整体并无通货膨胀压力，主要的矛盾是潜在需求不足，威胁经济增长和就业，但该趋势需要继续观察。央行在 T3 时刻决定适当放松货币政策，避免经济陷入衰退；经过央行内部的讨论，最终确定 T4 时刻实施宽松货币政策，在公开市场操作投放基础货币（执行货币政策），于是 T5 时刻银行间市场的短期利率迅速下跌；随后，T6 时刻，银行的准备金增长，中长期市场利率也开始逐步下降（较慢调整），企业融资成本下行，T7 时刻，商品市场上，资金成本下降逐步带来投资和消费的增加，需求增长带动经济增长……

由这个例子可以看出，货币政策时滞既可能归因于中央银行对经济有关信息加工、处理和决策过程，也可能归因于经济金融系统的传导渠道，传导机制越畅通，货币政策的反应时滞越短；当然，货币政策时滞还与货币政策目标有关，如果目标是维持金融市场稳定，则通常能快速见效；但如果是影响投资和消费行为并拉动经济增长，则由于商品市场调整的速度较慢，时滞较长。

（二）货币政策时滞与经济不稳定

货币政策时滞可能使货币政策成为经济不稳定的来源。例如，中央银行在经济衰退时实施的扩张性政策，直到经济繁荣时候才发生作用，结果物价水平持续上涨，甚至出现严重的通货膨胀；相反，在繁荣末期实行的紧缩性货币政策，在经济已经衰退时才开始显现效果，结果使本已经恶化的经济雪上加霜，政策的逆周期调节反而加剧了经济的不稳定。正因为如此，货币政策的时机选择成为艺术，中央银行往往需要"防患于未然，治病于未病"。

附录 15-1 量化宽松货币政策

量化宽松政策是指中央银行在实行零利率或近似零利率政策后，通过购买国债等中长期债券，增加基础货币供给，向市场注入大量流动性资金的干预方式，以鼓励开支和借贷。量化宽松调控目标即锁定长期的低利率，各国央行持续向银行系统注入流动性，向市场投放大量货币。

在正常经济情况下，中央银行可以通过公开市场操作等货币政策工具扩大货币供应量，从而降低利率，刺激投资和消费，进而刺激经济增长。但是凯恩斯提出了流动性陷阱假说，即当一定时期的利率水平降低到不能再低时，货币需求弹性就会变得无限大，即无论增加多少货币，都会被人们储存起来。发生流动性陷阱时，再宽松的货币政策也无法改变市场利率，使传统的货币政策失效。

2000年，日本经济就处于"流动性陷阱"中，即名义利率已降至零点，但在实际利率为正值的情况下，高涨的货币需求仍不足以令货币政策发挥效力，传统的货币政策失效。为了刺激经济，日本最早提出量化宽松政策，在2001—2006年，日本央行在利率极低的情况下，通过大量持续购买公债以及长期债券的方式，向银行体系注入流动性，迫使银行在较低的贷款利率下对外放贷，进而增加整个经济体系的货币供给，促进投资以及国民经济的恢复。

2008年金融危机全面爆发后，以美联储为代表的西方发达国家纷纷实施量化宽松政策，以美联储为例，2008—2012年先后实施了四轮量化宽松政策，其政策实施可以大致分为三类。

1. 零利率政策

量化宽松政策的起点，往往都是利率的大幅下降。利率工具失效时，央行才会考虑通过量化宽松政策来调节经济。从2007年8月开始，美联储连续10次降息，隔夜拆借利率由5.25%降至0到0.25%之间。

2. 大规模购买资产，向市场提供流动性

2007年金融危机爆发至2008年雷曼兄弟公司破产期间，美联储以"最后的贷款人"的身份救市，此后，又连续推出大量结构性工具（融资便利），防止国内外的金融市场、金融机构出现严重的流动性短缺。美联储在这一阶段，将补充流动性的对象从传统的商业银行扩展到非银行的金融机构，例如，针对一级交易商推出的短期证券借贷便利（TSLF）和信贷工具（PDCF），针对货币市场投资者的融资便利（MMIFF），针对商业票据市场的票据融资便利具（CPFF）等。

2008年11月至2010年4月第一轮量化宽松政策期间，美联储购买了1.25万亿美元的抵押贷款支持债券，加上其他债券累计向市场注入流动性约1.7万亿美元。这使得美联储负债急剧扩张，资产负债表更加多元化，住房信贷市场趋于稳定，流动性显著改善。此后美联储又先后实施了三次量化宽松政策，主要购买标的是美国长期国债，目标在于降低长期利率，以此促进经济增长和就业。

3. 前瞻指引，引导市场长期利率下降

2009年，美国的金融机构渐渐稳定，美联储通过公开市场操作购买美国长期国债，并通过对未来政策的前瞻指引，引导市场降低长期利率的预期，承诺延长其实施低利率的时间，直到经济彻底复苏。

量化宽松政策稳定了金融市场，防止了金融危机的进一步恶化，有效地降低了长期利率，减轻了企业和个人的借贷成本，促进了经济的复苏，与此同时也增加了市场的通货膨胀预期。随着美国经济的逐步复苏和通胀压力的上升，美联储于2014年10月宣布结束量化宽松政策。

总　结

1. 货币政策是指中央银行为实现一定的经济目标，运用各种工具调节和控制货币变量，进而影响宏观经济的方针和措施的总和。

2. 货币政策框架由最终目标、中介目标、操作手段和政策工具构成。

3. 货币政策最终目标是中央银行最终想要实现的宏观经济目标，如物价稳定、经济增长、充分就业以及国际收支平衡等。

4. 中央银行传统的三大货币政策工具是存款准备金、再贴现和公开市场操作，它们是一般性货币政策工具。选择性货币政策工具包括消费者信用控制、证券市场信用控制、不动产信用控制、优惠利率等。

5. 货币政策操作手段是中央银行通过货币政策工具操作能够直接影响的政策变量，一般是中央银行系统内的可控变量，常见的货币政策手段指标包括：短期利率、基础货币和准备金数量。

6. 货币政策中介目标，是中央银行针对介于货币政策操作手段和货币政策最终目标变量之间的指标设置的目标，常见的货币政策中介目标包括信贷总量、各层次货币和市场利率等。

7. 中央银行选择操作手段和中介指标时，需要遵循可测性、可控性和相关性三个标准。

8. 中央银行可以选择货币供应量或利率中介目标。货币当局如果试图稳定实际产出，则当经济面临货币冲击时应以利率为中介目标，通过货币供应量的增减抵消货币冲击的影响；相反，如果经济面临的主要是实际冲击，则应该以货币供应量为中介目标，通过利率的变动调节实际需求达成合意的产出。

9. 货币政策传导是指中央银行确定货币政策目标之后，从选用货币政策工具进行政策操作开始，到实现政策预期目标之间，所经过的操作变量、中介变量到最终目标的逐次传递过程。货币政策传导机制主要有资产价格传导机制、货币传导机制、信贷传导机制等。

10. 金融资产价格传导机制聚焦于金融市场，重点探讨货币政策通过影响利率、股票价格和汇率等价格变化，影响消费和投资，进而影响总需求和产出。

11. 货币传导机制强调货币数量变化对总需求的直接影响，其作用机制是"实际货币余额效应",多余的货币将促使人们增大消费和投资。

12. 信贷传导机制又称"信用"渠道,包括银行贷款渠道(狭义的信用渠道)、资产负债表渠道和现金流渠道,这类机制尤为强调金融中介特别是银行信贷对总需求和总产出的作用。

13. 货币政策时滞是指从经济形势变化到中央银行的货币政策发挥主要或全部效果所经历的时间间隔。货币政策时滞包括认识时滞、决策时滞和反应时滞,前两者是中央银行内部时滞,反应时滞则与传导机制是否畅通有关。

关键术语

货币政策	货币政策目标	中介目标	操作手段
货币政策工具	公开市场操作	消费者信用控制	再贴现政策
证券市场信用控制	不动产信用控制	优惠利率	货币政策传导机制
利率传导	股票价格传导	汇率传导	信贷传导
托宾q	金融加速器	货币政策时滞	内部时滞
认识时滞	决策时滞	反应时滞	

练习题

1. 货币政策框架由哪些部分组成,说说你理解的中国的货币政策框架。
2. 什么是操作变量和中介变量?选择操作变量和中介变量的原则是什么?
3. 货币政策最终目标是否可以同时实现?货币当局面临的两难选择有哪些?
4. 货币政策工具有哪些?各自的优缺点是什么?请用表格方式进行对比。
5. 图15-2中描述了经济遭受正向的实际冲击和货币冲击的场景,请运用IS-LM模型,分析和对比当经济遭受负向的实际冲击和货币冲击时,采用货币中介目标和利率中介目标对产出的影响效果。
6. 货币政策是如何传导的?主要的传导途径有哪些?
7. 什么是货币政策的时滞,它对货币政策效果有何影响?

思考与讨论

1. 查阅相关文献,请谈谈你是怎么理解如下这段话的:

时任中国人民银行行长周小川 2016 年 6 月 24 日在华盛顿参加国际货币基金组织中央银行政策研讨上的发言指出,"转轨阶段,对中国央行而言,金融改革和实现金融系统健康化和稳定的重要性甚至要高于控制通胀等传统货币政策目标。这也是几十年来中国央行为什么未能完全跟随全球货币政策框架的变化趋势却坚持选择多目标货币政策的原因"。

你认为多目标和单一目标的优缺点是什么?结合上下文谈谈你对这段话的理解。

2. 假设经济中存在着通胀上升的趋势,为了稳定物价,央行采取了紧缩的货币政策,请利用所学知识,分析在不对称信息下,紧缩性货币政策对不同规模企业(大企业和中小企业)的影响存在什么差异?你觉得可以采取哪些措施缩小这些差异?

3. 假定住房价格出现泡沫,中央银行的短期目标是抑制住房价格快速上涨,可以选择哪些政策工具?如果中央银行运用消费信用比这一选择性货币政策工具,如提高住房贷款的首付,将会有哪些影响呢?

4. 在货币政策传导机制中,股票价格是一个重要的传导环节,请总结梳理股票价格对企业和居民乃至总需求产生影响的具体渠道。

5. 查阅相关资料,了解什么是通货膨胀目标制,实施该制度的优缺点是什么?

参考阅读

1. 陈元,黄益平. 中国金融四十人看四十年 [M]. 北京:中信出版社,2018.

2. 黑田东彦,赵园,熊艳春. 非传统货币政策的理论与实践 [J]. 金融发展评论, 2014 (9):7-11.

3. [美] 卡尔·瓦什著. 货币理论与政策(第四版)[M]. 彭兴韵,等译. 上海:格致出版社,2019.

4. 周小川. 新世纪以来中国货币政策的主要特点 [J]. 中国金融,2013 (2):9-14.

5. Peter Hooper & Frederic S. Mishkin & Amir Sufi, 2019. Prospects for Inflation in a High Pressure Economy: Is the Phillips Curve Dead or is It Just Hibernating?. NBER Working Papers 25792, National Bureau of Economic Research, Inc.

第十六章 金融监管

学完本章后，你将能够：

- 了解广义和狭义的金融监管的含义
- 阐述金融监管的主要内容
- 区分不同金融监管体制的差异
- 明确宏观审慎监管与微观监管的差异
- 了解我国金融监管体制的历史变迁

本章概览

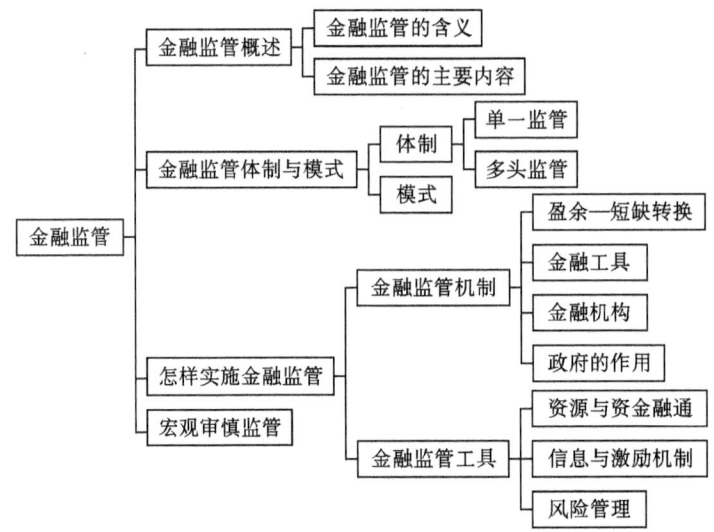

第十六章 金融监管

强大的金融监管是金融强国的核心金融要素之一。党的二十大报告指出,要加强和完善现代金融监管,强化金融稳定保障体系,依法将各类金融活动全部纳入监管,守住不发生系统性风险底线。2023 年,中国的金融监管体制发生了重要变化,国家金融监督管理总局取代了原来的银行和保险监督委员会,由此形成了"一行一局一会"的监管架构。为什么要实施金融监管?如何实施金融监管?本章我们将聚焦金融监管的原理、模式和具体操作,结合中国的金融实践,帮助读者了解防范金融风险的制度安排。

第一节 金融监管概述

一、金融监管简介

(一) 金融监管的含义

金融监管(Financial Supervision),是金融监督和管理的总称,有广义和狭义之分。

狭义的金融监管,是指一国(地区或跨国)的中央银行或金融监管当局依据法律、法规的授权,对金融业(包括金融机构和金融业务)实施的监督管理。中央银行或金融监管当局是监管的主体,作为社会公共利益的代表在法律赋予的权力范围内利用各类监管工具实施监管。该定义强调法定监管。

广义的金融监管在上述含义之外,还包括金融机构的内部控制和稽查、同业自律性组织的监管、社会中介组织的监管等。本章仅介绍狭义的金融监管。

(二) 为什么需要金融监管

金融系统对一国经济发展至关重要,但是因为信息不对称和委托—代理问题,金融机构和市场凭借自身的运作会出现市场失灵,因而需要政府进行监管,以防范和化解金融风险。

1. 降低信息不对称及其影响

在资金融通过程中存在广泛的信息不对称,即交易双方拥有的信息不对等,出资人不能完全掌握融资者的信息,由此可能产生"道德风险"和"逆向选择"。尽管金融机构和金融市场能够提供一些解决信息不对称的手段,但金融机构和市场自身也容易滋生新的风险,而银行等金融中介作为原始资金提供者的代理方,也可能会出现违背存款人意愿为自己谋利的行为。

政府对市场和机构的监管可以帮助投资者获取更多的信息,规范机构的业务和行为,减少逆向选择和道德风险,保护金融消费者和投资者的合法利益,保障金融系统的健康运行。

2. 纠正市场失灵,维护金融体系的稳定

金融体系对于一国经济与社会非常重要,但依靠市场自身的运作可能会产生市场失灵,产生巨大的负外部性,威胁整个经济的安全稳定。

外部性（Externality）是指提供一种产品或服务时社会成本（利益）与私人成本（利益）之间存在偏差,一些经济主体可能对其他经济主体产生附加效应。例如,养蜂人和果园种植者之间存在正的外部性,蜜蜂采蜜促进花粉传播且提升了蜂蜜产量；而污染排放则会给周边地区带来负的外部性。在金融系统中,最为典型的外部性是银行挤兑和危机传染,由于存款人或投资者难以识别安全和不安全的金融中介,当单个金融机构出现财务困难时,人们很可能选择从其他同类金融机构抽回资金,其结果是造成银行挤兑危机；同样,当资本市场出现业绩造假行为损害投资者利益时,投资者可能会对其他公司乃至整个市场失去信心,这些负的外部性可能会传染到其他市场或其他地区,威胁金融系统的稳定,损害公众利益,破坏经济运行。政府的监管能在一定程度上规范金融机构和市场的运行,降低信息不对称,减少负的外部性的影响。

（三）金融监管的目标

各个国家（地区）由于历史、经济、文化的背景和发展情况不同,监管的具体体制和模式不相同,但金融监管的目标一般都包括以下几个方面:一是确保金融稳定和金融安全,防范金融风险；二是引导资金合理配置,提高金融体系的效率；三是保护金融消费者权益；四是促进公平竞争。

（1）维护金融稳定,防范和化解系统性风险。对于金融机构的逐利行为导致的金融困境,对于宏观层面过度举债、资产泡沫等引发的金融危机,需要微观审慎与宏观审慎监管双管齐下,从而实现金融稳定。

（2）引导资金合理配置,提高金融体系的效率。各国金融监管机构往往通过政策引导,鼓励金融机构加大对国家重点支持的产业、领域和项目的资金支持,如我国提出做好金融的五篇大文章,即发展科技金融、绿色金融、普惠金融、养老金融、数字金融；同时,通过对特定行业信贷、融资渠道等的监管,防止资金过度流入高风险或高污染行业等。此外,金融监管当局通过政策法规,推动金融机构优化业务流程,提高服务质量和效率，降低金融服务成本，为经济提供更加便捷、高效的金融支持；鼓励金融机构创新金融产品和服务模式，满足多样化的金融需求。

（3）保护消费者权益。金融交易中存在着严重的信息不对称，普通居民很难拥有丰富的金融知识，而金融机构工作人员往往也不完全了解金融产品所包含的风险。2008年全球金融危机之后，金融消费者保护受到空前重视。世界银行推出39条良好实践标准，部分国家对金融监管框架进行重大调整，增设金融消费者保护专职部门，强化金融知识宣传、规范金融机构行为、完善监督管理规则、及时惩处违法违规，打击金融犯罪。当前，国家金融监管总局统筹负责我国金融消费者权益保护工作，制定相关发展规划和政策制度、完善金融消费者权益保护体制机制、开展金融消费者教育等。

（4）促进市场公平竞争。公平竞争的金融市场能够提高资源配置效率，为经济发展提供有力支持。监管机构打击金融机构垄断行为、价格操纵行为以及其他不正当竞争行为，维护市场竞争秩序；对金融创新进行监管，确保新的金融产品和服务不会破坏市场竞争秩序；鼓励不同类型、不同规模的金融机构共同发展，为消费者提供更多的选择。

二、金融监管的内容与工具

金融监管通常包含几个方面，即对机构的监管、对行为和业务的监管，此外，为了维护金融稳定，各国普遍建立起了包括存款保险制度和最后贷款人制度在内的公共金融安全网。

（一）对机构的准入与退出监管

金融机构的准入监管是指通过设置一定的准入条件（门槛），规定业务范围的界限，防止不符合要求的经济主体经营金融机构或从事金融业务。各国监管部门普遍对金融机构的成立和业务范围进行审批，通常规定最低注册资本金要求、机构的组织形式和分支机构设立、业务范围、高管人员准入等，其中对银行的准入监管要求往往是最高的。例如，我国规定从事发行承销等业务的证券公司最低注册资本金为1亿元；保险公司注册资本金最低为2亿元；信托公司注册资本金最低为3亿元，而全国性商业银行注册资本金最低为10亿元人民币。

处置与退出监管主要是针对高风险金融机构的，主要包括三类：一是金融机构的破产倒闭行为，包括接管、解散、撤销和破产；二是金融机构变更、合并（兼并）等；三是终止违规者经营行为。

准入与退出监管通过对金融机构"生"和"死"的监管，从源头把控金融风险，实现金融机构的有进有退、优胜劣汰，保证市场的效率与安全。

（二）对金融行为和业务的监管

日常金融监管主要是对金融机构的行为和业务的监管，包括业务经营的合法合规性、资本充足性、经营的安全性、信息披露等方面的内容。

例如，针对商业银行，各国通常对其实施资本充足性监管、流动性监管、信用风险控制、准备金管理等措施。其中，资本充足性监管是重中之重，由国际清算银行发起的巴塞尔银行监管委员会（Basel Committee on Banking Supervision，简称 BIS）所制定的《巴塞尔协议》建立了以风险为基础的资本金要求，已经被包括美国在内的100多个国家采用，我国银行业也实施了基于风险的资本金监管，详见第九章商业银行内容。

再如，针对证券类和金融市场交易主体，各国监管部门往往会对证券的募集、发行、交易等行为以及投资中介机构的行为进行合规监管；保险监管机构往往针对保险公司的保险条款和保险费率进行监管、对保险资金的使用进行限制等。

值得一提的是信息披露监管制度。为确保市场参与主体特别是信息弱势方能够及时获得准确、充分的信息，各国普遍实施信息披露监管，要求金融机构服从标准会计准则和披露一系列信息，以帮助市场评估金融机构的资产组合质量和风险，帮助股东、债权人和储户等对金融机构予以评估和监督，防止金融机构的过度冒险。读者可以浏览证券和财经类媒体杂志，查看上市公司的公告、定期财务报告等，如果金融机构或相关融资投资企业没有及时按规定披露信息或进行虚假陈述，将会受到监管部门的制裁。

（三）公共金融安全网

为确保金融体系的稳定，各国政府监管部门普遍构筑了包含存款保险制度、最后贷款人制度在内的公共金融安全网，当个别金融机构发生问题时，能够防止局部危机向其他金融机构和整个金融体系扩散和蔓延。

1. 存款保险

存款保险（Deposit Insurance）是指由符合条件的存款机构作为投保人按一定存款比例向存款保险机构缴纳保险费，建立存款保险准备金，当投保机构发生经营危机或面临破产倒闭时，存款保险机构向其提供财务救助或直接向存款人支付部分或全部存款，保护存款人利益，维护银行信用，稳定金融秩序。

存款保险制度始于美国，在大萧条时期经历了银行大规模破产倒闭后，美国于1934年正式实施了联邦存款保险制度。迄今为止，全球已有70多个经济体建立了各种形式的存款保险制度。

2015年，中国正式实施《存款保险条例》，在我国境内设立的吸收存款的银行业金融机构,包括商业银行、农村合作银行、农村信用合作社等,都应参加存款保险。存款保险实行限额偿付,最高偿付限额为人民币 50 万元。存款保险制度有助于稳定社会公众特别是小额存款人对整个金融体系的信心,避免个别银行出现问题而出现普遍的银行挤兑风潮,比较有效地维护了金融系统的稳定性。

2. 最后贷款人

最后贷款人(Lender of Last Resort)是指中央银行向陷入困境的银行和其他机构放贷,给予其流动性支持,帮助其渡过难关。例如,1987 年 10 月 19 日美国股市发生了大幅下跌,时任美国联邦储备委员会主席的格林斯潘迅速公开宣告美联储将发挥最后贷款人角色,随时向市场提供流动性,从而有效地避免了股票市场的动荡向其他领域蔓延;2007 年金融危机爆发至 2008 年雷曼兄弟公司破产期间,美联储以最后贷款人身份收购问题公司的部分不良资产,推出了一系列流动性支持工具,防止国内外的金融市场、金融机构出现过分严重的流动性短缺。

当然,最后贷款人制度仍存在较大争议,批评者认为该制度可能引发金融机构的道德风险,毕竟如果高风险行为最终由央行来兜底,那么经营者的行为可能会更加激进。因此,监管当局需要区分金融机构自身的经营情况,对那些激进经营或风险管理不善的金融机构,完善市场化的破产、重组机制,实现真正的奖优罚劣。

第二节 金融监管体制与模式

金融监管体制是由一系列法律法规和监管组织机构形成的制度安排,包括金融监管当局对金融机构和金融市场施加影响的机制及监管体系的组织结构,概括地说,是关于金融监管"谁来管,管什么以及怎么管"的制度安排。不同国家和地区金融监管体制呈现出多样化特征。

一、金融监管体制

(一)金融监管体制的构成

1. 监管机构

金融监管机构是根据法律规定对一国的金融体系进行监督管理的机构,其职责包括发布有关金融监督管理和业务的命令和规章;按照规定监督管理金融市场;监督管理金融机构的合法合规运作等。

监管机构通常包括负责金融稳定的货币当局和实施微观审慎监管的专业金融监管机构等。货币当局(中央银行)一般负责宏观货币政策调控。2008年金融危机以来,为避免出现系统性金融风险、缓解金融体系的顺周期性,各国纷纷加强了中央银行进行宏观审慎监管的职责,很多国家中央银行的金融监管职能得到加强。专门的金融监管机构则负责微观监管,如市场准入、金融业务等方面监督管理,如中国证券监督管理委员会(简称中国证监会)就是专门监管我国资本市场和证券业务的监管机构。

2. 监管对象

金融监管对象是被监管者,通常是专门从事金融业经营和投资活动的企业、组织、单位和个人。

3. 监管法律法规

金融监管法律法规,是指为了保证有序开展监管,由政府或监管机构制定的一系列法律法规,大体上包括三个层次:一是行业性法律,如《商业银行法》《证券法》《基金法》《保险法》《信托法》等;二是专业性法规,主要针对开展的业务经营而制定,如《票据法》《担保法》《外汇管理条例》等;三是监管当局依据法律制定的一系列管理办法,作为法律的补充或实施的细则,例如,中国证监会制定了一系列证券监管规定,包括证券发行审核、信息披露、行政处罚等方面。

此外,还有一些法律法规,如《消费者权益保护法》等,并非专门针对金融的立法,但也为实施金融监管提供了相应的法律法规依据。

(二) 金融监管体制的类型

按监管机构的设立及其功能划分,金融监管体制大致可以分为单一监管和多头监管体制。

单一监管指由一个监管当局监管不同的金融机构和金融业务。以德国为例,2002年德国通过《统一金融服务监管法》,合并原来银行监督局、保险监督局、证券监督局三家机构,成立德国金融监管局,负责统一监管银行、金融机构和保险企业。目前,采用这种监管体制的国家还包括澳大利亚、新西兰、意大利、瑞典、瑞士以及巴西、泰国、印度等。

多头监管指在中央政府层面设置不同的监管当局,分别监管银行、证券、保险业务或机构。各国在监管体制建立之初,多采取此类监管的模式,后来随着金融发展的进程,监管套利和监管空白日益威胁金融市场的稳定,多头监管的协调难度加大,一些国家开始向单一监管或"双峰"监管演变。

根据监管权限在中央和地方两级的不同划分,多头监管还可以进一步分为分权多头监管

（又称二元多头）和集权多头监管（又称一元多头）两类。实施分权多头监管的主要是一些联邦制国家，地方有部分立法权和监督权，如美国和加拿大。集权多头监管是指不同监管部门管理不同的金融机构或业务，但监管权限集中于中央政府层面。日本和法国属于集权多头监管，我国当前的金融监管体制也属于集权多头监管，目前的格局是"一行一局一会"。

> **专栏 16-1　中国的集权多头监管格局**
>
> 2023 年，中国的金融监管体制发生重大变革，形成了"一行一局一会"的多头监管格局，其基本设置和重要职能如图 16-1、表 16-1 所示。
>
>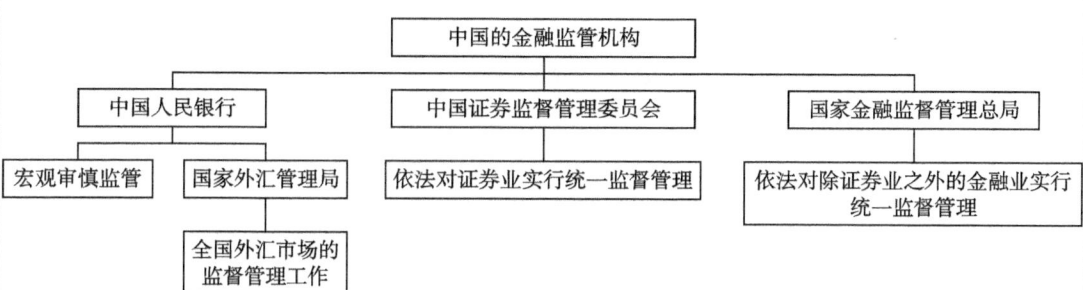
>
> 图 16-1　中国金融监管机构格局
>
> "一行"是中国人民银行及下属的外汇管理局。作为货币当局，人民银行负责人民币发行和货币政策制定，外汇管理局管理国家的外汇储备和汇率。此外，中国人民银行还负有很多基础性的金融监管职能，例如，负责全国支付、清算系统和征信系统、金融基础设施的监督管理；对银行间债券市场、货币市场、外汇市场、票据市场、黄金市场及上述市场有关场外衍生产品的监督管理，负责全国反洗钱和反恐怖融资等的监督管理，作为最后贷款人防范系统性金融风险。
>
> "一局"是指国家金融监督管理总局。2023 年在中国银行保险监督管理委员会基础上组建国家金融监督管理总局，其主要职责是依法对除证券业之外的金融业实行统一监督管理，维护金融业合法、稳健运行。该机构负责监督银行业、保险业业务，监管对象包括商业银行、政策性银行、城市和农村商业银行、信托公司等银行类金融机构，保险类金融机构、小额贷款公司、融资性担保公司、典当行、融资租赁公司、商业保理公司、地方资产管理公司等其他类型机构以及金融控股公司。此外，还负责金融消费者权益和金融投资者保护、打击非法金融活动等。

"一会"是指中国证券监督管理委员会，负责监督证券市场和相关的证券业务，监管对象包括：证券期货经营机构、证券交易所、证券投资基金管理公司、证券登记结算公司、期货结算机构、证券期货投资咨询机构、证券资信评级机构等。

表 16-1　　　　　　　　　　　中国的金融监管机构

货币当局与监管机构	监管范围和对象
中国人民银行	监督管理银行间债券市场、货币市场、外汇市场、票据市场、黄金市场及上述市场有关场外衍生产品； 负责全国支付、清算系统；全国反洗钱和反恐怖融资等
国家外汇管理局	负责全国外汇市场的监督管理工作
国家金融监督管理总局	对银行业、保险业和金融控股公司实施监督管理； 建立除货币、支付、征信、反洗钱、外汇和证券期货等领域之外的金融稽查体系等
中国证券监督管理委员会	对证券业实行统一监督管理，范围包括证券期货基金市场、相关机构和证券业务

值得注意的是，各国的金融监管体制并非固定不变，而是随着本国经济、政治和金融市场发展演变而变化。以英国为例，英国传统上是自律监管的国家，1979年之前没有正式的金融监管体制。1979年与1987年英国两次颁布银行法，赋予英格兰银行监管权力并不断完善，但1997年之前英国是分业多头监管模式。1997年，英国政府将英格兰银行的监管与自律机构的监管职能合并，成立了一个新的超级金融监管机构——金融服务监督局。2000年，英国通过《金融服务和市场法》，从法律上确认了金融服务监督局作为英国金融业唯一的监管局，将金融监管职能与中央银行职能分离。2013年，英国再次对金融监管体系进行改革，根据《金融服务法》，废除了金融服务监督局，设立了审慎监管局和金融行为监管局，形成了"双峰监管"的模式。

二、金融监管模式

针对按照什么来划分监管权限及"管什么"这一问题，金融监管可划分为机构监管、功能监管和行为监管。

（一）机构监管、功能监管与行为监管

1. 机构监管

机构监管就是金融监管部门按金融机构类型进行监管，如银行机构、证券机构、保险

机构、信托机构等。机构监管是对主体的监管，对同一类金融机构统一监管，适合各金融机构业务界限相对清晰、业务交叉相对有限的情况。其优点在于监管高度专业化，职责分工明确。

中国2003年至2018年的金融监管基本属于机构监管模式。2003年成立银监会，形成"一行三会"的监管格局，证监会、银监会、保监会分别负责监管证券业、银行业和保险业。

然而，随着金融业务的日趋复杂和金融机构业务多元化的发展，各类金融机构提供的服务功能日趋相似，业务边界逐渐模糊，此时机构监管可能会产生不同机构之间的监管差异，损害公平竞争，并诱发金融机构监管套利行为。例如，资产管理业务（理财业务）属于委托管理业务，银行、证券、基金公司、保险公司、信托公司等各类机构均能开展该类业务，但针对各类型机构的监管要求不同，因此衍生出监管套利，面临较强监管约束的机构（如银行）通过与监管要求相对不高的金融机构（如信托公司、证券公司）或非金融机构（如上市公司）开展业务合作规避监管；此外，机构监管还可能产生重复监管或监管空白，导致监管效率降低，风险隐患增加。

2. 功能监管

功能监管又称业务监管，是指基于金融机构的基本功能而实施监管，对相同功能、相同法律关系的金融业务或产品按照同一规则由同一监管部门监管。功能监管不区分金融业务是由何种类型的金融机构行使，而是依据其发挥的功能来确定监管权限。例如，在我国，银行或网络平台销售基金产品要由证监会颁发基金销售许可；第三方支付公司的经营业务属于支付业务，应该获得人民银行的许可，等等。

功能监管可以有效减少监管空白和监管套利，为金融机构创造公平竞争的市场环境，也能有效应对金融业务交叉带来的风险外溢现象。近年来，我国的金融监管体制逐渐由机构监管向功能监管过渡，2018年保监会和银监会合并为银保监会，体现了具有相似定位和功能的金融业务合并监管的趋势。2023年银保监会改组为国家金融监督管理总局，统筹负责除证券业之外的金融业监管，统筹负责金融消费者权益保护，进一步淡化监管对象的特征，强化功能监管。

3. 行为监管

行为监管是"双峰监管"理论中与审慎监管并存的一极。行为监管是指监管部门针对金融机构经营行为进行监督和管理，监管重点是金融市场主体的交易行为，强调维护金融市场竞争秩序、促进公平交易、保护金融消费者合法权益等目标。

我国行为监管的监管实施主体是国家金融监督管理总局和证监会，监管内容主要包括以下几个方面：一是健全金融机构内控制度，既包括保障金融消费者资金安全，也包括金融机构本身资产不被侵占。二是保障金融消费者权益，充分尊重消费者的知情权、选择权，平等对待所有金融消费者。金融机构应当对所有投资者详细说明金融产品的价格信息、风险级别、投资期限、合同条款等内容。三是保障金融消费者隐私，在收集、保存、使用、对外提供金融消费者个人信息时严格遵守法律法规和监管要求。四是建立完善的投诉受理和处置流程。五是强化监管执法力度，加大对扰乱金融市场秩序和侵害金融权益的行为的处罚。

相比机构监管，功能监管与行为监管更注重从金融产品、服务和行为的性质进行监管，能够统一监管尺度，减少监管套利。例如，过去几年，中国快速发展的资产管理市场呈现出银行、证券、保险、信托和基金管理公司群雄逐鹿的状况，各机构都发行各自的资产管理产品，其特点都是集合投资，法律关系是信托，针对该类业务实施统一监管将减少监管真空和监管套利。

从全球范围看，金融监管模式的演变趋势是由机构监管逐步转变为功能监管、行为监管。

专栏 16-2　强化金融监管，有效防范化解金融风险

2023年的中央金融工作会议强调"要全面加强金融监管，有效防范化解金融风险，切实提高金融监管有效性，依法将所有金融活动全部纳入监管，全面强化机构监管、行为监管、功能监管、穿透式监管、持续监管"。

穿透监管。又称穿透式监管，是金融监管机构按照"实质重于形式"的原则，穿透金融工具的股权关系或业务交易的嵌套形式，根据金融工具的本质进行监管。例如，影子银行经过多个渠道和多层嵌套后，其业务模式较为复杂，且具有跨行业、跨市场的交叉性特征，判断其功能或行为类型存在一定的难度，穿透监管强调追溯资金来源和业务的实质性特征，将资金来源、中间环节与最终投向联系在一起，明确适用的监管主体和法律法规，避免金融创新产生的监管漏洞和监管套利。机构监管、行为监管、功能监管必须与穿透式监管相结合，方能更好地发挥监管的作用。

持续监管是对监管对象实施的全周期、全过程、全链条的动态监管，强调监管行为和效果的连续性。巴塞尔委员会《有效银行监管核心原则》专门描述了"持续性银行监管"的基本方式、手段及其要求，包括实施现场检查和非现场监管、与机构管理层保持经常性接触、并表监管、内外审联动等。实践中，我国金融监管在持续监管方面有不少良好做法，例如，通过各类监管会议、双边会谈、现场督查检查等保持与机构的经常性监管交流；指定内审、纪检联席会议等，对督促机构自我纠错具有促进

作用。在证券领域，中国证监会近年来也出台了一系列针对上市公司的持续监管法规，从公司治理、信息披露、股份减持、重大资产重组、股权激励、终止上市等方面，规范上市公司及相关主体行为，保护投资者合法权益。

资料来源：王俊寿. 筑牢安全网，打造中国特色"矩阵式"监管架构，上海证券报，2023-08-02，https://baijiahao.baidu.com/s?id=1773088920211063853&wfr=spider&for=pc。

（二）金融监管模式与经营模式

金融业的经营模式与监管模式密切相关。在不同的监管法律法规和监管体制下，金融业呈现出分业经营和混业经营两大模式。随着全球的金融监管逐步走向功能型监管，传统的基于机构监管的分业经营模式逐步被混业经营取代，监管模式也朝向混业监管发展。

分业经营是指监管当局对金融机构的业务范围进行一定划分，各类金融机构在法律许可的经营范围内从事不同类型的金融业务。从全球监管的演变来看，分业经营和分业监管有两层含义，一是金融类机构与非金融机构的业务分开，二是金融业务内划分为银行、证券、保险等具体的子行业，尤其强调在银行业务和非银行金融业务（特别是证券业务）之间筑起防火墙。美国在1933年通过《格拉斯—斯蒂格尔法案》，确立了银行与证券、保险分业经营的模式，1956年出台《银行控股公司法案》进一步限制银行控股公司只能从事与银行业密切相关的业务，直到1999年《金融服务现代化法案》才彻底废除了分业经营的限制。

混业经营是指商业银行或其他金融企业可以从事银行、证券、保险、信托等多种业务经营和服务，即一个机构主体在金融领域内的多元化经营。混业经营模式可以分为两类，一类是全能银行制，以德国和瑞士为代表，单一银行主体可以从事银行、证券、保险等多种金融业务，如德意志银行便以其证券业务特别是债券发行承销出名，而瑞士银行则在银行传统业务之外，以其全球资产（财富）管理为特色。另一类是控股公司制，其中美国是金融控股公司制，著名的花旗集团是美国第一家集商业银行、投资银行、保险、共同基金、证券交易等诸多金融服务业务于一身的金融集团；英国则采用银行控股公司制，由银行作为母公司，管理开展各类其他非银行业务的子公司，例如，巴克莱银行集团除商业银行业务外，旗下还拥有从事证券业务的巴克莱资本（投资银行业务）、巴克莱财富管理公司等。

在中国，虽然有大型金融控股集团，如中国平安集团、中信集团等，但由于金融监管还是沿用分业监管模式，金融控股集团下属的子公司各自在其所属的牌照许可业务领域内从事经营，因此属于分业监管、分业经营。大型金融控股公司由中国人民银行实施监管。

第三节 宏观审慎监管

宏观审慎监管,是指以防范系统性金融风险、避免金融不稳定对宏观经济造成巨大冲击为目标而实施的审慎监管。20 世纪 70 年代末,国际清算银行(BIS)提出了宏观审慎的概念,2008 年金融危机后,监管当局不断反思传统微观审慎监管的缺陷,构建宏微观审慎有机结合的框架成为国际金融监管改革的共识。

一、宏观审慎监管与微观审慎监管

宏观审慎(Macro Prudential)监管,是与微观审慎(Micro Prudential)监管相对的概念,强调系统性风险防范。

(一)微观审慎监管

微观审慎监管,是以保证单个金融机构安全和金融消费者保护为目标,对微观主体(单个机构)实施监管。例如,前面所列举的针对市场准入、行为和业务监管等微观审慎监管措施,主要目标是确保金融机构的稳健经营和对金融消费者的保护。

微观审慎监管是《巴塞尔协议 I》和《巴塞尔协议 II》关注的主要内容,以单个银行的资本充足率监管为核心,逐步推动全球形成了以资本金约束为基础的微观监管规则体系,资本金标准、政府监管和市场约束也被称为微观监管的"三大支柱"。

然而,微观审慎监管存在两个根本缺陷。第一,微观审慎监管无法应对宏观系统性金融风险。即便单个金融机构符合微观审慎监管的要求,但由它们构成的整个金融体系却有可能是不稳定的,如在金融危机期间,为了满足最低资本金要求,单个金融机构抛售风险资产的自保行为,却可能造成整个市场价格下跌,加剧流动性危机。第二,微观审慎监管难以预防和应对系统性风险的顺周期性。金融机构的行为具有顺周期性,即经济繁荣时增加风险敞口而萧条时紧缩信用,金融系统加剧了经济系统的波动性,此时微观审慎监管对金融体系的整体脆弱性无能为力。尽管通过金融安全网对问题机构实施隔离或救助,能事后避免对金融体系稳定性的冲击,但却不能有效地遏制或预防系统性风险。

（二）系统性金融风险与宏观审慎监管

2008 年国际金融危机暴露了传统的金融微观审慎监管的不足，引起了国际监管的变革，宏观审慎监管应运而生。宏观审慎监管的目标是防范和化解系统性风险，稳定整个金融体系。

系统性金融风险（Systemic Financial Risk）是指影响整个金融系统稳定，甚至导致金融体系崩溃的风险，是一种宏观金融风险。系统性金融风险关注的核心是金融体系内部金融机构与金融机构之间、金融市场与金融市场之间、金融工具与金融工具之间的风险传染性。非系统性金融风险（Non-Systemic Financial Risk）则是指单个机构、单个市场自身的风险，不考虑风险的传染性，属于微观个体风险。

系统性金融风险有两个维度，即时间维度与空间维度。时间维度（Time Dimension）指的是金融体系整体风险随时间的演变趋势，一般由金融活动的一致行为引发并随着时间累积，主要表现为金融杠杆的过度扩张或收缩，由此导致风险顺周期的自我强化、自我放大效应。空间维度（Cross-sectional Dimension）指的是给定时点，系统性金融风险在金融体系内部的分布状况，一般由特定机构或市场的不稳定引发，通过金融机构、金融市场、金融基础设施之间的相互关联等途径扩散，表现为风险跨机构、跨部门、跨市场、跨境传染。

宏观审慎监管针对系统性金融风险，具体包括三个方面：一是识别系统性风险，即发现、监测和计量系统性风险及其潜在影响；二是降低系统性风险的发生概率，即通过提高监管标准和采取针对性监管措施等，预防系统性风险爆发；三是缓解对金融体系和实体经济的溢出效应，即在系统性风险爆发后，限制破坏的程度和范围，尽可能降低经济损失。

（三）宏观审慎与微观审慎监管的关系

整体来看，宏观审慎管理和微观审慎监管在监管目标、监管视角上存在差异。宏观审慎监管以防范系统性风险为主要目标，着力于平滑金融体系的顺周期波动和跨机构、跨市场风险传染；微观审慎监管的目标指向单个金融机构的安全性稳健性和保护金融消费者的合法利益，着眼于对单个机构的监管。

然而，两者存在密切的关系。从目标看，两者的最终目标都是防范风险，维护金融稳定。从监管工具看，宏观审慎监管工具常常与微观监管工具兼容，某些宏观审慎监管通过微观审慎监管工具来实施，如系统重要性银行的资本金管理即建立在银行资本金管理的基础上。从效果传导看，宏观审慎政策的有效传导依赖于有效的微观审慎监管，而微观主体的稳健经营也依赖于宏观环境的稳定。因此，建立宏观和微观审慎相一致的监管体系已经逐渐成为各国金融监管的共识。

二、宏观审慎监管的维度和工具

对应于系统性金融风险的时间维度和空间维度，旨在防范和化解系统性金融风险的宏观审慎监管也包括两个维度，相应的工具可分为时间维度工具和空间维度工具两大类。

（一）时间维度工具

宏观审慎监管的时间维度关注如何进行逆周期调节，抑制金融体系内在的顺周期特征。常见的时间维度工具包括：

1. 资本管理工具

主要通过调整对金融机构资本水平施加额外监管要求、特定部门资产风险权重等，抑制由资产过度扩张或收缩、资产结构过于集中等导致的顺周期金融风险累积。

2. 流动性管理工具

主要通过调整对金融机构和金融产品的流动性水平、资产可变现性和负债来源等施加的额外监管要求，约束过度依赖批发性融资以及货币或期限严重错配等，增强金融体系应对流动性冲击的韧性和稳健性。

3. 资产负债管理工具

主要通过对金融机构的资产负债构成和增速进行调节，对市场主体的债务水平和结构施加影响，防范金融体系资产过度扩张或收缩、风险敞口集中暴露，以及市场主体债务偏离合理水平等引发的系统性金融风险。

4. 金融市场交易行为工具

主要通过调整对金融机构和金融产品交易活动中的保证金比率、融资杠杆水平等施加的额外监管要求，防范金融市场价格大幅波动等可能引发的系统性金融风险。

5. 跨境资本流动管理工具

通过对影响跨境资本流动顺周期波动的因素施加约束，防范跨境资本"大进大出"可能引发的系统性金融风险。

时间维度工具的典型代表，是《巴塞尔协议Ⅲ》提出的逆周期资本缓冲要求，即监管部门要求金融机构特别是商业银行施行动态的、逆周期资本金调节来降低信贷扩张的顺周期性。具体做法是在信贷膨胀过快的繁荣时期，监管当局提高资本充足率要求，而在信贷紧缩时期降低资本充足率要求，以此调节信用扩张，维护金融体系乃至宏观经济系统的稳定。根据国际银行监管的要求，商业银行的逆周期资本缓冲比率在0—2.5%之间。

(二) 空间维度工具

宏观审慎监管的空间维度关注由于金融机构之间的相关性、同质性而产生的共同风险敞口，避免金融风险传染与扩散。空间维度的工具，通过提高对金融体系关键节点的监管要求，防范系统性金融风险跨机构、跨市场、跨部门和跨境传染。

常见的空间维度监管工具包括：

1. 特定机构附加监管规定

通过对系统重要性金融机构提出附加资本和杠杆率、流动性等要求，对金融控股公司提出资本充足率监管、关联交易管理等要求，增强相关机构的稳健性，减轻其发生风险后引发的传染效应。

2. 金融基础设施管理工具

加强对支付清算系统、中央对手方等金融市场基础设施的监管，确保其安全、高效运行，避免系统性风险的快速传播。例如，监管机构对支付清算系统的安全性、稳定性进行严格监管，要求其具备足够的备份和恢复能力，以应对可能的技术故障和网络攻击。同时，对中央对手方的风险管理机制进行监督，确保其能够有效管理交易对手风险。

3. 跨市场金融产品管理工具

主要通过加强对跨市场金融产品的监督和管理，防范系统性金融风险跨机构、跨市场、跨部门和跨境传染。

4. 风险处置等阻断风险传染的管理工具

如恢复与处置计划，主要通过强化金融机构及金融基础设施风险处置安排，要求相关机构预先制定方案，当发生重大风险时根据预案恢复持续经营能力或实现有序处置，保障关键业务和服务不中断，避免引发系统性金融风险或降低风险发生后的影响。

空间维度工具的典型例子是对系统重要性机构的强化监管。系统重要性机构（Systemically Important Financial Institutions，简称 SIFs）是指那些业务规模较大、业务复杂程度较高、一旦发生风险事件将给地区或全球金融体系带来巨大冲击的金融机构。全球金融稳定理事会（FSB）自 2006 年以来每年均公布全球系统重要性银行等机构的名单，各国监管当局对其进行更为密切的监控和更严格的监管，它们面临更高的资本充足率要求、更严格的流动性管理等，参见附录 16-2。

(三) 中国的宏观审慎评估框架

为了促进金融机构加强自我约束和自律管理，2016 年中国人民银行（PBOC）制定并开始实施宏观审慎评估（Macro Prudential Assessment，简称 MPA），从资本和杠杆、资产负债、流动性、定价行为、资产质量、跨境融资风险、信贷政策执行状况等七大类18个指标加以引导，评估商业银行行为，如表16-2所示。

表16-2　　　　　　　　中国人民银行"宏观审慎评估体系"

一级指标	二级指标	二级指标权重	性质
资本和杠杆	资本充足率	80	定量
	杠杆率	20	定量
	总损失吸收率	—	定量
资产负债	广义信贷增速	60	定量
	委托贷款增速	15	定量
	同业负债	25	定量
流动性	流动性覆盖率	40	定量
	净稳定资金比例	40	定量
	遵守准备金制度	20	定性
定价行为	利率定价	100	定性
资产质量	不良贷款率	50	定量
	拨备覆盖率	50	定量
跨境融资风险	跨境融资风险加权余额	60	定量
	跨境融资币种结构	20	定量
	跨境融资期限结构	20	定量
信贷政策执行	信贷政策评估结果	40	定性
	信贷政策执行情况	30	定性
	央行资金运用情况	30	定性

央行根据MPA指标的考核结果，对金融机构实施差异化监管措施，从信贷规模、准入资格、法定存款准备金利率等方面进行激励或惩罚，引导其贯彻落实政策导向，实现可持续发展。

在经济金融日益复杂的情况下，完善宏观审慎和微观审慎，将有助于维持金融系统的稳定和经济的平稳运行。

三、宏观审慎监管与货币政策

当宏观审慎政策作为一类新型工具被纳入政策体系并开始发挥重要调控功能之后，传统的基于货币政策的"单一支柱"调控框架就逐渐转向了货币政策和宏观审慎政策相结合的"双支柱"调控框架。2016年以来，中国已逐步建立起了宏观审慎政策和货币政策的

第十六章 金融监管

"双支柱"金融调控框架。2017年党的十九大报告明确提出,要健全货币政策和宏观审慎政策"双支柱"调控框架,健全金融监管体系,守住不发生系统性金融风险的底线。

(一) 双支柱调控框架

"双支柱调控"是指通过协调配合使用货币政策和宏观审慎政策工具,实现经济稳定和金融稳定的双重目标。

"双支柱调控"框架具有必要性。一方面,金融稳定对宏观经济的稳定运行具有重要影响,但传统的货币政策无法有效实现金融稳定,因而需要构建宏观审慎政策来专门实现金融稳定的目标;另一方面,鉴于金融和实体经济之间深度融合和互相影响的内生性关系,传统的"货币政策支柱"和新的"宏观审慎政策支柱"必须在一个统一的框架下予以充分地协调和配合,以提高政策实施的效果和效率,避免政策不一致所导致的冲突和摩擦。

货币政策和宏观审慎政策相互独立又互为补充,在"双支柱"调控框架下,二者协调配合,共同维护经济稳定和金融稳定。例如,货币政策在经济下行期通过降息、降准等方式刺激经济增长,但可能导致金融机构过度放贷和资产泡沫风险增加,此时宏观审慎政策可通过提高资本要求、限制贷款规模等措施,防止系统性金融风险的积累。

(二) 货币政策与宏观审慎监管的关系

在"双支柱调控"框架中,货币政策与宏观审慎政策相互独立又互为补充,共同维护经济稳定和金融稳定。

1. 目标上相互补充

一方面,货币政策主要致力于实现经济增长、物价稳定、充分就业等目标,2008年金融危机后,金融稳定也逐渐成为货币政策当局重点关注目标之一,货币政策的传导离不开金融机构和金融市场,金融稳定将有助于实现货币政策的目标。另一方面,宏观审慎政策以防范系统性金融风险为主要目标,致力于维护金融体系的稳定,它通过对金融机构的资本要求、杠杆率、流动性等方面进行监管,防止金融风险的积累和扩散,避免危机。二者在目标上相互补充。货币政策在实现经济稳定增长的同时,可能会带来金融风险的积累,而宏观审慎政策则可以对这些风险进行防范和控制,为货币政策的实施创造稳定的金融环境。

2. 传导机制上相互影响

货币政策的传导主要通过利率渠道、信贷渠道等影响经济主体的行为。例如,降低利率可以降低企业的融资成本,刺激投资和消费;增加货币供应量可以提高银行的可贷资金，促进信贷投放。宏观审慎政策通过影响金融机构的行为来实现其目标。例如，提高资本充足率要求会使金融机构减少高风险资产的持有，降低杠杆水平，进而影响信贷投放规模和结构。

货币政策与宏观审慎政策传导机制相互影响。货币政策的实施会影响金融机构的资产负债表和风险状况，从而对宏观审慎政策的传导产生影响。例如，宽松的货币政策可能导致金融机构过度冒险，加大系统性金融风险，此时宏观审慎政策需要加强监管力度。宏观审慎政策的调整也会影响货币政策的传导效果。宏观审慎政策对金融机构的行为监管和对金融市场的流动性监管等政策，影响货币政策的传导效果，例如，宏观审慎政策加强流动性监管、加大逆周期资本金要求，直接影响金融机构的信贷投放、资产配置等行为，从而影响货币政策的利率传导和信贷传导等机制的效果。

3. 政策工具上相互配合

货币政策工具主要包括公开市场操作、存款准备金率、再贷款再贴现等，这些工具主要通过调节货币供应量和利率来影响经济主体的行为。宏观审慎政策工具则包括逆周期资本缓冲、动态拨备要求、贷款价值比限制、债务收入比限制等，主要通过对金融机构的资本要求、杠杆率、流动性等方面进行监管，来防范系统性金融风险。

在实际操作中，货币政策和宏观审慎政策可以相互配合使用。例如，在经济衰退时，货币政策可以通过降低利率、增加货币供应量来刺激经济增长，同时宏观审慎政策可以适当放松监管要求，鼓励金融机构增加信贷投放。在经济过热时，货币政策可以通过提高利率、减少货币供应量来抑制通货膨胀，同时宏观审慎政策可以加强监管力度，防止金融风险的积累。

总之，"双支柱调控"框架下，货币政策与宏观审慎政策相互独立又相互联系。全球范围内，有关货币政策和宏观审慎政策的协调，仍在不断地探索实践中。

附录16-1 我国金融监管体制变迁

2023年，我国金融监管格局发生重大调整，在原中国银行保险监督管理委员会（以下简称"银保监会"）基础上组建国家金融监督管理总局，"一行一局一会"的新监管格局形成。

近年来，我国金融监管架构经历了三个阶段的变迁。

1. 2003—2018年："一行三会"架构和机构监管

自2003年起，基于金融业分业经营的模式，我国建立了"一行三会"的金融业分业监管的格局，其中，中国人民银行负责货币政策的制定和实施，中国证券监督管理委员会

（以下简称"证监会"）、中国银行业监督管理委员会（以下简称"银监会"）、中国保险监督管理委员会（以下简称"保监会"）分别监管不同的金融行业，各司其职。

然而，按照机构划分的分业监管，存在监管空白、监管套利，突出表现为2012年以来非银行金融机构影子银行业务的快速发展，以及局部金融风险事件的爆发，迫切需要建立针对系统性风险的统一监管体系。

2. 2018—2022年："一行两会"

2018年，银监会和保监会合并组建中国银行保险监督管理委员会。银保监会统筹负责银行业、保险业监管，同时将银监会、保监会拟定银行业、保险业主要法律法规草案和审慎监管基本制度的职责划入中国人民银行。改革完成后，我国正式形成"一行两会"的金融监管体系。

3. 2023年以来："一行一局一会"

金融行业发展快速但产生了同业渗透、监管空白、跨区域不合理竞争、违规风险经营等新的问题，需要集中力量进行覆盖式监管、穿透式监管、全过程监管，以完成新一阶段防范化解重大风险、满足人民群众对金融服务不断提高的需求、促进金融市场高质量发展的任务目标。

2023年，国家金融监督管理总局的组建标志着我国金融业形成了"一行一局一会"的新监管格局，将重点解决金融领域长期存在的突出矛盾和问题。

附录16-2　全球系统重要性银行与监管要求

金融稳定委员会（Financial Stability Board，简称FSB）是2009年在瑞士成立的世界组织，由世界主要国家的央行、金管局和财政部组成，旨在控制全球金融风险。自2011年起，FSB每年定期公布全球系统重要性银行（G-SIBs）名单，纳入名单的银行将面临《巴塞尔协议Ⅲ》对全球系统重要性银行的更高的附加资本和总损失吸收能力等要求。G-SIBs评估框架包含规模、关联性、可持续性、复杂性和跨境行为五个等权重维度，全面评估银行的系统重要性水平。

2023年11月，FSB发布了2023年全球系统重要性银行名单，一共29家，比上年减少1家，瑞士信贷银行和意大利裕信银行被移出名单，中国交通银行首次进入名单，我国五大国有银行全部上榜。

从中国的监管要求看，作为全球系统重要性银行，需要面临更高的资本充足率要求，即相比普通银行，还需增加当前为0的逆周期资本和G-SIB附加资本监管要求（第一档为1%、第二档为1.5%），如表16-3所示。

表 16－3　　2023 年全球系统重要性银行与附加资本金要求

等级	附加资本	机构名称
第五档	3.5%	空缺
第四档	2.5%	摩根大通
第三档	2.0%	美国银行、花旗银行、汇丰集团
第二档	1.5%	中国农业银行、中国银行、巴克莱银行、法国巴黎银行、中国建设银行、德意志银行、高盛集团、中国工商银行、三菱 UFJ 金融集团、瑞银集团
第一档	1.0%	交通银行、纽约梅隆银行、法国 BPCE 银行集团、法国农业信贷银行、荷兰国际银行、瑞穗金融集团、摩根士丹利、加拿大皇家银行、桑坦德银行、法国兴业银行、渣打银行、道富银行、三井住友金融集团、多伦多道明银行、富国银行

全球系统重要性银行还需满足总损失吸收能力（TLAC）监管要求。总损失吸收能力是指全球系统重要性银行在进入处置阶段时，可以通过减记或转为普通股等方式，吸收损失的债务工具的总和。TLAC 监管要求主要是为了降低政府对银行救助产生的道德风险，通过提高商业银行自身吸收风险损失的能力，强化商业银行的稳健经营。根据 2021 年我国《全球系统重要性银行总损失吸收能力管理办法》规定，全球系统重要性银行外部总损失吸收能力风险加权比率在 2025 年和 2028 年初应该分阶段达到 16% 和 18% 的水平。

总　结

1. 金融监管是指一国（地区或跨国）的中央银行或金融监管当局依据法律、法规的授权，对金融业（包括金融机构和金融业务）实施的监督管理。

2. 金融监管的必要性主要是由市场失灵中信息不对称所引发的逆向选择和道德风险所决定的。

3. 金融监管的目标通常包括：确保金融稳定和金融安全，防范金融风险；引导资金合理配置，提高金融体系的效率；保护金融消费者权益和促进公平竞争。

4. 金融监管内容包括对金融机构的准入和退出监管、行为与业务监管、信息披露监管等。

5. 机构监管就是金融监管部门按金融机构类型进行监管。功能监管指基于金融机构的基本功能而设置监管机构，对相同功能、相同法律关系的金融业务或产品按照同一规则由同一监管部门监管。行为监管是针对从事金融活动的机构和人的行为进行监管。

6. 金融监管分为多头监管和统一监管模式，前者指设置不同的监管当局，分别监管银行、证券、保险业务或机构；后者指由一个监管当局监管不同的金融机构和金融业务。

7. 存款保险是指由符合条件的存款机构作为投保人按一定存款比例向存款保险机构缴纳保险费，建立存款保险准备金，当投保机构发生经营危机或面临破产倒闭时，由存款保险机构向其提供财务救助或直接向存款人支付部分或全部存款。

8. 最后贷款人是指中央银行向陷入困境的银行和其他机构放贷，给予其流动性支持，帮助其渡过难关。

9. 分业经营是指监管当局对金融机构的业务范围进行一定划分，各类金融机构在法律许可的经营范围内从事不同类型的金融业务。

10. 混业经营是指商业银行或其他金融企业可以从事银行、证券、保险、信托等多种业务经营和服务，即一个机构主体在金融领域内的多元化经营。混业经营模式可以分为全能银行制和控股公司制。

11. 宏观审慎监管是指以防范系统性金融风险、避免金融不稳定对宏观经济造成巨大冲击为目标而实施的审慎监管。

12. 系统性金融风险是指影响整个金融系统稳定、甚至导致金融体系崩溃的风险，是一种宏观金融风险。

13. 系统性金融风险的时间维度是指整体风险随时间的演变趋势，主要表现为金融杠杆的过度扩张或收缩，由此导致的风险顺周期的自我强化、自我放大效应；空间维度指给定时点系统性金融风险在金融体系内部的分布状况，表现为风险跨机构、跨部门、跨市场、跨境传染。

14. 宏观审慎监管政策工具包括时间维度工具和空间维度工具两大类，时间维度工具包括资本管理工具、流动性管理工具、资产负债管理工具、金融市场交易行为和跨境资本流动管理工具等，重点化解风险顺周期行为；空间维度工具包括特定机构附加监管规定、跨市场金融产品管理、金融基础设施管理工具、风险处置等，重点防范金融风险传染与扩散。

15. "双支柱调控"是指通过协调配合使用货币政策和宏观审慎政策工具，实现经济稳定和金融稳定的双重目标。货币政策与宏观审慎政策在政策目标、传导机制和工具上既相互独立又互为补充。

关键术语

金融监管　　市场外部性　　准入监管　　存款保险　　最后贷款人

| 行为监管 | 机构监管 | 功能监管 | 混业经营 | 分业经营 |
| 多头监管 | 统一监管 | 宏观审慎监管 | 系统性金融风险 | 双支柱调控 |

练习题

1. 金融监管的目标包括哪些？

2. 什么是多头监管和统一监管？我国目前的监管体制属于哪一类？

3. 什么是系统性金融风险的时间维度和空间维度？以下风险主要体现了什么维度的风险，对应的宏观审慎工具是什么？

（1）经济繁荣时银行扩张信贷，萧条时银行紧缩信贷；

（2）股票市场价格上涨时期，银行、证券机构和信托类金融机构的资金大量（违规）涌入市场；

（3）大型银行因为出现操作风险，导致大面积的交易违约；

（4）企业部门的杠杆率随着宏观经济复苏而快速上升；

（5）一国的支付清算系统遭受黑客攻击，导致出现短暂的交易中断。

4. 什么是宏观审慎监管？它与微观审慎监管有什么区别？

5. 结合"双支柱调控"，阐述宏观审慎监管与货币政策的关系。

6. 对商业银行实施逆周期资本缓冲如何在微观层面上影响商业银行的盈利性、安全性和流动性？信贷增长过快时，提高逆周期资本缓冲怎样降低系统性金融风险？该政策对货币政策传导会产生怎样的影响？

思考与讨论

1. 选择一个你感兴趣的国家，查看其金融监管体制，当前该国属于什么类型的监管体制？这一体制与中国的体制有什么根本差异？

2. 登录金融稳定委员会网站（http：//www.fsb.org），查看最新的全球系统重要性金融机构名单，查看有哪些中国机构？其中，银行面临的核心资本充足率是多少？相对未纳入名单的银行而言，较高的核心资本充足率对其市场竞争、利润等会有怎样的影响？

参考阅读

1. 黄达，张杰. 金融学（第六版）[M]. 北京：中国人民大学出版社，2024.

2. 中国人民银行《2021年金融稳定报告》，专题十三"依法稳妥处置包商银行风险"，http：//www.pbc.gov.cn.

3. 中国人民银行《宏观审慎政策指引（试行）》，http：//www.pbc.gov.cn.

4. 周丽萍. 货币政策与宏观审慎政策研究：共识、分歧与展望，国家金融与发展实验室，工作论文.

5. 马勇. 金融稳定与宏观审慎：理论框架及在中国的应用［M］. 北京：中国金融出版社，2016.

网络资源

1. 中国证券监督管理委员会：http：//www.csrc.gov.cn/

2. 中国人民银行：http：//www.pbc.gov.cn/

3. 国家金融监督管理总局：http：//www.cbirc.gov.cn/

4. 金融稳定委员会：http：//www.fsb.org 由主要经济体中央银行、财政部和监管机构组成的国际组织，宗旨是促进国际金融稳定，主要职责是评估全球金融系统脆弱性，监督各国改进行动；促进各国监管机构合作和信息交换，对各国监管政策和监管标准提供建议；协调国际标准制订机构的工作；为跨国界风险管理制订应急预案等。